英語慣用語源・句源辞典

Morton S.Freeman
Even-Steven and Fair and Square
More Stories Behind the Words

モートン S・フリーマン 著
堀口六壽／小池 榮 訳

松柏社

Even-Steven and Fair and Square:
more stories behind the words
by Morton S.Freeman; foreword by Leo Rosten
Copyright © by Morton S.Freeman, 1993
Foreword copyright © by Leo Rosten, 1993
Japanese translation rights arranged
with J. Morton S.Freeman, Boca Raton, Florida
through Tuttle-Mori Agency, Inc., Tokyo.

はじめに

　人類の驚くべき（否，奇跡とも言うべき）発明のうちで，言語ほど人をびっくり仰天させるものは存在しない。どこかにかつて書いたことがあるが，言葉こそがわれわれを他の動物から分け隔てているものなのである。われわれが愛，真実，神といったものを生活の指針にすることができるのも，言葉があるからである。自由（Freedom），国家（Country），名声（Fame）のために戦うのも，言葉があるからであり，さらに自由（Liberty），名誉（Honor），栄光（Glory）のために死ねるのも，言葉があるからである。われわれの歴史を最も真剣に作ってきた人物は，ソクラテス（Socrates），イエス（Jesus），ルター（Luther），リンカーン（Lincoln），そしてチャーチル（Churchill）であった。

　言葉は最も重要な，限りなく繰り出される魔法のような芸当であった。言葉によってわれわれは無知と野蛮から解放されたのであった。言葉は歌い，教え，災いを招き，さらに罪をもきよめるのである。一枚の絵は幾百幾千の言葉を費やすより価値があるとのたもう御仁に，あえて私はこう問いたい：*"Really? Then draw me a picture of the Gettysburg Address."*（本当にそうですか。もしそうだったらあのゲティズバーグの演説を一枚の絵にして私に画いてください）。

　言語学者のマリオ・ペイ（Mario Pei）が鋭く指摘しているように，もし言語にこんなにも高い価値を置いている人を嘲笑うなら，言葉によらないで嘲笑うことなどできるのか。言葉がなければ "Mama"（ママ）から "Infinity"（無限）に至るまで，科学も，聖書も，詩も，医学も，天文学も，物理学もなく，クレープシュゼット（薄いパンケーキ）からアップルパイに至るまで調理法すらないはずである。そしてこれ以外にどの言葉も，エマソン（Emerson）が言うように，かつては一編の詩であったのだ。

　こういう次第で，私はモートン・フリーマン（Morton Freeman）氏の著書に注目することになったのである。もとよりフリーマン氏を知らないし，またお目にかかったこともないが，本書 *Even-Steven and Fair and Square* を拾い読みし，そこから言葉の精華ともいうべきものを丸々引き出

したのである。

　私は言葉のとりことなってしまったが，その言葉にまつわる物語—いったい言葉がどこから派生し，いかにして多様な意味を獲得し，いかなるニュアンスを身につけたか—は，常に私を楽しませてやまない。

　"to steal one's thunder"（人のお株を奪う）という一風変わった句を取り上げ，フリーマン氏にこの句を詳しく論じてもらい，味わってみよう：

　　この表現のおもしろいところは，基本的にそれが本質を突いていて，ある意味で，誰かがアイディアを横取りされたということである。この表現が始まったのは1709年で，それはジョン・デニス（John Dennis）の書いた芝居 *Appius and Virginia*（『アピアスとヴァージニア』）がロンドンのドルーリー・レイン・シアター（Drury Lane Theatre）で上演されたときのことである。デニスはこの芝居のために，雷を模した装置を導入したが，この装置は，それまでステージ上で聞いたどんな雷よりも現実感のあることが分かった。デニスの芝居は悲劇であったが，批評家はその芝居をデニスとは異なった意味で悲劇だと考えた。この芝居は経済的には失敗で，劇場のマネージャーはすぐにこれを引っ込めたからである。デニスは後に *Macbeth*（『マクベス』）の上演を見物した。雷鳴に稲妻を伴った魔女の場面になったとき，デニスは雷鳴を生み出す自分の発明装置が使われているのに気づくと，立ち上がり，叫んだ： "That's my thunder, by God! The villains will not play my play, and yet they steal my thunder!"（あれはおれの雷だ，ちくしょう！ならず者におれの芝居はさせないぞ。なのに，おれのアイディアを横取りしやがって！）。

　次にもう一つ奇妙な句 "That gets my goat."（いらいらするよね）を説明するためのとても信じがたい話を考えてみよう。フリーマン氏は，次のようにわれわれを楽しませてくれる：

　　一昔前のこと，ひどく神経質な競走馬は，畜舎にいる間はいつも側に付き添う連れの従順な動物と一緒にしておく習慣があった。その連れは，サラブレッドをおとなしくさせるのに役立ち，その結果，サラブレッドは手

に負えないことはなくなった。サラブレッド，中でも特に種馬は，互いに近くに置くと好戦的になる。そのため，雌馬だと種馬を興奮させてしまう可能性があるので，代わりに山羊が使われた。山羊が連れとしてずっと側についていることで，馬は落ち着いた。そのうち，ずる賢い考えが思い浮かんだ。もしメインレースの前に誰かが山羊を盗んで持って行けば，馬は神経質になり，平静を失い，そしてたぶんレースにも負けるだろうというわけである。案の定，あるとき泥棒が馬の連れの山羊を盗んだところ，馬は興奮していらいらし始めた。これはまさに，誰かにまんまと自分の山羊を持っていかれた時に感じるあの気持ちである。

　言語というのはきわめて複雑な *country*（国）のようなものだということは注意しておかねばならない。すなわち，それ自体，国境，広さ，法律，曲線，ののしり，渦巻き図形を持っているのである。事実，言語というものは *Weltanschauung*（世界観）全体であり，その正確な範囲とニュアンスを把握するためには，独語に頼らざるを得ないことに注意していただきたい。

　書物を読み，年を経れば経るほど，かつては普通に思えた単語も意味，含意，ニュアンスに少々変化を来しているということに気づくものである。ありふれた語句が特殊な感受性や *values*（価値）への明らかな証拠となるものである。いかなる言語，方言，部族，宗教，国家も，その独自の歴史的に粉飾された特質，すなわち賞賛ないし軽蔑，愛着ないし侮蔑，並はずれた残虐行為に対する気まぐれな逃げ口上を反映しているものなのである。懐疑論者に次のことに気づいてほしいのである。すなわち，英語の *conscience*（良心）は仏語のそれとはまったく異なる意味であり，独語では 20 世紀に至るまで，なんと"bully"（いじめる）にあたる庶民の言葉はなかったし，さらに重要なことには，アングロ・サクソン人が長い年月にわたって理解してきた "fair play"（公明正大）ということを，20 世紀になって初めて "fair *spielen*" という語句でその意味を使い始めたということを。

　各々の文化は言語を通して何を感じ取り，それにどう反応するかを教えてくれるのだと信じる努力，本当に信じる努力を我々はしなければならない。言語が提供してくれる概念に対してわれわれは永久に赤子なのである。まず，ある普遍的経験を表すのに用いられる書記記号を単純な一例として考えてみよう。たとえばハサミで切り取るときのチョキチョキといった音をどう書き表すか—

すなわち聞き取ったことを視覚上の相としてどう創り出すかということである。中国人はハサミの音を *su-su* と書くが，イタリア人はそれを *kri-kri* と表し，スペイン人は *ri-ri* とまでその助けを借りている始末である。

そこで，フリーマン氏の魅力的な話は明快だからというばかりではなく，言語というものがどう成長し，いかにニュアンスという新しい潤色を獲得し，装飾し，つけ加えていくかについて鋭く気づかせてくれることでも注目される。

根を張り，生成し，拡散し，独自性を発揮し，付帯的な意味を持ち，そして *singularity*（特異性）を持つに至るという並はずれた言語の持つ能力について強調することから話を始めた。今日の科学は新しい単語，句，意味，記号的な正確さを要求してきている。単純な（simple）言葉でさえも数が多すぎて，その理由説明の要求にどう対応するかは大変なことである。*neutron*（中性子），*fission*（核分裂），*black hole*（ブラックホール），*quark*（クオーク）といった日常の単語もどんどん英語に加えられている。聖書にも言うように，人間よりも先に存在した言葉は，常に人間とともに生成し，古い言葉を新しい，そして時々刻々変化する宇宙の中にしみ込ませようとしているのである。

これ以上言葉が必要でしょうか。本書は拾い読みしたり，参照したり，引用するのに楽しい本なので，現代の日常口語では Enjoy! Enjoy!（大いに楽しんで!）とでも言うことになる。

レオ・ロステン（Leo Rosten）

本書を読む前に

　単語の歴史を学ぶことは魅力的で教育的経験となるはずである。前著 *Hue and Cry and Humble Pie* では，単語の興味をそそる発達と展開についてのドアを開けようと試み，そしてさらに話題を追求するために読者の関心を十分にそそったものと期待している。

　ある単語にはその語源もはっきりしないものもあれば，また中には全く不明のものもある。さらにこの種の本に収容するとしても何の背景的物語もないものすらある。しかし探求を楽しむ者にとっては，興味もそそられているので，まずやるべきは精査しつづけることであり，おそらく我々の知的好奇心もやがて新しい納得のいく解答につながっていくであろう。

　ほとんどの場合，各論では問題となっている単語ないし語句について明確になっている話をしているが，どのくらい多くの単語や表現がその起源に多様性を与えているか検討するのも興味あることである。例えば，スペイン語でそれを何と呼んでいるかと "*¿Como se llama?*" と原住民に聞いたとする。何度も *llama* を繰り返すうち，住民は同様の返答をしてしまった —— すなわち *llama* であり，それを侵入者たちはその動物の名前だととってしまったのである。こうしたわけで，今日この毛で覆われた動物を *llama*（ラマ）と呼んでいるのである。似た話はカンガルーの命名についても言える。1770年キャプテン・クック（Captain James Cook）が，オーストラリア原住民に，あたりをピョンピョン飛び跳ねている二本足の有袋類の名前を尋ねた。住民が *kangaroo* と答えた，とクックは航海日誌に記している。オーストラリア原住民の *kangaroo* が "I don't know." であることをクックは知らなかったのだ。

　1780年ピエール・ソネラット（Pierre Sonnerat）はマダガスカルの奥地を探検中，キツネザルを指さしながら大声で，"*Indri! Indri!*" と言って案内人が自分を呼ぶのを耳にした。ソネラットは案内人がその動物の名前を指して言っているものと思っていた。しかし "Look! Look!"（ほら，見てごらん）と言っていたのであった。*indri* という名は *kangaroo* 同様，仏語にも英語にも残っているのだ。

それから，我が北方に位置する隣国カナダの命名にも話がある。ある説によれば，これは民話に根ざしたものだが，一人のスペイン人が北アメリカ探検中にカナダ国境の南のある地点に達した。そこで木に登り，北がどの方向か確かめようとした。付き添いの同僚が下から "¿Que ve usted?" ── "What do you see?"（何が見えるか）とどなった。答えは "Aca nada." ── "Nothing's there."（なんにもない）であった。a は風で吹き飛ばされて，ca nada が残り，これが英語化して流行することとなり，今日まで続いているというわけである。カナダの命名にはまた別の話がある。ジャック・カルティェ（Jacques Cartier）という探検家がインディアンの族長に自分の訪ねている村の名前を聞き出した。族長は北に向かって大きく手を振って，"Kana' da" と言った。カルティはこの地域全体を指すものと思った。そんなわけで village（村）に当たるインディアンの単語は，世界で二番目に大きな国の名前になってしまったというわけだ。

　さらにもう一つの例として，アラスカの大都市の Nome（ノーム）を取り上げよう。この都市は，建設されたとき名前はつけられていなかった。しかし，米大陸で最も西に位置するこの都市につけられた名前の背景には1ページに達するほどいろいろの説がある。ここに少しその例を示そう。地図製作者がこの地域に用意してある地図の中に地名が書き込まれていないのを見つけて，名前が必要ということで "Name" と書いた。偶然にも図面下書き者が間違って a を o にしてしまい，それで Nome となっているのである。さらにもう一つの例は，ある語源学者の主張であるが，この Nome は単にイヌイット語の ka-no-me の短縮形で，"I don't know." であるというものである。これなど "What is this place called?"（この土地を何と呼んでいるか）との問いに対して探検家が得たあの例の答えである。

　"I don't know." という例をすべて見渡してみた上で，読者が単語ゲームで "I knows." という表現を集めたらほうび物である。その読者はパーティーの花形になること間違いなしである。現在では信じられないくらい豊かな英語の基礎をなしている昔の話に耳を傾けることに，喜びを感じている人は多いはずである。

"I have here only made a
nosegay of culled flowers,
and have brought nothing
of my own but the string
that ties them."
　　　── Michel de Montaigne

「私はただここで摘みとりし
花々で花束を作り，
ただ自分のものといえば
花を結ぶ紐のみ
持ち来たりしにすぎず」
　　　── ミッシェル・ドゥ・モンテーニュ

ABET

　abet には特に悪事を扇動する，そそのかすという意味がある。また，それほど多いわけではないが，例えば "The writer was abetted by his skillful copyeditor." (その作家は有能な編集者に助けられた) というように "to assist or support in the achievement of a purpose" (ある目的を達成する時に助ける，支援する) という意味もある。よく "to aid and abet" (現場幇助する) という対の語として見られる。熊いじめが一般的な娯楽であった時，犬は攻撃し続けるようけしかけられ，観客は犬をけしかけたと言われる。*abet* の直接の祖先は古仏語の *abeter* で，*a*-(…に) に犬をけしかけるという意味のゲルマン語起源の *beter* を組み合わせたものである。次に *beter* は古スカンディナヴィア語の *beita* から派生し，二つの意味が生じた。一つは "to bait a bear" (犬がクマにかみついていじめる) のように，"to cause to bite" (かませる)，もう一つは "food" (えさ) で，"to bait a fishhook with a worm" (釣り針にえさをつける) というように使われる。最初の意味では猟犬が熊をかむようにせき立てられ，二番目の意味では魚が餌に食いつくように誘われている。語源についてよくだじゃれを言う人は，"He's so sure the bear will lose and the worm will be eaten that he's willing to take *a bet* on it." (結果は明々白々だから，彼は喜んでその賭けに応じるのだ) と言うかもしれない。

ABORIGINES

　aborigines は，ある地域の最初の居住者として知られている人たちのことで，それは土着の住民と侵入者あるいは入植者とを区別するためにも使われている。ラテン語では "ancestors" (祖先) という意味で，大文字で始ま

る *Aborigines* は原始時代のローマ人の名前であった。しかし，この単語はアメリカインディアン，エスキモー，最初のオーストラリア人のように，すべて最初の居住者にあてはめて使われるようになった。この単語の語源学上の発展で奇妙なことは，ラテン語の *ab-* (…から) と *origine* (起源) という意味の *origo* の奪格形とを合わせて "from the beginning"（最初から）という意味になったことである。したがって名詞の *aborigines* は，前置詞，その前置詞の支配格（奪格形）と現代の複数形の語尾 *s* から成り立っていることになる。

ABOVEBOARD

> All his dealings are square, and above the board.
> —Joseph Hall, *Virtues and Vices*
> 彼の取り引きは誰に対しても公正でかつ公明正大である。
> —ジョーゼフ・ホール『美徳と悪徳』

aboveboard は正直で，偏見がなく，率直であることを示すのによく用いる表現である。*above* と *board* (テーブル) を組み合わせた言葉は，テーブルの下や観客の見えない所にトリックを用意していた昔の手品師の時代までさかのぼることができる。後に手品師は，演技中にトリックをテーブルの上で見せるようになった。ここから *aboveboard* は "open sight, without tricks or concealment"（公衆の面前でごまかさず隠さずに）と同意語になった。ジョンソン博士 (Dr. Johnson) は *Dictionary of the English Language*（『英語辞典』）の中でその表現は博賭打ちに由来するとし，こう述べている："A figurative expression borrowed from gamesters, who, when they put their hands under the table, changed their cards."（テーブルの下に手を置き，カードを変えたばくち打ちからこの比喩表現は借りてきたのだ）。*OED* によれば，この言葉はシェイクスピアの没年である 1616 年から印刷物に現れている。この言葉の後半の *board* は今でも "table" を意味し，"room and board"（食事つき下宿）のように食事が出されるテーブルや，"board of directors"（重役会）のように会議が行われるテーブルのように使われる。

aboveboard の反対語は *underhand* で, "secret"（秘密の）という意味である。ブリューワー（Brewer）は "Let there be no underhand work, but let us see everything."（秘密の技は使わずにすべてを明らかにしよう）という引用をしている。もし *honest* や *aboveboard* という決まり切った冗語を許せば, そこには秘密があるというわけである。

ABSURD

Fye, 'tis a fault to Heaven,
A fault against the Dead, a fault to nature,
To reason most absurd.
　　　　　　　　—Shakespeare, *Hamlet*
天に対する罪, 死者に対する罪, 自然に対する罪が最もばかげている。
　　　　　　　　—シェイクスピア『ハムレット』

　absurd の現在の意味は, "foolish"（愚かな）, "ridiculous beyond all reason"（途方もなくばかげている）である。*absurd* であるということは, "plainly not true, logical, or sensible, so contrary to reason that it is laughable"（明らかに真実ではなく, 論理的ではなく, 賢明ではなく, ひどく道理に反しているのでばかばかしい）ことである。だが, "I refuse to listen to absurdities."（ばかげたことに耳を傾けたくない）と言う人がいるが, これなどはある意味では, すぐに証明されることになるだろうから, わざと余計な言い方をしているのである。
　absurd の元々の祖先はラテン語の "deaf"（唖の）という意味の *surdus* で, 後に "silent, mute"（沈黙の, 無言の）という意味にもなった。やがて "away from"（…から離れて）という意味の *ab-* が接頭語として *surdus* につき, 聞こえはするものの調子はずれという意味になった。それから, さらに "out of harmony"（不協和音の）という意味の音楽用語になった。さらにその後, 音楽や音響学の分野を離れ, さらに近い祖先である仏語の *absurde* から "out of harmony with reason"（道理に合わない）という意味を持つようになった。そして今日 *absurd* は "ridiculously incongruous or unreasonable"（ばかばかしいほどつじつまが合わな

い，筋の通らない）ことを表すのに使われ，実に愚かなという語の同意語になっている。

ACCORDING TO HOYLE

　トランプ遊びは長いこと金持ちの間で好まれた室内遊戯であったが，17世紀になって初めて安価なトランプが製造されたことにより，一般大衆にも楽しめるものとなり，まもなくヨーロッパ中で大流行となった。イギリス人を非常に引きつけたゲームは，現在のブリッジの前身にあたるホイストだった。
　ホイストは多くのやり方（実際には何十通りものやり方）で行うことができたが，アイルランド人の法廷弁護士エドマンド・ホイル（Edmund Hoyle, 1672-1769）は，ホイストを体系化する必要性に気づいた。その結果，ホイルは，ルールを準備し，結果的にこれがホイストをする時の公認の権威書となる *A Short Treatise on the Game of Whist*（『ホイスト・ゲームについての小論文』）という本を書いた。その後ホイルは他の人気の高いゲームについても書き，それらの権威書とも見なされた。
　ホイルがゲームの正しいやり方に関する解釈を定めてから，多くのプレーヤーはゲームの過程がホイルの認めるものかどうかを見るために，ホイルの本一冊を参照するようになっている。もしゲームがホイルの詳細に説明したルールに従っていれば，その正当性に議論の余地はなかった。ホイルを頻繁に，また広く参考にしたために，すべてが整然と，正しく扱われていることを示したい時はいつでも，トランプに関わりがあろうとなかろうと，"It was *according to Hoyle*."（それはホイルに従っている）と言い，諺にまでなった。
　ついでながら，ホイルは規定どおりに（ホイルに従って）人生を全うしたにちがいない。なぜなら97歳の高齢で最後の切り札を捨てたからである。

ADULT

　adult がかつて *adolescent* であったことには同意できる。ちょうど大人とは *adolescence* を通り抜けてきたというのと同様，*adult* という単語もそうである。
　adult は "to nourish"（養う）という意味のラテン語の *alere* とそれ

に続いて生まれた "to grow"（成長する）という意味の *alescere* から派生したもので，インド・ヨーロッパ語族の祖先から始まった語である。この後者の言葉にラテン語の *ad-*（"to" とか "at" という意味の接頭語）がついて，ローマ人に "to grow up"（成長する）という意味の *adolescere* を与えた。*adolescent* は思春期から成熟期の人を指す言葉で，文字通りにとれば，成長している人のことである。完全に身体的発達をとげた人，もしくは成長をとげたばかりの人が *adult* である。この言葉は *adolescere* の過去分詞形の *adultus* から生まれたが，くれぐれもラテン語の男性形の語尾にだまされて，その女性形に *adulteress* と英語の女性名詞の語尾をつけてしまうことのないように。*adulteress*（姦婦）ではなく *adulta* である。

AEGEAN SEA

　場所の名前には楽しい場合を示すものもあれば，悲劇的な状況を示すものもある。トルコとギリシャの間に位置する地中海の入江の部分にある *Aegean Sea* という名前を考えてみよう。

　アイゲウス（Aegeus）はギリシャ神話におけるアテネの王であったが，クレタの王，ミノス（Minos）との約束で怪物ミノタウロス（*Minotaur*）に捧げるために毎年7人の男と7人の女を送りつけることになっていた。

　ある年，アイゲウスの息子テーセウス（Theseus）は自ら怪物に食べられることを志願したが，父親に怪物を殺すつもりであることと，見事本懐をとげた暁にはそれをいち早く知らせるためにクレタからの帰りには船に白い帆を揚げると告げた。それまではクレタから戻る船は悲しみを示すためにすべて黒い帆を揚げていた。テーセウスは怪物を殺し，妻とともにギリシャに喜びにあふれて戻ってきた。しかし，どうしたものかテーセウスは白い帆を揚げることを忘れてしまったため，息子の船が黒い帆を揚げて港に近づいたのを見て，アイゲウスは息子が死んでしまったと思い，悲しみのあまり岩から海へ身を投げて死んでしまった。その日から今日まで，この大水域はアイゲウスにちなんで *Aegean Sea*（エーゲ海）と名づけられている。

AESOP

　何かをイソップの寓話のようにありそうもないことだと言う人は，イソップが最も有名な古典的な話の作り手であり，子どもたちにお話をする人たちの間で伝説的な人物であると暗に言っているのである。イソップ物語の中心は動物であるが，人間の欠点を強調したものである。イソップは実生活の浮き沈みを議論する時に，自分自身の寓話に刺激的な効果を持たせて用いた。さらに，寓話は犯罪の告発に対する自己弁護のために好んで用いた策略でもあった。アポロ神殿からゴブレットを盗んだ裁判では，イソップは鷲とカブトムシの寓話を引用し，命拾いをしたと言われている。また別の時はずる賢いキツネの寓話を話して，ある政治家の横領に対する裁判で見事に弁護をしたのである。

　イソップ物語は 2000 年以上にわたり生き残ってきており，その多くは数え切れないほど読まれてきているが，イソップの私生活はほとんど知られておらず，真実と信じられていることも何一つ証明できていない。歴史家の間では，イソップは人生の大半，奴隷であり，ソロン（Solon）やギリシャの七賢人と関係があるということについては意見が一致している。自由を得た後，世評によればイソップはリディアの王（King of Lydia）クロイソス（Croesus）に仕えたとあるが，この事実は実証されていない。

　（補遺）ソクラテス（Socrates）は投獄されている間，イソップ物語を記録し，イソップの身体的醜さと不格好を書き留めた。イソップは，自分が怒らせたデルポイの市民により信じられないような方法で処刑され，断崖絶壁から放り投げられたが，これこそイソップの失墜であった。

ALADDIN'S LAMP

　The Arabian Night（『アラビアン・ナイト』）の中で "Aladdin"（「アラジン」）の話ほど知られたものはないが，それは特にアラジンのランプを持てたらなあというのがほとんど誰もが見る一番の夢だからである。比喩的に *Aladdin's lamp* と言えば，それは富と幸運の泉で，どのような望みもかなえてくれるお守りのことである。

When I was a beggarly boy
And lived in a cellar damp,
I had not a friend nor a toy,
But I had Aladdin's lamp.
　　　　—J. R. Lowell, *Aladdin*

私が貧しい少年で，
じめじめした地下室に住んでいた時，
友達もおもちゃもなかったけれど，
アラジンのランプはありました。
　　　　—J. R. ロウウェル『アラジン』

　アラジンはそんな運のいい男だった。洞窟に入り魔法のランプを持って来るように巧妙な魔術師に雇われたアラジンであったが，ランプを手に入れると自分のものにしてしまおうと決め，ランプをこすったところ，中からアラジンのどんな望みもかなえてくれる genie（魔神）が現れた。すぐにアラジンは金持ちになり，中国の皇帝の娘と結婚し，壮大な宮殿を建てた。すると魔術師はアラジンの妻をだましてランプを取り上げ，その宮殿をアフリカへ運ばせてしまった。アラジンは魔術師を捜し出すと，殺害し，ランプを取り返した。その後，ランプの魔神はすべての人と物（アラジン，妻，宮殿）を中国に戻した。

　ランプは扱いさえよければ，その力は長持ちした。アラジンは愚かにもランプをさびさせてしまったので，その魔法の力は失せてしまった。ここから何らかの教訓が得られるとすれば，次のようなことになろう：“Take care of a good thing, especially if it's the light of your life."（よいものは大事に扱いなさい。特にそれが大切なものであれば）。

ALCOVE

　今日 *alcove* は部屋の奥まった所，または一部が囲まれた増築部分と理解されている。だが，この言葉が英語に入ってきた時には，正確な記述がなされなかったのであろう。*alcove* の先祖はアラビア語の *al*（the）と *qubbah*（vault アーチ型天井）が結合したもので，*alcove* は元々は丸天井つきだったので，もっと印象的な場所であった。スペイン人はムーア人に占領されている

間にその言葉と概念を手に入れたが，それをわずかに音声変化した *alcoba* と呼んだ。フランス人は *alcôve* と綴り，英語では曲アクセント記号を除いた綴りとなった。しかし，いわゆるハイカラ好みの人々はベッドに丸天井か，それに似た飾り布のある奥まった場所を示すのにこれを用いた。

　alcove の中に *cove* という語が容易に見つかるが，この両語は同族語ではなく，*cove* は語源学的には古英語の *cofa*，すなわち押入れまたは小さい部屋から派生し，同じ意味で中英語に入り，ぎざぎざに入り組んだ海岸線，入り江に適用されるようになった。そして今日では *cove* は小さい船を守るための "a small room"（入り江）である。

ALL BALLED UP

　この広く使われる俗語表現は，"confused"（まごついた），"botched"（やり損なった）という意味である。うまくいかなかったこと，厄介なこと，困った状態にあることは，*all balled up*（まったくめちゃくちゃ）であると言えるかもしれない。投げたり，弾んだりするような "ball" の意味は，この言い回しには本来備わっていないように見える。だが実際に備わっているのである。

　たぶん，いや確かに，ある人の説に従えば，毛糸のもつれた玉のことを指しているのである。猫がおばあちゃんの編み物道具のところに行けば，疑いもなく毛糸玉は *all balled up* になってしまう。しかしこの表現の起源はおそらく，雪の日に馬が遭遇する困難に一層関わりがありそうである。もし雪や氷が馬のひづめにつくと，たいていは玉のように丸くなってしまい，馬は歩行が困難になる。時に馬はすべり，もがき，倒れこんでしまったりする。もし倒れるようなことが起きれば，これに続く混乱状態は想像がつくだろう。路上に倒れこんだままの馬なんていかにも腹立たしかったし，それもひづめが *all balled up* であれば，なおさらのことだった。その昔交通が運まかせだったところから，おそらくこの表現は一般的に使われるようになったのであろう。こんな表現があるから自分は馬のひづめにたとえられるのだと思い，困惑している（confused）人が悔しがるとしても。

ALL OVER BUT THE SHOUTING, IT'S

　勝利を確信する時，人は"It is all over but the shouting."（勝負はついた）と言う。この表現は一方的な得点で終わりそうなスポーツ競技や，投票結果が疑いなく分かる選挙によく使われる。

　昔，投票用紙が印刷される時代以前には，イギリスの慣習法の下，地方の問題は声の投票に従うのが習わしであった。集まった市民は承認するとき，ただ叫んだのである。やがて，差し迫った投票の結果が疑いない時，ささやき声でも"It's all over but the shouting."（勝負はついた）と誰かが言うのを耳にするのは別に変わったことではなかった。

ALMIGHTY DOLLAR, THE

　多くの人は万能の神（Almighty God）を崇拝するが，そんな人ばかりか他の人々もはるかに貪欲に *Almighty Dollar* を拝んでいることは疑いない。我々の経済生活とそれから生まれる多くの諸相が金融の強さに基づいていることは，何も証明の必要はない。

　この *the almighty dollar* はワシントン・アーヴィング（Washington Irving）によって 1836 年に造られ，*Knickerbocker*（「ニッカーボッカー誌」）の中の "Wolfert's Roost, Creole Village"（「ウルファートのねぐら，クレオール村」）という短編に初めて印刷で登場した。アーヴィングは "The almighty dollar, that great object of universal devotion throughout our land. . . ."（万能のドル，国中万人共通の熱愛の偉大なる対象……）と書いた。続いてその言葉は，アーヴィングの友人であったディケンズ（Dickens）によって *Martin Chuzzlewit*（『マーチン・チャズルウィット』）の中で使われた。

　200 年前ベン・ジョンソン（Ben Jonson）の表現はアーヴィングによって本質的に対応した表現として使われ，忘れられない格言につながった。ジョンソンは *Epistle to Elizabeth, Countess of Rutland*（『ラットランド伯爵婦人エリザベス宛の書簡』）の中で，"That for which all virtue now is sold, and almost every vice — almightie gold."（すべて

の美徳が今では売られる，そしてほとんどすべての悪徳も—たいへんな金のために）と書いている。

　アーヴィングの言葉は，万能のドルと人々の生活における愚かしい物質主義の影響を，当時も今も指し示している。おそらく今日のインフレから見て，我々は万能のドルと言う代わりに，万能の 10 ドル紙幣とでもするべきだ。

ANECDOTE

　人の生涯の出来事から面白おかしく取り上げられた短い物語は *anecdote* と呼ぶ。例えば，東洋をめぐる楽しい旅から戻って来た人は，面白い話や身の毛もよだつ経験を詳しく話してくれるかもしれない。このような話あるいは逸話は，きっと会話を活気づけてくれる。

　しかし，この言葉 *anecdote* は，プロコピウス（Procopius）による *Anekdota*（『逸話』）という紀元前 562 年の作品ではそんな意味ではなかった。そのギリシャ語は *an*（not）と *ekdotos*（発表する）からなり，今日の言葉では "not previously published"（未発表の）という意味である。機密ということで書かれた記事は通常，確かに作者が書いたということを保証できる事柄についてであり，それゆえ作者没後に出版する方が好まれた。例えば，プロコピウスの未刊の作品は，皇帝ユスティニアヌス（Justinian）を非難するもので，堕落した体制や多くの残酷な悪事を攻撃したばかりか，ユスティニアヌスの妻テオドラ（Theodra）をも直撃した。テオドラの父親はコンスタンチノープル・サーカスのために熊を飼って調教していた。テオドラは，ユスティニアヌスがその魅力に負けるまでは，サーカスの俳優であり高級売春婦であった。

　いったんは *anecdota* が英語に取り入れられたが，短命だった。18 世紀に消失し，その後，現在の意味 "the narration of an incident to illustrate a point"（秘話を例証するためのある出来事の叙述）として仏語の *anecdotes* から再浮上した。

ANSWER

　誰かが出した質問に答える（answer）とは，現代の用法では，単に返答す

る（reply）と同じことを言っているのである。だが，アングロ・サクソンの法律が支配していた昔は，*to answer* という動詞は，今日よりずっと強い含みを持っていた。その祖先は古英語の *andswerian* つまり *and*（against. ラテン語の *anti* に似ている）と *swerian*（to answer）の結合ということで，"to swear in oppositon to"（…に反対を誓う）という意味であった。*answer* は厳粛な陳述，罪の論駁の誓いであった。今日 "to answer the charge"（責任を負う）と同様に用いられることはあるかもしれないが，一般的にもはや深刻な回答とは見なされない。時には "No, Mom, I'm playing now. I'll straighten my room later."（いやだよ，お母さん，今遊んでるんだから。あとで部屋の整頓はするよ）といったような，生意気な子供の *answer* もある。

A-ONE / A-1

何かが *A-1* だと言う人は，それがすぐれていて，完全で，超一流で，たぶん最良であるもののことを意味しているのである。疑いもなく第一級なのである。だが，その人はおそらく，*A-1* という階級はそもそも船だけに使われたとは知らないだろう。イギリスの有名な保険会社ロイドは，どの船の所有者も保険を会社に請求するかもしれないので，船の耐航性に関する絶対不可欠な情報を載せた登録簿を管理していた。登録簿は，文字で船体を，数字で錨，太綱，装備を分類していた。すべての部門で最高級ですぐれている船は "A-1" と印された。"A-2" は船体は一級だが装備が二級などという意味であった。このことからどのようなものについても一級であることを *A-1* で示すのが一般的になった。ある男性がある女性を見て，A-1 に見えると言う時の男性は，その女性が "hull"（体形）も "equipment"（服装）も最高だと言っているのである。

APPLE-PIE ORDER, IN

清潔は敬虔さに最も近いかもしれないが，小綺麗さがずっと劣っているわけではない。きちんとしているということは，すべてが整頓されていて，*in apple-pie order* であると言われる。この生き生きとした表現は，19世紀

にイギリスで定着したが，どのように造られ，アップル・パイと整頓のよさにどのような関係があったのかは証明されていない。ほとんどの文献学者は全く愛想をつかしてしまっている。

　この言い回しの語源として，ある語源探究者たちに好まれる推測の中に，仏語の *cap-à-pie* で "from head to foot"（頭のてっぺんから爪先まで）を意味し，鎧にすっかり身を固めた騎士のことを表している表現とするものがある。*cap-à-pie* を早口で言うと "apple-pie"（アップル・パイ）のように聞こえるが，これにも整頓のよさを示唆するものは何もないので，*apple-pie order* との関係ははっきりしない。語源としてギリシャ語の *alphabeta* に目を向ける人々は，アルファベットの文字の整然としたものを表しているのではとほのめかすが，これも説得力がない。*apple-pie bed* は英語のなまりで，仏語の *nappes pliées*（折られた線）という表現から生まれたという説もあるが，これまた不自然である。このベッドは眠っている人が体を真っすぐにできないように，大学生たちがいたずらで作ったものである。シーツの縫いひだがパイの外皮に似ていると言われているが。

　たぶん言語史家は，どの説も，どの語源も受け入れてはいないはずだが，それは，この表現を借りれば，提示された証拠が整然として（in apple-pie order）いなかったからである。

ARCTIC

　arctics と呼ばれた防寒用のオーバーシューズと *bear* という語に共通点があるなどとは誰も想像しないだろう。そのオーバーシューズ（正しい発音は *arhk-tick* で *ar-tick* ではない）は想像できるように，世界の二つの極のまわりの地域（北極を囲む地域は Arctic で，南極を囲む地域は Antarctic）と関係がある。オーバーシューズはきわめて自然にその名前からつけられた。つまりオーバーシューズは，明らかにその極の気候に合わせて人が履くようにデザインされたところから，*arctics* という名前になった。しかし，その両極ともまったく関係のないところから名前がつけられたのである。すなわち北極星のまわりを回る星座，オオクマ座（その正式な名称は Ursa Major で，*ursa* はラテン語で "bear"（クマ）の意味である）からである。ギリシャ語で *bear* を意味する語は *arktos* である。そのギリシャ語の語源から極地

域は *Arctic* と呼ばれ，北極と南極を区別するために *Antarctic* (ant は against という意味）と呼ばれるようになった。思わぬ発見となったものは，北極を囲む地域 Arctic には巨大な白い北極グマが住んでいるということである。

ARENA

> First Odius falls and bites the bloody sand.
> —Homer, *The Iliad*
> 初めにオディウスはつまずき，血まみれの砂をかむ。
> —ホメロス『イリアス』

現代の観客は競技や見せ物を見るために *arena* に行く。すべてきちんと指示されていて，演奏者や俳優もきちんとした格好をしている。演技が終わると観客は，演技者がお辞儀をし楽屋に下がって行く間，拍手を送る。演技場の美しさをただ一つ台無しにしてしまうのは，捨てられたプログラムである。だがローマの栄光の時代，最も偉大な競技場がローマのコロセウムであった時はそうではなかった。ラテン語で *harena* は "sand"（砂）を意味し，それは殺された剣士や動物の血を吸収するために円形競技場の床にまき散らされたものだった。(h は弱く発音されたので語中から落ちてしまった）哲学者のセネカ (Seneca) は，大虐殺を好むローマ人を喜ばすために考えられた，ぞっとするような死に方に対して強い嫌悪を表した：

> I happened to drop in upon the midday entertainment of the Arena in hope of some milder diversions, a spice of comedy, a touch of the relief in which men's eyes may find rest after a glut of human blood. No, no: far from it. All the previous fighting was mere softness of heart. . . . Now for butchery pure and simple!. . . Kill! Flog! Burn! Why does he jib at cold steel? Why boggle at killing? Why die so squeamishly? Cut a few throats to keep things going!
> 私は人間の目があまりにも多くの血を見た後では安らぎを見つけるかもし

れないと，優しい娯楽，ちょっとした喜劇，わずかな安堵を期待して，円形競技場の真昼の公演を見にぶらりと立ち寄った。いや，それどころではなかったのだ。今までの闘いすべての方が全くの心穏やかさだったのだ……。今や残酷な殺戮(さつりく)は純粋で単純なものなのだ。……殺せ！　むち打て！　焼け！　なぜ刃物にしりごみするのだ。なぜ殺すことにしりごみするのだ。なぜそんなに気難しく死ぬのだ。喉をかき切って血を出させろ。

　arena はこのような血なまぐさい使い方から，スポーツ行事が行われ，観客が決して血や砂を見ることのない現代的な建物や競技場を意味するようになった。観客は喜んだり，怒ったり，叫んだり，または冗談めかしに，"Kill the umpire."（審判を殺せ）と叫ぶかもしれないが，それは死にかかわったローマ人の "Kill! Flog! Burn!"（殺せ！　むち打て！　焼け！）の叫びではないのである。

ARGENTINA

　Argentina（アルゼンチン）は南アメリカの中でブラジルに次ぎ二番目に大きい国で，"silver"（銀）の意味であるその名前 *argentum* はラテン語におかげをこうむっている。1545 年のこと，ラマがポッツ山で牧草を食べている間にやぶを掘り出したところ，銀の鉱脈が現れた。その地方に入植したスペイン人が銀を発見できると期待していたことは，その地域最大の川につけられた名前から明らかである。すなわち Rio de la Plata（ラプラタ川）で，スペイン語で *plata* は "silver"（銀）の意味である。1816 年にアルゼンチンに国の名前をつける時が来て，ラテン語の形が採用された。アルゼンチンは *La Republica Argentina*，すなわち "The Silver Republic"（銀の共和国）と名づけられた。

ASBESTOS

　asbestos を "an inextinguishable substance"（消すことのできない物質）と定義するのは，辞書の誤りである。事実は，アスベストは燃えない，もちろん燃やすことのできないという意味である。だから明らかに

"unquenchable"（消せない）という意味の *inextinguishable* は適切ではないし，アスベストが何よりもまず点火されることはありえなかったのだから。

だが，ギリシャ人が *asbestos* という語を誤用したと非難されるべきではない。ギリシャ人は生石灰を純粋な石 *amiantos lithos* と呼んだ。ローマの自然主義者プリニウス（Pliny. A.D. 23-79）はその作品 *Historia Naturalis*（『自然史』）の中で，誤ってこの鉱物を *a*（not）と *sbestos*（消す）を結びつけて命名してしまった。ジョンソン博士（Dr. Johnson）によれば，プリニウスはアスベストで作られたナプキンの汚れは，水で洗うより火の中に放り込むほうがずっとよく落ちるのを見たことがあると言っている。誰もプリニウスを訂正しようと思わず，結局その名前 *asbestos* が今に至るまで続いているのである。

ASSAY / ESSAY

一般的に *essay* は，今あなたが読んでいるような，あるテーマについて書かれた随筆として知られている。*assay* は鉱石や合金の分析試験のことで，その中の金，銀，その他の金属の含有量を検出するために行われる。これらの語は同じ祖先，すなわち古仏語の *essai* で，試みという意味であった。

assay は分量や純度を決める試験を間接的に意味するので，誰でも企てや実験という意味があるのに気づくだろう。だが *essay* に関してはそうではないだろう。本質的には，長い間 *essay* が意味してきたものは，君主の前に用意された食べ物や飲み物の毒味をすることである。試してみることとは，王室の毒味役として仕えることだった。*assay* の意味は，今日では分析することにだけしか使われないが，一方の *essay* は "to attempt"（試みる），"a trial or test of the value or nature of a thing"（ものの価値や本質を調べること），"a literary composition"（随筆）など，いくつかの意味に発展していった。

フランスのルネッサンス作家ミッシェル・ドゥ・モンテーニュ（Michel de Montaigne）は，初めて *essai*（*y* を *i* と綴って）という言葉を口語体に試みに用いた。後に，といっても昔のことだが，出版社に送られた作品は学術論文ほど高いレベルではないことを示すために，著者によって控えめに

essay と呼ばれることになる。フランシス・ベーコン（Francis Bacon）は，*Essays*（『随筆集』1597）と名づけられた，処世術についての書物の集大成である最初の英語の作品集を書き上げた。1597 年に "Certain brief notes . . . I have called *Essays*."（ある短い記録を……私は『随筆集』と呼んだ）と書いている。ついでながら，*essayist*（随筆家）という言葉は，名詞の *essay* とギリシャ語を起源とする接尾辞 *-ist* から造られた混成語である。

ASSET

asset（単数名詞）は，価値あるいは有用性のあるもののことである。一方 *assets*（複数名詞）は "things of value"（資産，財産）と定義されている。この二つの単語に関して奇妙なのは，19 世紀まで英語には *assets* しかなく，*asset* と綴る単語は存在しなかったことである。*assets* は単数名詞であって，古仏語の *asez* あるいは *asetz*（ともに発音は *asets*）から派生し，"enough"（貸主を満足させるほど）という意味であった。（今日の仏語で "enough"（十分な）にあたる語は *assez* である）これらの語の祖先はラテン語の *ad satis* すなわち "in sufficiency"（十分に）で，*ad* は to にあたり，*satis* は十分なという意味であった。英語の使用の起源は，OED によればノルマン王朝時代の法律の表現 *aver assetz*（十分である）の中に見つけられる。すなわち，ある要求を満たすことであり，この表現を通して *assets* が専門用語として英語の中に取り入れられた。*assets* は単数であるが，語尾の s とその集合的な意味のために，誤って複数として扱われるようになった。それから逆成という過程を通して，英語は単数形の仲間として *asset* を造ったのである。

ATLANTIC OCEAN

ニュー・ジャージー州の海岸にあるカジノを訪れる人は the Atlantic Ocean（大西洋）の砕け散る波を見て足を止めるが，なぜこの水域にこんな名前がつけられたのかと思う人もいるだろう。例えば，マゼラン（Magellan）がマゼラン海峡を名づけたのとは違って，探険家の誰かがこの海の名前をつけたのではない。事実，その名前の中の二つの単語 Atlantic と Ocean は共

に神話からではあるが，別々のところから生まれたのである。Ocean がまず出てきた。

　ギリシャ人は，自分たちの住む土地は大きな川に取り囲まれていると想像した。自分たちが頻繁に航行した地中海の広がりと，ある点（ジブラルタル海峡）の向こうの海は目で見たり，頭で想像できる以上の偉大なものであることは知っていた。その海には，偉大な太古の海の神，ポセイドン（Poseidon）より前のギリシャの海の神オセアヌス（*Oceanus*）が住むと信じられていた。オセアヌスは，ゼウス（Zeus）がタイタン族を負かしてオリンピアの支配者になった時に，権力と地位の終末を迎えたタイタン族の一人であった。だがオセアヌスの昔の地位は忘れられていなかった。西に向かう広大な水域が（もちろん，このような広々と限りない大きな海も）オセアヌスの記念碑となった。今では *ocean* と呼ばれる広大な水の広がりは，もともとはギリシャ語で "the great stream or river"（大きな川）という意味であった。

　一方，*Atlantic* はほとんど *Atlantides* と呼ばれる妖精集団に由来する。妖精たちは，オセアヌスのようにゼウスと争った権力闘争の末に敗れたタイタン族の一人アトラス（*Atlas*）を父に持った。アトラスは天を持ち上げるように宣告された。妖精（*nymph* はギリシャ語で "young girl"（若い娘）にあたる言葉）は海に関係していたので，その名前がギリシャの西の海につけられた。というのも，妖精はそこに住んでいると考えられていたからである。こうして，この広大な水域は *Atlantic* と呼ばれ，時には *Oceanus* とも呼ばれた。二つの単語が一列に並べられ，その海は *Atlantic Ocean* となったのは明らかである。そして *Atlantic* は今では固有名詞で，*ocean* は総称語となって存続している。

　脚注として述べると，地震の後で海に消えた想像上の大陸は，偉大なプラトン（Plato）の架空の話であった。プラトンはその大陸を *Atlantis*（アトランティス）と呼んだ。どの地理の本にもその名前 *Atlantis* は載っていないし，どの科学者もこのような大陸がかつて存在したとは信じていない。くり返しだが，誰が知っていよう。

AUTOMOBILES, NAMES OF

　車はいろいろなものから名前がつけられている。発明者の名前にちなんだも

のは，例えば，フォードやスタッツ（スタッツ・ベアキャット）であり，クーガーや，ムスタングなど動物にちなんだものがあるかと思えば，セビル（セビリア）のように地名にちなんでつけられたものもある。

人気車メルセデス・ベンツの命名法は，少し変わっていた。ベンツという部分は，1926 年にダイムラー（会社名）を合併したベンツ（会社名）の名前から通常の方法でつけられた。ダイムラーの自動車工場は大量に車を生産していたが，作っていたのはメルセデスの名前を冠した車だけだった。その名前がいろいろな車に使われたり，重要だったのはなぜだろうか。世紀の変わり目にエミル・エリネック（Emil Jellinek）というオーストリア人には一人の娘がいたが，娘を溺愛していたので，自分の車は娘の名前メルセデスにちなんで名づけた。ダイムラー社はエリネックのために一台の車を作ったが，それもまた娘の名前にちなんで名づけられた。メルセデス・ベンツという名前は，現在の工場主に引き継がれている。

AVERAGE

野球のアベレージ研究家は，*average* という言葉が初めて使われた 1500 年頃には，海に関する言葉であったとは決して思わないだろう。その頃，海上交通輸送路は，ヨーロッパとレバント（地中海東部沿岸諸国）の間を動く貨物船の往来が頻繁をきわめていた。想像がつくように，船主は莫大な金額（港湾税）を負わせられたあげく，しばしば大きな損失（商品の破損）に苦しんでいた。このような費用に対し公正な金銭的責任を請け合うために，船の所有者と積み荷の所有者（あるいは保険会社）が公平に費用を分担するという方法が考案された。このことを *average*（フランス語で "damage to ship or cargo"（船あるいは積み荷に対する損害）という意味の *avarie* から出た語）と呼んだが，それは *average-adjuster*（調停者）によって算出される数字のことであった。英語では，他の *pilotage*（水先案内），*towage*（引き船料）のような英語の綴りと合わせるために，*avarie* の綴りを変えてしまった。

average は多くの人で公平に損失を分担するという考えから，数学の平均という概念に発展し，やがて，*average* が意味した真ん中の数字とは関係のない *typical, usual, ordinary* のような同意語を生み出した。

AX TO GRIND, AN

　この表現は，特別な目的，すなわち重大な個人的関心を持っている人を暗に指すのに使われる。誰がこの表現を生んだかは，関係筋の議論の的になっている。ベンジャミン・フランクリン (Benjamin Franklin) だと信じる人もいれば，チャールズ・マイナー (Charles Miner) だと言う人もいる。だが，その勢力としては，後者マイナーが有力と思われる。それは 1811 年にペンシルベニアの *Wilkes-Barre Gleaner* (「ウィルクス・バリー・グリーナー紙」) に発表した記事のためである。

　どの情報筋による話も，誰が情報源であろうと，基本的には同じであり，それは，ある男が一人の少年に近づき，少年の庭で見つけた回転砥石を使わせてもらえるかどうか，お世辞たっぷりに頼んだということだ。少年はお世辞にはまり承諾すると，男はもっとお世辞たっぷりに，その機械で自分の斧をどのように研ぐのか見たいと頼んだ。少年は実際に研いで見せたが，その男がほめ続けたので，とうとう最後まで研ぎ終えてしまった。すると，男は礼も言わずに行ってしまった。あるいはマイナーによれば，この男は "Now, you little rascal, you've played the truant; scud to school or you'll rue it." (このいたずら坊主，お前は学校をさぼったな。急いで学校に行け，さもないと後悔するぞ) と言ったとなっている。願い事をする時におべっかを使う人は，たぶん動機が利己的なのである。だから，その人には下心があると言えるだろう。

　マイナーは後に，*Essays from the Desk of Poor Richard the Scribe* (『気の毒な新聞記者リチャードの編集デスクからの随筆』) という随筆集を出版した。中にはフランクリンの *Poor Richard's Almanack* (『貧しきリチャードの暦』) という書名と混同してしまった人もいたようで，*an ax to grind* (ひそかな目的) という表現はフランクリン博士のものだと誤ってしまったのである。

BACTERIA

　bacterium という言葉は，1838 年にクリスチャン・ゴットフリード・エーレンベルク（Christian Gottfried Ehrenberg）によって造られ，その複数形は *bacteria* である。*bacteria* という言葉は，三つの基本的な形に由来する。一つ目はラテン語の *bacillus*（小さな棒。親語は *baculus*（棒）である）にちなんで名づけられ，棒のような形をしている。二つ目は球のような形をしているところから，"berry"（いちご類の果実）にちなんで *coccus* と呼ばれ，三つ目は *spirillum* "spiral"（らせん）という意味で，コルク用栓抜きのように曲がっている。

　antibiotic はバクテリアを破壊する薬で，ギリシャ語の *bios*（生命）と *anti*（against）からできている。ここから *antibiotic* は "against life"（抗生物質）のことを言うのであるが，人間以外の生命を破壊するようなものに限られる。この医学用語は 1941 年にストレプトマイシンの発見者セルマン・エイブラハム・ワックスマン博士（Dr. Selman Abraham Waksman）によって初めて使われた。

BADGER

　badger という動詞は，今日では "to persistently annoy, worry, or torment"（しつこく悩ます）という意味で使われる。だが，その意味は動物の名前ではなく，穴グマに犬をけしかけるスポーツに由来する。「気晴し」を求める人々は，穴グマを樽から出し，猟犬に攻撃させた。苦しめられるのは穴グマで，犬や気晴しをする人ではなかった。

　穴グマはもともと *gray*, *brock* とか *brawson* と呼ばれ，額に白い印があり，その "white badge"（白い印）から名前が生まれたと信じる人々は

民間語源学信者である。確実性はないが，*badger* という語は，後期ラテン語の *bladger* (*bladum* (トウモロコシ))で，トウモロコシとバターを扱う業者が語源かもしれない。やがて *l* が綴りから落ち，短く *badger* となり，この種の業者にあてはめられた。この業者のもっと一般的な名称は *hawker*（行商人）または *huckster*（呼売り商人）であった。

　言葉の歴史を研究する人々に支持されているある説は，古くさい話ではないが，以下のようなものである。農産物を商う業者が値段の高騰を予想して，トウモロコシを蓄えておく習慣が，他人の力で育っている小麦ばかりかトウモロコシまでも蓄えようとして穴を掘る動物の習慣に似ているというものである。この習慣はヘンリー8世(Henry VIII)の息子エドワード6世(Edward VI)の時代，非常に一般的に行われたので，中英語でこのような業者にこの名前がつけられたが，*badger* は公的に許可を得なければならなかった。

> This court taking notice of the great price of corn and butter. . . , it was ordered that from henceforth no badger whatsoever be licensed but in open court.
> 　　　　　—*Somerset Quarter Sessions Record* (1630)
> 当法廷はトウモロコシとバターの高い値段に注意を払っているので……，以後，公開法廷以外で行商人に許可は与えられない。
> 　　　　　—『サマーセット四半期記録』(1630)

BARK UP THE WRONG TREE, TO

　この表現の要点は，行いが間違っている，無駄にエネルギーが使われる，あるいはこの表現の起源を考えると，偽の情報に惑わされて追跡してしまうことである。ことの始まりはアライグマ狩りで，アライグマは本来夜行性なので，狩りは通常暗くなってから行われる。狩りは犬を放して匂いをたどらせることから始まり，木に隠れている獲物を追いつめたと思うと，犬は主人が着くまで木の下で吠え続ける。しかし，暗やみの中で，犬も誤って違った木の下で吠えることが時々ある。デイヴィー・クロケット (Davy Crockett) は1833年に *Sketches and Eccentricities*（『スケッチと奇行』）でこう書いている：
"I told him . . . that he reminded me of the meanest thing on

God's earth, an old coon dog, barking up the wrong tree."
(私は彼に言った……君を見ると地球上で一番劣る, 違った木に向かって吠える老アライグマ犬のことを思い出した). そこで, 一般に間違った考え方をしている人のことを間違った木に向かって吠えている犬のようだと言う。

アライグマ狩りは *up a tree* (進退きわまって) というもう一つの表現を提供してくれている。ある人を "up a tree" にあると言うのは, その人が困難を抱え, 途方に暮れていることを指しているである。逃げ場を探すアライグマのように, まごつき, 途方に暮れているのである。

BARKIS IS WILLIN'

すぐにも, あるいは喜んで誰かほかの人の考えに従うことを知らせようとする人は "*Barkis is willin'*." とさえ言えば, 同意を表すことになるかもしれない。

最初は誰もそう思わないかもしれないが, 引用はもともとロマンチックな話, つまり結婚の申し込みであった。チャールズ・ディケンズ (Charles Dickens) の *David Copperfield* (『デイヴィッド・コパーフィールド』1850) で, バーキス (Barkis) は, その言葉だけでクララ・ペゴッティ (Clara Peggotty) に結婚の意志を伝えた: "When a man says he's willin', it's as much as to say, that man's a-waitin' for an answer." (男がそのつもりだと言えば, それはいい答えを待っていることにほかならない). こう言ったバーキスのせりふを借りれば, たぶんそれまでにこれほど直接的で強要的な結婚の申し込みはなかったはずである。

BARNACLE

辞書の定義によれば, *barnacles* (フジツボ) は "small saltwater animals that attach themselves to something under water" (水中で何かに付着する小さな海水動物) で, 引き潮の時に防波堤や岩などによく見られる。もちろん, 船底にも付着している。

barnacle が初めて現れた 15 世紀には, 野性のガン, すなわちコクガンと同類のカオジロコクガンに使われた。数世紀後, *Cirripedes* と呼ばれる甲

殻類の海中動物がそのよく知られた *barnacle* という名前を獲得したのである。そこで語源学的な発展ということから，ガンはあの水中甲殻類をいわゆる長い首でつつくのである。

　中世ではこの種のガンがフジツボの中で生まれ，太陽の熱によって栄養を与えられて育ち，餌を与えられたと信じられていた。たぶんこの考えは *goose barnacle* の外見を基にして，外見がいわゆるガンの頭と首に似ていると考えられたからだろう。しかし，この考えによって語源学者はガンを追跡するはめになってしまった。事実，このガンは北極で夏を過ごすものの，繁殖の習性は知られていなかった。

　barnacle の現在の比喩的な意味は，甲殻類のように誰かに執拗にまといつき，追い払われるのを拒んでいる人のことである。むしろ腰ぎんちゃくと呼んでもさしつかえない。

BASSINET

　質問：赤ちゃん用寝台と騎士の防護マスクにはどのような共通点があるか。この両語は *basin*（洗面器）という同じ祖先を持っているのである。*basin* という語はローマ時代にさかのぼり，そのラテン語形は *bachinus*（食事のボール）であった。シャルルマーニュ（Charlemagne）の在位中，騎士たちは洗面器型の防護用ヘルメットを身につけていたが，それには台所道具に似た動かせる面頬（めんぼお）がついていた。そのヘルメットは古英語の *bacinet* から *bacin* と呼ばれた。その防護するという考えはイギリスに広がり，エドワード１世（Edward I）の兵隊は13世紀にウェールズを征服する時にこれを使い，綴りを *basin* のように英語化した。やがて多くのリボン飾りのついた赤ちゃん用寝台に *et* という指小辞がついて *bassinet* と呼ばれるようになった。というのは，柳細工の篭の形が騎士の顔を防護する面頬に似ていたからである。もはや赤ちゃん用寝台にはリボンもついていず，柳細工ではなくても，その言葉はまだ生きている。

BAYONET

　兵士たちに使われたこの武器（銃剣）は，ある著名なフランスの町にちなん

で名づけられた。少なくともある筋によれば，フランスのバヨンヌで17世紀に初めて考案された武器で，その町では鋼鉄の刃と短剣が製造されたと信じられている。また *bayonet* は *bayon*（十字弓の柄）の指小辞であると言う人もいる。さらにその起源はまだ解明されていないと言う人もいる。

ある時期の歩兵の主な武器は槍と矛であった。火器が伝わると，旧式の武器はすぐに減った。マスケット銃の問題点は，歩兵が弾丸を込め直さなければならなくなった時，騎兵に対し実際上無防備の標的となったことである。火器を運ぶ兵士と矛を持っている兵士の混成軍を作れば，大いに威力を発揮した。だが最終的には銃剣はマスケット銃の銃口につけられたので，歩兵はなんらかの武器を構えの姿勢で持っていたことになる。

この新しい武器は言い伝えによれば，バヨンヌを包囲している間に発明されたという。防護兵がすべての武器弾薬を使い果たしたとき，ある利口な兵士が自分のナイフの柄をマスケット銃に突き刺して，攻撃範囲を一段と広げた。他の兵士もそれに続き，破れかぶれでこの長い柄のナイフで敵を攻撃したところから *bayonet* が誕生し，名前もそれが使われた場所にちなんでつけられたというわけである。

ウィリアム・ラルフ・イング（William Ralph Inge）は *Wit and Wisdom of Dean Inge*（『主席司祭イングの機智と知恵』）の中で伝えられているように，銃剣について痛烈な批評をした："A man may build a throne of bayonets, but he can't sit on it."（人は銃剣で王座を建てることはできても，即位することはできない）。

BEARD THE LION, TO

これは，いわゆる人間がライオンをひげでつかむように，危険な相手に敢然と立ち向かったり，危険な任務を引き受けるという意味を表す格言のような言い方だ。旧約聖書のダビデ（David）とゴリアト（Goliath）の物語の中で，サウル（Saul）は，ゴリアトが闘いに長けた巨人であったため，ダビデがほんの若者であることに不安の気持ちを抱いた。しかし，ダビデはサウルを安心させてこう言った："Your servant used to keep sheep for his father; and when there came a lion, or a bear, and took a lamb from the flock, I went after him, and smote him and delivered it out of his mouth; and if he arose against me, I caught him by his beard, and smote him and killed him." (僕は，父の羊を飼う者です。獅子や熊が出て来て群れの中から羊を奪い取ることがあります。そのときには，追いかけて打ちかかり，その口から羊を取り戻します。向かって来れば，たてがみをつかみ，打ち殺してしまいます「サムエル記上」)。ダニエル (Daniel) はライオンの穴に投げ入れられたが，生きて帰ったという話は真実だと認めるため，*to beard the lion*（敢然と立ち向かう）という表現が *in his den*（相手のところへ乗り込んで）という言葉につけ加えられた。ダニエルはライオンの口を閉じさせる天使を神がつかわしたと説明した。この比喩はとても流行したので，死んだライオンのひげをさも偉そうににむしり取った臆病な野ウサギについての話の中で，ホラティウス (Horace)，マルティアリス (Martial)，そして後にエラスムス (Erasmus) によっても引用されている。しかし，ウォルター・スコット (Walter Scott) は *Marmion*（『マーミオン』1808）の中でこの表現を格言にした：

> ... And dar'st thou then
> To beard the lion in his den,
> The Douglas in his hall?
> And hop'st thou thence
> unscathed to go?
> No, by St. Bryde of Bothwell, no!
> 汝は敢然と
> 大邸宅のダグラス家に
> 立ち向かったのか。
> そこから無傷で
> 出て行こうとしたのか。
> いいや，誓って言うが，そんなことはありえない。

　皮肉屋は，危険な場所もしくはジレンマの状態にいる人は敢然と立ち向かうのが好きか，それとも古い言い方で，熊のしっぽを捕まえるのが好きかと尋ねるかもしれない。どちらにせよ，すばらしい選択をしてほしい。

BEAT AROUND THE BUSH, TO

> 'Twas I that beat the bush,
> The bird to others flew.
> —George Wither, "A Love Sonnet"
> 私が茂みを叩いて揺さぶったら，
> 鳥は仲間のところへと飛び立った。
> —ジョージ・ウィザー「ある愛のソネット」

この表現は，人が間接的に軍事目標に接近していること，もしくは，ある対象を取り囲んだり，かけ声で威嚇したりすることを比喩的に示したものである。つまり，ものごとを遠回しに言うことである。こんなことをする人は警戒しすぎて，実際には問題の的を射ることができないのである。この表現は，もともと *to beat the bush* という形で，ハンターたちが茂みに潜んでいる鳥を飛び立たせるのに長い間使われていたものである。1546年，ジョン・ヘイウッド (John Haywood) は，*Proverbs*（『格言集』）の中でこの元々の意味を用いている："And while I at length debate and beat the bush,/ There shall step in other men and catch the birds."（くどくどと考えて茂みを叩いているうちに / 周りの者たちが入りこんで鳥を捕まえてしまう）。少々違った向きではあるが，ヘンリー5世 (Henry V) もオルレアンの包囲戦でこの表現を使っている："Shall I beat the bush and another take the bird?"（私が茂みをつつき，君が鳥を捕まえてくるというのはいかがかな）。この表現に *around* をつけた "to beat around the bush" は，現在では，問題を回避したり，それに間接的に近づいたり，優柔不断であるというような意味を持っている。この対語的な表現が，*to call a spade a spade* である。これは，直接言う，そのまま話す，ありのままを話すという意味である。

BEAT THE RAP, TO

rap という語はどんな意味かと聞くと，返ってくるのは多くは全く関係の

ない答えで，興味のわくものはいくらもないだろう。*rap* は，ドアや机をゲンコツで思い切りたたくことである。また，もしゲンコツ同士が激しくぶつかり合ったら，"rap on the knuckles"（指の関節部をたたいて人を罰する）ということになるだろう。若い世代は *rap sessions*（討論集会）のことを示していると思うだろう。そしてこの場合，*to rap* とは "to speak with one another, to converse"（お互いに話をする，対談する）という意味になる。一方，ジャーナリストは，*rap* を "censure or criticize"（非難する，批判する）という意味の語の短形強調語として使っている："The teacher was *rapped* for her brusque manner."（その教師はぞんざいなマナーで非難された）。刑事上の判決を申し渡された人は，特に他人にぬれぎぬを着せられた場合は，*to take the rap*（罰せられる）と言われる。

このような *rap* はどれも *beat the rap* という決まり文句に適応しない。この表現は "to escape punishment, to go free"（刑罰を逃れる，自由の身になる）という意味である。この表現がどのように生じたかは完全に明らかというわけではないが，ある文章家の説では，この句の *rap* は，休廷の際に法廷の判事が小槌を鳴らす音からきているという。つまり，判事の机を小槌がたたくまでは，罪を逃れる機会が残っているということになる。

結論として次のように言っておこう。*rap* の語源は疑わしいと思う人でも，絶望のあまりお手上げになり，*rap* を値打ちのないコインの意味で使って，こう言うかもしれない："This whole thing is not worth a rap."（これは一銭の値打ちもないよ）。

BEE IN ONE'S BONNET, TO HAVE A

    Her lips were red, and one was thin,
    Compared with that was next her chin,
    Some bee had stung it newly.
      —Sir John Suckling, *Fragmenta Aurea*
彼女の唇は紅を帯びていた，上唇は薄い，
顎のすぐ上の下唇に比べて。
蜂の中にはさらに上唇を刺したものもあった。
    —ジョン・サックリング卿『香しきもの』

どんなに長生きしても，縁なし帽や帽子の中で蜂を飼っているなどということはまず聞かないだろう。でも，もしそんなことがあったら，つまり，蜂が実際に誰かの帽子の中で飼われているとしたら，その人はよほど苦しむだろう。この表現は，人がある点で気まぐれであったり気が狂っていることを指し，話したくなくなるほど悩んでしまうことを言う。これはいささか奇妙な定着の仕方をした表現である。一時期，蜂と魂には何らかの関連があるという考えがあった。ムハンマドは蜂を極楽へ招待した。さらにもっと時代が下ると，1648年にロバート・ヘリック（Robert Herrick）の *Mad Maid's Song*（『乱心の乙女の歌う』）に以下のような一節がある：

Ah, woe is mee, woe, woe is mee,
Alack and well-a-day!　For pity, sire, find out that bee,
Which bore my love away.　I'le seek him in your bonnet brave.
ああ，わたし悲しいのです。ほんとに，ほんとに悲しいの
哀れと思ってあの蜂を探してください，
あの人を運んでいってしまったのです。
そのすばらしいお帽子の中から。

さらに1845年にドゥ・クウィンシー（De Quincey）は *Coleridge and Opium*（『コールリッジと麻薬』）の中でこう言っている："John Hunter, notwithstanding he had a bee in his bonnet, was really a great man."（ジョン・ハンターは，奇妙な考えにとりつかれていた（had a bee in his bonnet）が，実に偉大な人であった）。

BEEF, TO

to beef とは，不平を言ったり，不満を表したりすることである。a person with a *beef* とは，何をされてもされなくても満足しないような人のことである。この俗語の現れたのはカウボーイ時代のことである。当時は家畜の群れを長い間，雨の日も風の日も，野越え山越え誘導し，東部へ出荷するため貨物列車の線路まで連れていく商売をしていた時代である。途中，極度の暑さ

と食糧不足が，家畜に降りかかる悩みの種であった。その家畜が発散できることと言えば，大声で鳴くことだけであった。家畜の群れが目的地に着く頃になると，遠くからでも何が来るのか誰にも分かった。なぜなら，この家畜の大声が，何マイルも離れていても聞こえるからであった。そして牛飼いは言う："Here comes 'the beef.'"（ほーら，牛だぞー）。今日，不満のある人は，牛の大声が聞こえようが聞こえまいが，to have a beef（不平がある）のである。

BEFORE YOU CAN SAY JACK ROBINSON

急いで何かをしようとしている人が "I'll do it before you can say Jack Robinson."（あっという間にさっとやってしまうよ）と言うのを聞くことが頻繁にある。でも，なぜ *Jack Robinson*（ジャック・ロビンソン）なのであろうか。実のところは誰にも分からないが，いくつかの推測は立っている。この名前の由来の証明が説得力のあるものであれば，即時性とは無関係で，無意味な語だけで成り立っているということが言えるであろう。

1875年にフランシス・グロウス（Francis Grose）が書いたものを基にした辞書 *Classical Dictionary of the Vulgar Tongue*（『古典に見る俗語辞典』）によると，この句の起源は少しの間だけ留って仕事を渡り歩く人のことである："Before one could say Jack Robinson is a saying to express a short time, originating from a very volatile gentleman who would call on his neighbors and be gone before his name could be announced."（before one could say Jack Robinson というのは，短い時間を表現する言い方で，隣人を訪問して名前を名乗る間もなく去っていってしまうような，気の変わりやすい人が始まりとなった）。ブルーワー（Brewer）は，ハリウェル（Halliwell）の *Archaic Dictionary*（『古語辞典』1846）の "an old play" の項の次の節が他でも使われる元の句ではないかと提案している。

  A worke it ys as easie to be done
  As tys to says Jacke! robyson.
  そんなことは簡単な仕事だよ，

あんたがジャックロビソン！と言うのと同じくらいに。

　確証はないがもっと面白い背景に，インド紙幣について英国議会の討論の最中にフォックス（Fox）とシェリダン（Sheridan）の間で起こった事件のエピソードがある。容疑は贈収賄であった。シェリダンがジョン・ジャック・ロビンソン（John Jack Robinson）を見て話そうというところで，議員たちは "Name him. Name him."（名前を言え，名前を）と叫び始めた。これに対しロビンソンをまっすぐ見て応じたシェリダンがロビンソンをなぜ凝視していたかは明らかであり，これが今の慣用句の意味の "with no loss in time"（時間の無駄なくさっさと）になったとこじつけているのである。

BEHIND THE SCENES

　この自明の表現は，人目につかないところでなされたことを言っている。これほど普通で明白な意味のフレーズの起源に関心のある人にとって特に興味があるのは，その歴史的過程についてである。

　英国の劇場では当初，舞台装置の背景幕はなじみがなかった。芝居は，美しくもなければテーマとは何の関係もないような平凡な絵柄さえ施されていないカーテンを背景に行われていた。16世紀中頃，ジェームズ1世（James I）からチャールズ1世（Charles I）（この二人は芸術の擁護者であった）に続く時代に，背景幕は色彩豊かに風景が描かれ，ステージは華やかに，場面はより魅力あるものになった。論理的にはこのような情景的場面ができて，*scenes* と呼ばれるようになったのである。

　ひどい犯罪行為や拷問，処刑などがステージで見られることはないが，それは幕間に起こったこととして暗示されていた。客は，このごまかしを楽しみ，観客の視界からは隠れているが，重要な動きやよだれを出すような演出が舞台裏で *behind the scenes*（内密に）行われたと冗談を言ったりする。この表現は，われわれとともに残り，ドラマの舞台を，日常のいくぶん共通した，時々邪悪でもある行為に転じさせたのである。

BELL, BOOK, AND CANDLE

Bell, book, and candle shall not drive me back.
—Shakespeare, *King John*
破門の鐘，聖書，ろうそくをつきつけられたって，辟易はしません。
—シェイクスピア『ジョン王』

　英語表現を調査している人たちは，*bell, book, and candle* という連語に同意していない。この語順には，快い音楽的な響きはあるが，ローマカトリック教会の除名の祈りが執り行われる手順を踏んでいない。司祭が，ある聖餐拝受者は以後教会の聖礼典には参加しないと伝えた後，聖書を閉じ，ろうそくを消し，鐘を鳴らす。このような，聖職者の象徴的行為は，鐘を鳴らすという，死の象徴が儀式に含まれているのを見ても論理的であるのが分かる。だから，本来は *book, candle, and bell*（聖書，ろうそく，鐘）という順序なのである。ところが一般的には，*bell, book, and candle*（鐘，聖書，ろうそく）という順序で残っているのである。

　もちろん，誰もが除名に関心を持っているわけではない。無関心な人は，たとえ自分のために鐘を鳴らされるとしても，"in spite of bell, book, and candle"（鐘や聖書やろうそくをものともせず）したいことをしたり，言ったりするつもりだということを言って，自分の無関心を表せるのである。

BELL THE CAT, WHO WILL

　人が "Who will bell the cat?"（誰がその猫に鈴をつけるのか）と比喩的に質問するとき，相手の利益に対して誰も個人的な危険を想定してはいないだろう。鐘が鳴ってもいつも決まって先生が授業を続行し，当然生徒が不満を抱けば，先生にすぐに授業を終わらせてほしいと進んで言う生徒が，まさに *belling the cat*（猫に鈴をつける）ことになるだろう。これをあてつけた作り話がイソップの *The Rat and the Cat*（『ネズミと猫』）である。この話は，猫がこんなにも多くの仲間を殺すのをどうしたら止められるかとネズミたちが話し合う。長い間方法に思いをめぐらしたあと，猫が動くと近づいたとい

う警戒音を鳴らす鈴を猫の首につければよいということに決定した。ネズミは誰もこの問題は解決されると思い，その提案に同意し，この巧みなアイディアに満足し笑いがこぼれていた。ところが，それはネズミの自己満足だった。一匹の賢いネズミが立ち上がり，あわてて質問した："Who will bell the cat?"（誰が猫に鈴をつけるんだい）。

BILLIARDS

Let's to billiards.
—Shakespeare, *Antony and Cleopatra*
玉突きをしよう。
—シェイクスピア『アントニーとクレオパトラ』

billiards（ビリヤードゲーム）がいつ始まったものかは全く分からない。一説には，古代ギリシャでこれに似たものが行われていたと言われているが，名前は歴史に残っていない。*billiards* という語は仏語の *billard* にさかのぼることができ，もとは曲がった棒という意味で，*bille*（丸太）から後にボールを突く棒（今の意味では a *playing cue*）という意味になった。スペンサー（Spenser）は，16世紀にこのゲームを *billiards*（ビリヤード）と呼んだ。おそらくスペンサーはユーモアとしておどけて使ったにちがいない。実際はこのゲームはボールを使うのに，ゲームの名前はなぜか *billiards* というのである。

有名な話に，ウィリアム・キュー（William Kew）という質屋の主人の話がある。キューは，商いの印として店の外に3個のボールを釣り下げておき，夜になると店内にしまっていた。また面白半分に定規でボールを突いて，陳列台の上を転がして遊んだりした。そこでキューは，ゲームになるように隅にポケットをつけた台を作ることを考えついた。このゲームは，*Bill*（William の親称）が自分のヤード定規（*yard*-measurer）を使ってできたので，*billyard*（ビリヤード）と呼んだ。棒の名前は後に *kew*（ビルの名字）になり，さらに後に，*cue* へ変わっている。しかし，この面白い話も専門家の支持や証明がないので，間違ったキュー（合図）に従っているかもしれない。気をつけようよ。

BIRD IN THE HAND, A

> He is a fool who leaves things close at hand
> to follow what is out of reach.
> —Plutarch, *Of Garrulity*
> 彼は，手元に近づいてきたものは放っておいて，
> 手に届かないものを追いかけている愚かなやつだ。
> —プルタルコス『おしゃべり』

　この句の意味は，"A bird in the hand is worth two in the bush."（手の中の1羽の鳥は，茂みの中の2羽に値する）ということからも自明で，期待するより所有するほうがいいということであるが，その起源はまったく定かでない。有名な話の一つに，サリー卿（Lord Surrey）が美しい羽の鳥をヘンリー8世（Henry VIII）のお抱え道化師ウィル・サマーズ（Will Sommers）に与えた後の話がある。ノーサンプトン卿（Lord Northampton）はサマーズがサリー卿から譲り受けた鳥のことがいたく気に入り，その鳥をくれたら1日に2羽の鳥をやろうというメッセージをサマーズに送った。サマーズの答えはこうであった："I am much obliged for your liberal offer of two birds for one, but I prefer one bird in hand to two birds in the bush."（1日に鳥を2羽くださるというお申し出，まことにかたじけなく思います。しかし，私は，藪の中の2羽の鳥よりも手の中にある1羽の鳥の方がいいのです）。

　ジョン・ヘイウッド（John Heywood）は，*Proverbs*（『格言集』）に少し変形したものを載せている："One bird in the hand is worth two in the wood."（手の中の1羽の鳥は木の中の2羽に相当する）。

　このイディオムの考え方はいくつかの言語にも含まれている。フランス人はこう言う：*"Un tiens vaut, ce dit-on, mieux que deux tu l'auras."* "One you have is worth two you will have."（一つ持っていることは，二つ持とうとしていることと同じ価値がある）。イタリア語では *"E meglio aver oggi uovo, che domani una gallina."* と言って，"It is better to have an egg today than a chicken tomorrow."（明

日鶏を1羽手に入れるより，今日卵を一つ手に入れたほうがよい）という意味になる。このように言語が変わっても，手に入れてしまったものを大切に手元においておくことが賢いとされている。

BITE OFF MORE THAN YOU CAN CHEW, TO

Don't bite off more than you can chew. という表現は，自分で手に負える以上のことを引き受けてはいけない，野心は抱かず，欲張ることもするな，という意味である。レストランに行って何でもかんでも注文したがっている子どもに向かって，母親がよく言うせりふに，"Your eyes are bigger than your stomach."（あんたの目は胃袋より大きいねえ）というのがある。

　見出しの表現は，かみタバコが一般的な習慣だったころ流行り出した。これはたんつぼ文化の一部となった。今日，たばこを一箱差し出して一本譲ったりするのと同じで，当時は，かみタバコの塊を一つどうかとすすめるのが通例であった。だが誰だってほんのひとかみで自分のかみタバコをすべてなくしたくはないから，気にしながらおどけた感じでこう言うのである："Don't bite off more than you can chew."（かめる量以上にほおばるなよ）。バーゲン・エヴァンス（Bergen Evans）は当時 *chew* ではなく *chaw* と言っていたと指摘し，ほかにもこの冗談に対するマーク・トゥウェイン（Mark Twain）の言葉について述べているが，かみタバコをすすめた人は塊がほとんど残っていないのを見て，こう言ったという："Here, gimme the *chaw,* and you take the *plug.*"（おい！　かんだの（chaw）よこせ！　この塊（plug）やるから）。中国人の言い方はもっと如才ないものである："Tan to chuch pu tan."—"If you bite off too much, you can't chew it thoroughly."（そんなにほおばったら，ぜんぜんかめませんよ）。

　この話はどこかかみごたえがあったでしょう。

BITE THE BULLET, TO

bite the bullet も有名な表現だが，あいまいな起源を持つ表現である。現在では，"to face come what may"（何があっても向き合っていく）と

いう意味で使われている。もっとなじんだ言い方に置き換えると，面白くない状況に直面したときの"to face the music"（進んで責任を取る）という意味もある。しかし，はるか昔のこと，麻酔薬が作られる以前は，この表現には別の意味があった。外科手術を兵士に施す際の痛み緩和策として，医者は患者に鉛の弾丸をくわえさせた。もちろん弾丸は麻酔ではないが，それをかむことで手荒な手術の苦痛から兵士の注意をそらすことができるのである。ラドヤード・キプリング（Rudyard Kipling）が，このフレーズを *The Light That Failed*（『消えた光』）で使っている："Bite on the bullet, old man, and don't let them think you're afraid."（御老体，我慢してください，怖がっていると彼らに思わせてはいけません）。

BITE THE DUST, TO

この表現は，"to be vanquished, to be slain in battle"（戦争で征服される，殺される）という意味で，著名な古典の背景から生じているが，言い回しは少し違ったものである。ホメロス（Homer）の叙事詩 *Iliad*（『イリアス』）に次のような比喩がある："First Odius falls and bites the bloody sand."（まず，オディウスは血の砂に落ち，それを食う）。ウィリアム・クーパー（William Cowper）は，ホメロスのこの一節を"... bites the ground."（……地面をかむ）と訳している(1838)。ウィリアム・カリン・ブライアント（William Cullen Bryant）は，"... and bites the dust."（……そして塵を食う）としている (1870)。しかし，この句が一般に知られるようになったのは，西部アメリカのインディアン狩り記録係が好んで使った，次のちんぷんかんぷんな言葉からである："Another redskin bit the dust."（別のアメリカインディアンが塵をかんだ）。

BLACK BOOK, IN ONE'S

誰かの *black book* に自分の名前が書かれていて自慢に思う人はいるだろうか。まあ，それは人によるだろう。今日，a black book は個人の住所録で，重要な人にはその重要度に応じて印がついていると考えられている。なんとも媚びた，ちんけな代物である。だが以前は，つまりこの語が現れたときは，

全く反対の意味の，好きとは言えない嫌な奴の住所録だったのである。16世紀に，ヘンリー8世（Henry VIII）の副官は，"sinful"（罪深い）修道士の名前を黒い本に登録していた。王はそれを，自らの反ローマカトリック教会活動の正当化のために，議会で自分の審議を擁護するリストに利用した。エヴァンズ（Evans）は，アマースト（Amhurst）に言及し，アマーストの *Terrae Filius or the Secret History of the University of Oxford*（『オックスフォード大学の隠された歴史』1726）を，学位取得を禁じられた人たちの名前を記録したえん魔帳（black book）だと言っている。エドマンド・スペンサー（Edmund Spenser, 1595）は書いている："Al her faultes in thy black booke enroll."（彼女の失敗はすべてそなたのえん魔帳に記録しておけ）。

　black book にリストされている内容が，嫌な奴からよい人へと180度変わっていったのであるが，それはおそらくフレッド・アステア（Fred Astaire）がそうしたのだと考えられる。アステアは，ジンジャー・ロジャーズ（Ginger Rogers）と共演のミュージカルで，自分に大事にされた美しい女性たちがどれほどたくさんいたかをロジャーズに見せようとして，自分の"black book"を示し，嫉妬心をあおるのである。アステアは，多くのアメリカ人の目には洗練された紳士の縮図のように映ったので，*black book* という語は，侮蔑語から賛嘆語へと変わったのである。

BLACKSMITH

  Under a spreading chestnut tree
  The village smithy stands.
  The smith, a mighty man is he,
  With large and sinewy hands;
  And the muscles of his brawny arms
  Are strong as iron bands.
  —Henry Wadsworth Longfellow, "The Village Blacksmith"
　一本の大きな栗の木の下に，
　かじ屋の村はある。
　かじ屋はとても力強い

大きく強靱な手を持っている。
筋肉質のたくましい腕が
まるで鉄の鋸のように力強い。
　　—ヘンリー・ワズワース・ロングフェロー「村のかじ屋」

　教育を受けた人なら，ほとんどの人がこの詩になじみがあるだろう。ところが，*smithy* という語が何を指すかという調査を行ってみると，圧倒的な応答は"blacksmith"（かじ屋）のことを指すというのである。そう答えた人の頭では，大きな栗の木の下に立っているたくましい腕をした人のことだと思われているのである。しかし，これは間違っている。*smithy*（ときどき *smitty* と誤って発音されることがあるが）とは，かじ屋の店，*smith*（かじ屋）の仕事場のことである。いくらはっきりと"The smith, a mighty man is he."（かじ屋はとても力強い）と言っても，出だしが原因で *smithy* の意味を間違って概念化してしまうのである。ついでながら言うと，この詩に出てくるかじ屋の店は，マサチューセッツ州ケンブリッジのブラトル通りにあった。

　なぜこのかじ屋を *blacksmith*（ブラックスミス）と言うのか不思議に思っている人への答えは，黒い鉄を使って仕事をしていたからというものである。馬の蹄鉄だけを作っているかじ屋は *farrier*（蹄鉄工）と呼ばれている。これは，古仏語のかじ屋を意味する *ferrier* から生じていて，もとを突き詰めれば鉄を意味するラテン語の *ferrum* からきている。

BLOCKHEAD

Nay, your wit will not so soon out as
another man's will — 'tis strongly wedged
up in a blockhead.
　　　　　　—Shakespeare, *Coriolanus*
いや，きみの知恵は，ほかの連中のように，そう簡単には
飛び出さない。なにしろ，石頭にぴったり
こびりついているからね。
　　　　　　—シェイクスピア『コリオレーナス』

blockhead とは，ばかやのろまのことである。この表現は少なくともヘンリー8世 (Henry VIII) のころからずっと使われている。だが，その基礎は14世紀，ちょうど帽子が頭巾に取って代わる頃にまでさかのぼる。帽子がだんだんおしゃれになってきたので，帽子を作るために働く労働者がふえた。帽子は木のブロックで型を作ったのである。"block head"（ブロックヘッド）は作られる帽子を型どったものである。これはにせものの頭なので，それから"dumb"（頭の鈍そうな）人のことを *blockhead* と呼ぶようになり，これが *dullard* や *dumbhead* の類義表現となった。父親が *blockhead* と呼ばれるのを聞いた少年は，父親そっくりの子と思われたくはないだろう。

BLOODY BUT UNBOWED

　この句は，文句一つ言わずに人生の浮き沈みにさらされて生きている人のことを言う。どんな問題がつきまとおうと，多くのさまざまな苦痛があろうとも，顔をあげたままおじ気づくことはない。今日の語法では，血を流す意味はない。しかし昔，兵士が武器を持って戦っていた時代，兵士は血だらけになっても我慢して，決して負けを認めなかった。まさに文字どおり，*bloody but unbowed*（血みどろでも屈しなかった）のである。1888年，ウィリアム・アーネスト・ヘンズリー (William Ernest Hensley) は，結核で入院している間，*Invictus*（『インヴィクタス』）という作品を書いた。これはラテン語で，"unconquered"（不服従の）という意味である。そこに次の一連が含まれている：

　　In the fell clutch of circumstance,
　　I have not winced nor cried aloud;
　　Under the bludgeonings of chance
　　My head is bloody, but unbowed.
　　まわりのすさまじい支配力にも
　　私は怯んだりしない，泣き叫んだりもしない。
　　こん棒で何度も打たれるなか
　　私の頭は血だらけだ，しかし屈することはない。

BODICE

　bodice（ボディス）は，長い間，腰のところまでのぐっと締まった服のことで，コルセットとして使われ，ときに鯨の骨で補強されていた。中世には，二つの胴でできていた *bodice* は二つで一組と考えられた。だから，複数形が用いられて，当時 *body* の複数であった *bodice* となったのである。ところが，この複数形の *bodice* は，単数形に似た発音なので，単数形として解釈されるようになった。そしてそのまま今に至っている。単数のように見えるというだけのことで，簡単に単数形の語であると仮定されてしまったこのような経過は，他の英単語に影響を及ぼした。同様の例としては他に *chintz*（カーテン用の生地）があげられる。これは元々ヒンディー語で，単数形は *chint*，複数形は *chints* だった。ところが時間の流れとともに，*chint* はヒンディー語から消え去り，複数形も語尾の *s* が *z* に変わり，単数扱いになっていったのである。

　bodice に話を戻すと，このチョッキはジョンソン博士（Dr. Johnson）の造語であり，女性の身体を引き締めるもの（corset）であった。*corset* という単語は博士の辞書には載っていなかったが，*corselet* が採録されて，"a light armor for the forepart of the body"（軽い胴鎧）とある。*corset* の起源は古仏語にあり，*cors* は体（body）を指す。お尻の形をよくする下着のデザインがはやり出したころつけられた名前は，*cors* に指小辞（愛称的な接尾辞）のついた語形 *corset*（小さな体）だった。なるほど，窮屈なベストやきついコルセットは，ほっそりした体にぴったりだよね。

BOGUS

　bogus なものとは，いんちきなにせものという意味である。例えばレンブラント（Rembrandt）の模写とか，偽金などである。多くの研究者によれば，この *bogus* の起源を知っていると言う人は誰もいんちき（bogus）を言っているのであって，いまだに確実な語源は存在しない。しかし，推測ならあちこちにある。ある語源学者は，スコットランドのジプシーの，いんちきを表す言葉 *boghus* から生じたと言えるのではないかと考えている。メンケン

(Mencken) は，おそらく仏語が起源で，*bagasse*（娼婦）か *bogue*（栗のイガ）から来ていると推理している。*OED* は，1827 年にオハイオ州ではいんちき機械のことを *bogus* と呼んでいたと記している。他にもいろいろ説が出されたが，1857 年 6 月 12 日の *Boston Daily Courier*（「ボストン日報」）に，以下のような記事が載った：

> The word *bogus,* we believe, is a corruption of the name of one Borghese, a very corrupt individual, who, twenty years ago, did a tremendous business in the way of supplying the great west, and portions of the southwest with a vast amount of counterfeit bills, and bills of fictitious banks, which never had an existence out of the forgetive brain of him, the said Borghese. The western people who are rather rapid in their talk, when excited, soon fell into the habit of shortening the Norman name of Borghese to the more handy one of *Bogus,* and his bills and all other bills of like character were universally styled *bogus* currency.
>
> *bogus* という単語は，イタリアの名家ボルゲーゼ（Borghese）家を名乗る一人の詐欺師の不正行為から来ていると思われる。20 年前のこと，大西部を背景に一大事業をなし，多くの偽造紙幣を南西部にばらまき，架空の銀行までも仕立てた，前代未聞の悪党がボルゲーゼだった。この事件後，早口の西部の人々は，ボルゲーゼというノルマン系の呼び名を *Bogus*（ボーガス）と短縮してしまった。それから，ボルゲーゼの紙幣やその他の偽造紙幣が一般化して，*bogus* currency（ボーガス通貨）と呼ばれるようになった。

これは，今出されている数ある推測の中で，本物，すなわち真の *bogus*（いんちき）の一つかもしれない。

BOLT FROM THE BLUE, A

　この言い方は，突然の全く予期しない出来事を指す。例えば，天災は *a bolt from the blue*（晴天の霹靂）と言えるだろう。清く澄んだ空から稲妻とともに "thunderbolt"（雷）が何の警告もなしにやってくる。ケネディー大統領の暗殺は，このような突然の出来事だった。1888年の *OED* には，この句が紹介されているが，句源は記されていなかった。おそらく一般に使われていたのは，だいぶ前のことになるだろう。ホールト（Holt）によれば，この句はスコットランドの思想家トマス・カーライル（Thomas Carlyle）の *French Revolution*（『フランス革命史』1837）に載っているという： "Arrestment, sudden really as a bolt out of the blue, has hit strange victims."（まるで青天の霹靂のように突然，予想外の被害者が逮捕された）。

　ショウンランド（B. J. F. Schonland）は，*Flight of Thunderbolts*（『落雷の飛散』）で，ある谷の人たちが遠くで稲妻が光り雷が鳴っているのを聞けば，たとえ上空が青空であっても谷に雷が落ちるかもしれないと思っていたと指摘している。ショウンランドは，野球の試合中に青天にもかかわらず外野手がフライを追いかけているところを，逆に雷に追いかけられたあげくに雷に打たれ，亡くなってしまった事件を二つ知っている。一つはなんと，自身の出身校ペンシルベニア州立大学で起こっている。

BOOMERANG

　boomerang（ブーメラン）とは，投げ放った人の近くや後ろに戻せる鋭角飛び道具である。これは，古代エジプトやエチオピアで使われていたが，誰が発明したかは謎である。探検家が，オーストラリアのアボリジニーが鳥や小動物を捕らえる道具として使っていたのを発見したのは有名である。アリゾナ州のインディアンのホピ族も，ブーメランに精通していた。しかし，どの情報も *boomerang* がどうでき上がったかは説明できない。ある説では，オーストラリアでアボリジニーの発していた音の組合せは *womurang, bumarin, boomerang* で，*boomerang* だけが残ったと考えられてい

る。アボリジニーの言語では，この語は投げたところへ戻ってくる木製の飛び道具の独特な性質を説明していると推理されている。しかし，*boomerang* の発祥地は誰にも特定できていないし，その名が何を意味するのか，どうやって綴っていたのかなど，誰にも分からないので，語源はいぜん曖昧なままである。とはいえ，*boomerang* は英語に取り入れられ，その結果子どもが玩具として遊ぶような曲がった棒のことを指している。比喩表現では，*boomerang* は，発起人の期待はずれになるような計画や提案として広く行きわたった評価を受けている。

BOOT

もし誰かが木の靴で誰かの機械を壊したために get *the boot*（強制解雇させられる）としたら，中英語の *bote* は，古仏語からの借用であるが，二重の意味を持つことになる。*bote*（後の英語の *boot*）は足を覆うもので，仏語の *sabot*（小作農民のはく靴）の第二音節に現れる。

bootless というのは必ずしも裸足のことを指しているのではない。*bootless* とは何の得も利益もないことを言う。つまり，何の役にも立たないしぐさや行為である。シェイクスピア（Shakespeare）にはいくつか見られる："Doth not Brutus bootless kneel?"（ブルータスがひざまずいてさえ，動かなかったではないか）—『ジュリアス・シーザー』，"He robs himself that spends a bootless grief."（無益に嘆いてばかりいたら，それこそわれとわが身を盗んでいるようなものだ）—『オセロ』，"And trouble deaf heaven with my bootless cries."（いくどか無益に叫び，天を煩わしてもきかず）—「ソネット 29」。

BOOTLEGGER

bootlegger というのは酒の行商人についた奇妙な名前である。この名前は，はじめ密輸入の密造酒を不正に売買していた人たちが，特にブーツに強い酒の入ったビンをつめて，政府に隠れてインディアンと不正取り引きをやっているうちについたものである。やがて，*bootlegger* という語は，手で運んでもトラックで運んでも，見つからないところに置いていったとしても，密造

酒の配給業者につけられる呼び名となった。*bootlegger* はもはや boots をはいて働くことはなくなった。禁酒法時代にあった駅長とギリシャ語の大学教授の話を思い出してみよう。駅長は教授を呼び止めて，こう言った："Professor, you'd better get down to the station fast because your package of books is leaking all over the platform." (教授，直ちに持ち場へお帰りください。書籍の入った荷物 (お酒) がホーム中に漏れっぱなしですから)。

BOSS

多くの人がうんざりする単語のひとつに *boss* がある。*boss* とは何か誰でも知っているが，悔しい思いをしている人もいる。しかし，アメリカでは，管理者に *boss* を使用する前は *master* が使われていた。*master* は，おうへいな響きがあり，全く受け入れられなかった。オランダ語で *master* を表す *baas* が，オランダ人移民の間で使われていた。他の移民も，*master* という反民主的な語を避けるために，このオランダ語を採用し，発音と綴りが英語化されて，*boss* となった。だから，もしあなたが上役の受けが悪くても (in Dutch with your boss)，それは語源的には自然ななりゆきであることを忘れないように。そうは言っても，結局のところ誰かが *boss* にならなければならないということになるが。

BOULEVARD

町中の区画された道のことを，*boulevard* (遊歩道，並木道) と呼ぶ。たいていは道幅が広く，木々が立ち並び，葉が茂っている。今日の我々の社会では，この遊歩道に隣接して，上品で高級な商品をそろえたブティックや店が軒を並べている。ところが，この *boulevard* の元祖は，おもしろいことに今日の *boulevard* とは全く関係のない意味を持っていたのである。

昔，町は，まわりに厚い壁を建てて敵の攻撃を防いでいた。この壁はよく木の幹で作られていたが，壁を建てる仕事はとても厳しいもので，オランダ語の *bole* (板材) と *werc* (仕事) を意味する *werc* から *bolwerc* という語が作られるほどだった。もうお気づきの方もいるかもしれないが，英語にも

bulwark という複合語があり，これは砦を意味する。仏語もこの語を借用し，*boulevard* という仏語にして，防備用城壁のことを示した。町の壁が不要になるにつれて，この高架の防壁は遊歩道に変わり，楽しい散歩道となった。英国人はこの語の音と意味が好きで，*boulevard* は広い道ならどんな道でも表すようになり，時には，高くなっていなくても草の生えた地域を指すようになった。今ではこの語はゆるぎない大地の上にある。

BRAILLE

盲人たちに使われ，世界的に認められている点字体系は，開発者にちなんで名づけられている。その名はルイ・ブライユ (Louis Braille) といい，人生の大半をフランスで過ごしたペルシャ人である。不幸なことに，ブライユは，3歳のときに事故で失明した。

1826年にブライユは Institution Nationale des Junes Aveugles (国立青年盲人学校) の教授となってから，陸軍がチャールズ・バービア大尉 (Captain Charles Barbier) 作成の夜間伝達用の見ずに触って読む方法を使っていることを知った。この方法は軽く指で触りながら，点を頼りに読んでいくものであった。ブライユは "cell" (セル) と呼ばれる六つの点を利用したシステムを作り出した。これは長方形の中に水平方向に二つ，垂直方向に三つの点を使ったものである。点は記号を意味した。ある一点がAだとしたら，その上の一点はB，隣合った二点はCというぐあいである。全部で63の組合せで，句読法と短縮形を含めたアルファベットはおろか，音楽表記法まで作ってしまった。ブライユ自身すぐれたオルガン奏者で，作曲家でもあり，このシステムで何曲か書いている。

BRAZIL

1500年4月22日，ポルトガルの探検家ペドロ・アルヴァリジュ・カブラール (Pedro Alvarez Cabral) は，*Brazil* と呼ばれるようになった南アメリカの地域を発見した。ここはもとは，原住民が染色に使っていた赤い木が多く分布していた地域なので，*terra de brasil* — "the land of the red dyewood" (赤い染め木の土地) と呼ばれていた。*Brazil* という名前の語

源は，ラテン語の *brasilium* であり，これは "a red dyewood from the East"（東部産の赤い染料の木）のことを意味する。古仏語ではこれを *bresil* と呼び，スペイン語，ポルトガル語では *brasil* と呼んでいるが，この赤い染料のもととなる赤い木は *brasilwood* である。今，*Brazil* として知られている地域が一つの国になり，名前が必要となったとき，選ばれた国名は，当然のことながら，国の主産業を基礎とすることで承認されたが，その産業を支えたのは顔料を生み出す木 *brasil* であった。こうして，ほんの少し綴り字を変化させることにより，*Brazil* が誕生したのである。

BREAD

> The nursery still lisps out in all they utter —
> Besides, they always smell of bread and butter
>   — *Beppo*
> 子どもは話をするとまだまだ舌足らずで，
> その上，いつもパンとバターの匂いがする
>   —『ベッポウ』

 bread という語を議論するときに忘れてならないのは，*bread* にはいくつか全く関係のない意味があるということである。*bread* の普通の意味は，"a leavened staple food made from a flour or meal mixture that is shaped into loaves and baked"（小麦粉かひき割りトウモロコシを混ぜたものを塊にし，発酵させて焼いた主食）である。これはとても重要な食料品で，17世紀の諺にもあるとおりである："Bread is the staff of life."（パンは人生の杖である）。しかし，今日の俗語では，*bread* は "money"（お金）を表す。ならず者がパンを捜すというのは，別にパン屋を念頭に置いているのではない — どちらかといえば，銀行であろう。古英語で *bread* は，*hlaf* と言われていて，今では "loaf"（パンの塊）という意味である。*bread* という語は北部方言だけに使われていて，"crumb"（パンくず）とか "fragment"（かけら）という意味であった。それにしても不思議なのは，物価が上がっている今日，"bread"（お金）はただのパンくずであるということである。

BREAK THE ICE, TO

　この表現は，冬の間氷に閉じ込められた船を救い出すところから生じた。砕氷機が発明される前までは，船頭は斧を使っていた。この表現は多くの関係のない意味を伴い，普通の語法となって登場してきた。一つはシェイクスピア (Shakespeare) によって使われた "to prepare the way"（下準備をする）という意味である。*The Taming of the Shrew*（『じゃじゃ馬馴らし』）でペトルーチョ (Petruchio) はある姉に，妹が結婚生活に入る前に結婚式をあげなければならないと指摘した。そこでトリアニオ (Trianio) は，同意して，ペトルーチョはこの種の解放主義者なのだと思い，こう言った：

> If it be so, sir, that you are the man
> Must stead us all, and me amongst the rest,
> And if you break the ice, and do this feat,
> Achieve the elder, set the younger free
> For our access.
> そういう事情なら，あなたはわれわれにとって，
> とくにわたしにとっては大切なお方です。
> みごと突破口を開いて，この難業をなしとげよう
> というのですからな。姉が手に入れば妹は自由になる。

　もう一つは，なごやかな雰囲気を作り，冷たい人のよそよそしさを解放し，親しい関係を作り上げ，社会生活に関する状況をより平穏にするということである。しかし，この表現は，事業を始める際の隠れた障害を乗り越えるときによく使われる。今までは，よい意味で使われるときの話であった。ここで一つよくない時の用法を紹介すると，この語はできるだけそつなく，面白くない残念な知らせを告げるときにも使われるのである。だからこの時の "to break the ice"（困難なことに手をつける）は心なごむ役目とは程遠いのである。

BRICK

> A fellow like nobody else, and in fine, a brick.
> —George Eliot, *Daniel Deronda*
> 他には類を見ない奴，とてもいい奴で，気前のいい奴だ。
> —ジョージ・エリオット『ダニエル・デロンダ』

　人を *brick* と呼ぶときはほめているときだ。それは，いい奴という意味である。その人は賞賛できる性格を持っている。煉瓦 (brick) はしっかりしていて，四角く，煉瓦にたとえられる人のように，強靱で，融通が利く。この表現は，もちろん口語体であるが，プルタルコス (Plutarch) によれば，これには歴史的な基盤がある。
　話は *Life of Lycurgus*（『リクルゴスの生涯』）に出てくる。そこには，エペイロス (Epirus) から来訪した大使がスパルタ (Sparta) には町を囲む壁が見えないのに驚いたことが載っている。"But we have walls."（いや，城壁はあるのだよ）とリクルゴス王は答えた。そう言って王は大使を陸軍の演習場に連れて行った。それは町の外にあった。王は叫びながら兵士たちを指さして得意げに言った："There are Sparta's walls; and every man is a brick."（これがスパルタの壁だ。この一人ひとりが煉瓦のようなものだ）。

BRING HOME THE BACON, TO

　この表現は，成功を示したり，賞品を家に持ち帰ったりすること，または，家族を扶養するために，お金を家に持ち帰ることを意味する。そしてついには，この句は *"breadwinner"*（一家の稼ぎ手）と等しい意味になる。*bacon* も *bread* もテーブルに置かれた食べ物の象徴である。
　さまざまな説がこの表現の語源として出されているが，どれも確固としたものではない。例えばこの句は，目隠しをした選手がブタを捕まえる田舎行事から生まれたとしているものがある。このゲームの成功者は，捕まえたブタが手に入り，家にベーコンを持ち帰ることができたというのである。他には，"to

eat Dunmow bacon"（ダンモウベーコンを食べる）という句と関連しているというのがある。これは，仲たがいの結婚生活から解放されたカップルのことを言う。言い伝えによると，12-13世紀頃，ジュガ（Juga）という貴族婦人か，ダンモウ修道院の修道士，もしくはロバート・ドゥ・フィッツウォルター卿（Lord Robert de Fitzwalter. マグナカルタ時代の紳士）とかいう人の要請（誰の要請かは好みで選ぶといい）で，以下の条件に合うような者にベーコンの塊を一つ与えるということがあったという：

Any person from any part of England going to Dunmow, in Essex, and humbly kneeling on the stones at the church door, may claim a gammon or flitch of bacon, if he can swear that for twelve months and a day he has never had a household brawl or wished himself unmarried.
イングランド在住でここエセックスのダンモウの町に来た人なら誰でも，また教会の扉の石段にひざまずくことができる者なら誰でも，12ヶ月と1日間配偶者に怒鳴りたてたり，離婚を望んだりしないと誓えるなら，ガモン（ワキバラ下肉）かフリッチ（ワキバラ肉）のベーコンが要求できる。

結婚の喜びと運命の甘受を約束された人は，"bring home the bacon"（ベーコンを家に持ち帰る — 事をうまく運ぶ）ことができた。ただし，記録では要求者はたった8人だったという。

以上のような推測をしてきた学者たちの中には，まともなことを言った人はほとんどいなかった。

ブルーワー（Brewer）は，すべての要求者に与える誓いの詩を書いた：

You will swear by the custom of our confession,
That you have never made any nuptial transgression
Since you were married man and wife,
By household brawls or contentious strife;
Or since the parish clerk said *Amen,*
Wished yourselves unmarried again;
Or in a twelvemonth and a day,

Repented not in thought any way.
If to these terms, without all fear,
Of your own accord you will freely swear,
A gammon of bacon you shall receive,
And bear it hence with our good leave.
For this is our custom at Dunmow well known —
The sport is ours, but the bacon your own.
汝懺悔の風習により誓い給え
けして結婚の違反を犯さないと
婚姻を行った男女なのだから，
所帯上のいざこざ，異論のある問題で
不和を起こしてはならない
教区の牧師がアーメンと言うことで
離婚を自ら望むのか。
さもなくば12ヶ月と1日間
何も考えずに悔い改めるのか。
悔い改めるなら，すべての懸念を捨て
誓いに汝を合致させんとすれば
ベーコンを一塊授けよう
今後許しを願いて心に抱き
これぞ人の知るダンモウのならわし
楽しみは皆のもの，ベーコンは汝のもの。

BROUHAHA

　brouhaha とは，騒動，混乱，ガヤガヤのことである。例えば大学フットボール試合で勝利した後，選手とファンの興奮した歓声が騒がしくて，何を言っているのか聞こえないことがある。この騒がしい混乱した騒音が *brouhaha* と呼ばれる。ところが，今日ではその意味では "fuss" とか "argument" が使われている。
　この語のおもしろいところは，由来や起源を誰も知らないことである。しかも，今使われている騒音，大騒ぎ，口論という意味以外は，誰もこの語の本当

の意味を知らないのである。記録には，15世紀のフランス演劇に司祭が悪魔の格好をして "Brou brou brou ha ha, brou ha ha!" と叫ぶ場面があるが，ここでも，その意味は説明されていない。もっとも，これは単なる擬声語であるとも言える。騒音のガヤガヤという音をまねて，*hubbub* と言うのと同じような感じである。さもなくば，旧約聖書「詩編」118章26節の *barukh habba* すなわち "Blessed be he who enters in the name of the Lord!"（祝福あれ，主の御名によって来る人に）からきているのかもしれない。後者の推論は論理的であるが，誰が説明できるだろう。どちらにしても混乱とはあまり関係がないようである。これ以上 *brouhaha* の語源について「騒ぎ立てる」のはやめておくのがよさそうだ。

BROWN AS A BERRY

クリシェイ（chiché）の中には，そのものが存在し意味があったとしても，実際はどんな意味か誰も知らないほど，根深くなってしまったものもある。誰にも分かるので，そのような慣用句はまるで論点や比較が明瞭になっているかのように論じられている。

brown as a berry がそのいい例である。この直喩の起源は，使われた時期すらもよく分かっていない。しかし，チョーサー（Chaucer）も使っているのだから，よほど前からのものであることは確かだ。チョーサーは次のように書いている："His palfrey was as brown as a berye."（彼の馬はベリーのごとくブラウン色だった）。ここで疑問が生じる。どんなベリーがブラウンなのかと。そんなベリーは誰も知らないが，果実のベリーでないことは確かだ。そこで多くの推理が展開された。例えばコーヒー豆のことではないかという説であるが，チョーサーがこう書いた時代は，コーヒーが発見される何百年も前のことである。結局，ベリーが何を意味するか分からずじまいである。唯一確かなベリーは "raspberry＝razz"（野卑なあざけり）のことではないということである。

BROWN STUDY, IN A

この表現はもうあまり使われていないが，歴代の作品の中では使われている

こともある。これは，"absentminded, preoccupied, daydreaming"（上の空の，夢中な，空想にふけった）という意味である。何の目的もない考えにふけっている人の状態は，*be in a brown study* と言う。でもなぜ brown なのか。誰も本当のことは知らないし，推測もされていない。この句は "gloomy"（ふさぎ込んだ）という意味でも使われ，"daydreaming"（空想にふけった）よりも使われやすい。*A Manifest Detection of the Most Vyle and Detestable Use of Dice-play*（『卑劣で唾棄すべき賭博の露見』）は16世紀の作品で，以下のような例を載せている："Lack of company will soon lead a man into a brown study."（仲間がいないと人はたちまちふさぎ込む）。これと同じ時期にジョン・リリー（John Lyly）は，*Euphues*（『ユーフュイーズ』）に次のように書いている："It seems to me that you are in a brown study."（何だか君はふさぎ込んでいるようだね）。ブルーワー（Brewer）は仏語の *rêverie sombre* がこれを説明できるとしている。*rêverie* は "a dream"（夢）である。*sombre* は *brun* 同様，"sad, melancholy, gloomy, glum"（悲しい，憂うつな，ふさぎ込んだ，不機嫌な）という意味である。ところが，*brun* には "somber" と同じく "brown" という意味もある。現代の仏語 *brun* は，"dark brown"（ダークブラウン）の色を帯びている。だからこの意味がつながったというのである。

BROWSE

本屋に入って，PLEASE BROWSE（どうぞ拾い読みしてください）という掲示を見ても，誰も *browse* の元々の意味で少しずつ食べてくださいと言われているなどと考えはしない。*browse* の背後には，飼葉が不足してしまったときに家畜が草を食べる（browse）こと，それは草を食べながらよりよい草を求めて動き回るのであるが，それができるように家畜を牧草地へ出すことにしたという初期の移民の生活に見られる物語があるようだ。*browse* という語は，仏語の若木を意味する *broust*（これは古仏語ではつぼみを意味する *brost* や *brouz* からきたが）が由来であるとされていた。名詞は，動物が食用にできる「小枝」などについて使われ，動詞 *to browse* は，人が本屋や図書館で本をさっと読み流すことを言った。本をさっと読み流す人は，一

冊の本から少しずつつかみとり，どんどん他の本を読み流していく。sporadic reading（散発的な読み）は，*browsing* と呼ばれるようになり，その読みをやっている人のことを *browser* と呼ぶようになった。後になってもなお *browser* は，あちこち拾い読みする人だけではなく，あちこち見回す人にまで使われるようになった。語源を考えると，ある純粋主義者は，戸口に貼り出された文句にある COME IN AND BROWSE BUT EAT OUTSIDE（どうぞ中に入ってご覧になってください，ただしお食事は外で）という表現は矛盾しているとしている。

BUCKLE

　顔の *buccal* region というのは，つまり頬と口腔内のことを言う。*buccal* は，もちろん "cheek"（頬）を意味するラテン語の *bucca* を祖先とする現在の *buckle* という日常語を作り出したすばらしい語である。

　buckle（バックル）と cheek（頬）にどんな関係があるのか聞きたくなるのも無理はない。何世紀か前のこと，ある兵士が頬のところでヘルメットのストラップを締めていた。だから締めるところは *bucca* の愛称として語尾をつけて *buccala* と呼ばれていた。*buccala* という語は，古仏語の *boucle* にさかのぼる。これは，盾のこぶのことである。というのも，これは盾のこの隆起したこぶが布告者のトランペットを吹くときの頬の形に似ていることからつけられたからである。中英語期にこの仏語を *bocle* として採用し，ベルトと眼鏡のことを表した。これは，近代になって *buckle* となり，腰まわりにつけるベルトに使われた。*buckle* の最初の使用は，*OED* を見ると *Ayenbite of Inwyt*（『インウィットのアエンバイト』1340）であるとされている："That chastete ssel bi straytliche y-loked ... be abstinence ... that is the bocle of the gerdle."（貞節はしっかりと守られるだろう。禁欲により……つまり貞操帯の利用である）。ところが，貞操帯の発明者は明らかに別の考えを持っていた。つまり意志があってもチャンスを与えないようにすることが目的であった。

BUG

Warwick was a bug that feare'd us all.
　　　—Shakespeare, *Henry VI*
ウォリックこそ，われわれみんなをふるえ上がらせた
化け物だったのだからな。
　　　　　—シェイクスピア『ヘンリー6世』

　bug という語は，人が恐れなどから不満を抱くことで生じたものである。もともとの意味では，非常な畏敬の念の源であった。ウェールズ語の *bwg* を由来とし，想像上の出没する霊，例えば，妖精とか幽霊などを指した。*OED* は，ウィクリフ（Wycliffe）の *Baruch*（『バルク』1388）を引用している：" As a bugge, a man of rags in a place where gourdes wexen."（お化けに扮して，瓢箪がなっているところにかかしがある）。a man of rags とは *scarecrow*（かかし）のことである。これは1611年に初めて印刷された。この *bug* はもはや鬼とか妖精を連想させることはないが，恐怖の意味で同義となるいくつかの英単語には，まだ名残がある。一つは *bugbear* といって "a scarecrow or a sort of mischievous sprite"（かかし，またはいたずら好きの妖精の一種）を意味し，悪い子を食べてしまうと言われる熊のお化けである。他には *bugaboo* があり，人を脅かすときに使う掛け声のことである。この語も最近では，恐怖や心配を引き起こす想像上の（もしくは実際の）事柄と考えられている。つまり，例えばあなたの特定の先生や上司のことを指しているのかもしれない。*bugbear* も *bugaboo* もコーンウォール語（Cornish：Celtic 諸語の一つで18世紀末絶滅）の "the devil"（悪魔）の意味の *buccaboo* からきているとされる。

　insect（昆虫）を表す日常語は *bug* である。この語はラテン語の *animal insectum* から派生し，文字どおりその体の分節ということから，"divided animal"（分割された動物）という意味である。しかし，この意味で用いる *bug* の起源は分かっていない。さらになぜ恐怖感覚が這い回る昆虫に変形され，その属名になったのかということを示す説明も明らかにされていない。おそらく誰かがカブト虫や他の這い回る昆虫を見た時にゾッとして，ウィクリフ

の *bugge* から連想したのではないだろうか。また、誰も "horse and buggy"（1頭立て軽装馬車—「時代遅れの」の意味を持つ）に乗りたがった。とにかく誰も一つの種を除いて bug は好きになれないようである。それは lovebug（愛の夢虫）である。

BULL IN A CHINA SHOP, LIKE A

　もし瀬戸物屋（a china shop）で雄牛が暴れたら、磁器のもろさから考えて、大損害が引き起こされるので、おそらく店は雄牛が入らぬよう入り口を閉鎖するだろう。この *like a bull in a china shop* という直喩は、落着かない向こう見ずな仕草とか、人の気持ちを無視して突っ走ることを意味している。これは、誰が言ったか誰がやったかは定かでないし、牛が瀬戸物屋に入っていったかどうかは分からないが、少なくとも100年は歴史のある表現である。この表現の一番古い記録は、フレデリック・マリアット（Frederick Marryat）が書いた小説 *Jacob Faithful*（『忠実ヤコブ』1834）の中の、*china* と呼んでいる porcelainware（磁器）のことで、それは中国（China）で作られ、中国商人によって売られていた。しかし、語源学者たちはこの表現の起源は、マリアットが小説を書いている頃に起こった中国（China）と英国（John Bull）の貿易中の混乱から生じたものだとしている。だが、この表現がもっと前に誕生したということも考えられる。例えば、瀬戸物屋におそらく雄牛が入ってきて以来ということだって考えられる。

BULLS AND BEARS

　株式に投機などしない人でも、*bulls* や *bears* という語は聞いたことがあるだろう。こういう人たちは、この動物が経済領域で何をしているのかいぶかるのである。それも無理はない。この二種類の動物は二種類の投資家のことを指していて、*bulls* は *bears* とは対照的な関係にある。ところで、話を元に戻そう。
　bears は、落ち込む市場から利益を得る投資家のことで、市場価格の落ち込みを懸念し、自分の持っていない分の株まで売りつけてしまう。これを *selling short*（空売り）と呼ぶ。もし受渡日以前に値が下がれば、安価で品

物を手に入れ，その見返り利益が出る。多くの学者が bears の起源を推測している。株式市場で使われたのは 1700 年頃以来で，熊を捕える前から熊の皮を売りつけていた人の寓話から生じたとのことである。

　値上がりを期待して株を買い込む（空売りの反対の強気買いすると言われる）投資家を bulls と呼ぶようになった。これは，bulls and bears と頭韻を踏んだピッタリした組合せになっている。bulls がどのようにして bears の対極に適用されるようになったかは定かでないが，文献学者はおしなべてその根拠として，bulls は頭を上へ突き上げ，そうすることで角に刺された物を投げ上げる牛の習性から来ていると信じている。bullish（雄牛のような）投資家は，ちょうど雄牛の角に刺されたものが上がるように，自分の株の値が上がってほしいと思っているのである。

BURN THE CANDLE AT BOTH ENDS, TO

　この表現の歴史は，17 世紀に出版されたコトグレイヴ（Cotgrave）の『仏英辞典』の *brusler la chandelle par les deux bouts* を通じて英語に遡れる。元の意味は物質的富の浪費家のことであった。しかし，今日ではもっと広く扱われ，必ずしも非難されるものではない。それは，浪費の対象が物質ではない場合もあるが，それだけの価値があるため，エネルギーや資源を使い切ってしまうことである。この慣用句は何時間も過度に働く人にも使われ，またもっと限られた意味では，昼間は働きづめで夜は夜通し遊び歩くようなエネルギー浪費家に使われる。この表現は 1592 年にフランシス・ベーコン（Francis Bacon）が *Promus of Formularies and Elegancies*（『決まり文句と上品な言葉』）で次のように使っている："To waste that realm as a candle which is lighted at both ends." （両端に火をつけたろうそくのようにその領域を減らしていく）。一方でエネルギーを消費できずに，また他方でエネルギーが損なわれずに保持されている現象が，1857 年のチャールズ・キングズリー（Charles Kingsley）の *Two Years Ago*（『2 年前』）に載っている："By sitting up till two in the morning, and rising again at six . . . Frank Headley burnt the candle of life at both ends"（午前 2 時まで夜更しをし，翌朝には 6 時に起きる……フランク・ヘッドリーはこのようにして自らの人生を浪費した）。エドナ・ヴィ

ンセント・ミレイ (Edna St. Vincent Millay) は *First Fig* (『最初のイチジク』1920) で，この慣用句を使い，実に美しい詩的な表現をしている：

> My candle burns at both ends;
> It will not last the night;
> But ah, my foes, and oh, my friends—
> It gives a lovely light.
> 私のろうそくは両側から燃えている。
> この炎は一晩中はもたないだろう。
> だが，ああ，我が敵よ，おお，我が友よ—
> 私のろうそくはやさしい光を放っている。

BURNING EARS

今日，本人がいないところで話題に上がったむねをその人物に伝えるとき "Your ears must have been burning."（だれかがうわさをしているにちがいないよ）ということがある。何世紀もの昔，耳がかゆかったり燃え上がるほど熱くなったりしたら，誰かが噂をしていると信じられていた。ローマ人のプリニウス (Pliny) は，"When our ears do glow and tingle, some do talk of us in our absence."（耳がほてったり，むずがゆかったりするとき，誰かが陰で噂をしているのである）と言った。シェイクスピア (Shakespeare) の *Much Ado About Nothing*（『から騒ぎ』）では，ベアトリス (Beatrice) がウルスラ (Ursula) とヘロ (Hero) に噂されている時に言ったのは，"What fire is in mine ears."（まるで耳に火がついたようだわ）である。この古めかしい言い方から現在の言い方になり，最初の "Your ears must have been burning." となった。しかし噂が悪口，批判であるとすれば，別のクリシェイ "be all burned up"（何もかも燃え尽きた）を借用してはどうだろうか。

BURY THE HATCHET, TO

ヨーロッパ人たちが停戦と友好の印として街に住みつき "Let's bury the

hatchet."（斧を埋めましょう）と言いつくろってから，この句は格言となった。もちろんそこには本物の斧はなかった。ところが，この句ができたのは，本物の hatchet（斧）すなわち tomahawk（トマホーク）が，東北インディアンにより，白人との和平の証として実際に埋められたからである。この出来事は，1680年のサミュエル・シューアル（Samuel Sewall）の書いた次の文書と同じくらい早い時期のこととして記録されている：" Meeting with the Sachem [Indian chiefs] they came to an agreement and buried two axes in the ground, which ceremony to them was more significant and binding than all the Articles of Peace because the hatchet was their principal weapon."（白人たちは大首長たちセイチャム（Sachem）と会談して，合意に達し，二つの斧を地面に埋めた。この儀式は，インディアンには他のどの和平宣言よりも意義のある確実なものであった。というのは，その斧は主要な武器であったからだ）。*The Song of Hiawatha*（『ハイアワーサ物語』）でロングフェロー（Longfellow）は次のように書いている：

    Buried was the bloody hatchet,
    Buried was the dreadful war club.
    Buried were all warlike weapons,
    And the war-cry was forgotten.
    There was peace among the nations.
    埋められし血に染まりたるトマホーク
    埋められし過酷な戦いのヤイバたち。
    埋められし戦い匂わす盾矛(たてほこ)すべて
    ゆえに戦いの雄たけびは消えにけり。
    州都に広がる平和の香り。

そこで今日では，人が過去のことは過去のこととして，進んで論争を終わりにしたいと思うとき，たとえ斧やトマホークを見たことがなくても，斧を埋めた—buried the hatchet（仲直りした）と言うのである。

BUSHED

　田舎から出てきたが，今ではむしろ都会でよく耳にする表現で "exhausted"（うんざりした），"worn out"（疲れはてた），"all in"（疲れきった）の意味を表すものに，"I'm bushed." がある。これはおそらく少々俗語的響きを持つが，頻繁に広く繰り返し用いられたので，慣用句の仲間入りをしてしまった。そしてやはり，何らかの背景がなければ，この句は意味を持たなかったのである。つまり，なぜ *bushed* なのか。*treed* や *foliaged* ではいけないのか，という単純な疑問を解決する背景があるということである。
　bush は，中にはまあまあ背丈の高いものもあるが，普通は背丈の低い灌木である。この語はもともとはオランダ語で *busch* と綴られたが，草木の形をすっきりさせようと，*bush* と英語化されて取り入れられたものである。このすっきりさせる作業は，とても骨が折れるだけでなく，大変な労力も要するのである。灌木刈りから帰った後，くたくたになった人は，"I'm all bushed."（ああ，くたびれた）と，灌木刈りの専門用語で言うかもしれない。また，灌木のあるところをトレッキングしてきた旅行者でさえ，疲れはてたことを *bushed* で表す。ここから，この表現は肉体の活動を要する登山家や冒険家，スポーツマンに広まった。今日では，肉体，精神を問わず，何であれ活動からくる緊張が強すぎて，くじけそうになると，"I'm bushed." と言うようになった。しかし，どの政党であれ，その指名人がたとえ Bush だとしても，この表現を使うかどうかは疑わしい。

BUSMAN'S HOLIDAY, A

　普段の勤め仕事と同じか同様のことをして余暇を過ごす人を *a busman's holiday* を取っていると言う。例えば，大工が余暇に自分の家の裏庭に柵を立てたり，郵便集配人が非番に長い散歩をしたり，プロの歌手が教会のコーラスに参加したりしていれば，*a busman's holiday* を取っていると言う。しかし，なぜバスの乗務員の休日なのであろうか。巷に広がっている話がある。バスを馬が引いていた時代，ある乗務員は非番の日に，交代の乗務員が馬の扱いが確かか確認しようとして添乗していたことが知られている。もう一つ話が

ある。同様のものだが，内緒で別のバスに乗客として乗り，運転手の仕事ぶりを観察していたという話である。もちろん，バスの乗務員には実は休みなどほとんどなかったのですぞ。

BUST

人が第二言語として英語を習うときに驚くのは，一つの単語なのにとても多くの意味があることである。*bust* を例にとってみよう。動詞としては，"to smash or break, especially forcefully"（力を込めてたたき壊す），"to financially destroy"（金融破壊を起こす），"to reduce the rank of"（……を格下げする）など，他にも多くの口語的語法がある。名詞としては，"a human chest"（人の胸），"a woman's bosom"（女性の胸），"a piece of sculpture representing the head, shoulders, and upper chest"（頭と肩と上腕部を彫った彫像，半身像）などがある。他にもこんな単語は英語にはいくらでもある。意味は文脈でしか判断できない。ところがおもしろいことに，*bust* の起源は今あげたどの意味とも関係がないのである。

名詞の *bust* は，いくぶん興味をそそる話から生じている。ラテン語の *bustum* は "surrounded by fire"（火に囲まれた）という意味から，火葬場，そして単に死者の墓場，つまり土葬であれ火葬であれ "place of burning and burial"（燃やして埋葬するところ）を意味するようになった。ローマ人の習慣は，墓の上に死者に似せた肖像を置くことであった。形見という習慣のため埋葬地が，後には像そのものや，頭部，肩，胸部を彫った墓石に似たモニュメントが *bustum* と呼ばれるようになり，イタリア語を経由して *bust* として，人間の頭のあるトルソ（胸像）の代わりに英語に入った。

BUTTER WOULDN'T MELT IN HER MOUTH

長年にわたり *butter wouldn't melt in her mouth*（虫も殺さぬ顔をしている）という表現は，一風変わってはいるが，どこか関連した意味を与えられてきた。この表現の意味は大方，女性が上品ぶって，いわば，つんとしていて冷たいので，その口の中ではバターも溶けないくらいだというものである。

もちろんそんな女性は，実際は見たとおりの人ではないであろう。この表現がいつ使われ始めたのかは誰にも分からないが，何世紀も前，おそらく 1546 年のジョン・ヘイウッド（John Heywood）の *Proverbs* （『格言集』）よりもずっと以前からあったと思われる。時とともに，この表現は，愛想がよすぎる人や純粋に見えすぎる人をいぶかることを示すようになった。そのような人物は実際外見どおりの人物ではないからである。思慮分別からして，明らかに悪気がなくとも，判断を誤らぬように人は注意深く身を処すことが必要である。初めて使われて以来最近に至るまで，この語法のバターが溶けない口は女性のものであった。それももはや事情は異なり，今では男性の口にも適用されている。話がうますぎて信じられない男にぴったりの表現だ。

BUXOM

So buxom, blithe, and debonair.
　　　　—Milton, *L'Allegro*
とても健康で快活で温雅である。
　　　　—ミルトン『快活なる人』

　何世代もの間，男は *buxom*（健康で快活な）女性を好んできた。多くの才能に恵まれ，ふくよかな胸を持っている女を男が求めていたといっているのではない。少なくとも 17 世紀以前は従順な妻であることが要求されたのだ。古英語では，*bugan* という単語は "buxom"（従順な）の意味であった。それは "yielding or tractable"（従順な，手なずけやすい）で，忠実な人を意味した。*Piers Plowman*（『農夫ピアズ』）で使われていた "buxom to the law" とは，慣例に従うという意味であった。結婚式で花嫁は *buxom*（従順で）あることを約束したが，それはその後，ウーマンリブ時代以前に，"honor and obey"（尊敬し従順であれ）となった。

　上述した意味に加えて，*buxom* は他に二つの意味を持つようになった。一つは，"blithe or lively"（快活な，活気ある）であり，シェイクスピアの *Henry V*（『ヘンリー 5 世』）で，バードルファス（Bardolphus）は次のように描かれている："a soldier firm and sound of heart, and of buxom valour"（心根のしっかりした，そして快活な勇気のある兵士）。も

う一つは，"pleasingly plump"（幸せでふっくらした）という意味で，今日では尊敬に値する人や，豊満であることを意味している。だからバストの豊かな女の人のことを言うこともあるのだ。

BUY FOR A SONG

　この表現には何かが安値，特価で買われたという意味合いがある。実際は，何かに金が支払われなかったかもしれないが，歌を歌い，楽しませてくれた人には金が与えられたかもしれないのである。しかし，この表現は最初に使われたときは，意味が全く逆で，とても多額の金が支払われたということだった。もともとこの表現は，買う品物にではなく詩に使われた。エリザベス1世（Elizabeth I）時代に噂になった話が（いくつか）ある。女王は *The Faerie Queen*（『妖精の女王』）の著者エドマンド・スペンサー（Edmund Spenser）に，詩一編につき100ポンドのスターリング銀貨を与えることを決めた。当時，この金額は半端な額ではなかった。会計官のバーグレー卿（Lord Burghley）は金を払うことを指示されたとき，その寄進者の地位を考え，ていねいに次のように抗議した："What, so much for a song?"（一編の詩に，何もそんな大金をおかけにならなくともよろしいのでは？）。女王は答えた："Yes, all this for a song."（いいえ，それだけ価値のある詩なのです）。ある話では，その後女王は会計官の言葉に耳を傾けてから，スペンサーには常識の範囲だけ与えるように言った。ところが，金は全く支払われなかった。そこで，スペンサーは女王に対し次のような申し立てをした：

　　I was promis'd on a time,
　　To have reason for my rhyme;
　　From that time unto this season,
　　I have receiv'd nor rhyme nor reason.
　　先日私は約束を受けました
　　私の詩に見合うだけの褒美をいただけると。
　　それから見合うだけの期間待ちましたが
　　私は何もいただいておりません。

この話は円満に終わっている。女王がスペンサー宛に金を支払うよう命令し、会計官は言い訳に詰まり、スペンサーはこの詩により褒美を得たのであった。

BY HOOK OR BY CROOK

ある人が"by hook or by crook"（どんなことをしてでも）やり遂げたり，獲得するという時は，正しい手段を使おうと不正な手段を使おうと，成功を遂げてみせるという意味である。hook の部分は，何でもフックにかけ，とりあえず引いてみることを指し，crook の部分は，必要があれば盗み取ってしまう気でいることを示している。

この句はジェフリー・チョーサー（Geoffrey Chaucer）の時代にすでに通常の表現となっていた。1380年当時の神学者ジョン・ウィクリフ（John Wycliffe）が今日と同じ意味で，著作にこの句を使っていた。しかし多くの学者は，この句が誕生した時には，不公正で正道をはずれたこととは全く関係がなく，その代わりに，薪集めをしていた小作人の合法的な行為に関係していたと考えている。昔の森林法では，森も土地もすべて王の所有であり，不正に森から生の枝をへし折ったり，持ち去る不法行為は禁止されていた。小作人たちは枯れ枝，地面に落ちた枝や，落ちてはいなくても枯れ枝だけを取るために森林区域に入ることを許された。枝を下ろすためには収穫用の鎌（hook）や放牧用の杖（crook）が使われた。この話はなるほど論理的には思えるが，学者の中にはこの話をばかにして単なる民間語源説と決めつけてしまう人もいる。ただしこの説は正しいかもしれないのだ。こうした学者の意見では，by hook or by crook の元々の意味は消滅してしまったとされている。辞書にも不明となっているが，なんとか（by hook or by crook）その祖先を確定しようにもこの句源は証明できないからである。

BY THE SKIN OF ONE'S TEETH

この表現は The Book of Job（「ヨブ記」19章20節）に出ているが，一言一句違わず出ているわけではない。内容を引用してみると，"My bone cleaveth to my skin and to my flesh and I am escaped *with* the skin of my teeth."（骨は皮膚と肉とにすがりつき，皮膚と歯ばかりになっ

て，わたしは生き延びている)。この引用中のイタリック体の with は by で，一般的な話し方では "*by* the skin of my teeth"（歯の皮で）とされ，意味は "just barely"（かろうじて），"by a narrow margin"（きわどいところで）とか，"with nothing to spare"（何も残さずに）ということになる。ところが，引用文を見るとご覧のとおり，"*by* the skin of my teeth" ではなく "*with* the skin of my teeth" となっている。したがって，聖書の意味は "just escaped, and that is all — having lost everything"（ただ逃れただけ，それがすべてである。たとえ何もかもを失うことになっても）ということを示していることになる。この「ヨブ記」の比喩を研究している純正主義者は，歯，たしかに人間の歯にはプラークに値する皮というものはないのだから，賢明とは言えない。

CAESAR

　caesar（シーザー）は古代ローマでは "leader"（指導者）を意味した。この言葉は *czar*（ツアー）としてロシアへ，*kaiser*（カイゼル）としてドイツへ広まり，すべて同じ意味を持っている。

　ルビコン川を渡る者は取り消し不可能な決定をしたことになる。紀元49年にジュリアス・シーザー（Julius Caesar）は軍を率いてルビコン川（ローマ人のイタリアとガリアキサルピナとを分ける川）を渡る際に，まさにその決定をした。というのも，シーザーはローマ共和国へ侵入すれば内乱を引き起こすことを知っていたからである。そして内乱が起きた。しかし，シーザーは抵抗をことごとく鎮圧し，それによりローマ世界の統治者として現れた。シーザーが，それまでに勝利を収めた指揮官のもとから急送されて来た最も簡潔な声明文 "*Veni, vidi, vici.*" — "I came, I saw, I conquered."（来た，見た，勝った）を元老院へ送ったのは，小アジアのポントスの王ファルナセス（Pharnaces）を打ち破った後のことであった。

　シーザーには3人の妻がいた。二番目の妻ポンペイア（Pompeia）は，しつこくつきまとったクロディウス（Clodius）との情事のかどで告発された。シーザーはこの申し立ては信じなかった。しかし，女性だけが招かれた貞節の女神をたたえる祭りに，クロディウスは女装して密かに参加した。不幸なことに，クロディウスは正体を暴かれ，シーザーは，"Caesar's wife must be above suspicion."（シーザーの妻たるもの世間の疑惑を招くことがあってはならぬ）との理由でポンペイアは離縁相当，と結論を下した。

　腹壁を切り開き子宮から胎児を取り出す外科手術 *a caeso matris utere* は "the incised womb of the mother"（母親の切開した子宮）が出所で，シーザーにちなんで *Caesarean section*（帝王切開）と名づけられたが，シーザーは帝王切開で生まれたと言われている。しかし，初めがよくとも

結末は悪くなることもある。シーザーは，シェイクスピア（Shakespeare）の *Julius Caesar*（『ジュリアス・シーザー』）によれば，ある予言者の発した3月15日を警戒せよとの警告 "Remember March, the ides of March remember."（3月を忘れるな，3月15日に気をつけよ）を受けた後，紀元前44年3月15日に暗殺された。

CALCULATE

ローマ人は，簡単で正確な計算法がなかなか発明できなかった。ローマ数字を扱うのはやっかいで，この縦に並んだ数字を合計しようとした人ならご存じのとおりである。アラブ人が十進法を創案するまで，ローマ人は計算機として *calculi* と呼ばれた石や小石を用いていた。この単語の単数形 *calculus* が，ライプニッツ（Leibnitz）やニュートン（Newton）によって発達した複雑な数学の体系の名前となった。この同じ単語から "counting and computing"（計算したり，数値を見積もる）の意の *calculate* や "shrewd and coldly scheming"（抜け目なく，かつ冷淡に企む）だけでなく "performing calculations"（打算的な行いをする）を意味する *calculating* が得られるのである。

若いローマ人はそろばん上の小石で数を数えるように教え込まれたが，辻馬車には運賃計算のためのもっと単純な走行距離計がついていて，車軸が回転するたびに容器に小石が放り込まれるのであった。移動が終わると，*calculi*（小石）を運賃計算として数えたのである。精巧なものではなかったとはいえ，近距離ではいわば自動計算機とも言える速さであった。

CALL A SPADE A SPADE, TO

この言い方は明確に，しかもあからさまに言うことで，遠回しな表現はしないことを意味する。名指しされる物は直接に名前で呼ばれるべきで，婉曲に述べるべきではない。言い換えれば，"tell it like it is"（あるがままに伝える）ことである。この句の創作者は不明であるが，この人の祖先はおそらくギリシャ古典に存在しただろう。この時代の作家たちは *spade*（鋤）より *fig*（イチジク）のほうを好んで，"to call a fig a fig" と言ったことを除けば，

上の表現と同じ考えを述べている。2世紀のギリシャの作家ルキアン (Lucian) はギリシャ語で書いている："To call a fig a fig, and a skiff a skiff."（イチジクをイチジクと，そして小型ボートは小型ボートと呼ぶ）。これは数世紀後，エラスムス (Erasmus) がラテン語に訳している―"*Ficum vocamus ficum, et scapham scapham.*" ギリシャ語で *spade* にあたるのは農（園芸）具で，*boat*（ボート）にあたるのは小型の軽装帆船だが，両者は非常によく似ていた。おそらく "a boat a boat" は "a spade a spade" よりもましだったのだろう。しかし，プルタルコス (Plutarch) は *Apothegms, Philip of Macedon*（『格言（マケドニアのフィリップ）』）の中で，現代の使い方をしている：The Macedonians are a rude and clownish people that call a spade a spade.（マケドニア人はずばり物言いをする粗野で無骨な人たちだ）。さらに現代に移ってくると，15世紀にロバート・バートン (Robert Burton) は次のように言う："I drink no wine at all which so much improves our modern wits; a loose, plain, rude writer, I call a spade a spade."（私はワインなど絶対飲まない。そのおかげで最新のウィットを有効に使えるのである。すなわちはっきり言えばおおらかで，気取らない，粗削りの作家と言えよう）。1653年に死去したジョン・テイラー (John Taylor) は *Kicksey Winsey*（『キックシー・ウィンジー』）の中で次のように詩に歌っている："I think it good plain English, without fraud, / To call a spade a spade, a bawd a bawd."（それはごまかしなしに言わせてもらえば，すばらしい，気取らない英語だと思う/あからさまに表現すれば，そうなろう）。ひとひねりしたユーモアを使えば，おそらく "That's a bawd thing to say."（言うのも野暮なこと）とでもなろう。

CANDLES

  Hope, like the gleaming taper's light,
  Adorns and cheers our way.
    ―Oliver Goldsmith, *The Captivity*
かすかに光る蝋燭の明かりのような願いは
われわれの行く手を飾りそして励ます。

―オリヴァー・ゴールドスミス『監禁』

　candles（ろうそく）は長い間にわたって人間の主要な明かりの源であった。紀元前には，ろうそくはトウモロコシの皮や苔に脂肪を包み込んで，これを芯としていた。やがて，芯はろうそくの鋳型の中に入れられた。

　多くの宗教儀式で，ろうそくはいろいろな意味を付与され，同時に装飾的な明かりともなる一方，おのずと重要な役割を果たしてきた。ろうそく（ラテン語の *candela* は *candere*（輝く，光る，燃える）に由来する）が，蜜蝋から手を突っ込みながら作られるようになった時，根元から芯の先まで少しずつ先が細く長く伸びる上品な形になった。それから *tapers* という名前が生まれた。*taper* は古英語の *tapor* に由来し，それはまたラテン語の *papyrus* に由来する。クライン（Klein）は，パピルスのくぼみがローマではろうそくの芯として使用されていたために，意味の発展があったことを記憶に留めておくべきだと主張している。細長いろうそくが燃えること，芯を少しずつ消費していくことから，このような芯の減少に似た効果を暗示する多彩な表現が生じてきた。減速，つまり活動を少しずつ減らしていくことを *tapering off* と呼ぶようになった。今日，体重を着実に減らしている人や一日のタバコの本数を減らしている人を *taper off* していると言う。

> Much reading is an oppression of the mind, and extinguishes the natural candle, which is the reason of so many senseless scholars in this world.
> 　　　　―William Penn, *Advice to His Children*
> 多読は心の憂鬱であり，自然の蝋燭を消してしまう。この世の中に愚かな教師が多いからである。
> 　　　　―ウィリアム・ペン『子供達への忠告』

CASANOVA, LOTHARIO : LOVER BOYS

　casanova とは女たらしであるが，女好きというだけではなく，女性からも好かれるのである。

　この言葉は直接にはジアコモ・ジャーコポウ・カサノヴァ（Giacomo

Jacopo Casanova) という名前に由来しているが，カサノヴァは18世紀の後期にヨーロッパの首都をあちこちぶらつき回り，情事にふけり，数多い女性との乱行で浮き名を流した。カサノヴァの下品な *Mémoirs*（『回想録』）は，死後に出版され，ほら混じりの放蕩の偉業を暴露している。カサノヴァの名前はふしだらで，魅力的な男，すなわち好色男を象徴するようになった。

　もう一人の愛すべき男はニコラス・ロウ（Nicolas Rowe）の戯曲 *The Fair Penitent*（『美しき告解者』1703）の登場人物で，ロザリオ（Lothario）という名前の放蕩児である。"haughty, gallant, gay Lothario"（傲慢で，女に親切で，陽気なロザリオ）として紹介された後，美しい告解者のカリスタ（Calista）をたらしこみ始めた。(しかし，芝居は幸せでも陽気でもない結末を迎え，カリスタはもてあそばれた後，自分を突き刺して死んでしまう)

　　　Oh 'twas great.
　　　I found the Fond, Believing, Love-sick Maid,
　　　Loose, unattir'd, warm, tender, full of Wishes;
　　　Fierceness and Pride, the Guardians of her Honour,
　　　Were charm'd to Rest, and Love alone was waking . . .
　　　I snatch'd the glorious, golden Opportunity,
　　　And with prevailing, youthful Ardour prest her,
　　　'Till with short Sighs, and murmuring Reluctance,
　　　The yielding Fair one gave me perfect Happiness.
　　　ああ，なんて素晴らしいのだろう。
　　　優しく，信じて，愛に悩む乙女を見つけた。
　　　だぶだぶの飾りけのない服装で，暖かく，
　　　思いやりがあって期待に満ちた人。
　　　激しさと自尊心，神の守護者は魅せられて憩い，
　　　愛だけが目覚めている。栄光に満ちた黄金の機会をつかみ，
　　　ほんのため息とつぶやくような反抗を受け
　　　若者の熱情で彼女を抱きしめた。
　　　従順で美しい人はわれに至福を与えた。

CASSIOPEA

　疑問符に似ている北斗七星は北極星を指さしているが，その参照点を見つける別の方法は，北極星から北斗七星の反対方向にあって，Wの文字か椅子の輪郭のように見える *Cassiopea*（カシオペア）と呼ばれる星座を見つけることである。

　ギリシャ神話では，カシオペアはエチオピアの王ケフェウス（Cepheus）の妻で，ケフェウスによってアンドロメダ（Andromeda）の母となった。娘の美しさに魅せられ，その美しさは地中海の妖精ネレイド（Nereids）をしのぐものだと絶賛したことから，カシオペアはその華やかさで知れわたった妖精を侮辱してしまった。その結果，カシオペアは地上から離され，星座に変えられ，"the lady in the chair"（椅子に座った淑女）として，夜空の星たちの中に置かれてしまった。

> That starred Ethiop queen that strove
> To set her beauty's praise above
> The sea-nymphs and their powers offended.
> 　　　　　　　　—Milton, *Il Penseroso*

> エチオピアの女王は，海の妖精たちよりも
> 娘の美しさを絶賛して怒りを受け
> 彼女らの力で星に変えられてしまった。
> 　　　　　　　　—ミルトン『沈思の人』

CATCH-22

> "That's some catch, that catch-22," Yossarian observed.
> "It's the best there is," Doc Daneeka agreed.
> 　　　　　　　　—Joseph Heller, *Catch-22*

> 「それには克服できない問題点がある」ヨザリアンが言った。
> 「あるのが当然なんだ」とダニーカ医師は同意した。
> 　　　　　　　　—ジョセフ・ヘラー『キャッチ22』

catch-22（キャッチ22）という表現は，第二次世界大戦中に，あるアメリカ人パイロットが精神異常であるために兵役の免除を要求するというジョセフ・ヘラー（Joseph Heller）の人気小説の題名から生まれた。パイロットが任務を免除されるには，精神異常であると証明されるか，飛行中に事故死するかの二つのうち一つが必要であるために，キャッチとは板ばさみ，ジレンマのことを意味する。除隊反対の論拠は，正常な人間のみが自分の異常を証明できるということだ。

同様のことは，トロイの戦いに加わるように呼び出された古代のユリシーズ（Ulysses）に関する話でも言える。ユリシーズは幼い息子のテレマシュース（Telemachus）と別れたくなかったので，精神異常のふりをして兵役を逃れようとした。ユリシーズが偽っているのか，それとも正当な要求をしているのかを見極めるために，王子がつかわされた。王子はユリシーズが砂浜を鋤で耕すという，もちろん無意味な行動をしているのを発見した。そこでユリシーズの家に入り，テレマシュースを抱いて戻ってくると，鋤が深く切り裂く地面に降ろした。ユリシーズは鋤を持つ手を止め，自分は正常であることを証明したのである。もちろん，ユリシーズはトロイの木馬という名案で，トロイの町に進撃し，そこを占領したのである。

CAT'S PAW, TO BE MADE A

だまされて他人の利益のために気乗りしないことをやる人を *to be made a cat's paw*（人のだしに使われる）と言う。これは，炉床で炒られている栗の実を欲しがったずる賢い猿の話からきている。猿は炉床に近づくが，あまりの熱さに跳びのいた。どうすれば栗の実を取れるかと考えあぐねた末，近くに寝ている猫の様子を見張った。そっと猫に近づき，上から飛びかかり，火のところまで引きずっていった。猿は，金切り声を上げる猫の足を使って，ひとつずつ栗の実を引っ張り出した。こうして猿は栗の実を手に入れ，猫は足にやけどを負ったのである。

CATTYCORNERED

"diagonal"（対角線の）という意味の *catercornered* あるいは

cattycornered という言葉の由来を考えてみても，何のことか理解できない。この語は，初めの要素を仏語の *quatre*（さいころやトランプの四つの点や目を示す四）から借りてきて英語になった。16世紀に "cater"，後に "catta" のように音声が英語化されたので，今日では *cattycornered* が最も一般的な発音であるが，*kitty-cornered* がいいと言う人もいる。しかし，後期ラテン語で *catta* が "cat" の意味であっても，猫に関係があるかは定かではない。そして "crosswise"（斜めに交差する，すなわち四角を対角線で横切っている）という意味の，交差点の四つの角を表す四地点の意味の変化は説明できない。説明をつけようとすれば，*cattycornered* は "diagonal"（対角線）ではなく，"four corners"（四つの角）を意味するのではないかということである。しかし，おそらく民間語源の原因となる善意の人々が偏見を持っていたか，言い回しを借用する際に意地悪く振る舞っていたかのどちらかだろう。

CHARACTER

人は誰でも自分をよい *character*（性格）の人間として表明するのを好む。というのは，よい性格の人間は一般に信頼され，尊敬され，歓迎されるからである。しかし，性格とは正確には何であろうか。この語は抽象的で，明確な定義は不可能なので答えに窮する。辞書には，*character* は，the combination of emotional, intellectual, and moral qualities distinguishing one person or group from another"（ある人，あるいはある集団を他と区別する情緒的，知性的，道徳的特質の結合されたもの）と書かれている。この単語には中世には一つの明確な意味があって，戸惑う人はおそらく決していなかった。それは独特な印，押印であり，今でも存在している。例えば，奴隷の額につけられた馬の刻印などである。刻印が *character* という語の元来の意味であったことは，ギリシャ語の刻み込むという *charakter* から分かる。刻印あるいは文字は，姦通の罪で判決を受けた罪人には "A"，強制労働を宣告された殺人者には "M" というように，焼き印として押された。このような人の *character* は一目で分かり，その種の特徴は明らかな印からなっていた。

後にこの語は，人間のみに適用する必要のない "an aggregate of

distinctive qualities"（顕著な特性の集合体）を表すようになった。例えば，ある組織あるいは共同体が他と区別する特徴や属性，つまり自分に"character"を与える特徴を獲得したかもしれない。こうしてこの語は，一般化されるようになった。さらにその後，オリヴァー・ゴールドスミス (Oliver Goldsmith) の *She Stoops to Conquer* (『負けるが勝ち』) の中では，変わり者が *character* として考えられるようになった："A very impudent fellow this; but he's a character, and I'll humour him a little."（このずうずうしい奴，だが変わり者なのでちょっとご機嫌をとるとしよう）。

　最後の考えとして，*character* と *reputation* がよく絡み合わされる。だが正確に言えば，ある人がどんな人かが *character* で，他人が人をどう思うかが *reputation* である。よい評判を喜ぶような人は貧しい性格の持ち主であるかもしれないから，正直という評判が例えば完全に見込み違いということだってあるのだ。トマス・ジェファソン (Thomas Jefferson) が "These debts must be paid, or our character stained with infamy."（この借金を支払わなければ，我々の名声は不名誉で汚されてしまう）と言った時，代わりに *reputation* という語を用いたかもしれないが，*character* は，我々感情の動物の内面の奥深くまで入りこんでくる。

CHARLEY HORSE

　charley horse とは筋を違えた時の足のつっぱりを言う一般的な表現で，筋肉のけいれんである。しかし，なぜ *charley horse* で，例えば *billy horse* とか *tommie horse* とは言わないのか。誰もこの語の由来について確かなことは知らないが，推測は進められている。一般的に合意されている説は，こうである。18世紀に夜警が *charley* と呼ばれており，この夜警は主に，足を引きながら巡回する身体に障害のある老兵たちで，チャールズ1世 (Charles I) により組織された夜警であったために *charley* と名づけられた。しかし，この名前は1829年に，ロンドンに警察が組織されると姿を消した。チャーリーという名前の足の悪い競走馬が，シカゴのホワイトソックス野球場で，ローラーを引き回すのに使われたという別の説もある。間もなく，足がけいれんした野球選手の状態をこの馬にちなんで呼ぶようになった：He had a *charley horse*.（彼は足がけいれんした）。この後者の説が本当だとしたら，あの，当時，老いた競走馬，今は荷馬車の馬となった馬に不朽の名声が与えられていることになる。

CHEAPSKATE

> I hold your dainties cheap, sir, and your welcom dear.
> —Shakespeare, *The Comedy of Errors*
> 軽い食事ではたしてあなたへの好意と歓迎の意をあらわせますかどうか。
> —シェイクスピア『間違いの喜劇』

恋人と一緒のとき *cheapskate* のように振る舞う男は，薄氷の上でスケートをしているのかもしれない。しかし，その男は，上の文が暗示するように，スケートをしているのではない。実際，*cheapskate*（二段階で *cheapskate* になったことに注目）の *skate* にはアイス・スケートやローラー・スケートとの関連は何もない。*skata* は古代スカンディナヴィア語の魚を意味し，"magpie"（カササギ）の意味もある *skate* に直接由来する。*cheapskate* の *skate* は，魚がフグのようにふくれる奇妙な習性を暗示している。独立戦争時代，自分のことを誇張する人や，おしゃべりな人を表すのに流行した *blatherskate* は，当時の歌 "Maudie Lauder"（『モーディー・ローダー』）の中で生まれた。*blather* の部分は *bladder*（おしゃべりをする人）という古語に由来する。*blatherskate* がおしゃべりな人に対する軽蔑を表す語であるように，その子孫としての *cheapskate* はけちん坊に対するあざけりを示す語になった。*cheap* が軽蔑的な意味を持つようになった後に，*skate* を *blatherskate* から借用したのである。もともと *cheap* は "trade"（商売）を意味し，ラテン語の商人にあたる *caupo* に関係していたのかもしれない。ここから後の古英語の買うにあたる *ceapian* が出てきた。*cheap* は売買の場所のことで，ロンドンでは Cheapside（中世の有名な市場）と呼んだ。商売という考えから，よい買い物，安い買い物という意味になり，商品が値段よりも価値がある，つまり今日でいう "cheap"（安い）という意味になったのである。もちろん，*cheap* がほかの口語特有の意味を発展させ，"trashy"（価値のない）や "of poor quality"（粗悪品の）のような意

味を持つようになってきたが、ここでは考察しない。

CHEW THE RAG, TO

　これほど単純な語の組合せがいろいろな解釈を生み、起源についての論議を呼ぶとは驚くべきことである。たいていのアメリカ人はこれを"to chat, to converse"（おしゃべりをする、談話する）という意味にとるが、"to chew the fat"（くどくどと話す）という討論会の意味の別表現に似た"to talk at great length"（長々としゃべる）ととるかもしれない。英国ではその意味が"complaining or grumbling"（ぶつぶつ不平をこぼす）、"to argue"（議論する）であった。パターソン（J. B. Patterson）は *Life in the Ranks*（『兵隊生活』1885）で、その意味を明らかにしている：
"Persisting to argue the point, or 'chew the rag,' as it is termed in rank and file phraseology, with some extra intelligent non-commissioned officer,"（しつこく要点を議論すること、すなわち"chew the rag"という意味で、これは兵隊たちの言葉とされるが、特に聡明な下士官の言葉遣いの中でも使われている）。どのような切れ端か、ぼろ切れなのか、という疑問がわく。すねた子供は襟や袖、もしくはぼろ切れをかむことで知られている。"rag"とは"bullying"（いじめ）のことを指すことなのか。

　語源を調べる人の中には、タバコをかむこととぼろ切れをかむことの関連を指摘した人もいる。その説では新世界アメリカに上陸した船乗りが乾燥した葉、つまり未加工のタバコの葉をかんでいる現地人を発見したことに由来するという。船乗りはこれをまねて習慣にした。しかし母国に戻ってみると、その葉を十分持ってきてはいなかったようだ。葉を使い果たしてしまった時、タバコの代わりにぼろ切れをかみ始めたという。語源学者でこの"rag"（ぼろ切れ、三流紙）を買った人はそれほど多くはない。

CHICKEN FEED

　chicken feed とはもちろんニワトリの餌であるが、この慣用句は、はした金の同意語になっている。どの情報源も信用できないが、もっともらしく見

えるものもある。信頼できる筋のほとんどが賛成するのは、ニワトリは、人間の消化には向かない食べ物、つまり粗悪な食べ物を与えられたということだ。chicken feed という呼び名は、この意味で、ニワトリを連れて西に向かい、ほかには役立たない残飯を与えた移住者によってはずみがついた。もう一つの説はこうである。ニワトリの餌はニワトリに与えるのなら少量でなくてはならない — このことから些細な金額、主として小銭を chicken feed と論理的に呼んでいる。こんなことを考えるのは時間の無駄で、取るに足らないと考える人は、それは chicken feed と見なし、無視するがよい。

CHIFFON

chiffon は美しく、とても薄い生地で、特にブラウス、ベール、ローン・パーティ・ドレスやイヴニング・ガウンを作るのに使用される。シルク、ナイロン、レーヨンなどから作られ、見た目にいいだけでなく着心地もいい。それだけに、祖先がぼろきれだとはとても信じがたい。もちろん本当にぼろきれというわけではなく、chiffon と呼ばれる、このごく薄く魅力的で軽い生地に与えられた名前が、装飾として使われる半端な布きれ chiffe（ぼろ）であった。chiffon は仏語 chiffe の愛称形である。chiffe はたぶん軽くて透けた衣服に使用されたアラビア語の shiff に由来する。いずれにしても、仏語の"rag"は glad rags（晴れ着）と呼ばれるようになり、ついには世界のオートクチュールの棚に見られるようになった。

"rags"（衣服）は保管する必要があるので、収納用の背の高いたんすが作られた。適切なことに寝室のこの家具を、仏語からそのまま借りて chiffonier（鏡のついた背の高い整理だんす）と呼んだ。しかし、誰が chiffonier の一つの意味、つまりこのたんすの名前（仏語では時々 chiffonnier と綴られる）を "ragpicker"（ぼろ拾い）と想像できるだろうか。

CHINAMAN'S CHANCE, NOT A

a Chinaman's chance（ごくわずかの可能性）、あるいはもっとしばしば言われる not a Chinaman's chance や He hasn't even a Chinaman's chance.（彼にはごくわずかの可能性もない）という表現が

出たのは，1849年のゴールド・ラッシュの頃からである。その時期，何千という中国人が米国に渡り，ほとんどはカリフォルニアに留まり，多くの人が金山や鉄道で働いた。中国人は勤勉で，普通のアメリカ人より熱心かつ長時間働いたが，概して給料は少なかった。しかし，中国人のすばらしい特質は仲間のアメリカ人には好まれず，むしろさげすまれていた。仮に中国人が問題を抱えた場合，たとえば何かを盗まれたと不平を言ったとしても，誰も親身に耳を傾けてくれたり，助けてくれたりはしなかった。フロンティア裁判所には正義も救済も全く望めず，不公正がのさばっていた。ほとんど見込みがなかったことから，この表現が成功の機会がほとんどない人にあてはめられることになった。だからある人に *Chinaman's chance* さえないとなると，それはまったく可能性がないということになる。

　ところで，祖先が中国人である人は，正確には Chinaman ではなく *Chinese* である。にもかかわらず，*Chinaman* という語が不愉快だとみなされても，*Frenchman, Welshman, Irishman* には人を見下すようなものは何もないというのは面白い注目点である。

CHIP OFF THE OLD BLOCK, A

　　How well dost thou now appeare
　　to be a Chip of the old block.
　　　　—Milton, *An Apology Against . . . Smectymmus*
　　今あなたはなんと本当に
　　父親そっくりに見えることか。
　　　　—ミルトン『スメクティマスへの謝罪』

　a chip off (or *of*) *the old block* は，息子が父親に似ているという感じのよい，家庭的な言い方である。身体的に似ていることかもしれないが，それよりも，おそらく性格，特徴や能力という点で似ているのであろう。もちろん，この言い回しは，石のかけらは元の大きな石に似ているということから来ていて，とても古く何世紀もさかのぼる。そして，1626年の戯曲 *Dick of Devonshire*（『デヴォンシャーのディック』）の中でいくらか異なった表現で印刷されていた："Why may not I be a Chipp of the same blocke out of which you two were cut?"（なぜ私はあなたがた二人が切り分けられたのと同じ塊のかけらではないのか）。しかし，この表現は1781年に，尊敬すべき政治家かつ作家のエドマンド・バーク（Edmund Burke）によって普及した。バークは，小ウィリアム・ピット（William Pitt the Younger）が国会議事堂の前で行った演説を聞いた後，うれしそうに叫んだ："He was not merely a chip of the old block, but the old block itself."（彼は単なる父親似ではなく，父親そのものであった）。かけらが塊になったとは，つまり小ピットがのちに英国で最も有名で気骨のある首相の一人になったからである。

CHOWDER / LASAGNA

chowder も *lasagna* もアメリカではよく知られた料理である。*chowder*（チャウダー）は，たいてい，いろいろな魚や貝で作られたスープふうの料理で，よく金曜日にレストランで出される。*lasagna*（ラザーニア）はイタリアの軽食堂で人気があり，幅の広い平らな麺と肉，チーズや他の材料を混ぜ，いっしょに料理したごちそうである。確かにこうした料理は食べて楽しいが，それが元々のものだとすれば，今日ではおそらくあまり喜ばれないだろう。チャウダーはスープではなく，仏語のシチュー鍋という語 *chaudière* が由来で，さらに究極の祖先は後期ラテン語の大鍋 *caldaria*（英語で caldron）である。*caldron* はもちろん湯を湧かすのに使う鍋かやかんである。ラザーニアはイタリア語では料理鍋だが，その元々の祖先はギリシャ語の室内用便器 *lasanon* だとなると，料理は一層魅力ないものになってしまう。時がたつにつれ，容器の名前が内容に転移し，スープがチャウダーになり，麺がラザーニアになった。もはやチャウダーもラザーニアも鍋ではなく，鍋の中で料理される食べ物である。

CLOCK

今日よく知られる時計といえば，置き時計と腕時計である。数字で表されるのでなければ，時計の二本の針が，その位置によって時間と分を示して時を告げる。

1335 年に最初にイタリアで発明された機械じかけの時計は針がなかった。長年にわたって時計というものがそうであったように，これも鐘を鳴らして時間を伝える時計であった。*clock* とは仏語の *cloche*（鐘）に由来している。*timepiece*（時計）の元の意味は "thing that rings bells"（鐘を鳴らすもの）である。

誰でも知っているように，時計には 12 の数字があるるが，ウォルコット（Walcott）の *Memorials of Westminster*（『ウェストミンスターの記録』）の中からブルーワー（Brewer）が報告している話によれば，ある時計がかつて 13 回鳴った。ジョン・ハットフィールド（John Hatfield）という（本当かどうかは分からないが）年齢 102 歳の兵士がウィリアム 3 世（William III）の軍隊に仕えていて，任務中に寝込んだかどで責められたところ，ハットフィールドはセントポール大聖堂（St. Paul's）の鐘が 13 回鳴るのを聞いたので眠っていたはずがないと弁明主張した。この非現実的な話によれば，ハットフィールドの申し立ては確かだとする幾人かの証人がいた。たぶん証人たちはすべてパン屋（パン屋の 1 ダースは 13 個）だっただろう。というのは 1 ダースといってもそれぞれ異なる考えを持っていたからである。

CLOTHS, NAMES OF

多くの場合，人間によって発明された布は，多少の変化はあるが，初めにその生地が作られた町や地域にちなんで名づけられた。たとえば *cretonne*（クレトン）はノルマンディーにあるクレトン（Creton）村で，*paisley*（ペイズリー）はペイズリー（Paisley）というスコットランドの都市で，それぞれ生産された。同様に *muslin*（モスリン）は今のイラク，メソポタミアのモスル（Mossul）で，*calico*（キャラコ）はインドのカリカット（Calicut. Calcutta ではない）で，*shantung*（シャンタン）は中国の山東省（Shantung）で，*jersey*（ジャージー）は英仏海峡のジャージー島で，それぞれ生産された。

buckram（バックラム）という，のりで固くしたざらざらの布地は，最初ロシアのブハラで作られた。その国や隣接するトルコ地域から，時々 *karakul* と綴られる *caracul*（キャラカル）という毛足の短い，平らで目の粗い，くるくる巻いた子羊かアジアの羊の毛皮が生まれた。*karakul*（キャラカル）

は，文字通り"black lake"（黒い湖）で，その地域にある湖の名前であった。satin（サテン）は，なめらかで光沢のある面を持つ絹，レーヨン，ナイロンから作られる布で，祖先は完全には立証されていない。おそらく satin という言葉は，今の中国の泉州（Chuanchow）— 刺桐（Tzut'ing）が変わった Tzaitun の生地という意味のアラビア語 zaituni や zaytuni を洗練したものである。ベルベットのようなけばのある柔らかい皮の suede（スウェード）は，研ぎ車に皮の肉質面を押しつけてけばを起こしたスウェーデン人によって発明された。この皮の名前は"gloves of Sweden"（スウェーデンの手袋）という gants de Suède という表現を使ったフランスの手袋製造業者によって有名になった。仏語で Suède といえば"Sweden"（スウェーデン）のことである。

COACH

> The civilized man has built a coach,
> but has lost the use of his feet.
> —Emerson, *Essays, First Series: Self Reliance*
> 文明人は馬車を作ったが，
> 自分の足を使わなくなってしまった。
> —エマソン『随筆集』第1集「自己信頼」

　コーチが選手たちの世話をしたり，コーチ役の家庭教師が生徒にもっと勉強するように指導したり，乗客が客車の席についたりする時の *coach* という語には，言語学的には共通点がある。この意味では共通の祖先を持っているからである。この用語はコックス（Kocs）と呼ばれるハンガリーの町で生まれた。15世紀のマサイアス・コーヴィナス王（King Matthias Corvinus）は，移動用のぜいたくな馬車の製造を命じた。それはコックスで製造されたことから *kocsi* と名づけられた。*kocsi* の英語化した *coach*，つまり，未来の陸上交通手段の十八番の時代が到来した。今日 *coach* という語は，バス，鉄道の客車などに，また最低料金で乗れる乗り物へと適用されてきたが，これらはみんな *coach* と呼ばれる大型四輪馬車とは何の関係もないのである。さらに，これからそれて，*coach* は"tutor"（教師）や"sports trainer"（スポー

ツの指導者）にも使われている。前者の意味の *coach* という語は，教師の直面する困難と四輪馬車（a coach-and-four）の手綱を扱う人を結びつけて19世紀半ばに進化した。難しい技術が要求されたし，たとえその技術を持っていても，多くの馬車がひっくり返ってしまった。また別の考えは，馬車のように教師は生徒を最後の試験に引っ張っていくところから，あるいは馬車が道なりに進み，また生徒も同様に進むところから転用されたのではないだろうか。後にこの語は，四輪馬車の扱いは難しくとも専門的な技術で扱われているところから，スポーツ指導者が選手を指導するのに適用された。

COBALT

cobalt（コバルト）は，見た目にはニッケルや鉄に似ていて固いが，もろい金属である。独語で *Kobolt* は地下の悪魔，銀鉱石の鉱脈に生息する "a silver stealer"（銀どろぼう）という意味であった。

中世の科学者は，コバルトを含む鉱石の中にあるヒ素が鉱夫の手足の潰瘍の原因であると判断した。その時代の無学な人は，さらに進めて，*Kobalt*（綴りは異なるが）という地の精が *cobalt* の中に発見されて，それが銀の鉱脈に似ているために害を与えると主張した。人間の思い込みはなんという間違いであったことか。今日 *cobalt* は元素の周期律表に原子番号27で示され，無害で，いろいろと人類に役立つ元素と証明されている。

一般的には *nickel* と呼ばれるニッケルと銅の合金の5セント硬貨も，独語の *Nicolaus* から *Nickel* という悪魔（英語では "Devil"（悪魔）の意の Old Nick に似ている）にちなんで名づけられた。ドイツ人は，銅の色をしたニッケルを "fool's copper"（にせの銅），銅より価値のない金属という意味の *Kupfernickel* と呼んだ。鉱脈の中の貴重な銅の代わりに安い金属を代用することは，妖精の超人的悪意のせいであった。どうも鉱物学はドイツの神話のほんの近くにあるようだ。

COBBLER, STICK TO YOUR LAST

この古い表現が，自分には経験のないことや，知らないことに干渉すべきではないということだとはすぐに理解される。これは，普通他人の職業にほとん

ど知識のない人が、よけいな忠告で口出しをする時に使われる。

　この表現を生み出したと言われる話はギリシャで起きた。有名な画家アペリーズ（Apelles）の絵が、靴ひもに文句をつけた靴職人に批判された。画家は認めて間違いを直した。すると、靴職人は批評家としての成功を自慢げに、こんどはその太腿にけちをつけたが、すると怒りを押えていた画家が靴職人に向かって言った："Keep to your trade — you understand about shoes, but not about anatomy."（自分の仕事の世話をしろ。靴のことはよく知っていても、解剖学のことは知らないのだから）。

　数百年後、ローマの歴史家プリニウス（Pliny）は、その考えを次のように表した："*Ne supra crepidam sutor indicaret.*"（靴職人は自分の一線を越えて判断してはならない）。今日ではもっと簡単に "Cobbler, stick to your last."（靴職人よ、自分のことに精を出しなさい）となる。ところで、*cobbler* という語の起源は知られていない。cobble（修理する）という語に由来しているのだが、その語源ももちろん分からない。水は水源より上へはのぼれない。

COBRA

　cobra は、東南アジアやアフリカで多く見られる猛毒のヘビである。他のアジア諸国同様、インドでは曲芸師やヘビ使いが笛を吹いてコブラを操っている（charming）のをよく見かけるが、事実、他のヘビと同じようにコブラには耳がないので、何も聞こえないのである。だが、コブラは地面の振動、つまり共鳴板を探知することができる。コブラが笛の音に合わせて体を揺らすのは、音楽を聞いているからではなくて、ヘビ使いがヘビを誘い、踊っているように動かす笛を攻撃する位置を取ろうとするためである。

　ヒンディー語でコブラの元の名前は *nag* だったが、1498年にヴァスコ・ダ・ガマ（Vasco da Gama）に従ってインドに着いたポルトガル人が、自分たちの手で名づけることにした。コブラの首と頭が頭巾のように見えたので、*cobra de capello*、すなわちポルトガル語で "hooded snake"（頭巾をかぶったヘビ）と呼んだ。*de capello* は "with hood"（頭巾をかぶって）という意味で、*capello* は後期ラテン語の *cappa*（頭巾）から引用された。*cobra* はラテン語の "snake"（ヘビ）をさす *coluber* からとっている。

コブラは猛毒であることを忘れてはいけない。もしコブラに出くわしたら，目をくらまされないように，そしてコブラのうっとりさせるリズムにだまされないようにしよう。

COCK AND BULL STORY

　信じられないかもしれないが，*cock and bull story*（根も葉もない話）という比喩の起源は正確には全くたどれないのである。この比喩の意味がさらに信じられないのは，それが"incredible"（信じられない），つまり，くだらなく信じられない話，デマを意味し，または語呂合わせで言えば，*canardly*（根も葉もない）ものだからである。宗教改革後，英国でこの表現が諺になったと推測されているが，信頼すべき筋では全く信用していない。おそらく聖ペテロの印章とおんどりを浮きぼりにしたローマ教皇の教書に関係があったのだろう。このような教書，聖職叙任権には，もはや注意が払われなかったことから転じて，あらゆる架空の話が *a cock and bull story*（信じられない話）と呼ばれた。さらにもっともらしいことは，動物が言葉を話したり，考えたり，人間のように行動したりと擬人化されたイソップ（Aesop）の *Fables*（『イソップ物語』— おんどりが雄牛に変わる話）を始めとする文学のせいである。このようなことが起こるはずはないので，本物の *cock and bull stories* ができあがった。仏語にもとても古い，おんどりをロバにする同じ表現 *faire un coq à l'âne* — "believe this and I'll tell you another"（これを信じなさい，そうすれば別の話をしてあげよう）がある。たぶん英語が，単純にロバを雄牛に変えてその表現を借りてきたのであろう。ローレンス・スターン（Laurence Sterne）の小説 *Tristram Shandy*（『トリストラム・シャンディー』1767）はこの信じられない表現で，辛辣に終わる：" 'Lord!' said my mother, 'what is all this story about?' 'A Cock and Bull,' said Yorick, 'And one of the best of its kind, I ever heard.' "（「ああ，神さま！　一体これは何の話でしょう」母が言うと，ヨリックが答えました。「そりゃもう根っからたわいもない話というわけさ。そういう類の中では，まあ申し分のない話のほうなのだがね」）。これ以上のどんな理論も，ほんのでたらめにすぎないとして，はねつけるべきだと結論しなければならない。

COLD BLOOD

　動物学で *cold blood* と言えば，魚類，ハ虫類，両生類のような血液の温度が環境の温度とほぼ等しい生命体のことを指し，学術用語では *poikilothermous* と言う。人間が冷血か否か，つまり感情というものを持っているか否かについては科学的には決まらなかった。何世紀にもわたって血液の温度が気質を支配すると信じられてきた。確かに，怒っている人，活発に体を動かしている人，ひどく困惑している人は，正常時より顔が赤らんでいたり，首がかなり熱いかもしれない。一方，恐怖は寒けを引き起こす。血液を冷やす気性をコントロールできない人にとっては *hot-tempered* （短気な，怒りっぽい）という表現が生き残る。反対に腹立たしい環境でも，静かでのんびりした，冷静な人は *cold-blooded* と言われ，仏語では *sangfroid* と言う。しかし，これらすべては真偽が証明されるまでは作り話であろう。我々が知っていることは，標準でおよそ華氏 98.6 度では気性の変化に応じて体温が変わることはない。とにかく，魚のように冷たい人，ハ虫類の冷淡さを持つ人は *cold blood* を持つ人であると，特に不愉快な行為が残酷に行われた時に言われる。身の毛もよだつ殺人を詳細に描いたトルーマン・カポーティ (Truman Capote) の小説は，*In Cold Blood* （『冷血』1965）というタイトルがふさわしかった。

COLD FEET, TO HAVE

　ある状況下で臆病者とみなされる人であっても，必ずしも批判されるべきではない。人間の我慢にも限界があって，それを越えれば爆発してしまう可能性がある。しかし歴史を見てみれば，歴史を通じて臆病者は激しく責められ，数々の中傷の言葉で汚名を着せられてきた。例えば，臆病者は背中の下方に黄色い縞を持っているとか，しっぽを巻いてこっそり立ち去るとか言われる。しかし，すべての臆病者にまさにあてはまる一つの慣用句は *cold feet* （おじ気づく）である。何ら科学的証拠はないが，怖がっている人は *to have cold feet* （冷たい足を持っている）と言われていることを覚えておこう。一般的に，恐怖は極端に血液の循環を弱め，正常の体温をなくすと考えられている。それが

原因で歯をがたがた鳴らし，震え，寒気に襲われるのは，ごく自然の生理的な結果である。恐怖の効果という概念は，はるか 1606 年のベン・ジョンソン (Ben Jonson) の *Volpone*（『ヴォルポーネ』）にさかのぼることができる： "I am not, as your Lombard proverb saith, cold on my feet; or content with my commodities at a cheaper rate than I am accustomed."（私はあなたがたのロンバードの諺が言うようにおじ気づいてはいないし，いつもより安物の日用品に満足などしていない）。とにかく，この言い方は，広く臆病者の象徴として，決まった計画から手を引く人，勇気や決意を失ってしまった人について使われている。（花婿が教会に姿を現さなかったのは，土壇場でおじ気づいたからである）

COLD SHOULDER, TO GIVE ONE THE

他人に"cold"（冷たい）態度をとる人は，よそよそしく，たぶん軽蔑的でさえある。こうした態度は，しばしば *to give someone the cold shoulder*（冷遇する，軽視する）というありふれた表現をとるが，それは，ある人が他人から交際を拒絶されていることをほのめかす。その人は *persona non grata*（好ましからざる人物）なのである。

この表現の起源は曖昧だが，人間の肩ではなくて羊や牛の肩肉に関係があると語源研究者間で意見が一致している。このような，焼き肉に劣る一切れの肉は，特に冷えたまま出されたら味がよくない。昔，よその家で長居をしたり，あるいは歓迎されない客は，普通の温かい肉でなく冷えた肩肉の料理でもてなされたが，そのもてなしは，荷物をまとめ帰ってほしいと告げる最もていねいなやり方と考えられていた。主人の幻滅の気持ちを伝えるこの方法は，中世フランスの習慣だったし，他の国がそれを採用しなくても，その比喩的な意味はイギリスやアメリカに広がった。今では *to give someone the cold shoulder* は "to rebuff or snub"（拒絶したり，冷たくあしらうこと）に対する天下周知の言い方である。

COLESLAW

coldslaw（コールスロー）という単語の妥当性が，このような綴りでメニュー

に現れる回数で決まるなら、このサラダの正しい名前である *coleslaw* も同様に受け入れられるだろう。*cole* は古英語ではキャベツのことで、その究極の祖先はラテン語の *caulis*（茎、特にキャベツの茎）であった。そのラテン語から多くの野菜の名前カリフラワー（cauliflower）、コールラビ（kolrabi）、キャベツ（coleslaw）などが生まれた。*salad* という語は"salad"（サラダ）の意味であるオランダ語の *sla* に由来する。

　オランダ人は文字どおり"cabbage salad"（キャベツサラダ）と呼ばれるキャベツを薄く切った料理 *koolsla* を作った。英語ではなぜか、*kool-sla* が *coleslaw* に、しまいに *coldslaw* になった。だじゃれのうまい人が"The cabbage got colder with time; it went from *kool* to *cold*."（キャベツは時間が経って冷たくなり、*kool* が *cold* になった）と言ったかもしれない。確かに *coleslaw* は冷たいまま出されるので、冷たい料理、冷たいサラダである。しかし、この誤った形を知ってか知らずか、採用した人は民間語源説を使って料理の元々の名前の目的を無効にしてしまった。本来の名前は、この料理の本質を描き、響きを自分たちが考えるものにもっと似させ、綴りもそのようにしたのである。そんなことで、中にはサラダのように冷たく、感激しなくなっている人もいるのである。

COLOGNE

　女性の周りに漂う香りは女性が肌にそっとたたく *cologne*（コロン）から香ってくる。コロンとは、もちろんアルコールと芳しい油で作られた匂う液体のことであり、もともとは *eau de Cologne*（オーデコロン）と呼ばれる化粧水のことである。

　Cologne はライン川のほとりの都市の名前（ケルン）でもあり、ケルンは、ネロ（Nero）の母親でローマ皇帝クローディアス（Claudius）の妻アグリッピナ（Agrippina）の命令により建設された。いくつかの信頼筋によれば、アグリッピナはケルンが生誕地だったために、その場所に名誉を与えたかったのだと信じられている。だが、クローディアスの名前ではなく、アグリッピナの名前にちなんで *Colonia Agrippina* と名づけられた。*Colonia* とはラテン語で"colony"（植民地）を表し、その後、アグリッピナの名前がとれて *Colonia* そのものが残り、仏語の影響で Cologne（コロン）となり、そ

れ以来，世界中に芳香を放つ都市となった。

COME TO A HEAD, TO

　OED によれば，*to come to a head*（機が熟する，化膿する）という表現はアメリカ大陸の発見以前のはるか昔にさかのぼる。自作の商品をオープン・マーケットで売る農夫が風変わりな成長をする植物を栽培した。この植物は成長段階の初期には，葉が新鮮で柔らかいので *colewort*（現代の coleslaw）と呼ばれ，時間が経って夏の間に葉が固くなると，"cabbage"（キャベツ）に変わった。しかし時々，キャベツはすぐに固くならないことがあり，女たちはこの人気のある野菜を買うことができなかった。買物客が文句を言ったところで効果はなく，このキャベツが "come to a head"（熟す）まで待たなければならないと言われたのである。

　ある関係筋は，その表現になぞらえて，危機や絶頂に達することや，計画が熟すことや，腫れ物や潰瘍が今にも化膿してはちきれそうになることをほのめかしている。もしわれわれがキャベツと潰瘍のどちらかを選択しなければならないとしたら，選択肢は疑いなく明らかである。

COMFORT

　言葉というものは時間とともに意味を変えるものだ。*comfort* を取り上げてみよう。これはラテン語の強調の接頭辞 *com-*（一緒の）と *fortis*（強い）に由来する。（元々これらの要素は "strengthen"（強める）という意味の古典ラテン語の *comfortare* と後期ラテン語の *confortare* を作るために結合した）この意味は，名詞や動詞として英語が獲得する 13 世紀まで，数世紀にわたって続いた。18 世紀と 19 世紀の間に *comfort* の新しい意味が展開したが，それは今まで説明されていない。その意味は，現在の意味で "ease"（動詞では "soothe"（和らげる），名詞では "relief"（安堵，安心））であった。*OED* には次のような記載がある："A state of physical and material well-being, with freedom from pain and trouble, and satisfaction of bodily needs."（身体的にも物質的にもよい状態，苦痛ややっかいなことから解放されていて，身体の要求が満たされていること）。さらに

ワーズワース (Wordsworth) の長編詩 "The Excursion" (「散策」1814) からの引用もある：``Their days were spent in peace and comfort.''（彼らの日々は平和と安心のうちに過ぎていった）。

CONGRESS

It is two strange serpents entangled in their amorous congresse.
　　　　　　　　　　　　　　　—Puttenham, *English Posie*
なまめかしく交合してもつれ合っている二匹のヘビがいる。
　　　　　　　　　　　　　　　—パテナム『イギリス詩の技法』

　我々はそれから逃れることはできない。つまり、それは性の問題であって、どこにもあり、国家の立法機関にさえあるのだ。だが少し内容が違う。正式な集まりや特に共和国の立法機関を意味する言葉は *congress* であり、その語の祖先はラテン語の *congressus* — "a coming together"（一緒に来ること）で、*congredi* (*con* は「一緒に」、*gradi* は「進む、歩く」) の過去分詞である。1589 年までに、coming together に、肉体関係における男女の営みという特別な意味が加わった。クラーク (L. Clarke) の *The Historical Bible* (『歴史的聖書』1737) の中に次のように書かれている："They had each of them a Son from that incestuous congress."（彼らはそれぞれあの近親相姦の集まりから神の息子を持った）。同じような意味を持つ別の語 *copulate*（結合する）は、ラテン語の *copula*（結合）という意味に由来し、性的意味を得た。*copulate* とは性交することである。植民地での政治活動は会議の中で集中して行われたが、それは 1774 年の大陸会議に始まる。合衆国成立後、その立法機関は Congress（議会、国会）と名づけられた。下部、つまり下院の議員だけが Congressman として知られている。上院 (the Senate) の議員は Senator で、それはラテン語の *senatus* に由来し、文字どおり *senex*（年老いた）から派生した、長老の会議である。*senex* から *senile*（老いぼれた）が出たが、これは何人かの上院議員にはぴったりあてはまる言葉になった。

CONSPICUOUS BY HIS ABSENCE

　重要な儀式に特定の人がいないのは，他の人の存在よりも目立つ。その儀式が必要としているという理由で特定の人の出席が望まれる時に，その人の不在は際立ってしまう。タキトゥス (Tacitus A.D. 55-117) は *Annals* (『年代記』) に，ジュニア (Junia) の葬式にジュニアの兄弟のブルータス (Brutus) と夫のカシアス (Cassius) が不在であったとこう記録している : "The images of the most illustrious families . . . were carried before it (the bier of Junia). Those of Brutus and Cassius were not displayed; but for that reason they shone with preeminent luster." — *magis praefulgebant quod non videbantur* (最も華々しい家族の肖像がジュニアの棺台の前に運ばれたが，ブルータスとカシアスの肖像は飾られなかった。しかしそれゆえに二人は卓越した光沢を放って輝いた)。1859 年にジョン・ラッセル卿 (Lord John Russell) はロンドンのシティー選挙人の前で，ダービー卿 (Lord Derby) の改革法案の規定に関して宣言した : "Among the defects of the bill, which were numerous, one provision was conspicuous by its presence and another by its absence." (数多い法案の欠点の中で，ある条項はその存在により，また別の条項はその不在により目立った)。

COOK ONE'S GOOSE, TO

　cook one's goose (将来を台無しにする) 人は，悲しい出来事，失脚に向かっていて，破滅するだろう。この用語はよく知られているが，起源不祥である。語源学者の中には，元々は 1851 年に記録されたイギリス民謡が発生源で，ロンドンで定着したという人もいる。その歌はローマ教皇の攻撃に公然と反抗し，教皇ピウス 9 世 (Pope Pius IX) が枢機卿ニコラス・ワイズマン (Nicholas Wiseman) を通してイギリスにカトリックの聖職位階制度を復活させようとする努力を軽蔑するもので，"If they come we'll cook their goose, / The pope and Cardinal Wiseman." (もし二人が来れば，そのガチョウを料理してしまうよ/ローマ教皇よ，枢機卿ワイズマンよ)

といった行を含むくだらない詩であった。

それよりずっと以前，事実中世の頃，包囲された町を守る人々が塔からガチョウをつるして，攻撃してくる軍隊に軽蔑の気持ちを示したという話が広く知られていた。しかし，侮辱的な言葉が裏目に出て，ひどく憤慨した攻撃側は町全体に松明を放ち，"cooked the goose"（ガチョウを料理してしまった — 町をぶち壊してしまった）のである。別の話によれば，スウェーデンの狂気の王エリック(Mad King Eric)は，数人の兵士とともにある町に近づいた。町民はガチョウをつるし，貧しい身なりの王に襲わせてあざ笑った。町の守備隊は王が本気だと気づくと，その望みを探ろうと使者を送った。苦々しい笑いを浮かべて，王は言った："I've come to cook your goose."（お前たちのガチョウを料理しに来た）。

語源を調べているまた別の人たちは，to cook one's goose の起源の手がかりは，金の卵を生むガチョウの昔話の中にあると信じている。その話では，ガチョウの持ち主の農夫が，金の卵を生むようにひどく急がせたために，ガチョウを殺してしまったが，ガチョウの体内の卵はまだ金に変わっていなかったのである。その夫婦は金の卵の元を台無しにしてしまったところから，すなわちすでに定着した格言でいえば "cook their goose" したのである。今の子どもたちなら "They were left with egg on their faces."（彼らはばか丸出しだった，面目を失った）とでも言うであろう。

COOL AS A CUCUMBER

キュウリは冷たいからというわけでたいてい気候の暖かい時に出されるものであるが，事実周りの空気よりもキュウリの温度は低いのである。そのため，この果物（イギリスでは野菜であるが）は *cool as a cucumber* という表現にぴったり，しかも容易にあてはまる。直喩的には冷静な，感情的でない，動揺していない，静かなという意味で，議論という点からは，キュウリのように冷たいと言われる人は，まったく冷静で，怒りもしなければ動揺もしていないであろう。

昔，この表現が初めて使われた時は，温度の低さや冷静さという意味ではなくて，無関心，よそよそしさという意味であった。ボーモントとフレッチャー(Beaumont and Fletcher)は *Cupid's Revenge*（『キューピッドの復

響』1615) の中でこう書いている：" Young maids were as cold as cowcumbers." (若い娘たちはキュウリのようによそよそしかった)。長い年月を経て, *cucumber* の綴りと意味が今日のものに変わった。トマス・ドゥ・クインシー (Thomas de Quincey) は, 古代の歴史家ツキディデス (Thucydides) のことを表すのに, 現在の意味でこれを使っている：". . . is cool as a cucumber on every act of atrocity." (……は残酷な行為のどれをとっても冷酷である — キュウリのように冷たい)。

COPPER

copper (銅) は, 電気の配線や水道の配管に広く用いられる赤みを帯びた茶色の金属である。今ではどこの国でもよく見られるこの金属は, 大昔にも採掘されていた。エジプト人は銅から製品を作ったが, ローマ人の銅産出元は, ギリシャ人が *Kupros* と呼んだキプロス島にあり, そこから "metal from Cyprus" (キプロス産の金属) という意味の *copper* を取り入れた。銅に対するラテン語は *cuprum* (文字どおり "Cyprian brass" (キプロスの真ちゅう) という *Cyprian aes* から) で, ローマ時代に銅はそう呼ばれた。銅製品はとても重要だったので, ローマ人は紀元前58年, 必要な銅すべてを確保できるようにキプロスを併合した。今日, 自分に向かってくる *copper* (警官) を一目で見抜く泥棒を除き, *copper* (銅) はまだまだ需要がとても大きい。

CORPORATION

多くの言葉は起源がはっきりしていないので, その起源を明らかにしたり, 特定の起源に言及できるものを見つけるのは楽しいことである。ここで言及する語は, クウィントゥス・セプティミウス・テルトゥリアヌス (Quintus Septimius Tertullianus) が造語した *corporation* である。才能を宗教に捧げる以前 (A.D. 190) に法律家として知られたテルトゥリアヌスは *corporation-em* と自ら呼んだ "body" (団体) を示す言葉を思いついた。誰でも人間の肉体を表すラテン語の *corpus* をその中に容易に見つけることができる。この *body* はその時からさまざまに使われてきたが, 初めは辞書

の定義によれば，"a body of persons granted a charter legally recognizing it as a separate entity"（法律上認められた個人の集まりを，それぞれの実体と見なす）という意味であった。長い間その語は眠っていたが，16世紀に冒険家，外科医，聖職者の機関などといったあらゆる種類の団体が発足した時点で復活した。そのような団体は，昔も今も法人と考えられ，その構成員の共同責任を免除し，その組織に無期限に存続する権限を与えているのである。

まれに使われた *corporation* の風格の下がる用法は，"one's body"（人体）である。チャーディ（Ciardi）は，バートレット・ジェリ・ホワイティング（Bartlett Jere Whiting）の *American Proverbs and Proverbial Phrases*（『アメリカの諺表現』1809）の中でこう指摘している："A fellow who has not so much sense in his whole corporation as your son has in his little finger."（息子が小指に持つほどの分別も体全体に持ち合わせていない人物）。もっと一般的だが俗語的な使い方としては，男性の太鼓腹に関してである。聖職者から生まれた言葉がどうしてビジネスや金融業の根本原理となり，あげくは男性の太鼓腹を指すはめになったのかを知るのは興味深い。

COURTESAN

宮廷にふさわしい人は上品である。ということはその振る舞いが宮廷のためになる特性を備えているからである。*courtier* は "one in attendance at a royal court"（廷臣）を指す。*courtesan* は仏語の *courtisane* に由来し，宮廷に仕える女官や，宮廷の付き添い人を指した。*courtier* も *courtesan* も尊敬語であったが，やがて *courtesan* という語に何かが起きた。退化の過程，すなわち意味が時とともに堕落する過程を経て，この語は道徳心の低い人物を表すようになった。（この男性相当語は変わらなかったかどうかについては確たる証拠がない）とにかく，*courtesan* は，もはや宮廷にふさわしい人とはみなされなくなり，単なる宮廷の女となった。さらに時が経つと，*courtesan* はより広く，さらに軽蔑的な意味に発展していった。一般的には慰みの女だが，上品な，といっても宮廷人だけで構成される必要のない常連に迎合する女という意味であった。

courtesan は，たとえ同様の行為をしていても，普通の娼婦 prostitute （ラテン語 prostitutus で「人前にさらす」の意）のような低い地位まで落ちることはなかった。courtesan には次のような区別があると言われる。ある辞書にはまだ二つのまったく別の意味（女性の宮廷人と金持ちの夜の相手）を載せているが，文脈からどちらの意味か明らかになるように，使う時には注意を払わなければならない。確かに，宮廷で誤用されれば，誰もポーカーのロイヤルフラッシュに出会ったような顔つきになるだろう。

CROISSANT

croissant（クロワッサン）という語について誰もが一つ知っていることは，それが仏語で"crescent"（三日月）だということである。もう一つは 1689 年に初めてウイーンで作られたものである。もちろん，クロワッサンとは三日月形の薄皮のロールパンである。ロールパン以上に当たっていると推測されるものは多いが，ほとんど証明されていない。

このふわっとした練り粉製の菓子は，オーストリアによるトルコ撃退を祝ってコックが作ったものだと言われている。トルコ国旗の紋章は三日月である。オーストリア人の勝利者がクロワッサンを食べる時はいつも，征服した敵をむさぼり食うかのように感じることであろう。これは典拠が疑わしいとしても，いい話ではある。だが，一つ未解決の疑問が残る—なぜコックはこのロールパンの名前に独語でなく仏語を選んだのか。こんなわけで，誰もこの話がクロワッサンの皮のようにぼろぼろとはげやすいのではないかといぶかるのである。

CRY WOLF

よく知られている"cry wolf"（人騒がせなうそをつく）の寓話の核心は偽りの警告を与えることだということは，誰でも知っている。イソップ物語は，仲間を困らせ，近所の人を犠牲にしてふざけようとしてオオカミがいないのに，"Wolf!"（オオカミだ！）と叫んだ羊飼いの少年に関わっている。少年はしょっちゅう，こんないたずらをしたために，助けを呼ぶ叫びにうんざりしていた村人は，本当にオオカミが現れて羊の群れを襲っても，誰一人として助けてくれなかったのである。

ほとんどどの国の言葉にも，同じような話がある。最も驚くほど異なっているのは中国の話である。この東洋の寓話によれば，第3王朝の皇帝幽王(Yu Wang)はお気に入りの側室褒姒(Pao Tse)を楽しませようとして，敵が来たことを人々に知らせる警告の鐘を鳴らした。もう一つの話には，皇帝はこの側室がふさぎこんで笑おうとしなかったので，鐘をつかせたとある。とにかく，こうして，側室は人々が仮想の敵から身を守るために逃げまどうのを見ると，おかしくておかしくて騒々しく笑ったのである。だが，"cry wolf"（オオカミの話）同様，策略は長く続かず，鐘は悪ふざけであることが知れ渡り，もはや鐘が鳴っても反応はなかった。とうとう，敵が町の門までやって来たが，無防備だったので，町はあっさり占領されてしまった。ようやく皇帝と側室は誰のために鐘が鳴るのかを悲しくも知ったのである。

CUCKOLD

> The cuckoo then on every tree
> Mocks married men; for thus sings he,
> Cuckoo!
> Cuckoo! Cuckoo! O word of fear,
> Unpleasing to a married ear.
>   —Shakespeare, *Love's Labour's Lost*
> かっこう鳥めが，どの木にもとまり
> 女房持ちの男を，からかって歌うよ。
> カッコー！
> カッコー，カッコー，ああ，いやな言葉だ。
> 女房持ちには，さぞ，耳ざわり。
>   —シェイクスピア『恋の骨折り損』

もし妻が姦通を犯せば，夫は *cuckold* (寝取られ男) になる。*cuckold* という言葉は今日ではめったに聞かれなくなったが，特にシェイクスピアの時代には文学作品によく使われた言葉であった。*cuckold* は *cuckoo* (カッコウ。古仏語の *cucu*) から派生したが，それは，他の鳥が生んだ卵を食べた後で，自分の卵をその鳥の巣に生み，ひなを "host" (宿主) に育ててもら

う渡り鳥のことである。ふざけて、ある人を "idiot"（ばか者）を意味する *cuckoo* と呼ぶことがあるが、結局カッコウが本当に愚か者だったかどうかは疑問である。子育てを他の鳥に転嫁したからである。

　カッコウのだます行為から、妻が不貞を働いている場合の男に使われるようになり、男はあざけるように *cuckold* と呼ばれた。だが論理的には、その鳥にちなんで名づけられるべきは姦通した方である。なぜこんな混同が起きたのかは説明されていない。ジョンソン博士（Dr. Johnson）は、次のように述べているが、明確ではない："It was usual to alarm a husband at the approach of an adulterer by calling *cuckoo,* which was in time applied, by mistake, to the husband."（cuckoo と大声で呼んで姦通者の接近を夫に警告するのがふつうで、それがやがて誤って夫に使われてしまったのである）。そのように不誠実な妻を持つ夫は、*cuckoo* という音から転じて *cuckold* になった。

CUT AND DRIED

　　Sets of phrases cut, and dry,
　　Evermore thy tongue supply.
　　　　—Swift, "Betty the Grisette"
　　一連の言い回しは新鮮味がなく、
　　永久になんじの舌が補う。
　　　　—スウィフト「ベティー・ザ・グリゼッティ」

　この決まり文句はいろいろに定義されてきた。すなわち、型通りの、前もって決められた、一定の、いつでも使えるように準備して、などであるが、どれも準備された段階を通過したものという、ほぼ同じ意味に要約される。使い古された言葉さえも覆い隠されるのは、陳腐なものが焼き直されたからである。しかし、この表現は何に適用されたのか、誰が創造したのかという疑問には答えが出ていない。

　多くの製品は市場に出される前に切られたり、乾燥される。切断や乾燥を必要とする主な産品は木材であることから、たいていの信頼筋は、木材集積地からこの表現が生まれたと信じているが、創作者については推測一つすらない。

他の信頼筋は，花とタバコが規定どおりに切られ，乾燥されることを指摘する。さらに別の筋は，16世紀に医者たちは新鮮な葉から調合した薬草にはそれほど効き目がないと考えたので，薬草は切って乾燥させ，新鮮な葉からは作らないようにと主張したことが知られていると断言する。18世紀の焼き直しの文学形式に戻ると，ヘンリー・サッシェヴァレル師（Reverend Henry Sacheverell）は，古くさい説教をしたということで，次のような言葉で非難された："Your sermon was ready Cut and Dry'd."（あなたの説教はすでに新鮮味のないものだった）。お分かりのように，この表現は本当に広まり伝わっている。

CUT NO ICE

　it cuts no ice with me（それは私には何の効き目もないよ）という表現は19世紀初頭にさかのぼる。もちろん，it（それ）が何であっても私には問題がないという意味である。つまり，あなたがしていることは私に関する限り何一つ教えてくれないし，あなたが言っていることは私には何も影響がないという意味である。この表現は同様に第三者についても使われる。自分の弟に話しかけている人が，"I cut no ice with my neighbors."（おれは隣人には関心がない）と言うかもしれない。その人は隣人に何らの感銘も与えないのである。

　この表現はアメリカで生まれたと一般的に信じられているが，その手柄は誰なのかという質問に確実に答えられる人はどこにもいない。いくつか推測はあるので，どれを選ぶかは自由である。ある説によれば，この表現はフィギュア・スケートの初期の頃にさかのぼるということだ。下手なスケーターは"cut no ice"（氷を切って進めない）と言われた。別の説は，冬の間に氷をのこぎりで切って夏の冷蔵用に貯蔵したことに由来するというものだ。また別の説は，適切に流氷を砕けない砕氷船に当てはめたということだが，これはこの表現の必要性と意味を正確には指摘していない。証明はされていないが納得できる説は，氷の切り出し会社の従業員が手を暖めようとして頻繁にたき火にあたるので，職工長が"That cuts no ice. Get back to work."（時間の無駄だ。仕事に戻れ）と言って，しかりとばしたところから出たというものだ。どの説を選ぼうとその場合に限り，別の証明されていない決まり文句を使えば，

skating on thin ice（きわどいことをしている），つまり弱い立場で議論しているのだということを忘れないように。

CUT OFF ONE'S NOSE TO SPITE ONE'S FACE, TO

この言い回しが隠喩的であることは全く明らかである。というのは，正気で顔に意地悪をしようとして鼻を切り落とす人などはいないからである。（たしかヴァン・ゴッホ（Van Gogh）は片耳を切り落としたけれど）こんなことをすれば，近所の人に腹を立てて，その人の栽培している小麦を焼くために自分の納屋やサイロに火をつける農夫のように愚かということになろう。この言い回しは，腹立ちまぎれに行動せず，道理をはずれた復讐は避けることを忘れないためのものである。こんなことをすれば，自分自身に害を及ぼすはめになるからだ。この言葉の起源は推測であって，ほとんど証明されていない。知られているのは，13世紀の初期にブロワのピーター（Peter of Blois）が，諺として記録したことである。それから数世紀が過ぎて，17世紀にゲディオン・タレマン・ドゥ・リオー（Gedéon Tallemant des Réaux）が，フランスの歴史の中で次のように書いている："Henry IV understood very well that to destroy Paris would be, as they say, to cut off his nose to spite his face."（アンリー4世はパリを破壊することは，いわゆる短気を起こして損をすることだとよく分かっていた）。1796年にフランシス・グロウス（Francis Grose）は *Classical Dictionary of the Vulgar Tongue*（『古典に見る俗語辞典』）の中で，次のように指摘した："He cut off his nose to be revenged to his face. Said of one who, to be revenged of his neighbor, has materially injured himself."（彼は明らかに，復讐を受けたことを示すため腹立ちまぎれに自分の鼻を切り落とした。これは隣人への復讐のため自分をいちじるしく傷つけた人のことを言っている）。

CUT THE MUSTARD, TO

A tale without love is like beef without mustard . . .
—Anatole France, *La Révolte des Anges*

愛のない話はからしのないビーフのようだ……
　　　　—アナトール・フランス『アンジェスの反乱』

　mustard はホットドッグに載せるもので，からしの種，ワイン，その他の材料から作られるペーストである。*mustard* という名前は種からではなく，ワインから生まれた。ずっと以前 *must*（「新しいワイン」という意味のラテン語 *mustum*）は，からしペーストを作るために，からし粉と混ぜられた。*mustard* の文字どおりの意味は，従って "seasoned with must"（ワインで味つけした）である。

　to cut the mustard という表現は，大きさを押えたり力を弱めるという意味ではない。反対に，期待どおりになるとか質がよいという意味である。始めたことを成し遂げ，望ましい結果を達成した人は，この俗語表現によれば，*cut the mustard* したのである。カウボーイが使うちんぷんかんぷんの西部特有の言葉では，*mustard* は "the genuine thing"（本物）という意味だった。それから，その意味は "the best of anything"（一番いいもの）になった。O・ヘンリー（O. Henry）は *Cabbages and Kings*（『野菜と王様』1894）の中で，たぶんこの調味料を使うと食べ物に心地よい刺激が生まれたので，"the main attraction"（主要な引き立てもの）と呼んで，次のように使った："I'm not headlined in the bills, but I'm the mustard in the salad dressing, just the same."（私はポスターでは大々的に宣伝されていないが，サラダ・ドレッシングではマスタードと変わりがない）。*Hearts of the West*（『西部の心』1907）の場合には，"I looked around and found a proposition that exactly cut the mustard."（私は見回して，まさに期待に応える（最高の）相手を見つけた）と書いたが，相手とはもちろん女の子である。今日，どんな分野であれ成功者は，本当に期待どおりになった人であると言われる。しかし，この表現は時々 "not to measure up"（期待に沿わない）という否定的な意味で使われることがあるので気をつけよう。もしある男性が女性に好感を持たれていなければ，つまり話している時に "struck out"（嫌われて）いれば，女性は "He doesn't cut the mustard with me."（あの人は私の期待に沿わないのよ）と言うだろう。

CUTE

　もし少年が少女を *cute* と呼び，少女が "Don't needle me."（ちくちくいじめないで）と答えれば，少女は語源学者かもしれない。aphesis（単語の初めの強勢のない母音の消失）として知られる現象によって，*cute* は単に "having a sharp point"（鋭利な）という意味の *acute* の短縮形にすぎないというのが事実である。その意味はラテン語の祖先 *acus*（針）から発展して，*acutus*（鋭い）になった。今日，（鋭角に関する）幾何学を除いては，*acute* はたいてい比喩的に "quick to perceive and respond"（直感が鋭く反応が速い）という意味で使われる。頭のきれる人はやり手だと言われるように，*cute* も "a cute trick"（抜け目のないやり方）という意味で使われる。しかし，女の子については，魅力的な子には *cute* と言わなければならない。たとえその子が曲線美ばかりで全く出っぱりのない子であっても。

DAMON AND PYTHIAS

　友情の本質，すなわち二人が一人で息をしているかのようなつきあいについては，シラクーザ（Syracuse）のピタゴラス人の生涯を扱った *Damon and Pythias*（『ダモンとピュティオス』）という作品の中で最高に感動的に描かれている。
　ピュティオス（Pythias）は長老暴君ディオニシオス（Dionysius）から死刑を宣告された時，自分の仕事を整理する許しを求めた。ピュティオスは必ず戻ってくることをディオニシオスに示すため，ダモン（Damon）が自分自身を人質にすることで約束を了承させた。伝説によればピュティオスは遅れ，ダモンは死刑執行人の待つ断頭台に引き出された。ちょうどその時，間一髪でピュティオスが戻ってきた。ディオニシオスは二人の深い結びつきにひどく感動して，キケロ（Cicero）によれば，特にディオニシオス自身，友達が一人もいなかったため，すぐにピュティオスを許し，二人の友情に自分も加え味わせてくれるよう懇願した。*Damon and Pythias* という表現は，二人の切っても切れない友情という意味の古典的な引用となっている。

DEAD AS A DOORNAIL

　死んだ，反応を示さないという意味で成功の見込みはないという，この直喩の起源を説明する多くの推測が創作されてきた。しかし，こうした推測のどれ一つとして，釘，特に扉の釘と死との論理的な連想について言語学者をことごとく納得させてはいない。
　チャールズ・ディケンズ（Charles Dickens）は，もし *doornail* を *coffin nail* に置き換えれば意味をなすと提言している。扉のノッカーが時々 *nail* と呼ばれる金属板をたたき，*nail* はまたしばしばたたかれたので寿命が

尽きたにちがいないという月並みな説明は確証がない。ある一時期，扉の釘がしばしば装飾に使われたが，釘と死の比較はもっともだと考える言葉の専門家はいない。とにかく，この表現は，*Romance of William of Palerne*(『パレルンのウィリアムのロマンス』)で，1350年以来絶えることなく使われ，今日でもしっかりと生きている。今日の英語に訳すと "When I get relief from my trouble, I'm dead as a doornail." (やっかいなことから解放されたのに，死んだも同然だ)となる。また1362年のウィリアム・ラングランド(William Langland)の *Piers Plowman*(『農夫ピアズ』)でも使われた。シェイクスピアの *King Henry VI*(『ヘンリー6世』)で，ジャック・ケイド(Jack Cade)は次のように主張した： "And if I do not leave you all as dead as a door-nail, I pray God I may never eat grass more." (そしておまえたち全員を完全に死なせなければ，もう牧草を食することはないと神に祈る)。また *King Henry IV*(『ヘンリー4世』)の中に登場するジョン・フォールスタフ卿(Sir John Falstaff)が尋ねている： "What! Is the old king dead?" (なんと，老王が死んだのか)。ピストル(Pistol)が答えて言う： "As nail in door." (めでたく大往生)。それは本当に死んだということだ。

DEAD HORSE, TO FLOG / BEAT A

flog a dead horse (すんだ話を蒸し返し)たい人間がいるだろうか。そんなことして，何かいいことでもあるのだろうか。もちろん，あるわけはない。比喩的に，この言い回しは全く望みのない問題に関心を呼び戻そうとすることを指している。

大かたの筋によれば，*flogging a dead horse* は船員用語である。*dead horse* とは，航海に出るサインをした船乗りへの賃金前払いのことで，航海前の最後の楽しみの機会となった。しかし，ひとたび乗船すれば，それを身体で返さなければならないので，*flogging* と呼ばれた。このことから *to flog a dead horse* は前払いを働いて返すという意味になった。だが，現在は，"nothing can be done to help the situation" (状況を切り抜けるためにできることは何もない)という意味で広くよく使われているので，船員用語の意味を生き返らせることは無駄なこと，つまり蒸し返すことになろう。

ある語源探究者の報告によれば，ジョン・ブライト（John Bright）はラッセル卿（Earl Russell）の1867年の選挙法改正案を熱心に支持したが，法案通過は成功の見込みなしと確信し，そのために情熱を注ぐのは無駄な努力であると宣言した。それは"flogging a dead horse to make it pull a load"（死んだ馬に荷を引かせようとむち打つ）ようなものであった。まさにうまくいかなかったのである。ブライトの発言がこの意味で使われた最初の表現として知られている。

DEADLINE

ほとんど誰でも，時折 *deadline*，つまり課題や仕事を終えなければならない定められた日付に出くわすにちがいない。レポーターやその他の書き手は，定期的に締切りに向かい合うことになる。というのは自分たちの資料が間に合わなければ，関わりのある過程がすべてうまくいかないことになってしまうかもしれないからである。

我々が知るようになった *deadline* というアメリカの表現は，南北戦争中に創作された。*deadline* は以前は別の意味で使われていた。アンダーソンビル（Andersonville）にある南部連合支持者の捕虜収容所は，捕虜の扱いが残酷なことでよく知られていた。そのため捕虜の脱走がひんぱんに行われ，成功した者もいた。境界を破らせないように，収容所の塀から少し離れた所に線が引かれ，その線を越えればその場で射殺されると捕虜全員に伝えられた。*A History of the Civil War, 1861-1865*（『南北戦争史（1861−1865）』）の中でロッシング（Lossing）は *deadline* をこう述べている："Seventeen feet from the inner stockade was the dead-line over which no man could pass and live."（柵で囲った内側から17フィートは誰も生きては越えられない死線であった）。もちろん今日の deadline は幸いにも，このような重大な結果を表してはいない。そうでなければ，今日生きている新聞記者などほとんどいないであろう。

DEBACLE

サンフランシスコ地震は，誰もが知っているように *debacle*（大惨事）で

あったが，おそらく *debacle* とは元々そんなことではなかったし，また意味が大惨事とは無関係だと信じる人もいないであろう。*debacle* という言葉が英語に入ってきた時は，突然氷が割れるという地質学者の用語であった。それは，突然の春の雪解けが，がらくた，すなわち石や小枝や根をつけたままの植物を運んでくる，しばしば大洪水の原因となる大破壊のことであった。*debacle* の語形は仏語 *débâcler*（自由にする，門を開く）から始まった。すなわち *bacler*（閉ざす）と否定を表す *de*（ラテン語では否定を表す *dis*）からきている。英語の *debacle* は，単語そのものは仏語に由来し，発音はわずかに変化した。やがて *debacle* は，圧倒的な総崩れとか暴走にも使われるようになった。それからさらに広がって，突然の大惨事や完全な破滅的失敗を意味するようになった。今日，*debacle* の同意語としては *disaster* や *catastrophe* がある。

DELICATESSEN

　博学の人を除けば，人はたいてい *delicatessen* とは "delicate eating"（おいしい食事）を意味する独語だと言うだろう。*essen* という部分が独語の動詞で "to eat"（食べる）だからである。しかし，事情は違う。19世紀末に始まったのだが，*delicatessen* と呼ばれる店がアメリカの多くの町で開店した。"delicate or ready-to-eat food"（おいしくて，すぐ食べられる食事）という元々の意味が効いて，この種の店が流行した。その語の起源をたどれば独語の *delikatesses* で，そこには明らかに "delicacy"（おいしいもの）を意味する仏語の *delicatesse* がある。*delicatessen* は，このような店で売られる食べ物を意味する時は "Delicatessen require little preparation."（デリカテッセンはほとんど準備がいらない）のように複数形だが，英語は店そのものを呼ぶ時は単数名詞に変わってしまった。"The delicatessen *opens* at 7 A.M."（デリカテッセンは午前7時開店）
　この小論で驚くべきことは最初の二つの文にある。つまり，キーワードの中の *essen* は「食べる」を意味する普通の独語に由来するのでもなく，それと全く語源の関連もないことである。

DELIGHT

　名詞の *delight* は，"great pleasure or joy"（非常に楽しいことや喜び）あるいは "a thing that gives great pleasure or joy"（非常に楽しいことや喜びを与えてくれるもの）を意味する。*delight* の元来の祖先はラテン語の *delectare*（喜ばす）で，それが古仏語の *deliter*，中英語の *deliten* へと発展していった。これらの動詞の名詞形は *delit* で，16世紀中に，新しい綴りが定着した。*gh* が，長い *i* の音を保証するために，また *light, bright, sight, night* といった語と韻を踏ませるために，*delit* の中に挿入された。確かに，ポピュラー音楽業界（Tin Pan Alley）にとって，この正字法の変化は delight（喜び）であった。

DELTA

　delta という語には二つの基本的な意味が辞書に載っている。一つは，河口にある三角洲で，もう一つはギリシャのアルファベットの四番目の文字である。前者の意味は後者の意味に由来している。ナイル川の河口に作られた三角形の土地の広がりが，偉大なギリシャの歴史家ヘロドトス（Herodotus）によれば，三角の形をしたアルファベットのデルタに似ているところから，二つを比較して土地のこのような広がりをデルタと呼ぶようになった。世界の大河の多くにははっきりしたデルタがある。それは，ミシシッピ川，ドナウ川，ライン川，ガンジス川，ポー川である。

DERRINGER

　ヘンリー・デリンジャー（Henry Deringer）は，1786年にフィラデルフィアに生まれた。鉄砲鍛冶の弟子としての初期の訓練期間を経て，銃を生産しようとする強烈な野望を持つようになっていった。最初の冒険的事業は22口径ライフルを作ることだった。そのライフル銃は性能がよかったので，需要が国中に広まった。

　デリンジャーは成功に向かっていた。1840年代にはその名を不朽にする銃

を発明した。単発の先込め雷管式ピストルで，胸ポケットにしまえるほどの大きさだったが，伝えられるところによれば，政治家や女優のお気に入りであった。事実，自衛の武器として必要な人にも歓迎された。

デリンジャーは名前の綴りには r の文字を一つしか使わなかったが，ピストルは二つの r を綴った一般語 derringer となり，その後同様な小型ピストルの名前にも使われるようになった。この銃の注文が増えるにつれ，デリンジャーは注文に応じきれないことに気づいた。その後，貪欲な競争相手は本物に似せたピストルを生産し始めた。ある会社のピストルには "J. Deringer" とサインされたものもあったが，これは単に名前を使うためだけに Deringer という名の人物を雇い入れた会社がつけたものであった。ほかのピストルはただ "Derringer" と署名されていた。だが競争をものともせず，Deringer は繁盛した。しかし，よい武器とは悪いこともできるものである。1865 年の聖金曜日にフォード劇場でジョン・ウィルクス・ブース（John Wilkes Booth）が発砲したのは，ほかならぬ derringer 銃であった。

DESPERADO

単語はいろいろな方法で英語に入ってきた。多くは古典語であるラテン語，ギリシャ語からの由来である。中にはロマンス語，主として仏語から発展したものや，外国語をそのまま借りてきたものもある。さらに必要を満たすために造語されたものもある。

自暴自棄の犯罪者という desperado という語についての疑問は，それがどこにあてはまるのかということである。その由来について語源学者や辞書編集者の意見が全く一致しているわけではない。ある者は，古スペイン語の desperar（絶望する）の過去分詞に由来すると信じ，またある者は，やはり "to despair, to lose all hope"（絶望する）という意味でもあるラテン語の desperatus（desperare の過去分詞）に目を向けた。しかし，さらに多くの者は，英語の desperate に接尾辞の -ado をつけてスペイン語の香りはあるものの，スペイン語ではない語に変えたにすぎないと考えている。このスペイン語もどきの語やその他の似たような言葉は，スペインの 16 世紀の世界における勢力を示しているが，それは英語に影響を与えるほど大きなものであった。desperado は，どの辞書でも標準英語として今では認められてい

る。

　同様な過程を通して，英語は，*bravado* と *tornade* を受け入れた。*bravado* はスペイン語の *bravada*，最終的には *bravo*（勇敢な）という語が変化したもので，*tornado* はスペイン語の *tornada*（雷雨）が変化したものである。

DICTATOR

　独裁者とは，辞書の定義によれば，国家の統治に関して完全な力と最高の支配権を持った支配者のことである。このような人間は簡単に言ってしまえば，暴君である。*dictator* はラテン語の *dicere* に由来する *dictate* の同族語であるが，政治的独裁者の言うことは，命令であって最終のものである。世界は第二次世界大戦中，独裁者であふれていたが，そのうちの二人の名前にはおもしろい話がある。

　名前に何があるのだろうか。1879年に，一人の男の子が，靴屋を父にお針子を母として生まれ，イオシフ・ヴィサリオノヴィッチ・ジューガシュビーリー（Iosif Vissarionovich Dzhugashvili）と名づけられた。このような名前を持った人間が現代の世界で成功できるだろうかと，すぐに尋ねる人がいるだろう。たぶん成功できないだろう。しかし，事実は，このような人間が世界の権力者になり，自国だけでなく諸外国にも恐れられたのである。その本名を知る人はほとんどいなかったし，その人と改名した人物が同一だと思う人もほとんどいなかった。改名した名前は，母語で "Man of Steel"（鋼鉄の男）という意味だったが，その人こそソ連共産党書記長（1922-1953）であり首相（1941-1953）であったジョゼフ・スターリン（Joseph Stalin）である。

　名前は変えなかったが恐ろしい称号を使ったもう一人の国家指導者は，ベニト・ムッソリーニ（Benito Mussolini）である。ムッソリーニが用いて，イタリアで強制的敬意呼称となったのは，イタリア語 *Il Duce* — "the leader"（指導者）であった。(*Duce* はラテン語の *dux*（指導者）に由来する)。

　名字としての *Mussolini* と薄い綿の生地 *muslin* とは同じ語源で，両方の名前は *Mosul*（モスル）と呼ばれるイラクの町に直接由来している。マルコ・ポーロ（Marco Polo）は自らの旅行を詳しく述べて，こう記した：

"All those cloths of gold and of silk which we call muslins are of the manufacture of Mosul, and all the great merchants termed Mossulini, who convey spices and drugs in large quantities from one country to another are from this province."
(モスリンと呼ばれる金と絹から作られる布はモスルの製造で，香料や薬を大量に国から国へと運ぶモッスリーニと名づけられた大商人は，みんなこの地方の出身である)。イタリア語では *muslin* に対する語は *mussolina* で，指導者ムッソリーニの名をとったように聞こえる。事実，ムッソリーニに見られるような *ini* という接尾辞は，単に "of the tribe or clan of" (……の一族の) という意味にすぎない。

　ムッソリーニの最初の名前は，イタリア語からの由来ではなかった。元々はメキシコの名前であった。ムッソリーニの父親は，1867年のマクシミリアン (Maximilian) の暗殺後メキシコの大統領となったベニト・フアレス (Benito Juarez) の絶大なる称賛者であった。そこで，ムッソリーニは息子に *Benedict* のイタリア語の異形 *Benito* と名づけた。これは祝福されたという意味，またはこの場合もっと適切にはラテン語の *bene*（よく）と *dicere*（言う）から言葉遣いが洗練されているということである。来るべき出来事が名前のいわれを暗示していると言われる。ムッソリーニは確かに雄弁であり，事実本当に指導者に持ち上げたのは，その火を吐くような熱烈な雄弁術であった。

DIESEL

　1870年の普仏戦争がなかったら，*diesel*（ディーゼル）エンジンは発明されなかっただろう。実際には戦争があったので，蒸気機関をもっと効率のよいものに置き換えたいという考えが，偶然にも発明者の頭に浮かんだ。

　この時代，ルドルフ・ディーゼル (Rudolph Diesel) は両親とパリに住む少年であった。親子はドイツ人だったので，安全のためにイギリスに逃れた。少年の身と教育を危険にさらさないために，ドイツのアウグスブルグに住む叔父は戦争が終わるまで少年の世話をすると申し出た。それから，少年ルドルフは身分証明のカードを首に下げて，叔父の家めざして列車に乗り出発した。列車のエンジンが何度も故障したのが主な原因で，旅は8日間かかった。もちろ

ん戦争中なので列車が時間通りに走るとは期待していなかった。ディーゼルが大人になった時，この腹立たしい経験を思い出し，エンジンの機能を改善するために何かをしようと決心した。

　この目的を果たそうと，ディーゼルは数限りない実験を行い，火花の点火なしで動くエンジンの組み立てに成功した。顔の前でエンジンが爆発し，すんでのところで命を落としそうになった時，明らかにディーゼルは成功の途中にあったのだ。大胆にももう一度やり直し，問題はもっと適当な燃料を見つけることだと気づいた。アルコールからピーナッツオイルに至るまでいろいろな種類の燃料を試し，ついに半精製の原油こそが完全な解答ではないかと気づいた。それは正しかった。こうしてディーゼル・エンジンは誕生したが，それは既存の他のエンジンより燃料を経済的に使用する圧縮点火エンジンだった。

　ディーゼルの人生は不幸に終わった。1913年9月29日，イギリスへの途上，英仏海峡横断のディースデン号（*Diesden*）上で，不可解にも姿を消したのである。仲間にお休みを言って船の個室に入り，二度と姿を現すことはなかった。ベッドに眠った様子はなく，突然の終末への唯一の手がかりは，船尾近くに転がっていた帽子であった。10日後，別の船の乗組員が海面に浮かんでいる死体を発見した。自殺か，それとも他殺か。疑問は解決されていない。

DIET

> Praise is the best diet for us all.
> 　—Sydney Smith, *Lady Holland's Memoirs*
> 称賛は我々すべてにとって最高の食事である。
> 　—シドニー・スミス『ホランダ女史回想録』

　この小論はある人の *diet*（食事療法）後と同様に細身にするのがよいが，そうならないかもしれない。というのは *diet* という語には二つの別個の意味があり，その一つは制限された食事の摂取とは関連がないからである。教会職員の審議会や国会の会合のことを *diet* と言う。その意味の語は，ラテン語の *dies*（日）からきていて，中世のラテン語 *dieta*（一日の旅または一日の賃金）で，その元になる意味は，会合のメンバーは一日（あるいはもっと長い）旅のあとで参会したからである。やがて *diet* は一日の旅だけではなく，会合

そのものにも使われるようになり，会合の意味でヨーロッパ中に広く受け入れられた。日本では Diet がまだ国会のことである。

　diet という語が人の日常の飲食物や内科医により処方された食事療法を意味するようになったのは，ギリシャ語の *diaita*（生活様式）に由来する。この *diet* は 13 世紀の英語の舞台に登場した。その時は食事，一日分の食糧の意味であった。1386 年にチョーサー（Chaucer）は書いている：He wolde been the moore measurable of his diete sittynge at his table."（彼はテーブルに座ってかなりの程度食事の量を測ることができたであろう）。種類の制限や量の制限のある食物というこの意味が今日まで続いている。人それぞれの胃を支配するのは人それぞれの唇次第である。

DOCTOR / PHYSICIAN

> The best doctors in the world are Doctor
> Diet, Doctor Quiet, and Doctor Merryman.
> 　　— Swift, *Polite Conversations*
> 世界中で最高の医者は
> ダイエットし，静かで，陽気な医者だ。
> 　　　　— スウィフト『ていねいな会話』

　治療技術に関わる人々の総称的な語 *doctor* や *physician* が医業と関連があるのはなぜなのか，当然のことながら誰も疑問に思っている。疑いもなく今日 *doctor* は一般的に内科医，歯科医，眼科医として考えられている。だが，元来これらの用語が発展する時にはそうではなかった。ラテン語で *doctor* とは "teacher"（教師）という意味である。ラテン語 *docere*（教える，導く）から，英語の *docile*（扱いやすい）人になった。したがって厳密に言えば *doctor* とは教師，指導者である。*physician*（中英語では *fiscien*）の祖先は "natural science, physics"（自然科学，物理学）という意味のラテン語の *physica* にさかのぼることができる。独語では自然の知識という *Physike* になった。

　内科医と物理学にたずさわる人を区別する語はまぎらわしいので，19 世紀にウィリアム・ヒューアル（William Whewell）は，物理学を探究する人

の名前として *physicist* を造語した。独語の基となる *physis*（自然）に対して開業医を呼ぶために，英語は接尾辞 *ian* をつけて数学者，音楽家，政治家などのように "one skilled in"（……にすぐれた人）という意味にした。ここから *physician* が出た。（ところで医者の名前の後の *M.D.* はラテン語の *Medicinae Doctor* から採用した *medical doctor*（医者）を意味する）

治療という概念を含む語は英語では *medicine* で，ラテン語の *medicus*（治療者）から派生した *medicina* に由来する。たぶん，もっと正確に言えば，人々の病気を治すのに関わる人は *medici* と呼ばれるべきである。呪医すなわちメディチ家（the Medicis）という言葉をお忘れか。呪医は人を治すか殺すかのどちらかであった。後者のほうが頻繁であったが。

DOG IN THE MANGER

利己的でよくよくの意地悪から，自分は欲しくなかったり使わないものでも人に分けるのを拒む人のことは，*dog in the manger*（意地悪者）と呼んでもよいかもしれない。この表現は，牛の飼料として置かれた干草の近くの飼い葉桶に犬が陣取ったというイソップ物語にさかのぼる。牛が食事をしようと近づくたびに，犬は吠えて追い払いにかかるので，牛はこう言う："Surly creature, you cannot eat the hay and you will let no one else have it."（意地悪なやつ。自分が干草を食べられないからといって，人にも食べさせないとは）。この物語から，自分では楽しめないために人にも楽しませない人のことを *dog in the manger* と言う。この言い方が初めて活字として現れたのは1564年であった。そして今でもまだ，その言い方にくやしいほどぴったり当てはまる人に出くわすことがある。

DOG'S LIFE, TO LEAD A

犬は諺の中では無情にも中傷されてきている。1542年にエラスムス（Erasmus）は言った："The most parte of folkes calleth it a miserable life, or a dogges life . . ."（国民の大半はそれを惨めな人生，犬のような人生と呼ぶ）。犬のような人生を送ることは，わびしい，哀れな存在とみなされる。この言い方は，朝から晩まで悩まされ，始終がみがみ言われ，

決して平静ではいられない人のことを表している。*to go to the dogs* は最低の存在形式を意味し，また *to die like a dog* は真実惨めな終わりを意味する。道徳的に卑しい人は *a dirty dog*（卑劣なやつ），すなわち社会に関する限り *in the dog-house*（嫌われている）と言われる。

しかし，このように犬についての嘲笑的な諺ではなく，犬に対する人間の態度であるが，それはまったく変わってしまっている。ずっと以前のこと，あるでしゃばりが犬について何か素敵なことを言ったとき，それは始まった。その人が "Love me, love my dog."（私を慕うなら犬まで慕え）と言ったことを，誰かが自分の犬は自分にとって非常に大切なものだから犬ともども愛してくれなければならないし，私だけというのはだめだ，というように解釈する。だが，クレルヴォウの聖ベルナール（St. Bernard of Clairvaux）が中世に最初に書いたのは，そんな意味ではなかった。それは *Qui me amat, amat et canem meum.* — "If you love anyone, you will like all that belongs to him."（もし誰かを愛するならば，その人のものすべてを好きになるだろう）という意味であった。1876年にアメリカのミズーリ州ウォーレンズバーグで，上院議員ジョージ・ヴェスト（Senator George C. Vest）の口から大発言が出た。ヴェストは犬に対する人間のすばらしい関係を意味する強烈な表現を放った：" A man's best friend is his dog."（人間の最良の友は飼い犬である）

DOGS, NAMES OF

犬の名前の出所はいろいろである。一般的なものは，犬の起源となる場所であった。例えば，絹のような毛の *Pomeranian*（ポメラニアン）はポメラニアから，また *Newfoundland*（ニューファウンドランド）はニューファウンドランド島から，中国で繁殖された鼻の低い *Pekingese*（ペキニーズ）はその時の首都名の北京から，それぞれ名づけられた。

ある犬はその品種固有の素質にちなんで名づけられた。この種の犬の *terrier*（テリア）と *dachshund*（ダックスフント）は自分の掘った穴からアナグマを見つけ出し，引きずり出すのが得意である。多くの猟師はこの品種を狩猟に使った。こうした品種の一つは，穴から獲物を追い出すのに適していたことから，地面というラテン語の *terra*（土）にちなんでテリアと呼ばれた。

フランスで最初に名づけられたときは、フランス人の猟師に "earth dog"（穴掘り犬）という意味の *chien terrier* と呼ばれた。（仏語の *chien* は "dog"（犬）という意味である）英語は *chien* を落として借用し、多くの犬の品種に当てはめて使った。例えばキツネ狩りに使用される犬は *fox terrier* と名づけた。

　もう一種、穴グマの強敵は *dachshund*（ダックスフント）であった。この足の短い胴長の犬はドイツで繁殖され、穴グマを狩り出すのに巧みな技を示したので、その獲物の名前 *badger*（穴グマ）がついた。独語で *dachs* は穴グマを意味し、*hund* は犬または猟犬のことを指す。この二つを合わせた名前 *dachshund*（穴グマ犬）は、今では愛らしいおかしな顔のペットで、たぶん穴グマなど一度も見たことがない犬のことである。

DON'T COUNT YOUR CHICKENS BEFORE THEY'RE HATCHED

> To swallow gudgeons ere they're catched
> And count their chickens ere they're hatched.
> This gudgeon is a fish.
> 　　　—Samuel Butler, *Hudibras*
> タイリクスナモグリを捕らえる前に飲み込むこと、
> ひなが孵化する前に数を数えること。
> このタイリクスナモグリは魚である。
> 　　　—サミュエル・バトラー『ヒューディブラス』

　してはいけないことを教えてくれる多くの忠告表現のうち、Don't count your chickens before they're hatched.（孵化する前にひな鳥の数を数えてはいけない）という警告以上に有名なものはないし、また意味の分からないものもない。人は日常 "Don't" の範ちゅうで始まる種類の多くの格言にもてあそばれている。"Don't look a gift horse in the mouth."（贈り物にけちをつけてはならない）、"Don't look back. Someone might be gaining on you."（振り向くな。誰かがあなたに迫っている）、"Don't take wooden nickels."（ろくでもないものを受け取るな）、"Don't let the grass grow under your feet."（ぐずぐずして機会を逃すな），"Don't cry over spilled milk."（後悔先にたたず），"Don't swap horses in midstream."（流れの中で馬を取り替えるな—途中で考えを変えるな）などなどである。

　孵化していないひな鳥を数えるなという言い回しは，イソップ物語にさかのぼる。この寓話の中の，ある乳しぼりの女が頭上に牛乳の桶を乗せて運んでいる時の空想なのだが，それはまだ孵化していない卵を買うために牛乳を売って金を儲け，それで裕福になり，多くの求婚は手早く片づけられるというものである。だが不運にも，うきうきしながら頭をひょいと動かしたため，牛乳をこぼしてしまう。悲しくも乳しぼりの女は，手に入れる前に利益を計算してはいけないことを学ぶ。この教訓は，あるものを自分のものとして扱う前に，自分のものであることをまず確かめよである。エラスムス（Erasmus）は同じ教訓を違う言葉で書いている："Don't crow till you are out of the wood."（森から抜け出すまではしゃぎ声をあげてはいけない—安心できるまでは喜ぶな）。あるいはもっと口語的には "Don't jump the gun."（早まったことをするな）と言うだろう。

DON'T LOOK BACK. SOMEONE MIGHT BE GAINING ON YOU

　1900年代初頭のこと，サッチェル・ペイジ（Satchel Paige）という傑出した黒人の野球投手がいた。ペイジは哲学者でもあった。論破が難しく，信奉する価値のある方策を考え出したからである。それはまるでペイジのスピードボールのように速球でストレートで入ってくる。ここに若者が活力を保つために出された提案がある："Avoid fried meats which angry up the blood. If your stomach disputes you, lie down and pacify it with cool thoughts. Keep the juices jangling around gently as you move. Go very light on the vices, such as carrying on in society. The social ramble isn't restful. Avoid running at all times. Don't look back. Someone might be gaining on you."
（血圧を高める揚げた肉は避けなさい。もし胃の調子が悪い時は横になり，さわやかな考えで和らげなさい。体液を動きに合わせて優しく揺り動かしなさい。

世間でみっともない振る舞いをするなど、非行を気楽にしなさい。社交界の無駄話では休息は得られないのです。常に急ぐのは避けなさい。後ろを振り返ってはいけません。誰かがあなたに追いつこうとしているかもしれないのです)。ある筋ではこのような言い回しは、氏名不詳の新聞記者が思いついたと信じられている。その記者がこの表現はペイジが作ったものだと言い、ペイジは何度もそれを繰り返すことによって、事実上自分のものとした。

DON'T SWAP HORSES IN MIDSTREAM

Don't swap horses in midstream.（途中で考えを変えるな）という忠告は、引き受けたことの進路や政策を途中で変更したり、危機の真っ最中にリーダーを交代するのは悲惨を招くという意味である。あるいは別の状況では、未知のものや未知の人に乗り換えるよりは、今身につけているものを持ち続けたほうがよいということである。この素朴なアメリカの表現は、エイブラハム・リンカーン（Abraham Lincoln）が生み出したのではないが、リンカーンが有名にしたもので、W. O. Stoddard 版によれば、1864年6月9日に再指名のお祝いに答えて、こう言った：″I have not permitted myself, gentlemen, to conclude that I am the best man in the country; but I am reminded in this connection of a story of an old Dutch farmer who remarked to a companion that it was not the best to swap horses while crossing the river."（諸君、私は自分がこの国で最良の人間だと結論することは許しませんでしたが、この関連で、川を渡っている途中で馬を交換することは最善ではないと仲間に話した年老いたオランダ人農夫の話を思い起こします)。今日では "while crossing the river"（川を渡っている間に）というよりは、たいてい "in the middle of the stream" とか "in midstream"（流れの真ん中で）という言い方をする。もちろん、リンカーンが "river"（川）と言ったのは the War Between the States（南北戦争）のことであった。

DROP OF A HAT, AT THE

誰がこのクリシェイを生み出したのか、誰が試合や決闘の始まりを意味する

dropping a hat（帽子を落とす）という習慣を紹介したのか，専門家筋には分かっていない。事実は手に握ったまま帽子をさっと動かす動作は，戦闘や行事開始の合図としては効果的だということである。この表現は，遅れずに，すぐに，ただちにという意味のありふれた言葉に変わった。待ってましたというような動きをしようとする人は，すぐに始める準備ができているのである。またすかさず始めるように言われた人は，すぐに用意をしたほうがよい。ジョニーの父親が息子に向かってただちに仕事にかかるように望んでいれば，ジョニーは今始めたほうがよい。

昔の決闘者—すなわち森や鉱山出身の荒くれ者だけでなく，著名な男たち—アレグザンダー・ハミルトン（Alexander Hamilton），ヘンリー・クレイ（Henry Clay），アンドルー・ジャクソン（Andrew Jackson）は，敵を殺そうとする前にひとつの決まりを守っていた。男たちは始めの合図，すなわち帽子を落としてから決闘を始めたのである。

DRUG ON THE MARKET

巷の言い方によれば，*drug on the market*（買い手のつかない品物）は中毒患者が求める麻薬のことで，人間に役立ったり制限された状況の下で使う目的で発明された治療薬のことではない。何世紀も前，*drug* という言葉は薬学に限定されるだけではなく，染色や化学に使われる成分をも含んでいた。16世紀から17世紀にかけて寄港地ではお茶，チョコレート，香料やサルサ根などが取り引きされていた。明らかに，この言葉はいろいろ無関係の品目をも含んでいた。やがてこの表現は需要のないもの，デッドストック，売れないものを指すようになった。もっと簡単な言い方をすれば，誰も欲しがらなければ，それは *drug on the market* なのである。

この表現の起源は知られていない。アルフレッド・ホウルト（Alfred Holt）は *drug* という言葉は "rubbish"（くず）という意味の仏語 *droque* に由来すると推測しているが，すぐれた推測のような感じがする。少なくともロビンソン・クルーソー（Robinson Crusoe）が無人島の難破船で見つけたコインを見て笑った時，コインはくずのように見えたらしい。クルーソーはこう言った："O Drug! . . . what are they good for?"（ああ，くず！……何の役に立つというのだ）

DUMB

　話せない，口がきけない，のみこみが遅い（まぬけ）という意味の，英語の *dumb* には "stupid"（まぬけ）と語源的連想があると考えられる。それはちょうど "My neighbor is so dumb he waters his garden in the rain."（お隣さんは雨が降っているのに庭に水をまくような愚か者だ）という文中の dumb との連想だということを知っておくのは賢明である。この *dumb* の意味は独語の *Dummkopf* に由来し，ドイツ移民がアメリカに伝え，"devoid of articulate speech"（明瞭な話し方ができない）という意味の *dumb* との類推で，*dumb* に縮小されたと信じられている。確かに，理解力のない人はおそらく沈黙しているだろうから，つまり話せないことになる。そこから *dumb* になった。この語を初めて使ったと信じられているのはジェイムズ・フェニモア・クーパー（James Fenimore Cooper）で，1823年のことであった。

　dumbbell という俗語（必ずしも *dumb belle*（白痴美人）ではない）は，普通の会話では "stupid"（まぬけ）という語に等しく，二番目の要素 *bell* は *dumb* がすべてを語っているので，なんら意味上役割を果たしていない。この話し言葉の由来は，鳴子を持たない鐘，つまり鐘を鳴らす練習の時に初心者が使う鐘に見られる。鐘は音を出さない，つまりはっきりしないので，*dumbbells* と呼ばれるようになり，鐘を鳴らすテストに合格しなかった初心者もそう呼ばれた。

DUTCH UNCLE

　おじさんというものは甘やかしすぎるか，やたらと厳しいか，そのどちらであろうか。*like a Dutch uncle*（厳しく）という一般的な直喩によれば，答えは勝手知った状況による。普通はおじさんは喜んで愛情や寛大さを示そうとするので，通常は歓迎される客だが，父親の死後，父親の権威を引き受けるおじさんはたいてい厳格できびしくなると思われる。*uncle* という言葉にはラテン語 *patrus*（厳格な後見人，監督者）と同じ意味がある。オランダ人は特に厳しいと見なされたので，もっと強烈な表現とするために形容詞 *Dutch*

が *uncle* に付加された。ジョゼフ・ニール（Joseph C. Neal）は，*Charcoal Sketches*（『木炭スケッチ』1837）の中でこう書いている："If you keep cutting didoes, I must talk to both of you like a Dutch uncle."（いたずらを続けるなら，ずけずけとお前たち二人に話さなければならない）。一般的な話し言葉では，*to talk like a Dutch uncle* は厳しさと結びついた率直さを意味するようになり，それが協力的な忠告か厳しい忠告かは聞き手自身の判断によるのである。だからよく聞くがよい。さもなければ，きっと人の機嫌を損ねてしまうだろう。

DWELL

　もしあなたの友人がすばらしい家に住んでいる（dwell）と言うようなことがあれば，*dwell* という語の祖先を考慮に入れて，しゃれを言っていることになるだろう。シプリー（Shipley）によれば，*dwell* のそもそもの意味は"to stun"（仰天させる）であった。古高地独語では *to stun* は *twellan*（妨害する）から"to delay"（遅らせる）という意味になった。確かに仰天した人は動きが止まってしまう。遅れるということはぐずぐずと手間どること，少々とどまることを言うので，*dwell*（中英語の *dwellen* を通して）は人がとどまる場所，すなわち住まいを意味するようになった。住まいとは，つまり人の生活空間である。これは古英語の *abidan* — "*to wait on*"（身の回りの世話をする）から，"*resting place*"（憩いの場所），"*a place to linger*"（時を過ごす場所），"*a habitation*"（住みか）という意味が発展してきたからである。

EAGLE-EYED

　eagle-eyed である人は，鋭い視力を持っていると言われ，言い換えれば，鷲が持つような厳しく刺し通すような視力があるとも言われる。この語はいくつかの方法で人間を表現するのに使われる。すばらしい射撃の名手は"eagle-eyed"（目つきが鋭い）とか，"an eagle eye"（鷲の目）を持っているとみなされる。この鋭い眼識のある視野を持つ性質が監督者的立場に立つ人の頼みの綱となる。すべてを観察し誤りを犯さないことで自分の責任は果たされる。このすばらしい洞察力を持つ人々の鋭い眼力は，ジョン・キーツ（John Keats）による "On First Looking into Chapman's Homer"（「はじめてチャップマン訳ホーマーを読んで」）で明確に述べられている：

　　Then felt I like some watcher of the skies
　　When a new planet swims into his ken;
　　Or like stout Cortez when with eagle eyes
　　He stared at the Pacific — and all his men
　　Looked at each other with a wild surmise—
　　Silent, upon a peak in Darien.
　　そのときわたしは感じた
　　新しい星が視界を横切るときの
　　夜空の観察者のように
　　あるいは鷲の目をもって
　　ダリアンの岬に立ち
　　言葉もなく太平洋をにらんだときの。

EARMARK

　earmark とは辞書によれば，"a special mark, quality, or feature that gives information about a person or thing"（人や物についての情報を与える特別な指標，性質，特徴）のことである。例えばちょうど，明瞭な話し方が洗練された話し手の特徴であると同様に，くたびれたかかとは着こなしのだらしない人の特徴である。

　earmark には動詞もある。文字どおりには，"to place an identifying mark on"（確認のために特徴のある印をつける）ことである。今日では，"to reserve or set aside for a specific purpose"（特別な目的のためにとっておいたり，わきに寄せておいたりする）という比喩的な意味が共通に使われている。例えば，"One third of the Whites' earnings are *earmarked* for their children's college education."（ホワイト家の収入の3分の1は子供の大学教育のために貯めてある）というぐあいである。

　本来 *earmark* とは，気づかない人もいるかもしれないが，持ち主の印として，牛や羊の耳につけた目印（通常V字型の刻み目）のことであった。この単語は1523年に印刷されたフィッツハーブ（Fitzherb）の *Husbandry*（『農業』）に初めて現れた：" Se that they the sheep be well marked, both eare-marke, pitche-marke, and radel-marke."（羊の耳はピッチを塗ったり，赤く塗ったりして，目印がはっきりしていることに気をつけること）。

EARTH

　さて，*earth*（地）に足をつけて取りかかろう。惑星Earth（古英語の *eorde*）は我々が生活しているところである。ギリシャ神話によれば，我々が今考えているように，宇宙は蒸気の渦によって囲まれた複雑な物質でごちゃごちゃになっていた。ギリシャ人はこの状態を影も形もないところから *chaos*（カオス）と呼んだ。ギリシャ語では *chaos* は "abyss"（深い溝），文字どおりには "a cleft"（裂け目）を意味している。英語の *chaos* は今

でもさほど違った意味で使われてはいない。それは異常なまでに極端な困惑と無秩序の状態を意味する。

　この chaos からは，二つの重要な神話上の人物が生まれた。天の神 Ouranos（ウーラノス。ギリシャ語で "sky"（天）の意味）と，地の女神 Gaia（ガイア。ギリシャ語で "earth"（大地）の意味）である。Ouranos という名前は英語の中でも生き続けてはいるが，それはローマ字綴りで Uranus と書く。18世紀の科学者たちは新しく発見した惑星にその名前をつけ，のちに新しく発見された金属にも，少し変化した呼び名の uranium（ウラニウム）という名前をつけた。Gaia からは，ローマ字で gaea と綴る（英語では JEE-a と発音する）geo（"earth"（地球）の意味）という連結辞が生まれた。geo は多くの英単語に見られるもので，例えば，geocentric（地球を中心とした，地心の。太陽や月を含むあらゆる惑星は地球の周りを公転しているという理論）や，ラテン語で geographia（地理学）の geography，近代ラテン語の geologia からきた geology（地質学）や，大地の計測を意味する geometry（幾何学）などがある。大地に関することになると，ギリシャ人ならいろいろと言えた。

　しかし，ローマ人も負けじと，大地の女神（Gaia に相当するもの）を命名した。ローマ人は，その女神を Terra（テラ）と呼んだが，これはラテン語で "earth"（地球）を意味する。この女神はまた英語の中でも有名である。女神の名前は多くの英単語に現れる。実際，テラのおかげで人は terra firma（堅固な地面）を歩いているし，それぞれの国に属する territory（領土，縄張り）を歩いてもいる。また，疲れたときには terrace（テラス）でひと休みする。さらに，もし大気圏外の宇宙から来た生物が英語を話せるとしたら，人間のことを terrestrial，つまり「地球人」と呼ぶであろう。the Mediterranean（地中海）のようになぜ海の名前に terra という語が現れるのかと疑問に思う方々のために，いつも用意されている答えがある。それは，the Mediterranean（ラテン語で "middle land"（中央の地）の意）は，古代西洋文明の舞台の中央に位置していたということである。しかし多くの語彙研究者は，the Mediterranean の語源は文字どおりのラテン語の定義はともあれ，深い海の中にあって判明しないと考えている。

EAT CROW, TO

　この比喩的な言い回しは，間違いを認めたり，人の言うことを屈辱的にうのみにしたりする意味で，仮に字面どおりになされたとしたら，カラスはとても食べられる代物ではないので，たいそう不快であろう。そしてそれがおそらくこのイディオムの由来なのである。

　1880 年に *Atlanta Constitution*（「アトランタ・コンスティテューション紙」）はこのイディオムの由来となる話を報告している。1812 年の米英戦争（1812 年戦争）の休戦の間，あるアメリカ人兵士が狩猟に出かけた。しばらくの間，わなを仕掛けて歩いたが，全く獲物は見つからなかった。ところが，一羽のカラスを見つけ撃ち落とした。その時イギリス人兵士が現れ，おまえは英国領地を歩き回っていたのだから侵入者だぞと言った。しかし，イギリス人兵士はすぐそのアメリカ人兵士の射撃の腕前を誉めて，さらにそんなにすばらしいライフル銃なら試してみたい，と言った。アメリカ人兵士は誉められて悪い気はせず，持っていた銃を手渡した。するとイギリス人兵士はライフルを肩に当て，それをアメリカ人兵士の方に向けると，今獲ったカラスを一口食べれば，お前を解放してやると言った。やむなくアメリカ人兵士は要求に応じた。するとイギリス人兵士はむかむかと吐きそうになって，放免してやる，いい教訓になっただろう，だがな覚えてろよ，もう二度と侵入するんじゃないぞ，と言いながらライフルを投げ渡した。アメリカ人兵士は今やライフルを片手に持ち，自分をついさっきまで捕まえていた相手を見下して，立場は逆転したぜ，カラスの残りを食うか，死を見るかだ，とやり返した。この恐ろしい脅しに仰天したイギリス人兵士は，やむなく屈服したのである。気のきいた人の言い方をしてみれば，敵と食事を共にすればこうなるということである。

　この話は面白い。アメリカ人兵士が巧妙であったことが人を誇らしげにさせる。しかし，専門家の中には，まさにそのとおりなのだが証拠がないので，この話は "folk etymology"（民間語源説）と明記して引き出しに入れておくべきだと考えている人もいる。

ECSTASY

　ecstasy という語は "super-delight"（超越した喜び）という意味で広く使われる語となっている。それは時には，絶え間のないドラムビートがリードする耳をつんざくような音に乗って，床の上を旋回している多くの10代のダンサーに見られるような，いわゆる "mind-boggling euphoria"（度肝を抜くような感情の病的高揚状態）と呼ばれるようなことを表すこともある。このダンサーたちは目を閉じ，体の動きに合わせて，腕を宙に上下に振り動かす。みんなエクスタシーの状態にあり，現実の世界を忘れていることは確かであろう。そしてその範囲でダンサーたちには自分の側の語源がある。

　ecstasy という語はギリシャ語の *ek*（離れての意の out）と *stasis*（立っていることの意の a standing）から生じ，文字どおりには，ある人がその心から離れて立っていたり，beside oneself（我を忘れて）いる状態を意味している。また，辞書が "one who has been driven out of his or her senses"（正気を失ってしまった人）と示すように，それはおそらく宗教的に触発された熱意から来るものであろう。この用語はまた，おそらく神秘家によって引き起こされた狂喜的な興奮というトランス状態にある人が使うのが正しいかもしれない。しかし，この語が "I am ecstatic at the wonderful performance of my ten-year-old grandson."（私は10歳になる孫のかわいい振る舞いに夢中である）というような強烈な楽しみや喜びを表すとき，今日では不適切とは言えない。"being out of one's mind"（我を忘れている）という意味は，もはや必ずしもこの語のあらゆる用法に固有のものではないのである。

END OF ONE'S ROPE, AT THE

　　Go hang yourselves (critics) . . . you shall never want rope enough.
　　　　　　　—Rabelais, *Gargantua and Pantagruel*
　首を吊れば，もう紐はいらなくなるだろう。
　　　　　　　—ラブレー『ガルガンチュアとパンタグリュエル物語』

この慣用句は, *at the end of the tether*（つなぎ縄の端のところで）という古い表現から発展したものである。馬によるのが人間の主要な旅の手段だった時代には, 馬が牧草を食べられるように, 縄の一端を馬ろくに, もう一端を木に縛りつけておくのが習慣だった。だから馬は自由に牧草を食べることができたが, それもつなぎ縄の届く範囲だけであった。仮にその馬の届かないところの草を食べたかったとしても, すでに縄の届く端まで来てしまっているので, どの馬も首を伸ばすことくらいしかできないのである。ここから, 自分の限界に行き着いてしまった人のことを, *to the end of the rope*（縄の端まで）来てしまったというのである。つまりこれは, ある人がその財産や強靭さ, 寛大さ, 金銭などの限界にまで来てしまったことを暗示しているのである。選択可能なものすべてを使い尽くしてしまえば, やれることも我慢できることも全くなくなってしまうのである。

縄の端にまで来てしまった犯罪者は, まさに死刑執行中であるとすれば, 死刑執行人の綱からぶら下がっているのである。しかしこの表現は, 比喩的には, 逮捕された瞬間の犯罪者すべてに対しても使われる。例えば, 何度も何度も銀行強盗を重ねたあげくとうとう警察当局にお縄になった銀行強盗犯は, 縄の端に来てしまった（*have come to the end of the rope*）と言われる。当局は, 首をつるのに十分な長さの縄を犯人に与えたのである。

ENOUGH / GALORE

enough（古英語で *genoh*）は, "too much"（十分過ぎる）— "You've polished the table enough already."（テーブルはもう十分に磨いたね）とか, "barely sufficient"（かろうじて十分な）— "We've just enough to pay for the ticket."（チケットを買うのにちょうどまにあうだけ持っている）とか, "plenty"（たっぷりある）— "We've enough to take care of the entire crowd."（民衆すべてを世話するだけのものはたっぷりある）というような意味を持つ。ところが, "We have doughnuts galore."（たくさんのドーナツがある）というように, *galore* が *enough* に取って代わると, 十分以上にある, つまり, 食べる分量以上にあることを意味する。

galore（ゲール語の *go leor* から出て, *galore* のように聞こえたことか

ら生じた) という語は, 元々は単に "enough"(十分)であるという意味で, それ以外の何物でもなかった。ところが, この表現が定着しているアイルランドでは, この表現は程度が一段上がって "more than enough"(十分以上)という意味に発展し, "more than what was bargained for"(思いもよらないほど)を意味した。後に, アイルランドの水夫の隠語でさらに上段に移行し, "in abundance"(あり余るほどに), すなわち, 十分をはるかに越えたという意味に行き着いた。英語で, *galore* は "well supplied"(十分に供給されている)ことを示すが, 会話体レベルを越えることはできなかった。なお, *galore* は, suits galore(スーツどっさり), opportunities galore(機会豊富)のように, いつも修飾される名詞の後につき, 決して前にはつかない。だから, 誰もディオールのスーツ(Dior suits)は着られるが, どっさりスーツ(galore suits)は着られない。

ENTHUSIASM

　サミー少年が自分の野球チームのメンバーを熱狂的に迎えるとしても, 神がかり体験をしたと考えているのではないことが分かる。サミーは単にチームに対して熱い感情を持っているにすぎず, それを象徴したのが, *enthusiasm* である。ある事柄や理想に対して熱意を持つ人は誰でも, それに対して *enthusiastic*(熱狂的)であると言われるかもしれない。ところがこの *enthusiasm* の誕生にあたっては, それは "inspired by a god"(神により吹き込まれた), すなわち *entheos* (*en* (in) と *theos* (god)) を意味し, "possessed"(取りつかれた) ということだった。この語はつまり, 行き過ぎた宗教的熱情によって取りつかれた, いわゆる狂信者に適用されていたのである。このような熱狂者たちは神の預言の影響下にあると言われていた。
　時とともに, この迷信的な信仰は雲散霧消してしまった。つまりこの語はもはや感動的な宗教体験をしている人のことには全く触れなくなったのである。それどころか, これは, 普遍的に非宗教的に使われ, サミー少年が野球チームに対するように, ある計画や理想に身を捧げる人に適用されるようになったのである。

EPONYM

eponym(ギリシャ語で *epi*(upon)と *onyma*(name)の意味)は,場所や機関や慣例などの名前の起こりとされる実在の人や,神話上の人を指す。*Caesar*(シーザー)は帝王切開(caesarian section)の *eponym* である。オランダ人航海士のタスマン(A. J. Tasman)はタスマニア島(Tasmania)の,アメリカのグラマー女優メイ・ウェスト(Mae West)は空気で膨らませる救命胴衣の,ベネディクト・アーノルド(Benedict Arnold)は反逆者の,また,アメリカ独立宣言に最初に署名したジョン・ハンコック(John Hancock)はサインの *eponym* (名祖)である。

この語の形容詞形の *eponymous* は,ある家族について言えば,ヘレン(Hellen)は古代ギリシャ人(Hellenic people)から名づけたものであるというように,"giving one's name"(名をつけた)を意味するが,タイトルと同じ名前をもつ本の主人公のことを言うのによく使われる。例えば,*Reynard the Fox*(『狐物語』)は,ヒンリック・ヴァン・アルクマー(Hinreck van Alckmer)の動物物語詩の主人公の名をつけたものだし,ヘンリー・フィールディング(Henry Fielding)のサスペンス・ロマン小説 *Tom Jones*(『トム・ジョーンズ』)もそうである。

ETHNIC NAMES

少数民族グループは,無理無体に押しつけられた呼び名について,むかっ腹を立てている。例えば,ポーランド系の先祖を持つ人の呼び方 *Polack*(ポウラック)はまっぴらごめんというものである。しかしポーランド語で *Polack* とは,"an inhabitant of Poland"(ポーランドの住民)を指す。このような呼び方には何も見下すようなところはないが,黒人の中には,ネグロイド(Negroid)は人種を分ける上で完全な文化人類学的用語であるのに,その eponym である *Negro*(ニグロ)に憤慨する人がいるのである。ネグロイドの新しい好みと言えば,"African American"(アフリカ系アメリカ人)である。*dago* という語の場合も同様である。イタリア人はこの語に対して激怒する。そもそもこの語がイタリア語に適応される前(特にそれがイタ

リア人だけを独占的に示すようになる前）には，それは Diego で，ここから形が崩れて *dago* となったが，これが一般にスペイン人の名前であることから，スペイン人，それからポルトガル人の呼称となったのである。イタリア人の簡素な呼び名である *Wop* も，名誉を損なう語として始まったのではなかった。別に誰かをけなすのに作られた語ではなかったのである。事の発端は，話によると群れをなしてアメリカ合衆国へやってきたが，身分証明書を持っていなかったイタリア人移民にある。このような移民を処理するときに，移民局は事務員を呼びつけて，"Mark this one as being without papers."（これは許可証なしに入国という印をつけておきたまえ）と言うのが習わしだった。こんなことが次々に起きた。のちには早口で，時間稼ぎをしようと，局員は，別の *without papers*（許可証なしの）移民という意味で，"Here's another wop."（また別のウォップ（wop）です）と言うのが常だった。これも別にけなした言い方ではなかったのである。しかし，ある権威筋には *wop* は *guappo*，すなわち "a big, handsome fellow"（背が高くてハンサムな奴）というイタリア語から直接生じたと主張する人もいる。

EUREKA

eureka（ユリーカ）とは，成功したときや，うれしくて大喜びするときに発する表現である。この表現は有名な数学者であるシラクーザのアルキメデス（Archimedes of Syracuse）によって，不滅なものとなった。あふれた水量によって，不規則な形の個体の体積を量る原理を発見したのがアルキメデスである。

　この発見の背後にある話によると，シラクーザの王ヒエロン（King Hiero）は金細工師に金の王冠を作るよう命じたところ，できあがりを見て，銀が少し混ざっているのではないかと疑った。王は数学者の友人，アルキメデスにその王冠を調べてみるように依頼した。その問題をじっくり思案している間に，アルキメデスは風呂につかったが，水があふれ出たことに気がついたと言われている。この出来事によって，身体は水中ではその体積の分だけ水を排除するということが分かったのである。もしこの王冠が銀との合金ならば，金よりも軽いので，1オンスの銀は1オンスの金よりもかさばるから，合金の王冠ならより多量の水があふれることになる。興奮して，意気揚々と，風呂桶から飛び出

したアルキメデスは，服を着る暇もなく "Eureka! Eureka!" と叫びながら，素っ裸で通りを走っていった。これはギリシャ語で，"I've found it! I've found it!"（分かった！ 見つけたぞ！）という意味である。

　アルキメデスの発見は，金細工師がいかさまだったことを証明し，これが科学調査の時代の幕開けとなったのである。しかし，このように新たに発見した原理をあらわにしたアルキメデスは，我を忘れて自分自身をもあらわにしてしまったが，そのかどで逮捕されたかどうかは未報告のままである。

EVEN-STEVEN

> Don't get mad; get even.
> 　—Attributed to Joseph Patrick Kennedy,
> 　　the father of President John F. Kennedy
>
> 怒るな，冷静になれ。
> 　—ジョゼフ・パトリック・ケネディ（大統領ジョン・F・ケネディーの父）作と考えられる

　誰かが "We'll divide the profits *even-steven*."（儲けは even-steven だ）と言ったならば，それは公平に半分ずつに分けることを意味する。この表現は一般的で，数世代にわたって使われてきたものである。しかし，頻繁に使われる割にはその由来は知られていない。ある筋の意見では（意味としてはこの筋の側に軍配が上がるようであるが），この表現はスウィフト（Swift）の *Journal to Stella*（『ステラへの手紙』）からきているという："'Now we are even,' quoth Steven, when he gave his wife six blows to one."（スティーヴンは，妻の一撃につき6回殴って，「さあ，これでイーヴン（おあいこ）だ」と言っている）。スティーヴンは *even*（公平な）について奇妙な考えを持っていたらしい。

　おそらくこの表現は，リズミカルで陽気な感じのする音声以外に，定着する理由はなかったものと思われる。このような表現は他にもたくさんお見せできる。例えば，*hocus-pocus*（ごまかし），*shilly-shally*（優柔不断），*ding-dong*（ジャンジャン），*dilly-dally*（ぐずぐずする）などである。

EXCEPTION PROVES THE RULE, THE

　おそらく多くの人が認めるであろう不合理この上ない諺に *The exception proves the rule.*（例外は原則のある証拠）がある。歴代の有名な作家は，少し変化を加えてこの言葉を何度も何度も繰り返しまねてきた。セルヴァンテス（Cervantes）は *Don Quixote*（『ドン・キホーテ』）の中で書いている："There is no rule without an exception."（例外のない規則はない）。ロバート・バートン（Robert Burton）は *Anatomy of Melancholy*（『憂鬱症の解剖』）の中でこう書いている："No rule is so general which admits not some exception."（例外を許さないほど一般化した規則はない）。またバイロン（Byron）は *Letters and Journals*（『書簡と日記』）の中でこう言っている："Exceptions only prove the rule."（例外だけが規則を証明する）。その主要な論点は，例外の存在が証明するものは，規則がなければ規則に対する例外もありえないのだから，規則はなければならないということである。

　このようなばかげた諺は今でも繰り返し口にされているが，まずラテン語の *exceptio probat regulam* にある *probat* の翻訳ミスから，間違った意味に取られていたのである。その格言では *probat* は "prove"（証明する）とか "confirm"（確認する）などの意味ではなく，実は "test"（試す）という意味を持っているのである。ラテン語の *probare* は "to examine, to test, to probe"（調査する，試す，突きとめる）という意味である。

　今あげたすべてのことは，*The Sign of the Four*（『四人組の印』）の中でシャーロック・ホームズ（Sherlock Holmes）がいつも一緒のワトソン博士に "I never make exceptions. An exception disproves the rule."（私は決して例外を作らない。例外は規則の反証をあげてしまうからだ）と指摘するのと同じくらい明白なことである。

F

FABRICS, NAMES OF

　我々に最も人気のある織物の中には，並はずれた方法で名づけられたり，間違って名づけられたり，面白おかしく名づけられたりしたものがある。

　例えば，*tweed*（ツイード）という織物は，元来スーツやジャケットやコートなど，ちょっと高価な服を作るのに使われる折り目の荒いラシャで，たぶんジェームズ・ロック（James Locke）というロンドンの商人によって*tweel*（スコットランド方言 *twill* の変種）の代わりに誤って *tweed* と名づけられたと言われている。この語の子音交替は，おそらくスコットランドを流れる有名なトゥィード川（the River Tweed）という名前によるものであろう。とにかく，*tweel* を *tweed* とする誤りがなければ，今日の馬好き連中は，*tweedy*（ツイードの服を着た）ではなく *twilly*（ばかなやつ）に見えるだろう。ところが，語源学者の中には，この話は誰かの想像の織物にすぎないと考えている人もいるのである。

　mohair（モヘア織）は，アンゴラ山羊の肌触りのよい毛から作られた生地である。羊毛にコットンかレーヨンを混ぜて作られ，室内装飾品に使われる生地の名前は *mohair*（モヘア）と呼んでいた。この生地のもともとの名前は *mukhayyar*（ムカヤ）といい，アラビア語で "select choice"（厳選。「選ぶこと」という *khayyara* から派生）を意味した。というのも，アンゴラ山羊の毛から作られた生地は "select"（選ばれたもの）と考えられていたからである。英語では，*mocayare* と綴られるが，これは音声学的に十分説明がつく。16世紀に書かれた *Hakluyt's Voyages*（『ハクルートの旅』）に，次のような記述がある："There is also cotton, wooll, . . . chamlets, mocayares."（綿，ウール……キャムレット，モヘアもある）。*mocayare* という生地は，毛（hair）のように見えるし，最後の音節がヘア（hair）に似ている（*mo-cayare*）ので，やがて *mohair* というふうに変わっていったのである。だが，この語の進化も，その信憑性は証明されていない。おそら

くそれはモヘア織ではなく，原反から作られたものであろう。

FAHRENHEIT / CELSIUS

17世紀になるまでは，温度計はなかった。ガリレオ（Galileo）はthermoscope（温度見）を発明したが，温度を正確に測るまでには至らなかった。ドイツ生まれでオランダに帰化したガブリエル・ダニエル・ファーレンハイト（Gabriel Daniel Fahrenheit）は，1724年に自分の名前をつけた温度計を開発した。

ファーレンハイトの初期の温度計は，アルコールを使っていたが，後に水銀に変えた。というのも，水銀は常温で液体状であるただ一つの金属だからである。ファーレンハイトの最初の参照点は，人間の体の温度であったが，体温は健康な人間の口に温度計を入れて得られた。この時の温度はファーレンハイトが勝手に98.6度としたもので，その正確さが *New York Times*（「ニューヨークタイムズ紙」）の報道で，最近の研究に基づいて議論された。水の氷点を32度と算出したが，氷水の容器に入れたときの温度計が記録した温度だったからである。さらに沸点を212度とした。もし病気の人間の体温を測るとしたら，ファーレンハイトは，128度か132度まで尺度を伸ばす必要があると予測して，次のように書いている： "Whether these degrees are high enough for the hottest fevers, I have not examined. I do not think, however, that the degrees named will ever be exceeded in any fever."（128度とか132度とかいう温度が人間の一番高い熱を計るのに十分な高さかどうか試してないが，どんな高熱もここに示した温度を越えてしまうとは思わない）。一般に，*thermometer*（温度計）という語はファーレンハイト尺度（華氏）による温度のことを言っている。

Celsius（セルシウス）温度基本単位は，1742年から1948年という長期間，*centigrade*（センティグレード。摂氏）と呼ばれていた。これは，ラテン語の "hundred"（100）を意味する付加詞 *centi* と "degree"（程度）を意味する *gradus* から生じた語である。これを発明したアーンダス・セルシウス（Anders Celsius）は，18世紀のスウェーデンの天文学者である。セルシウスの尺度は，水の氷点から沸点までを0度から100度にするというものであった。

セルシウス（摂氏）からファーレンハイト（華氏）に変換するには，摂氏で計った温度を 2 倍し，それから 10 パーセントを引き，さらに 32 を加えればよい。逆に変換するときは，華氏の温度から 32 を引き，残りの数に 9 分の 5 を掛ければよい。

FAIR AND SQUARE

fair and square であるということは，正直で，正確で，素直であるということである。今日，*square* という語を人に対して使うとするなら，食器を洗った後の洗い水のようににぶい "stodgy"（鈍感さ）を意味する。しかし，このイディオムが進化して，*square* は正直を意味したが，このため *fair and square* は類語反復になっている。*square* は不必要な添え物なのに，この二つの語の組合せが生き残っているのは，二つの語には押韻の効果があるからであった。1604 年にフランシス・ベーコン（Francis Bacon）は "fair and square"（公明正大な）と書いた。オリヴァー・クロムウェル（Oliver Cromwell）は1649 年に，あるポルトガル人の行く末を議論していてこう言った："There would be no living (for him) unless he . . . do that which is fair and square."（正直で素直な行いをしない限り，彼にはもはや生き延びる手はない）。テーブル上のカードの正直な取り扱いも "fair and square" な配り方と言われるが，1673 年に発表された，ウィリアム・ウィッチャリー（William Wycherley）の *The Gentleman Dancing Master*（『ダンス教師の紳士』）にそれが載っている："You are fair and square in all your dealings."（君はトランプ配りがいつも公正だね）。最近，巷でたぶん "You'll get a fair shake."（公平な扱いを受けるだろう）と聞くことがあるだろう。意味が分かれば，表現の出自は問題ではないのである。

FARM

いくら *farm* という語が "hospitality"（親切なもてなし）を意味する古英語の *feorm* からきているとしても，とんでもない時間に農家のドアをたたいたとしたら，まず歓迎されまい。*feorm* には，また，"food"（食物）

とか"supper"（夕食）という意味もあった。

　中世のころ，小作人たちは，主には食糧であるが一定量の必需品を領主に納めることが義務とされていた。この必需品を *ferme* と呼んでいた。貨幣が広く行き渡るようになると，小作人は *ferme* ではなく銀貨で払い，これを *ferme blanche* と呼んだ。*ferme* という語は，*rent*（賃貸）を示すほかの語にも影響した。農夫たちは，借りた土地を耕して稼いだ金から *ferme* すなわち賃貸料を払っていたので，その土地自体が *ferme* と呼ばれるようになった。そしてそれが最終的に *farm* へと発展したのである。また，中英語 *fermour* は，今日の *farmer* となった。

FATAL

　fatal という語のそもそもの祖先は，"of or relating to fate"（運命の，運命に関わった）という意味で，ラテン語の *fatum*（語られること）であった。ローマ人はギリシャ人から定められた未来という概念を獲得した。ギリシャ人はそもそも神託によって語られたことはすべて信じたし，それは何があっても変えることはできなかった。この理論によってもう一つの概念 *fatalism*（運命論）が作り出された："that events are fixed in advance for all times in such a manner that human beings are powerless to change them"（出来事は，人間がそれを変える力が全くないというくらいに，あらかじめどんなときでも確定されている）。*fatal* という語は，語義堕落という痛手をこうむったが，それは意味が時とともに退化するという意味論的経過である。結局，人の運命とか予言というものは，健康な生活を送っている間は歓びだけを規定するのかもしれない。しかし，最近では *fatal* はたった一つの意味しか持たない。それは，死に至ることである。

　一考に価する考えがある。不吉なことを口にすれば，重大な結果を招くというものである。*fateful*（不吉な）という語（*fate* と接尾辞 *ful* の組合せ）は，18世紀の英国の詩人アレグザンダー・ポープ（Alexander Pope）の造語である。

FEATHER IN ONE'S CAP, A

　特別に何かをうまくやった人をほめるとき，"Put a feather in your cap."（帽子に羽をつけなさい）とか，"That's quite a feather for your cap."（あなたの帽子にぴったりの羽だ）と言うことがある。ここで言っている *feather* とは，他の人と区別をする象徴的な印で，何かを自慢しようとしてすることを意味する。しかし，もしこの表現のぞっとするような軍事的背景が分かっていれば，この表現を快く思わない人もいるであろう。その背景とは，敵を一人殺害するたびに戦場での勇気の証である羽を帽子に差すことであった。おそらくこの伝統はその昔，小アジアの一地方のリキュア人（Lycian）から始まった。もっと最近ではこの儀式は，ハンガリー人やトルコ人，アビシニア人，アメリカインディアンに採用された。
　この語句を普及させたのは，ハンガリー人だと考えられている。大英博物館に，1599年にハンガリーのことについて書かれた次の文献がある："It hath been an ancient custom among them that none should wear a feather but he who had killed a Turk, to whom only it was lawful to shew the number of his slain enemies by the number of feathers in his cap."（それは彼らの間に伝わっていた古くからの習慣で，トルコ人を殺した者以外は羽をつけてはならなかった。帽子につけた羽の数によって殺害した敵の数を見せることが，その者だけに法律で認められていたのである）。しかし，語源研究者の中には，撃ち取った最初の鳥から羽をとり，それを帽子につけるという猟師による習慣がこの言葉の起こりであると主張する人もいる。他の語源研究者の中には，それはエドワード3世（Edward III）の息子で，"The Black Prince"（黒太子）と呼ばれたエドワードの武勇からきたものだとする人もいる。エドワードは，弱冠16歳で1346年のクレシーの戦い（the Battle of Crécy）で圧倒的多数のフランス軍と連合軍相手にイギリス軍の勝利をもたらした。エドワードは，この戦闘で死亡したボヘミアの王ジョンの羽飾りである3枚のダチョウの羽を褒美として授かった。この羽飾りは，プリンス・オヴ・ウェールズ（Prince of Wales）に歴代受け継がれる盾形紋章となった。納得のいくような語源を証明できる人の帽子に羽を刺してやるのが一番であると結論を下しておこう。

FEATHER ONE'S NEST, TO

　この表現の言いたいことは明らかである。つまりお金やその他の財産を蓄えて将来のために備えること，もしくは，自分が快適に暮らせる備えをすることを言う。この表現は，もちろん，産卵とその後の若い命のために，柔らかい巣を作る鳥の行動を指して言っているのである。このイディオムは，1553 年に *Republica*（『共和国』）という演劇で使われたほど古いものである："Now is the time come . . . to feather my nest."（さあやってきたぞ……今が稼ぎ時だ）。1590 年に詩人ロバート・グリーン（Robert Greene）は書いている："She sees thou hast fethred thy nest, and hast crowns in thy purse."（彼女は知る，汝が私腹を肥やし，財布にクラウン銀貨をためていたことを）。当然鳥に関係のないところでは，この慣用句はたいてい非難するのに用いられる。こうしたわけで，この表現は鳥には酷だと信じる人もいる。

FENCE

　fence とは防衛したり，護衛したりすることである。それはまた，盗品を買い取る側を表す俗語でもある。多くの泥棒は自らの "fence"（盗品買受所）に頼っているが，それは，ある意味で泥棒稼業を守ってくれる垣根のようなものであるからだ。別の角度から見ると，盗品を泥棒から引き取ってやることによって，盗品買受人は泥棒を防衛しているのである。つまり，盗品を換金して，不正に得た品物を守っていることになる。かつては，*fence* は，申し立てられた罪に対する泥棒の護衛者として役立っていたと言われる。*fence* は *defence* の語頭音消失によるもので，これはラテン語の *defendere*（撃退する）からきている。*fence* という語は 1608 年にローランズ（Rowlands）が最初に出版物に使った："To fence property, to sell anything that is stolen."（財産を守るには，盗んだものを何でも売ってしまうことだ）。これは，泥棒の隠語となった。

　fend は保持したり，防いだりすることで，*de* のない *defend* の形であり，*fender* とは保護者，車輪の泥よけのことを言うが，これも *defender* から

きていて，*de* が欠落している。両語とも，ラテン語の祖先をさかのぼると，そこにあるべきでないものを "beat off"（打ち払う）とか "thrust away"（押しのける）という意味である。

FILE

英語の *file* という語は，"a collection of papers, a place for keeping papers in order"（書類コレクション，順番どおりに書類を保存する場所）とか "a line, a row of persons, animals, or things, one behind the other"（人や動物や事物を一直線，もしくは一列に並べたもの）の意味を持ち，もともとはラテン語の *filum*（糸）だった。ところが，仏語の二つの同族語がこの異なった二つの意味を区別したのである。一つめの *file*（書類の束，もしくは書類入れ）は "thread"（糸）を意味する *fil* からきている。というのは，書類を確実に順番に残しておくために書類に穴を開け，ひもやワイヤーを通したからである。英語はこの語を借用したが，母音の *i* を長母音として発音するために，最後に *e* をつけ足した形になっている。二つめの *file* はフランス語の *filer* からきていて，"march in file"（列になって行進する）人のことを言っている。英語は，この語全体を綴字の変化なしに借用した。この二つの *file* という語は，アメリカインディアンの頃から，アメリカ人の生活のあらゆる局面を行進，もしくは縫い進んできたと言われるかもしれない。アメリカインディアンは，足跡を隠すために "Indian or single file"（一列縦隊）になって歩いていた。それぞれ前の人がつけた足跡を踏んで進み，最後の人が後ろの足跡をすべて消していったのである。ところが，実際にこのような行動をしていたかどうか定かではない。面白い話ではあるが，どうしても首をかしげたくなる。腰を曲げてすべての足跡を消そうとすれば，ゴム製の背中が必要になるだろう。だからこの表現は，"folk etymology"（民間語源説）という見出しで，引き出しの中にファイルしておこう。

FINGERS / TOES

The thumb in chiromancy, we give to Venus,

> The fore-finger to Jove; the midst to Saturn;
> The ring to Sol; the least to Mercury.
> 　　　　　—Ben Jonson, *The Alchemist*
> 占いの結果，親指はヴィーナスに与え，
> 人差し指はコーピテルに，中指はサートゥルヌスに，
> 薬指はソールに，小指はメルクリウスに与える。
> 　　　　　—ベン・ジョンソン『錬金術師』

　手には5本の指がある。みんな知っていることなので，わくわくするようなことではない。それにこの5本の指の呼び名の背後に物語がたくさん詰まっているわけでもないが，古くからいろいろに呼ばれていた指の名前の種類を知り，由来を知ることは，興味深いことである。

　最初の指，内側の指は *thumb*（親指）で，古英語では，"thick"（太い）とか "swollen"（腫れた）を意味する *thuma* と呼ばれていた。もちろん親指は太い指である。解剖学者の中には，この発言に，人間にはもともと5本も指はないと反論する人もいた。人間には，指が4本と親指があるというのである。普通の指には三つの指骨（phalange）があるが，親指は二つであるから，指とは言えないという主張である。*phalange* という語は，ギリシャ語の *phalanx* からきていて，盾を重ねて前進する槍兵の接近戦闘隊形のことである。というのも，誰かが手や足の指についている小さい骨は戦闘部隊の列を暗示していると思ったからである。

　親指の隣りで二番目の指は，ものを指すのによく使われるので，*index finger* として知られている。*index* とはラテン語で，何かを指し示す "informer"（情報提供者），"something that indicates"（指し示しているもの）のことである。中英語の時代には，人差し指（index finger）は，*toucher* と呼ばれ，*towcher* と綴られた。というのも，よくものを触るのに使われていたからである。三番目の指は，今は *middle finger*（中指）として知られているが，*long-man* と呼ばれていた。理由は見て明らかである。四番目の指は，今は *ring finger*（薬指）と呼ばれているが，実は医者（"leech" or "doctor"）が物事を調べるときに使うので，以前は *lecheman* と呼ばれていた。（*leech* は内科医の意味のアラビア語である）五番目の指 *pinkie*（小指）は *little-man* と呼ばれていた。これも一目瞭然

である。

　ここで疑問に思うことが一つある。誰がもしくは何が，指の祖先なのかという問題である。ほとんどの語源学者は，もともとの先祖はインド・ヨーロッパ語で "five"（5）を意味する *penkwe* という語であると推測している。この語から "one of five"（5本の指の1本）という意味の *penkweros* という語が発展した。確かに，手の指は5本のうちの1本である。では，toe（足の指）はどうなのか。*toe* は，古英語の *ta* で "to show"（見せる）という意味であった。この語源的意味がずっと中英語にまで伝わってきたのである。もちろんずっと昔のはだしやサンダルばきの頃，足の指は，いつも "that which shows"（見せるところ）であった。これは今日でも toe the line（規則に従って務めを果たす）とき，比喩的だがいぜんあてはまる。それも，ボスが期待しているものを見せるのがよい。

FIT AS A FIDDLE

　この直喩表現は，語源に関する本ならどこでもお目にかかる。というのは，少ない語で，みんながどう感じるかが明確になるからである。辞書ではこの語句を "in fine shape; feeling good"（体の調子がよくて，気分爽快で）と定義している。ところがこの語句は，実は人以外にも使えるのである。例えば，"Our auto is running just fine. It's as fit as a fiddle, in tip-top condition."（うちの車は調子よく走っている。とびきり上等のコンディションだ）と言ったりする。

　バイオリン（fiddle）は，少なくともこの300年間は，ぴったりしていることの象徴であったが，意味がどのように生じたのかは不明だ。どの専門家にも推測可能のものだが，その一つは，ある時，バイオリンはハンサムな顔がそれにたとえられるほどに美しい楽器だと考えた人々がいたというものである。面白いが，こじつけである。しかし，とにかくこの表現は1616年くらいの早い時期から見られるのである。ウィリアム・ホートン（William Haughton）は，*fit* が "appropriate"（適切な）という意味を持っていた時期に，*Englishmen for My Money*（『ひとの金を欲しがる英国人』）の中でこう書いている：“This is excellent, i' faith; as fit as a fiddle.”（これは，実にすばらしい。バイオリンのようにぴったりしている）。現在ではこ

の表現は肉体的な調子のよさを表している。"appropriateness"（適切さ）という意味が放棄されたということは、この語法が昔の慣用句をもてあそび、違うメロディーを醸し出すに至ったことを示している。

FLABBERGAST

flabbergast という語がどこで生まれ、どのような推移をたどったかは、その起源の手がかりを探す語源学者もびっくりするくらいに不明瞭である。つまりこれは、素性の分からぬまま残っている単語の一つなのである。言語学者の中には、*flabbergast* が *flabby*（気力のない）と *aghast*（肝をつぶして）の複合語であるとする人もいる。一方、そんなことはないと主張する学者もいる。なぜなら、ラテン語の *flaccidus*（柔らかい、固くない）が語源の *flabby* は、問題になっている語と意味の面では全く関係ないからである。この点ではこの語の最初の要素は、スラング表現で "a fight or row"（けんか）とか "loud confusion"（ひどい混乱）を意味する *flap* という語からきていると示唆する人たちの説が、より真実に近いであろう。古英語の強調接頭辞 *a* と *gaeston*（ぎょっとさせる）からなる *aghast* に関しては誰も反論しないが、それはびっくり仰天した人は、ショックを受けるほど驚いたり、ひどくびっくりしたり、驚きのあまり恐怖で口もきけなくなるような感じを持つからである。

ついでながら、この語の起源をはっきりさせる研究は、アメリカの独立革命前に始まった。*flabbergast* は、1772年に俗語としてリストアップされたが、それ以来容認できる文語の階級まで昇進している。今はくだけた語とみなされ、確かに一歩地位が上昇している。だが、これから先、この語が英語の公式表現の仲間に入ったとしても、びっくり仰天する（*be flabbergasted*）ことのないように！

FLATTERY WILL GET YOU NOWHERE

flattery は賞賛の言葉で語られるが、たいていは、事実と反していたり、大げさだったりするときに使われる。だから洞察力のある人は flatterer（お世辞野郎）に憤慨するのである。この語は、平手打ちを意味する仏語の *flatir*

からきた。古代ローマ人の時代以前でさえ，ある人の虚栄心に訴えることは，人に気に入られようとする陰険なやり方とみなされていた。ただ，*Flattery will get you nowhere.*（そんなお世辞を言っても無駄ですよ）というクリシェイは，ごく最近になって言われた表現，20世紀のアメリカ特有の表現である。エラリー・クイーン (Ellery Queen) は 1971 年に *A Fine and Private Place*（『心地よく秘密めいた場所』）の中でこう書いている：" 'Flattery will get you nowhere, Queen,' the murderer said."（「お世辞を言ってもらってもどうにもならないぜ，女王様！」と殺し屋は言った）。しかし，数行手前で説明したように，この表現の概念は紀元前からあり，のちにシェイクスピアの *Richard II*（『リチャード2世』）で，多少弾みがついた。王は言う："He does me double wrong that wounds me with the flatteries of his tongue."（お世辞を並べ立てて私を傷つける者は，二重に私を苦しめるというものだ）。

flattery は，他に多くの決まり文句を生んでいる。中でも最高傑作は，"soft soap"（おべっか）であるが，おそらくその種の石鹸は油性で，まるで，おべっか使いの口からすべり出る冷やかしのようなものだからである。時々この表現は動詞としても使われる。フランシス・ウィッチャー (Francis M. Whitcher) の *The Widow Bedott's Papers*（『寡婦ベドットの記録』1840）にその例が見える："Ye don't ketch me a slanderin' folks behind their backs and then soft-soapin' 'em to their faces."（あなた方は，わたしが親族の背後で中傷するのは放っておき，面と向かっては，おべっかを使った）。

ひょうきんな人たちは，"Flattery will get you nowhere."（そんなお世辞を言っても無駄ですよ）という表現を取り入れ，今度はこれをこじつけ，"Flattery will get you everywhere."（お世辞を使えば世の中渡っていけるさ）と言ったが，おそらくそれは正しい。

FLOWERS, NAMES OF

美しく香りの強い花である *gardenia*（クチナシ）は，サウス・カロライナ州チャールストンの開業医で，植物学の心得のあるアレグザンダー・ガーデン (Alexander Garden) にちなんで名づけられた。ガーデンは，大いに

花の世界を楽しみ，18世紀の多くの植物学者と連絡を取り合い，定期的にリンネ（Linnaeus. スウェーデンの植物学者）に手紙を書いていた。リンネがこのジャスミンの一種にガーデンにちなんで命名した。そこでクチナシが *gardenia* となるのである。ちなみにガーデンの孫娘はガーデニア（Gardenia）と名づけられたが，娘の父，つまりガーデンの息子が，英国との闘争で独立革命側に加わったため，ガーデンは孫に会うことはなかった。というのは，ガーデンは完全に国王側であったために，国王に反抗する自分の息子を許さなかったからである。植民地側が勝利した後，ガーデンは追放されて英国に戻り，その後すぐに亡くなった。ガーデンのお墓はそれにふさわしく，クチナシに囲まれたと言われている。

　花の多くが，人の名にちなんでつけられているが，中には花と結びつかないものさえある。例えば，*fuchsia*（フクシア）は，花や植物の愛好家レイオンハート・フックス（Leonhard Fuchs）にちなんで名づけられた。フックスはチュービンゲン大学の薬学の教授だったが，16世紀の植物学者として名を残している。また植物標本を収集したが，国際的に名が高まったのは，実は，疫病から身を守る方法を指導する小冊子を出版したからであった。その後は，17世紀のフランスの植物学者シャルル・プルミエール（Charles Plumier）によって，フックスの名は，この下垂する色鮮やかな赤紫の花に与えられ，不滅のものになったのである。

　花の中には，類似しているものにちなんで名づけられたものもある。例えば，*dandelion*（タンポポ）は，そのぎざぎざした葉の縁の部分が，ライオンの歯を思い起こさせたので，その仏語からとられたものである。これは16世紀に仏語で"lion's tooth"（ライオンの歯）を意味する *dent de lion* が変化して，*dandelion* として英語に入ってきたということである。*gladiolus*（グラジオラス）の葉は，剣（おそらく *gladiator*（剣闘士）から誰かがとったものであろう）のような形をしている。この *gladiolus* という有名な花の名前は文字どおり"small sword"（小さい剣）を意味するラテン語の *gladius*（剣）という縮小形からきている。

FLY IN THE OINTMENT, A

　信じ難いことであるが，*a fly in the ointment*（興ざめ，玉にきず）と

いう表現は，紀元前3世紀からあると言われているのは真実である。これは，コヘレト（Koheleth. 実は Solomon）という名で文筆活動をしていたヘブライの賢人がその賢い頭を使って生み出した多くの日常的な忠告，警句の一つにすぎなかった。この句は聖書に組み込まれ，旧約聖書の Ecclesiastes（「コヘレトの言葉」）10章1節に出ている。

初めに，"Dead flies cause the ointment of the apothecary to send forth a stinking savour, so doth a little folly him that is in reputation for wisdom and honour."（死んだ蝿は香料作りの香油を腐らせ，臭くする。僅かな愚行は知恵や名誉より高くつく）とあるが，これは，ハエが死んでしまったからといって，何もかも幸福な状態に戻るわけではなく，効用はすべてハエの死によってそこなわれるということを意味していたのであった。時間の経過は，欠点の影響を和らげたのである。だから現在ではこの意味は，一般に取り除くことのできるほどのほんのちょっとした欠陥，障害と考え，いかなる計画もこの障害を取り除けばすべて完全に回復できるようになると考えられている。そして "There is one fly in the ointment."（一つが玉にきずだ）と言うとき，未解決の問題は一つもあってはならず，この一つの問題がうまく解消できたら，その時前進できるのである。

FOOL AND HIS MONEY ARE SOON PARTED, A

ボーっとしてうすのろな人は，何かを買わされたり，投資させられたりしやすいというのは，よくくり返し使われる表現であるが，もっともである。しかし，どこで，どんな状況で，これがはっきり表明されたのかは，全く明らかになっていない。この由来が知られていないことでは，専門家の中で意見が一致している。証明されてはいないのだが，スコットランドのジェームズ6世（James VI of Scotland）の家庭教師だったジョージ・ビュキャナン（George Buchanan）という人物に関する有力な話がある。それによると，この家庭教師と廷臣の一人が，それぞれ相手より下品で猥褻（わいせつ）な詩歌を作ることができると言い争ったと言われる。そしてその二人は賭けをした。その結果，ビュキャナンは勝利すると賭け金をすぐポケットに入れて，"A fool and his money are soon parted."（ばかに金を持たせるとすぐ使ってしまう）とつぶやいた。少しずれているが，これと似たものでフィニアス・バーナム

(Phineas T. Barnum, 1810–1891) の作とされるアメリカの金言に, "There's a sucker born every minute." (いつどんなときにもカモ (だまされやすい人) はいるもんだ) がある。詩歌の勝負に負けたカモは, 間違いなくすぐに愚かにも金を手放すであろう。

FOOL'S PARADISE, A

子どもは *paradise* (パラダイス) という至福の地があると聞かされる。年取った人の中にはそんなパラダイスを夢見て, いつかは行ける日を希望している人もいる。しかし, 少なくとも1462年から, 誰もがパラダイスという概念は幻想で, 無知が基盤になっていることに気づき始めた。その年ウィリアム・パストン (William Paston) は *Passion Letters* (『パッション・レターズ』) の中でこう書いている: "I wold not be in a folis paradyce." (私は愚者のパラダイスになどいたくない)。この表現は受け入れられ, シェイクスピア (Shakespeare), ジョージ・バーナード・ショウ (George Bernard Shaw) など, 多くの偉大な作家が使用した。ショウは *Misalliance* (『ミサリアンス』1910) で書いている: "Beguiling tedious hours with romances and fairy tales and fools' paradises." (ロマンスと, おとぎ話と, 愚か者のパラダイスにあきあきするほどの時間をだまし取られた)。今日では, 自分はだまされやすい人間だと思っている人は, "being sold a bill of goods" (だまされている) ということの分かる人だから, はっきり "I'm not interested in a fool's paradise." (はかない幸福には興味はありません) と言うだろう。

FORTY WINKS

forty (40) という語は, 聖書から出た含蓄を多く含み, きわめて神聖なものとして扱われている。例えば, "Moses was on the mount forty days and forty nights." (モーゼは40日40夜山にこもっていた), "Elijah was fed by ravens for forty days." (エリアは, 40日間大ガラスに養ってもらった), "The rain of the flood fell forty days." (40日間長雨は続き, 洪水となった), "Forty days passed before Noah opened the window of the ark."（40日たってノアは箱舟の窓を開いた）などである。また，*forty* を基盤とした法律上の制限がある。*quarantine*（イタリア語の *quaranta*（40）からきた）は，伝染病を持ち運んでいる疑いのある船が港に停泊していなければならない期間である。寡婦産の権利を得た未亡人は，40日間亡き夫の家に留まることが許された。しかし，一体全体これは *forty winks*（午睡，昼寝）とどう関係があるのか。また，どうして40なのか。

ウィリアム・ラングランド（William Langland）が *Piers Plowman*（『農夫ピアズ』1377）で，"Thenne Wakede I of my wink."（そして私は短い眠りから目覚めた）と書いたように，*wink*（ウィンク）は "a short nap"（うたた寝）とか "a doze"（まどろみ）を表すくだけた表現である。しかし，何世紀にも渡り言い古されてきた物語が，*forty winks* という表現を確固たるものにした。しかしそれは，エリザベス1世（Elizabeth I）統治下で聖職者が受諾を義務づけられた『39箇条』という必読書に関するものだったことから，その出所は疑わしい。その読み物は退屈で，想像どおりに眠気を誘う。そしてそれは *Punch*（「パンチ誌」1812）の記者に以下のような記事を書かせるヒントを与えた："If a man, after reading through the thirty-nine Articles, were to take forty winks . . ."（もし人間が，『39箇条』を読んだ後で昼寝をしたなら……）。この記者は多分したたかな忠告をしようとしていたのだろう。それにもかかわらず，記録上この表現は1828年に，印刷物として初めてピアス・イーガン（Pierce Egan）の *Tom and Jerry*（『トムとジェリー』）で著された：". . . (an) uncommonly big gentleman, told out, taking forty winks."（並はずれて大きな紳士が，昼寝をしながら（taking forty winks）呪文を唱えた）。しかし，パンチ誌がこの意味深長な用語に効果を与えるには時間がかかったのである。

FREEMAN / SLAVE

It is better to be a mortal freeman than an immortal slave.
—R. G. Ingersoll, *Voltaire*
不死身の奴隷になるよりは，死を賭した自由民になるほうがましだ。
—R. G. インガソル『ヴォルテール』

freeman は，外部から支配を受けずに，自分で決定できる人のことを言う。*free* という語はなんとなく形が似ているいくつかの言語から派生している。しかし，これは主に6世紀にガリアを占領したゲルマン民族が，そこをフランスと名づけたあのフランク人たちの遺産とも言える言葉であった。このフランス (France) という語は，"free"（自由な）とか "open"（開かれた）という意味である。この部族のメンバー，つまりフランク人たちは，自らを正直で素直で，表現に裏表のない人種だと考えた。

　この民族名から派生した英語には *frank*，*franchise* (*enfranchise*) という語があるが，仏語で *affranchir* とは "set free"（自由の身にする）ことである。また，*franking privilege* という語は，サイン一つで郵便を自由に送る特権のことである。

　freedom と正反対の立場にあるのが，slavery（奴隷状態）である。中世にゲルマン人は中央ヨーロッパの多くの国々を征服した後，捕虜をローマ人やフランク人，スペインのイスラム教徒に売り渡した。ラテン語で捕虜を *sclavus* と呼ぶが，これが英語に到来し，無理矢理服従させることを示す語の *slave* となったのである。しかし，どっちつかずの中間段階があった。東欧のスラヴ人は奴隷の扱いを受けてきた人たちだが，その名が語るように，迫害され，ひどい扱いを受けてきたので，英語にはそこからも *slave* となって入ってきた。

　スラヴ人はその民族名ゆえにひどい扱いをされてきたにもかかわらず，この表現は虐待にもめげずに自分たちが誇りを持っていたスラヴという名前として残ったのである。それは，この *Slav* という語は，スラヴ人の言葉では "glory"（栄光）を意味するからであった。

FROM PILLAR TO POST

　この古くよく知られた表現は，起源がいまだに説得力不足の説明しかないものの一つである。語源の専門家たちは，いくつかの可能性にたどり着いたが，どれもこれも誰もが同意するというものではなかった。

　一歩進んだものに，この句は，乗馬学校から始まったとする説がある。学校では post（標柱）が馬場の周りに置かれていて，騎手が巧みにその周りを回っていた。pillar は中央にあった。この乗馬養成法が理由となり，この句はも

ともと *from post to pillar*（ここかしこへあてもなく）と，見出しとは逆の順で呼ばれていた。もう一つの説として，この表現はテニスコートで生まれ，ボールをたたく音を表したというものもある。

しかし，信頼性がもっと高そうなものは，残酷なピルグリム（巡礼者）たちの戸口にあった。ピルグリムたちは，軽犯罪者を *pillory*（さらし台）に送り，爪先立ちしかできないように首の回りにくびきをつけた。そして，民衆は石や泥を投げつけて憂さ晴らしをした。こうした犯罪者よりも重い罪を犯した者は，公衆の鞭打ち用の柱（post）で罰せられた。それゆえ，後に *pillar* となった pillory（さらし台）から whipping post（鞭打ち柱）まで行った人は，だんだん事態が悪化したのである。この慣用句は比喩的に，あることから他のことへ，またある場所から他の場所へ，退屈そうに明確な目的もなく，くり返しあてどなくさまよっていくことを意味するのに使われている。

pillar という語は，それ自体では，重要な人，特に個人的に重要な人を示すのに使われる語である。我こそ有力者であると考えている人に対しては，皮肉で言うこともある。*pillar of the church*（信仰の礎(いしずえ)）という句はなじみの表現であるが，エリック・パートリッジ（Eric Partridge）によれば，悪口として用いられるのが普通で，非常にけしからぬ表現である。

FROM THE SUBLIME TO THE RIDICULOUS

大から小へ，成功から失敗へ，高貴から下劣へ。*from the ridiculous to the sublime*（こっけいから崇高へ）と言うことにより，"from one extreme to another"（極端から極端へ）という意味をより詩的に表現することができる。*sublime*（ラテン語の *sub*（「下へ」とか「まで」）に，*limen*（楣(まぐさ)，つまりドアの上の方の縁の横木で元々はその下までを言う）を加えたもの）は，"noble"（高貴な），"lofty"（高尚な），"majestic"（威厳のある）ことを意味する。*ridiculous*（ラテン語の *ridere*（笑う）から）は，"absurd"（ばかばかしい），"laughable"（こっけいな）を意味する。

言語学者の中には，ある時期この表現はナポレオン（Napoleon）作だと主張する人がいた。というのは，アベイ・ドゥ・プラット（Abbé du Pratt）宛の手紙で，ナポレオンはロシア遠征からの撤退（1812年）について書き，モスクワからの退却を話題にしてこう言った：*"Du sublime au ridicule il n'y a qu'un pas.*" — "From the sublime to the ridiculous is but a step."（たった一歩で，てっぺんからどん底へ行ってしまった）。ところが，今日の語源研究者はほとんど，その起源はトム・ペイン（Tom Paine）の *Age of Reason*（『理性の時代』1793）の中にあるという立場をとっている：“The sublime and ridiculous are often so nearly related that it is difficult to class them separately, and one step above the ridiculous makes the sublime again." (sublime と ridiculous は切り離せないくらい密接に関係している。つまり，ridiculous の一段上がったところに sublime があるのである）

FUNNY BONE

ひじにものが当たると痛いのは当然で，確かに笑いごとではない。しかし，ひじのあたりにつけられた名前ほど楽しいものはない。そのあたりとは，尺骨神経のある骨の先にあるひじのところである。これを *funny bone* と呼ぶ。しかし，この名は，そのあたりでおもしろおかしい感覚が起こるからついたのではなく，語呂がよいからついたのである。というのは，実は肩からひじに通じる骨を *humerus* と呼ぶからである。つまり，*humerus* は，humor に似ているからである。メンケン（Mencken）によれば，アメリカ人はこれにユーモアを感じないらしく，多くのアメリカ人は，この骨のことを *crazy bone* と呼ぶ。なぜそう呼ぶのか？　それは誰にも分からない。ただし，*Dictionary of American Regional English*（『アメリカ方言辞典』）によると，*crazy bone* より *funny bone* と呼ぶアメリカ人のほうが多いということである。

FURY

  Heaven has no rage like love to hatred turned
  Nor hell a fury like a woman scorned.
     —Congreve, *The Mourning Bride*
  天国には愛が憎しみに変わるような激しい憤りはないし，
  地獄には女性をののしるような激しい怒りはない。

――コングリーヴ『喪服の花嫁』

fury は極度の怒りである。しかし元々は，もっと深刻な状態を表していた。これはラテン語の *furia* から生じたもので，憤慨，狂気を意味した。これは，ローマ神話で，復讐を志している *furia* と呼ばれるアレクト(Alecto)，ティーシポネー(Tisiphone)，メガイラ(Megaera)という名の三人の女神が，髪の毛がヘビになっていて，悪事を犯しても復讐を受けていない者を徐々に狂わせたことからくる。最近では，*fury* という語にはこんなにきつい意味はない。furious な人は，気が狂っているとは思われず，せいぜい激怒しているくらいである。物笑いにされる女の怒りでさえ，俗な言い方では彼女は全く狂っていると言うが，狂気のさたということではない。

GADGET

　誰でもときどき，特に名前を思い出そうとするときに，度忘れをすることがある。例えば，「カリパス」（測定器具）が欲しいときに，その名前を忘れてしまったら，それを指差しながら，"Pass me that *thingamajig* or that *whatsis* or that *doodad* or that *gadget*."（その，あの，ええと，ほら，あれを取ってくれないかな）などと言いがちである。この *thingamajig, whatsis, doodad* という単語とも言える3通りの文字の組合せは，単語ではないし，もちろん辞書にも収録されていない。ところが，*gadget*（この言葉は1886年に初めて記録されているが，実際にはそのずっと前から一般に使われていた）は，手軽な機械装置のことを指す用語として受け入れられている。しかし，英語にこの言葉が加えられた土台は微妙で，文筆家の気まぐれな推測によると，*gadget* には二つの語源的な基盤があるらしい。一つは，仏語の *gachette* で，意味は取っ手や留め金，または小さなフックである。もう一つは，スコットランド語の *gadge*（計器）という意味の単語である。たいていの専門家はこれらの説に反論して，*gadget* の語源は分からないと言っている。

　分かっていることは，*gadget* という語は，水夫たちが道具や機械の名前を忘れたときに使っていたということだ。水夫の専門語が，最終的に陸に上がり，村や町に広まったのである。今では，熟練水夫から新米水夫まで，ほとんどの人が，"that thing"（あれ）という意味で *gadget* という単語を使っている。そしてそれは，語源がはっきりしないのと同じ程度に日常語になっている。

GAFF

　ストレスや痛み，罰などに耐え，平静を保つことを意味する *stand the*

gaffは、ほとんど誰でも理解できる表現である。しかしgaffという語そのものが十分に理解されているかどうかは別問題である。標準英語とスラングを含めれば、gaffにはたくさんの意味がある。

gaff（古仏語gaffeから生じた）は、船で漁に出たとき大魚を船に引っ張り上げるのに使う軽いヤス、すなわち一本の棒に固定された金属製のフックである。またgaffは、闘鶏の脚につけられた鉄けづめのことでもある。他の意味では、ゲームで誰にも勝たせないようにする仕掛けに使う（仕掛けにいかさまが仕組まれて（gaffed）いる）ズルとかイカサマとなる。またスラングでは、不快な発言や、ひどい扱いの相当語で、*blow off the gaff* は "to blab, to disclose secrets"（秘密を漏らす、ばらす）という意味を持つ。こうなると、どの*gaff*が*stand the gaff*（苦難に耐える）と言う時の意味なのかを知りたくなる。語源学者は、闘鶏でけづめに当たったときに、鶏が受けた痛みやストレスであると見ている。闘いをやめた鶏は苦痛に耐えられなかったということになると結論しておこう。

*gaffe*は*gaff*の直接の先祖であるが、このまま英語に受け入れられている。これには*gaff*とは全く無関係の意味 "a clumsy social error"（気のきかない社交上の誤り）、すなわち仏語の*faux pas*, "a false step"（失策）の意味がある。

GAME

> Play up, play up, play the game.
> ―Sir H. Newbolt, *Vitai Lampada*
> がんばろう、がんばろう、正々堂々と試合をしよう。
> ―ニューボウルト卿『ウィタイ・ランパダ』

形容詞の*game*は、忍耐力があったり、生き生きとして元気であったり、勇気があって肝の座っている人のことを言うのに使われる。形式ばらずに言うと、このような人は積極的かつ前向きである。それでは、なぜ*game leg*は人がゲームをするのを邪魔するのだろう。専門家のお墨つきはないが、この問題の答えは、*game leg*の*game*は "crooked or bent"（曲がった、折れ曲がった）などを意味するウェールズ語とアイルランド語の方言の形である

gam（*dam* と韻を踏む）からきているということらしい。だからと言って，ガールフレンドの *gam*（すらりとした脚）を見てはいけないというわけではない。

中英語 *gamen* に由来する名詞 *game* は "sport or amusemnt"（勝負や楽しみ）を意味するが，現在の綴りは語尾の *n* が切り取られて発展したので，*game* は今では通例競技に適用されることを除けば，意味の変化は起きなかった。

GANGPLANK

> The best laid schemes o' mice an' men
> Gang aft a-gley,
> An' lea'e us naught but grief an' pain,
> For promis'd joy!
> 　　　　　—Robert Burns, *To a Mouse*
> 二十日ねずみと人間の最善をつくした計画も
> 後からしだいに狂って行き，望んだ喜びのかわりに
> 嘆きと苦しみのほかは
> われらに何物も残さない！
> 　　　—ロバート・バーンズ『二十日ねずみ』

この詩の出だしはよく知られているが，2行目は知られていない。*Gang aft a-gley* は，スコットランド語で "often go wrong"（よく失敗する）という意味である。

今日の用法では，*gang* は人々の集団，労働者や非行少年の集団や，道具一式のことを言う。上の詩の中の *gang* は，もちろんこうした意味のどれでもない。すぐにお分かりだと思うが，"go"（なる）という意味である。

まず *gangplank* という単語について考えてみよう。この *gangplank* とは一団のまたは集団の人々がその上を歩く厚板のことだろうか。ある意味ではそうとも言えるが，*gangplank* の *gang* には直前の段落で見た *gang* のような普通の意味はない。古英語から中英語にかけて，*gang* は "going"（行くこと）という意味で使われ，"the act of walking"（歩くという動作），

とりわけ廊下を歩くことに当てはめられた。古英語では，歩くことは，小道か歩道にそって歩くことだった。ここから *gangplank* という単語は，船から陸へと渡して，その上を乗客乗員が乗り降りする通路のことになった。乗客乗員は中英語が主張したことをしているのだ —— すなわち誰もが通路を歩いている（going）のだ。

GAS

多くの新語が英語を豊かにしてくれている。アレグザンダー・ポープ (Alexander Pope) は *bathos*（わざとらしい），ホレス・ウォールポール (Horace Walpole) は *serendipity*（宝捜しの勘），そして，サミュエル・フット (Samuel Foote) は *panjanadrum*（お偉方）という新語を生み出した。しかし，人工的に作られた単語の中で最も一般に広く用いられているのは，*gas*（ガス）すなわち人間に役立つ魔法の火であろう。

最初にガスを発見したのは，ある山腹で，自分の羊が放牧の時に奇妙な振舞いをすると思った羊飼いである。調べた結果，すぐに羊飼いは，岩の近辺から頭をくらくらさせる何かが発生しているのに気づいた。しかし，古代ギリシャ人は，この出来事を軽くは考えず，このことについて熟考したあと，地の裂け目から漏れていたのは，アポロ神の霊気であると決定した。こうして，その場所に神殿を建てたが，それは神官がきて座り，人々が持ち込む質問に答えた Delphi（デルポイの神殿）である。もちろん，羊飼いの発見した地面から漏れていたものは，天然ガスで，今も多くの人が使っている形のガスだった。3000年以上も前に，古代中国人はこの物質が燃えることを知った。のちにその知識はヨーロッパに広まった。

最初の都市ガスは，1609年にブリュッセルで，燃やした木炭から発生する蒸気の研究をしていたジャン・バプティスタ・ヴァン・ヘルモント (Jan Baptista van Helmont) の発見であった。ヘルモントの偶然の発見はまさに宝捜しの勘だった。なぜならヘルモントは金を作ろうと試みていた錬金術師だったからである。この物質に名づけるために，ヘルモントは *gas* という新語を作った。（これは，英語に加わった数少ない造語の一つである）その新語は，言うなれば，とても薄い空気から作られた。ヘルモントは書いている：

"I have called that spirit *gas,* as being not far removed from the Chaos of the ancients." (私はこの spirit (霊気) を gas と呼んだ。なぜならそれは，古代文明人のカオスとそれほど差がないからだ)。この *spirit* という単語に注目しよう。ヘルモントはオカルト主義者だった。そしてときどき，自分の発見したものを，"ghost"（幽霊），"wild spirit"（自然の精霊）などと呼んだ。Chaos への言及に関しては，ヘルモントはギリシャ古典に出てくる，天地創造によって一部が固体になる前の，宇宙を構成していた物質の名前を使った。

GENEROUS TO A FAULT

なぜ寛大さが欠点になるのか不思議に思う人は，ここでは *fault* は "excessive"（度が過ぎている）の意味だと記憶しておこう。何であれ，限度を越えると欠点になる瀬戸際にある。だから，度の過ぎた気前のよさは，心理的な弱点，すなわち不利な立場に反駁する努力の表れかもしれない。しかしもちろん，自分のことになると，誰もためらわずに "generous to a fault"（極端に寛大に）なる。

GET ONE'S GOAT, TO

都市の住人で，生きている山羊を見たことがない人でも，腹が立ったときにはやはり，"That gets my goat."（いらいらするな）とか "That gets my nanny."（怒ったぞ）と言うであろう。この二つの表現は意味が同じである。nanny goat は雌の山羊のことである。しかし，だからといって，田舎にいるいとこが，これに似た言葉で自分の考えを表現することなどないと言うのではない。実際，*getting one's goat*（人の山羊を連れてくる）という概念を追いかけると，都市部から遠く離れた，馬の国にたどりつく。

一昔前のこと，ひどく神経質な競走馬は，畜舎にいる間はいつも側に付き添う連れの従順な動物と一緒にしておく習慣があった。その連れは，サラブレッドをおとなしくさせるのに役立ち，その結果，サラブレッドは手に負えないことはなくなった。サラブレッド，中でも特に種馬は，互いに近くに置くと好戦的になる。そのため，雌馬だと種馬を興奮させてしまう可能性があるので，代わりに山羊が使われた。山羊が連れとしてずっと側についていることで，馬は

落ち着いた。そのうち，ずる賢い考えが思い浮かんだ。それは，もしメインレースの前に誰かがその山羊を盗んで持って行けば，馬は神経質になり，平静を失い，そしてたぶんレースにも負けるだろうというわけである。案の定，あるとき泥棒が馬の連れの山羊を盗んだところ，馬は興奮していらいらし始めた。これはまさに，誰かにまんまと自分の山羊を持っていかれた時に感じるあの気持ちである。

　この表現が最初に使われたのは，クリスティ・マシューソン (Christy Mathewson) の *Pitching in a Pinch* (『ピンチ時の投球』1912) である : "Then Robert . . . stopped at third with a mocking smile which would have gotten the late Job's goat." (そしてロバートは，……嘲り笑いを浮かべながら三塁を踏んだが，それはヨブのようにどんなに忍耐強い人だって怒らせたであろう)。

GET THE SACK, TO

　　I wonder what red Fogg 'ud say, if he knew it.
　　I should get the sack, I s'pose — eh?
　　　　　—Charles Dickens, *The Pickwick Papers*
　　血走ったフォッグは何と言うか，やつが知っていればの話だが，おれは首だ，きっと—え？
　　　　　—チャールズ・ディケンズ『ピクウィック・ペイパーズ』

　to get the sack (または *to be sacked*) とは，勤めを解雇されるということ，あるいはもっと一般的には，首になるということである。この句 (*On lui a donné son sac*) は17世紀にフランスで生まれたらしいが，その1世紀後に英国で広まった。この表現について多くの説明がなされたが，完全に証明されたものは一つもない。まず信じられているのは，トルコの君主がハーレムの女に興味が持てなくなったときに，その女を袋に入れて，ボスポラス海峡に投げ入れたということである。次に信じられているのは，トルコの恋をしている男たちの習慣で，きらいになった女性は，同じようにして捨てたということである。職人，それも特に織物工場の職人は，それぞれの道具を用意していて，仕事場にはその道具を袋に入れて持参した。そのため，袋を持って

こいと言われることは，"get your tools and go"（道具を持って，出て行け）という婉曲な解雇通告であった。また，道具のことはさておき，雇い主は意に満たない職人をやっかい払いしようとして，その職人に空っぽの袋だけを渡したとも考えられている。それがどんなことかは誰にも分かっていた。スペイン語で *sacar* という動詞は "dismiss"（解雇する）という意味で，これもこの語源の可能性がある。フットボールでは，動き出す前にすぐ捕まるようなクウォーターバックは「つまみ出せ」，すなわち *sacked*（首だ）と言われる。気にするな！ もしあなたが袋を受け取ったら，へま野郎ということになる。

GIBBERISH

gibberish を話す人は意味のないことを話す人である。口に出すことと言えば意味のないおしゃべりである。それは，知らない言語に属す，理解のできない話し言葉である。このように，*to talk gibberish* の意味ははっきりしているのだが，その語源となるとはっきりしない。

8世紀のアラビアの錬金術師ジーベル（Geber）は，意味をなさない単語を使って文章を書いた。その文章はジーベル特有のわけの分からない言葉で構成されていた。聖職者の裏をかくために，意味不明の言葉を使ったが，もし文章が明瞭で理解できるものだったら，悪魔と取り引きしたというかどで，ジーベルは死刑というきわめて厳しい刑罰を受けたであろう。

ジョンソン博士（Dr. Johnson）は，この *gibberish* の語源は，文章を *gibberish* を使って書いたジーベルという男にあると信じていたが，専門家はほとんどこの説に反対して，この単語は *jabber, gabble, giggle* のような擬声語だと強く主張している。

GIDDY

giddy な人とは，辞書の定義では，*dizzy*（愚かな）という表現をする人もいるように，うわついた性格の，おそらくあたりをふらふらするような人のことである。もっと当たりさわりのない表現をすれば，このような人は軽薄で移り気な，もしくは *flighty*（気まぐれな）とさえ言うのがよいだろう。

一般に使われている英語の単語の多くがそうであるように，この語の背景にある物語は，本来の意味とははるか遠くかけ離れたものである。*giddy* の祖先は古英語の *gidig* で，これは "insane"（狂気の）を意味するが，"possessed by a god"（神に魅入られた）人の，間違いなく狂気の状態を意味していた。時とともに *giddy* の意味は改良を重ね，"foolish"（ばかげた），"stupid"（くだらない）という意味を持つようになった。14 世紀に，再度意味変化をこうむり，この "dizzy"（愚かな）を意味するようになった。その 300 年ほど後に，*giddy* の意味を決定するもう一つの出来事があった。それから，現代の意味の "causing dizziness"（くらくらさせる）になり，またもっと一般的な意味の "exuberantly silly"（とてつもなくばかな）という意味になった。こんな人は "wacky"（風変わりな）とみなされるかもしれないが，狂っているわけではないのだ。

GIFT OF GAB

　the gift of gab（口達者）は，社会的美点であるのか，好ましくない性質なのか。答えは，解釈しだいである。もし，"fluency of speech"（能弁さ）という意味でとれば，周りのみんなが感心するであろうが，仮に "a tendency to boast"（威張る性癖）とか "prattle"（つまらぬおしゃべり）という意味にとれば，眉をひそめてしまうであろう。*gab* (*gob*) という語は，古いゲール語やスコットランド語で，"mouth"（口）を意味する。1695 年に，サミュエル・コウヴィル (Samuel Covil) が，*Whiggs' Supplication*（『ホイッグの懇願』）の中でこう言っている：“There was a man called Job ... He had a good gift of the Gob.”（ヨブという男がいた……ヨブは生来口が達者であった）。時とともに *gob* は音変化して *gab* となったが，その例がウィリアム・ゴドウィン (William Godwin) の *Caleb Williams*（『ケイレブ・ウィリアムズ』1794）で使われている："He knew well enough that he had the gift of the gab."（彼は自分が能弁であることは十分承知していた）。"to boast"（威張る）という意味は，遠い祖先，仏語の *gaber*（自慢する）からきている。英語の *gabble* は，ひっきりなしにばかなことを話すことであるが，*gab* に音が似ていて，派生語かもしれない。万一これが少しでも問題になったら，長談義

(gabfest) で解決を見るだろう。

GILD THE LILY, TO

　この決まり文句 *gild the lily*（すでに完璧なものに余計な手を加える，屋上屋を架する）は，紹介無用と言えるほどよく知られたものである。だから，おそらく誰もが自分は "to add excessive or superfluous ornaments or decoration to something already beautiful"（美しいものに無用の装飾品や飾りをつけ足す）という意味は分かっていると思っているだろう。しかし，この句はシェイクスピア（Shakespeare）のれっきとした引用ではなく，誤った引用だということは，知らない人もいるだろう。この表現の背後には，1199 年の兄の死後，王位を奪取したジョン王（King John）が，二度目の戴冠によって，その弱い立場が補強され，弱まっていた民衆の支持も強まると考えたという話がある。ところが，ソールズベリー卿（Lord Salisbury）は逆に，二度の戴冠は，"wasteful and ridiculous excess"（無駄でばかげた行き過ぎた行為）であると考え，次のように述べている：

　　Therefore to be possess'd with double pomp,
　　To guard a title that was rich before,
　　To gild refined gold, to paint the lily,
　　To throw a perfume on the violet,
　　To smooth the ice, or add another hue
　　Unto the rainbow, or with taper-light
　　To seek the beauteous eye of heaven to garnish,
　　Is wasteful, and ridiculous excess.
　　二度も見せびらかしに取りつかれ，
　　以前よりも価値のある称号を守り，
　　精錬金を輝かせ，ゆりの花に色をつけ，
　　香り豊かなすみれに香水を投げかけ，
　　氷を滑らかにし，にじの色に
　　別の色相を加え，細長いろうそくで
　　飾りを添え天に召す美しい瞳を探るなど，

時間の無駄、愚かで行き過ぎた行為である。

　明らかに *gild* と *paint* は大方の人の心の中で位置が変わってしまったが，そのために，位置が変わってしまった両句とも適切とは言えない意味のままである。

GIN

　gin を飲む人もいれば，*gin* で綿をきれいにする人もいる。
　cotton *gin*（綿繰り機）は，イーライ・ホイットニー（Eli Whitney）の発明品で，綿の繊維から種を分離する機械である。この名前は，*engine* という語の第二音節から生まれ，古仏語や中英語では *engin* と綴った。しかし，最終的に元をたどれば，ラテン語の *ingenium*（生まれながらの性質・才能）であり，ここから *ingenuity*（発明の才）となった。
　元々 *gin* と呼ばれている気高く強い酒は，*geneva* と綴った。これはまさに *juniper* で始まり，ラテン語で誕生したときに *juniperus* と呼ばれていた。産物のジンが作られる *geneva* は，juniper berry（ネズの実）を表す仏語 *genièvre* のなまりからきたもので，オランダ語では *genever* と呼ぶ。ローランド（スコットランド南東部低地地方）で闘っていたイギリス兵士も，これを *genever* と呼んだが，*geneva* と発音した。時間がたち，*geneva* は短縮され，*gin* となった。
　ついでに，論破すべき二つの神話がある — 味つけやスパイスとして使われるぴりっとする根茎で，ときどき薬にもなる ginger という語の中には gin があるということと，ホイットニーはかつて酔っ払った隣人に "Keep your cotton-pickin' hands off my gin."（おれのジン（綿繰り機）にそのいまいましい手でさわるな）と言ったことである。

GIVE ONE'S EYETEETH FOR, TO

　この大げさな表現が意味するのは，ある人が強い願望を満たしたり，強く慕っているものをつかもうとするためには，徹底してやるということである。上あごの犬歯を抜歯すれば，よく噛めなくなるであろう。だから，誰かが，"I'd give my eyeteeth for that (*or* her)." (それの代わりに（彼女のために）私の犬歯をあげるよ）と言えば，理論的には，大へん価値のあるものを手放すくらいの準備ができているということであるが，犬歯は根が最も深く抜きずらいのである。ところが，この用語は，19世紀半ばから使われていたのに，実際にそういう目的で犬歯を手渡した人は一人もいないということらしい。この表現はつまりは，演劇で効果を出すためだけに作られたものである。サマセット・モーム（W. S. Maugham）は，*Cakes and Ale*（『菓子とビール』1930）で書いている："He'd give his eyeteeth to have written a book half as good."（彼はいくぶんでも面白い本を一冊書けるならどんな代償でも払う）。

他のクリシェイもこれと同じ考えをまねて，欲しいものを手に入れるために身体の一部を喜んで手放すという表現をしている。（ゴッホと切り取られた耳を思い出しますか？）ときどき "I would give my pinkie (the little finger) for that."（そのためには私の小指を渡そう）というのを聞くが，もっとよく聞くのは，"I'd give my right arm for that."（そのためなら右腕を渡してもいい）である。このような大げさな表現は，もちろん真剣に話されることはないし，真剣に取られることもない。出来心からとか，尋常ならざる強い欲望のためであったとしても，自分の右腕まで犠牲にする人がいるという話は聞いたことがない。ロバート・ディーン（Robert G. Dean）は，この表現を *Layoff*（『一時解雇』1942）で書いている："He'd cut off his right arm for her, as the saying goes."（彼は彼女のために右腕を切り落とそうとするだろう。そう，諺でよく言われるように）。しかし実際は切り落とさなかった。物惜しみしない考えが，ばかな発言を生む引き金となることがある。チャーディ（Ciardi）から例をとろう："I'd give both arms for a chance to pitch for Yankees."（ヤンキースで投げさせてくれるんなら，両腕を与えたってかまやしない）。もし両腕がなかったら，どうやって投げるんだろう？

GIVE SOMEONE SOMETHING TO BOOT, TO

give someone the boot（人を首にする）と，*give something to someone to boot*（誰かにおまけに何かを与える）とは意味が根本的に違

う。前者の意味は，誰かを罰したり排除するために，早げりのように，ブーツを直接ぶち当てることである。後者は "besides or in addition"（おまけに，加えて）という意味である。外側洗車のためだけに雇われた人が内側も洗う，これがつまり *boot* で，追加サービスを無料でやったことになる。取り引きで予期した以上のものをもらうとき，be given to boot（おまけしてもらう）という。この気前よさの背後にある考えは，受け取った人の気分をよくさせて，その取り引きで利益を得たと思わせることである。boot（古英語の *bot*）は，もともと "profit or advantage"（利益ないしは有利）という意味だったからである。

しかし，"besides or in addition"（おまけに，加えて）を，いつも誰かが捜し求めているとは限らない。例えば，"Andy lost his wife, his money, and his car to boot."（アンディーは，妻を失い，金を失い，おまけに車も失った）という表現があるが，おそらく車も，義父にもらったものであろう。

GLAD

Shall I seem crest-fallen in my father's sight?
　　　　—Shakespeare, *Richard II*
おやじの目にはおれは落胆していると見えるのか。
　　　　　　—シェイクスピア『リチャード2世』

crestfallen は，意気消沈したとか，落胆したとかいう意味である。しかし，その昔は *crestfallen* は，闘鶏で負けて，たじろぎ，とさかがうなだれたおんどりのことを指すだけだった。このおんどりは，まさに *crestfallen*（とさかがうなだれた）のである。意気消沈の正反対の感情は，うれしさである。この *glad* という語は，古高地独語の *glat*（なめらかな）が古英語の *glad* に移行したのが由来である。これは幸せの意を言外に含むのではなく，明るさを含んでいた。*glad* は，"shining, bright"（輝く，まぶしい）という意味で，この同族語は "smooth"（滑らかな）とか "polished"（磨きのかかった）を意味した。このいい例として，16世紀の氏名不詳の詩人が次のように書いている："leves new, Som very rede, and Som a glad light greene"（新しい葉，真っ赤な葉，明るい緑の葉）。しかし，このように，まぶしく，つやつや光るものが喜びを誘うので，*glad* の意味は "pleased, feeling or displaying joy"（満ち足りている，喜んでいたり喜びの感情を表している）といった現在の意味に進化した。これはジョンソン博士（Dr. Johnson）が *Dictionary*（『英語辞典』）に採用した意味である。

1915 年に，エリナ・ホッジマン・ポーター夫人（Mrs. Eleanor Hodgman Porter）は *Pollyanna, the Glad Girl*（『ポリアンナ，喜びの少女』）という本を著した。物語は，きまって何か楽しくなるものを見つける遊びをするある孤児の生活を軸に描かれている。*Pollyanna* という語（ヘブライ語で "bitter grace"（神の苦い恩寵）を意味する二つの単語からきている）は，"a person who always sees the bright side of things"（いつも物事の明るい面を見る人），"one who is constantly cheerful and optimistic"（いつも明るく，楽観的な人 — ねあか），または "one who wears rose-colored glasses"（物事をばら色の眼鏡を通して見る人）とも言える一般的な単語になった。それにもかかわらず，皮肉屋たちは，楽天主義的発想は，現実の世界の汚い現実を覆い隠してしまう愚かなことであると反論している。この意見は正しいかもしれないが，皮肉屋というものは確かに素直に "glad"（喜べる）人種ではない。

GLAMOUR / GRAMMAR

> Grammar, which knows how to controll even kings.
> —Molière, *Les Femmes Savantes*
> 文法，それはどう王たちを支配するかも知っている。
> —モリエール『才女気取り』

ほとんどの生徒は，*grammar* は決して *glamorous* ではないということに同意するであろうが，実は両語の間には関係がある。古代から中世を経て近代文明の時代になるまで，読み書きはごく少数者の独占物であった。計り知れないほど多くの世間の人々は，学者と学者の学問の一部である文法に，畏敬の念を持っていただけでなく，疑いの目も差し向けていた。*grammar* は，

ラテン語の *grammatica* からきていて，学術でもあったので，世間の人の心の中ではオカルトや黒魔術と関連されるようになった。このラテン語から，"pertaining to letters or literature"（学問もしくは文学に属する）という意味を伴って，他の無関係の意味が後になって消えていったように，古仏語から英語の *grammar* が生じたのである。16世紀のスコットランドでは，*grammar* は，まず *glamer* となり，次に *glamour*（これはスコットランド方言による grammar の発音ミスから生じた）というように，綴りが変化したが，いぜん黒魔術という意味は残っていた。ウォルター・スコット卿（Sir Walter Scott）は，*grammar* から *glamour* への綴りの変化を一般用法とした人物である。*glamour* はそのまま魔術，すなわち人の想像力を刺激する魅惑を身につけた。アメリカ合衆国では，マジソン街が，その魔力で金もうけをしている。今日，もしあなたが glamour（魅力）を持っていたら，間違いなく grammar（手引き）なしでやっていくことができるはずだ。

GO AGAINST THE GRAIN, TO

　材木を鋸で切ろうとしたことのある人なら，この句の字面の意味は理解している。材木の木目は平行に走っていて，木目に沿って鋸を入れると，簡単に切ることができる。材木を切るのに木目に対して斜めや直角に切ると，仕事ははかどらないだろう。大工は，木目に逆らわず，木目に沿って板にかんなをかける。人生も然りで，年をとるにつれて *go against the grain*（慣行に反する）よりも，見込みや指示に従い，元からある規則に従うほうが楽だと分かる。また，この句は他の表現を借りて言えば，It is like swimming upstream.（流れに逆らって泳ぐようなもの）である。

　チャーディ（Ciardi）はこの表現の中の "grain" を "go against the grain"（木目に逆らう）の中の材木の木目と解釈するのはよくある間違いだと言っているが，これはもっともなことである。チャーディは，基本となる語は仏語の *gré* で，"natural capacity for pleasure, agreeable"（喜びに対する自然な受容力，快く応ずる）だと指摘している。それゆえ，このキーワードは，"against nature"（自然に逆らう）とも言えるのである。

GO HAYWIRE, TO

　go haywire は，コントロールがきかなくなる，全く混乱してしまう，めちゃめちゃになる，ということである。少なくとも *haywire* という語は，精神的にバランスが失われているとは言えないまでも，取り乱している人に当てはまる言葉である。今日，多くのアメリカ人は *haywire*（干し草を束ねる針金）にはお目にかからなくなっているが，この言葉は 20 世紀初頭以来なお健在で，多用されている。

　haywire は曲げやすくぐるぐると巻かれたワイヤーで，農民が干し草の俵を束ねるのに用いる。このワイヤーの端が飛び出していて，よく農民の手を引き裂くことがある。事実，手斧でこの干し草の束を解くとき，このぐるぐる巻きのワイヤーにぶたれないために，熟練と精神的機敏さが，またかなりの程度運も要求された。さらに，農民はこのワイヤーを節約しておき，よく他のもの — 農地にごまんとあるあらゆる用具類を束ねた。これはいろいろなものの修理の手段となり，また他のまに合わせの道具ともなった。しかし，このワイヤーはすぐにさび，また目ざわりになる。にもかかわらず，農場ではやるべき仕事が多く，急場しのぎの修理が恒常的となり，しばらくしてもつれたワイヤーは "go haywire"（始末に負えなくなる）と言われる人と同様，無秩序で混乱しているように見える場所にふさわしくなる。

GO SCOT-FREE, TO

　人が何かの負債を免除されたり，犯した罪や不都合に対する処罰から免れたりした際には，"He's gotten off *scot-free*."（彼は放免された）と言う。この表現は Scott という名を持つ人や Scotland とは無関係である。この語は支払いとか，寄付を意味する古英語の *sceot* から派生しており，特にもてなしに対する支払いを意味していた。後の慣用法で国民が能力に応じて支払う通常の税金を指すようになった。昔の税金のがれは今日の税金のがれと同じく，能力に関係はなかった。正当な税を何とかのがれたいと思っている人は，税金ごまかし野郎と言われた。今日の用法では，*scot* は単に "absolutely"（絶対に）を意味する強意語として用いられているにすぎない。刑事裁判で無罪に

なった被告は，法廷を退出するとき，全く自由の身である（scot-free）と言われる。

GO THROUGH FIRE AND WATER, TO

ある人が友のために *go through fire and water*（水火も辞さない）と言うとき，友のためならいかなる困難をもいとわないつもりでいることを意味している。それは "If I can do anything for you, let me know."（もし何かできることでもあれば，知らせてください）という諺のような言い方だが，派手な言い方である。面白いことにかつて人々は他人のために，文字どおり，火の中，水の中に入って行った時代があった。この表現は現在にまで至っているが，使われ方は比喩的である。中世の英国の法律では，神盟裁判によって犯罪を判定していた。被告人が，手を煮えたぎる湯の中に入れて何の影響も受けなければ，または赤く焼けただれた鉄板の上を素足で歩いて何の損傷も受けなければ，無罪を言い渡され，そうでなければ有罪とされた。しかし，被告人は代理人を立てる権利があり，すなわち代理人制度で，代わりに代理人が神盟裁判を受けた。時として友人が進んで名乗り出たのであった。事実代理人は他人のために火や水の中に入って行った。それで，今日火や水の中に進んで入って行くこと，すなわち神盟裁判による英国の裁判の名残りは，人間の最高の友情の試金石として，もちろん言葉を通して比喩的に表現されているのである。

GOBS

水兵には多くのニックネームがあるが，中でも最もポピュラーなのは語源が謎とされる *gob* である。この語の響きは東洋のもので，確かに権威筋の中には，日本の世界貿易参入を成功させてからこの語を米国へもたらしたのはペリー（Perry）提督だと言う人もいる。海軍情報局も同様の見解をほんの部分的とはいえ，支持しているが，1928 年に次のように公式声明を出している：
"Undoubtedly it was brought back from the Asiatic Station and is derived from the Japanese word meaning a fighting farmer."（この語は疑いもなくアジアの駐屯地から持ち帰ったもので，戦う

農夫という日本語の意味から派生している）

　また別の説によれば，水兵を意味する仏語の *garde de l'eau* がアメリカ人に採用されたが，*gobbyloo* と発音され，後に縮められて *gob* となったという。メンケン (H. L. Mencken) は *The American Language*（『アメリカ語』）で次のように言っている：*"Gob* has been traced variously to *gobble,* an allusion to the somewhat earnest methods of feeding prevailing among sailors, and to *gob,* an archaic dialect word signifying expectoration. The English coastguardsmen, who are said to be free spitters, are often called *gobbies."*（*Gob* は *gobble* や *gob* に起源をたどれるが，*gobble* は当時水兵の間で流行していた厳粛な食事の取り方への引喩であり，*gob* は expectoration（つばを吐くこと）という意味を持つ古い方言である。英国沿岸警備隊員は，自由につばを吐ける人たちで，しばしば *gobby* と呼ばれていた）。だじゃれ屋は，こういった種々の説や理論は，実証不能な説をごまんと (gobs of) 生み出してしまったと結論づけるかもしれない。

GONORRHEA / SYPHILIS

　愛の女神，ローマ神話のヴィーナス（the Roman Venus）から，愛に関する二つの行為を連想させる単語が生まれた。一つは *venery* で，"the pursuit of sexual pleasure"（性的快楽の追求）を意味し，女たらしや好色漢の行為を指す。一方 *venereal* はより一般的な語で，意味は "relating to sexual pleasures"（性的快楽に関する）というものだが，性交渉で感染する性病に関係することで最もよく知られている。これは "a contagious inflammation affecting the genital organs"（生殖器を犯す接触伝染性の炎症）で，ペニシリンの発見まで多くの男性が苦しめられた。

　最も一般的な性病は *gonorrhea*（淋病）であるが，これはギリシャ語の *gonorrhora* からで，*gonos*（生成するもの，種）と *rhoia*（流れること）の複合語である。この医学用語は 1530 年にイタリアの医師が造ったが，活字に初登場したのは 1547 年のボード (Boorde) の *Breviary of Healthe*（『衛生学』）である："The 166 Chaptairs doth shew of a Gomary passion."（166 のエピソードに淋病の痛みについての記述がある）。

Gomary とは *gonorrhea* の最初の名称であった。

syphilis は進行が速く伝染力のある性病で，*Syphilis, sive Morbus Gallicus* ("Syphilis, or the French Disease"「梅毒またはフランス病」) というタイトルのラテン語の詩に最初に登場した。この詩は 1530 年にベローネの医師で詩人のジローラモウ・フラカストロ (Girolamo Fracastoro) が書いたもので，フラカストロこそこの病気の第一号患者と言われている。この詩の主人公であり病名の別表記でもある *Syphilus*（シフィルス）という羊飼いも，この病気にとても苦しめられたが，それはギリシャの神アポロを冒瀆したかどで受けた罰であった。

> He first wore buboes dreadful to the sight,
> First felt pains and sleepless past the night;
> From him the malady received its name.
> 彼には最初見るも恐ろしいよこねがはっていた，
> 最初激痛が走り，眠れぬ夜を過ごした。
> この男からこの病名を頂戴することとなった。

syphilis という語はひょっとすると，ギリシャ語の *suphilos* すなわち "lover of pigs"（豚を愛する人）から派生したのかもしれない。

GRASS WIDOW

もし誰かが，夫から離縁された婦人を何と呼んだらよいかと尋ねられたら，今では一般的でなくなったが，正確には *grass widow*（夫不在の妻）と答えるだろう。もし "separated from her husband"（夫から離縁された）の代わりに "divorced from her husband"（夫と離婚した）と言い換えても，正答は *grass widow* であろう。もし女性が捨てられたり，結婚もせずに子供の母親となれば，これもまた *grass widow* という言葉がかぶせられるかもしれない。これを総合してみると，*grass widow* と呼ばれる女性の地位を正確に知るためには，さらにもっと説明が必要になることがわかる。おそらくこの言葉がもう滅多に使われなくなった理由は，そこにあるのだろう。

語源学者の中には，*grass widow* という表現は少なくとも 16 世紀以来用

いられていて，仏語の *veuve de grâce* は widow by grace（温情による未亡人），すなわち死に別れではなく，教会の施しや温情により夫と離婚したり別れたりした女性を意味していて，これが現代英語に入ってきたと考える人もいる。昔はカトリック教徒の離婚や別居は，ローマ教会の権威によってのみ許された。しかし *grass widow* は，元来未婚の母を指していると信じられていた。独語の同様な表現は *Strohwitwe* (*Stroh* とは牧草に似た "straw"（わら）で，子供を産むベッドのほのめかしを持つ）である。こう考えてくると，摘出子のみが普通のベッドで身ごもるということになるが。

GREEKS BEARING GIFTS, BEWARE OF

> I fear the Greeks, even when they bring gifts.
> —Virgil, *Aeneid*
> 贈り物を持ってくるギリシャ人には気をつけている。
> —ヴァージル『アイネーイス』

　古典文学がホメロスの *Iliad*（『イリアス』）のおかげを被っているのは，トロイ戦争，すなわち古典の学徒が学ばなければならない戦いの歴史ばかりでなく，ちょうどまさに今日使われている表現豊かな諺のいくつかにもよるのである。

　ギリシャ人は10年にわたりトロイを包囲し続けた。トロイ突破をはかるために，当時までなじみのなかったある策略をめぐらした。戦争にはうんざりだと言明して，和平の印としてトロイの人々に大きな木馬を送ったのである。トロイの人々は市中に木馬を引き入れたが，不幸なことに中は空洞でギリシャ兵がぎっしり潜んでいることに気づかなかった。夜になって，隠れていた兵士たちが現れ，歩哨を殺し，ギリシャ軍に市の門を開けてやった。トロイの攻略が続いた。ポセイドンの神官であるラオコーン（Laocoön）は，トロイ市民に木馬の引き込みを思いとどまらせようとし，警告を発し続けた。しかし，トロイ市民はこれを無視し，結局ギリシャ人の二枚舌の罠に "taken in"（かかってしまった）のである。話の残りはこうである — "the topless towers of Ilium"（高くそびえるイリウムの塔）は焼け落ちたが，*Iliad*（『イリアス』）が残り，あらゆる文学の中で最も有名な叙事詩となった。

Trojan horse（トロイの馬），実際にはギリシャの馬なのだが，この言葉は，背信による潜入，いわゆる第五部隊（敵にまぎれこみ味方の軍事行動を助ける人々）の象徴となった。これは"a person, thing, or factor intended to undermine or subvert from within"（内部から崩壊，転覆を企てる人間，物，要因）を指す。ここから次のような警告が生まれた――友人のふりをする敵を信用することなかれ。だが，それをどうやって見分けたらいいか。

GREEN-EYED MONSTER, THE

嫉妬を表す代表的な比喩は *the green-eyed monster*（緑の目をした怪物）である。この表現は，シェイクスピアの嫉妬を扱った最高の古典 *Othello*（『オセロー』）が出典だが，その中でイアーゴー（Iago）は次の言葉を吐いている：

> O! beware, my lord of jealousy;
> It is the green-ey'd monster which doth mock
> The meat it feeds on.
> どうかお気をつけください，嫉妬には。
> あれは緑の目をした怪物で，餌食とする
> 人の心を弄ぶものです。

この怪物は，猫とかトラなどねこ科の動物と考えられ，この科の動物は一般に緑色の目をしているのである。"mock" とは，猫が捕らえた動物を食べる前にじゃれるさまを指している。このように，嫉妬に狂った人間は，まず餌食（かも）に最初愛を降り注ぎ，次にものにする前に憎しみをあらわにし，あざけりを浴びせると考えられている。昔は緑がかった顔色は嫉妬を示すと考えられていた。もちろんそれはうそだが，概念だけがしつこく生き残っている。いまだに "green with envy"（嫉妬した）というのを耳にするのは，何も珍しいことではない。

GREENHORN

　19世紀から20世紀初頭にかけてアメリカ合衆国へ移民が押し寄せたが，その一般的呼び名は *greenhorn*（新来の移民）であった。これは15世紀以来，若い角の生えた動物の若々しい角をほのめかす言い方である。17世紀に，この言葉は，人間，特に移民に使われた。移民たちは未熟で，経験不足の動物同様，新しい環境に順応するのに学ぶことが多かった。最終的に *greenhorn* は，産業界や政界の未熟者を意味するようになった。この言葉は居留外国人は指さなかった。手短に言えば，未経験者ならば誰でも *greenhorn* ということだった。今日この言葉は滅多に使われない。

GRIN AND BEAR IT

　この表現は18世紀以来使われている。いやなことに耐えねばならなかったり，反抗が絶望的だとしても，愉快な顔をしているほうがよいという意味である。しかめ面をしても逆境が消えるわけでなく，こういう場合ただ笑って我慢するのが得策で，そうすれば気分もよくなるものだ。この諺の表現法も変わってきた。かつては "Grin and abide."（笑って耐えろ）で，エラスムス・ダーウィン（Erasmus Darwin）の *Zoonomia*（『生理学』1794）に証拠として出てくるように，1802年まで記録はさかのぼる："We have a proverb where no help could be had in pain, 'to grin and abide.'"（苦痛に手助けはなし ―「ただ笑って耐えるしかない」という諺がある）。今日の使い方への動きは当時すでに始まっていたが，まだ全領域を獲得してはいなかった。その発端はウィリアム・ヒッキー（William Hickey）の *Memoirs*（『回想録』1775）にまでいきつく："I recommend you to grin and bear it."（いやなことは笑って耐えるようにしてください）。この表現は，長い悪天候の後で船乗りにごく普通に使われた。船員の使った意味は船員に限るものではない。ただ耐える以外ないときは，笑うしかないのである。知ったかぶりする人ならこう言うだろう："If we have no choice, we'll bear it better with gin than with grin."（選択の余地がないときは，笑って耐えるよりジンを飲んで耐えるのがよい）。

GROG

Gossips in grief and grograms clad.
　　　—Praed, *The Troubadour*
深い悲しみのおしゃべりとグログラムの服。
　　　—プレード『吟遊詩人』

　grog（グロッグ酒）は昔ほど人気のある飲み物ではないが，一時期英国船員の主要な飲み物であった。事実，グロッグ酒は船員や士官たちに日常支給されていて，ラム酒の名前ともなった。この単語の背後にある物語に入ろう。18世紀にエドワード・ヴァーノン（Edward Vernon）という勇猛な英国の提督が，自分の命令による改革，特に禁酒を勧める改革を決定した。この目的遂行のために，ヴァーノンは，船員が酒を飲んで気力をなくすことのないように，ラム酒の1日の量は水で薄めるようにと命令を下した。酒を飲むと気力を失うのが普通のことだったからである。船員はグロッグ酒の名を提督のニックネームにちなんで，"Old Grog"（グロッグじいさん）とした。このニックネームはヴァーノンがしばしばグログラムのコートを着ていたからであった。ところで，*grogram* という単語は目の粗い織物という意味で，仏語の *gros-grain* からきているが，*gros*（粗い）と *grain*（糸の方向）を合わせたものである。*grog* の名は最終的に陸に上がり，ラム酒の一般的名前として使われるようになった。

　grog から形容詞の *groggy* が派生した。グロッグ酒や他の酒類を飲みすぎた人は，足元が定まらず，ふらつき，方向感覚がおぼつかなくなる。そういう人を *groggy*（酒でまいった）と言う。足がふらふらしているように見えるプロボクサーはグロッキーになっている。そのボクサーはパンチをくらったのであり，パンチを飲みすぎたのでもなければグロッグを飲みすぎたのでもない。全くしらふでも，誰だって面食らったり，めまいがしたりするとグロッキーになることに注目しよう。

GUARANTEE / WARRANTY

　guaranty(*guarantee*) や *warranty* は，辞書によっては同意語として載せているものもあるが，両語には別の法律上の意味がある。*guaranty* とは "an agreement by which one person assumes the responsibility of assuring payment or fulfillment of another's debts or obligations"（ある人が別の人の負債の支払いまたは義務の履行を確実に行うという同意）のことである。*warranty* にはいくつかの意味があるが，次のような意味のときには *guaranty* と比較される : "an assurance by the seller of property that the goods or property is as represented or will be as promised"（商品または財産の代わりとなるか，それらが保証されるという財産の売り手による保証）。こうした違いはあるのだが，*guaranty* と *warranty* は祖先を同じくする単語である。両語とも仏語の *weren*（守る）から派生した *werento* を語幹としている。この2語は古高地独語から仏語に借用され，他の場合と同様，語頭の *w* が *guarantee* のように *gu* へ変化したものである。クライン（Klein）によれば，*warranty* は古仏語の *guarantie* に対応する中英語の *warrantie* であった。語末の *y* は仏語の *ie* にあたる。語頭の *g* と *w* の交代で，*warranty* がゲルマン語の響きを持つことになる。

GUMBO LIMBO

　gumbo limbo はアフリカのバンツー語生まれの複合語である。*gumbo* は "anything pertaining to slaves"（奴隷に関係するもの）という意味の *nagombo* から，*limbo* は "birdlime"（鳥もち）という意味の *ulimbo* から出たものである。しかし，この単語の語源はどの辞書にも不明と記載されている。*gumbo limbo* はこれが熱帯の限界だという指標の熱帯アメリカに生息する高木の名称である。その名は "gum from the *elemi*"（エレミのゴム）を意味する *goma elemi* に始まり，幾世紀にもわたって変化が繰り返されたものである。しかし，誰も *elemi* がどこから出てきたか分からないのである。この木からは甘い，芳香を放つ樹脂がとれ，ニカワを作る

のに用いられる。フロリダでは，この木は主に鳥もちに用いられていた。樹脂は，煮立てるとねばりが出てきた。それでインディアンは，このゴム状の物質を高価な鳴鳥が止まる木の枝の上に延ばしておいた。鳥の足がくっつくと，捕獲できた。*gumbo limbo* は"tourist tree"（旅人の木）とユーモアを込めて呼ばれるが，これは旅人も木も常に赤く，皮がはがれるからである。

HABERDASHERY

> Remember Harry S. Truman,
> a fine haberdasher and a great President.
> ハリー・S・トルーマンを忘れてはいけない
> すばらしい紳士用服飾品商人で偉大な大統領を。

　haberdashery という語は，今日では紳士用服飾洋品店として一般によく知られている。本来の *haberdashery* と men's store の主な違いは，前者は紳士用装身具，すなわちネクタイ，シャツ，帽子などを主に商い，スーツは含まないことである。この *haberdashery* の経営者を *haberdasher* と呼ぶのである。この単語は英語の要素に類似するものを持ち合わせていない。専門家は，この語の祖先の秘密を解明しようとして語源を推量してきた。二つの説が浮上した。一つは *haberdasher* の源としては "sacks of oats"（麦袋）を意味するアイスランド語 *hapurtash* に見られるとするもので，もう一つは布とか，布一幅を意味する古仏語 *hapertas* から派生したノルマンフランス語の *haberdasher* とするものである。しかし，誰にもどのように古仏語がその単語を獲得したかは分からない。*haberdasher*（または *hapertasser* とか *haberdasser*）はその布の販売人のことを指していた。*hapertas* という単語は，マグナカルタ（Magna Carta 大憲章）によって布幅が決定されるものだったことから有名になったもので，これは当時いかに布幅が重要であったかを如実に示している。二つの説のうち，後者の説が確かに信頼度が高いであろう。しかし，どちらの説にせよ，もっと証拠が上がらなければ，語源学者は採用しないだろう。チョーサー（Chaucer）は *The Canterbury Tales*（『カンタベリー物語』）の Prologue（「総序の歌」）で *haberdasher* を用いている。これがこの語が文学で用いられた最初の例である。しかし，チョーサーはこの語の意味を説明しなかったので，いまだに

謎のままというわけである。誰も *haberdasher* が何をしたか知るものはなかった。チョーサーはただ次のように言っているだけである：

> An haberdasher and a Carpenter,
> A Webbe, a Dyer, and a Tapsier,
> Were with us eke, cloth'd in one livery,
> Of a solemn and great fraternity.
> 一人の帽子屋に，大工に，
> 機織りに，染物屋に，家具商がいた，
> 何か偉い組合の団体で，
> みなお揃いの服装をしていた。

この『カンタベリー物語』にはこれ以上 *haberdasher* に言及するところはない。

HAIRSBREADTH

大事故で間一髪命拾いすると，髪が逆立つことがある。そのような間一髪が *hairsbreadth*（髪の毛の幅）の長さとすれば，ユダヤ人が確立した測定法によると，48分の1インチということになろう。慰めにしてもあまりに厳密すぎる。その点に関しては，髪の毛を裂きたいと考える人はいないはずだ。*hairsbreadth* という単語が最初に印刷されたのは1584年のことである。スコット（R. Scot）は *Discovery of Witchcraft*（『魔女の発見』）でこう書いている："Limits ... beyond the which they cannot pass one haires breadth."（一本の髪の毛の幅をも超えられない境界線というものがある）。

HALF A LOAF IS BETTER THAN NONE

このよく親しまれた諺は，容易に真実であると認められるものである。というのは何も得られないよりは，何かの一部でも手に入るならそのほうが賢明だからである。たとえそれが欲しいものすべてでなくとも，得たものに満足する

ように努めるほうがよいのは自明のことである。ついでに言えば、あなたが排除されているわけでもなければ、すべてを奪われているわけでもないことを覚えておこう。事実、半分手に入った段階で、それは実質的な取り分となる。1546年の昔にさかのぼると、ジョン・ヘイウッド（John Heywood）は*Proverbs*（『格言集』）でこう書いている：

> Throw no gift at the giver's head;
> Better is half a loaf than no bread.
> 与えてくれた者の頭めがけて贈り物を投げつけてはいけない、
> 半分でもないよりましなのだから。

1642年のダニエル・ロジャーズ（Daniel Rogers）となると、かなり厳しく自分の意見を表している。ロジャーズいわく："He is a foole who counts not halfe a loafe better than no bread, or despiseth the moonshine because the sun is down."（彼は半分でもないよりましだと考えない愚か者か、日が沈んでいるからといって月明かりをさげすむような人物だ）。もっと現代的な言い方をしているのは、チェスタトン（G. K. Chesterton）で、*What's Wrong with the World*（『世間の誤り』）でこう書いている："Compromise used to mean that half a loaf was better than no bread. Among modern statesmen it really seems to mean that half a loaf is better than a whole loaf."（妥協とは昔は半分でもないよりましだという意味だった。現代の政治家の間では、実は妥協は半分でも全部よりましだということを意味しているようだ）。

HANDS DOWN

誰でも "Hands up!"（手をあげろ）が何を意味するかは知っているようである――すなわち、これはつかまったばかりの捕虜に逮捕者が出す命令であるが、必ずしも *hands down* が意味するものを知っているとは限らない。*hands down* がどこから出てきたか知っている人は、ほとんどいないかもしれない。しかし、それは謎でもなんでもない。正式な言い方は "to win hands down"（楽勝する）で、そこに謎ときの鍵がある。競馬を見たこと

のある人なら，ジョッキーが自分の馬を前方へと駆り立てるやり方，特にあの優勝のリボン飾りに近づいているときのしぐさに気づいたことであろう。馬にムチを入れる際，ジョッキーは手を上げ，次に下げ，そしてまた上げるというぐあいにである。馬場のずっと先に飛び出し，リラックスし，楽々勝利を収めようとしている幸運なジョッキーは，馬にムチを入れる必要もなく，従って手を上げる必要もないというわけである。たぶんそのジョッキーは *hands down*（手を下げて）いるかもしれない。この競馬用語は，今や多くの他の競馬とは無関係の競技活動に使われ，意味も全く同じである。バスケットボールのチームが相手チームにはるかに差をつけていたり，選挙戦で大量得票をしている候補は "hands down"（文句なく）勝っていると言えるかもしれないが，競技場で他に差をつけてゴールし，従って楽々勝利を収める人になら誰にでも当てはまることである。

HANDKERCHIEF

handkerchief については，特に鼻や口を拭うのに用いる四角い，小さな布と言う以外に一体何が言えるだろうか，とお尋ねになるかもしれない。有用性の観点から述べているものは多くなく，語源の観点からつじつまの合わないものが多い。*handkerchief* という語が生まれた語は 14 世紀には頭部を覆う四角い布のことで，ノルマンフランス語の *couvre*（覆う）とおそらく古仏語の *chef* のミススペリング *chief*（頭）が語源であろう。もちろんこの布は多目的に使えるもので，16 世紀までには食事の後にナプキンがない場合，鼻ばかりか口を拭くのにも用いられるのが普通だった。当時 *kerchief* もまた流行の布地製のアクセサリーとなり，さりげなく *hand*（手）で持ち運ばれていた。

こうして完全な形の単語 *handkerchief* が誕生した。しかし，この今やありふれた単語の品質下落はそれにとどまらなかった。*handkerchief* の特殊化が主に鼻拭きとして発展するにつれて，ハンカチを通常入れておく場所の *pocket* がつけ加わることになった。この語全体が特に混乱を招くようになっているのは，*handkerchief* は頭にかぶり，次に手に持ち，そしてポケットに入れておくものと，みんなが言っているからである。だが待てよ！ 持って歩くと言っても，女性の場合通例ポケットではなく，なんとハンドバッグに入

れて持ち運んでいるではないか。おしゃれな男性はポケットにハンカチを入れて持ち運んでいるが、鼻を拭くためではなく、盛装の際の色あでやかな装飾品として使っているのである。語源学はこのくらいで終わりにしたい。

HANDWRITING ON THE WALL, THE

　運命の女予言者カッサンドラー（Cassandra）は、ギリシャ神話中の人物であることを除けば、"I see the handwriting on the wall."（災いの迫っているのが目に見えるぞ）と言ったであろうが、これは聖書からの言い換えである。しかし、これは未来の災難の前兆、すなわち災害の予測なので、おそらくカッサンドラーが発したものであると考えられる。

　バビロニアの王ベルシャツァール（Belshazzar）が妻たちや愛人たちのために催した宴会で、客たちがエルサレムの寺院から略奪した酒杯で酒を飲んでいる時、謎めいた言葉 "Mene, mene, tekel, upharsin." が壁に現れた。誰一人この言葉を解読できなかった。呼び出されたダニエル（Daniel）はこう翻訳した（「ダニエル書」5章25-31節）："This is the interpretation of the matter . . . God has numbered the days of your kingdom and brought it to an end . . . You have been weighed in the balances and found wanting . . . Your kingdom is divided and given to the Medes and Persians".（さて書かれた文字はこうです。……神はあなたの治世を数えて、それを終らせたのです。……あなたは秤にかけられ、不足と見られました。……あなたの王国は二分され、メディアとペルシアに与えられるのです）。この句の意味は "numbered, weighed, and divided"（数を数えられ、量を計られ、そして分割された）である。まさにその晩、ベルシャツァールは殺害され、王国は同時にペルシャ人に征服されてしまったと言われている。

　"the handwriting on the wall"（差し迫った災いの前兆）とは運命の警告のための言葉であるが、今日では単に危険に対する警告を意味することが以前より多く、もしこれに気をつければ、悲惨な結果を避けられるかもしれない。アメリカの都市文化センターでは、the handwriting on the wall（落書き）を graffiti と呼んでいる。

HARD AS NAILS

　hard as nails（頑丈な）ことは望ましいかと尋ねられることがある。この直喩表現の意味を肉体的なものと比喩的なものとに分けて考えれば、この質問にはうまく答えられる。肉体が *as hard as nails* であるとは頑健なことで、肉体的にきつい扱いを受けても動じないことである。運動選手、特にフットボール選手やボクサーはこうした目的でトレーニングを重ねる。しかし、もう一方ではこの句はそっけない、厳しい、非情な、頑迷な、融通のきかない、従って断固とした、妥協を許さない人間を指す。この定義はおそらく、原理主義者や清教徒の遠い親戚に当てはまるだろう。これらいずれの意味にせよ、肉体を示す運動選手であれ、比喩を示す原理主義者であれ、これらの人たちは、一方では強打を喜んで受け、また他方では釘がハンマーの連打に耐える耐え方で形式ばった思いやりを無視できるのである。この表現はジョージ・バーナード・ショー（George Bernard Shaw）が好んだ言い方であった。チャールズ・ディケンズ（Charles Dickens）は *Oliver Twist*（『オリヴァー・トゥイスト』）の中でこの表現を採用している。泥棒たちが今朝一生懸命働いていたかどうかとのフェイギン（Fagin）の問いに対して、ペテン師ドジャー（Dodger）は "Hard."（懸命に）と答えたところ、チャーリー・ベイツ（Charley Bates）はさらに "As nails."（釘みたいに）とつけ加えた。

HARP ON ONE STRING, TO

　　This word revenge he still harp upon.
　　　　—Sir T. Herbert, *Trav*
　　報復というこの語を彼はいまだにくどくどと話す。
　　　　　　—ハーバート卿『トラフ』

　to harp on something（くどくどと話す）とは、ある話題を絶えまなく話し、どうしてもやめようとしないことである。そこであきあきした聞き手はおそらくこの話し手は変人ではないかと思うだろう。ではなぜ *harp*（ハープ）なのだろうか。もちろんハープは弦をかき鳴らして演奏する大きな弦楽器であ

る。今日のハープは真の意味の楽器になるように多くの弦が張ってあり，足鍵盤がついているが，中世にはそうではなかった。当時のハープにはわずかな弦しかなく，しかも足鍵盤はなかった。ハープ演奏家が大家でないと，演奏は必ず単調な音になってしまった。事実，演奏はと言えばいつもくどくどしい音の繰り返しで，あたかもある話題を話しやめず，どんどん進める人のようであった。そんな理由で，ハープの音と同じように退屈極まりないことを，慣用句で *to harp on something* と言うのである。

　姉妹表現の *to harp on the same string* も，またハープの演奏に関係するものであるが，しかしこれはたった一本の弦をかき鳴らすことである。もしハープ演奏者が一本の弦を何回もかき鳴らすとしたら，聴衆はすぐにあきてしまうだろう。同様に，同じ物語を何度も繰り返し，決まって同じ議論に戻る退屈な人間がいる。この人物こそ，いつまでも同じ弦をかき鳴らす張本人と言えよう。

HAVE YOUR CAKE AND EAT IT TOO, YOU CAN'T

　全く当たり前のことだが，もしあるものを使ってしまったら，もう手元にはない。この古く陳腐な文句は初めて，劇作家タイタス・プラントゥス（Titus Plantus）の *Trinummus*（『トリヌマス』）の中で 2 千年以上も前に使用された。その表現から現代の用法 *You can't have your cake and eat it too.* が誕生した。この文の意味は，金を使ってしまっておきながら，なおかつ手元に置いておくなどできない相談だということである。しかし，このお説教文句もどれほど現代的か，そしていつ生まれたかなどに答えられないのは，誰にも分からないからである。最初にこの表現が活字で現れたのは，ジョン・ヘイウッド（John Heywood）の *Proverbs*（『格言集』1546）の "Would ye both eat your cake and have your cake?"（ケーキを食べて，なおかつ手元に置いてはどうですか）であると言われていた。この本は，有名な格言を集めたものなので，おそらくそれまで数十年，いや数世紀にわたって読まれたにちがいない。1633 年に亡くなった英詩人ジョージ・ハーバート（George Herbert）は "The Temple: Sacred Poems and Private Ejaculations"（「寺院：聖詩と私的射祷」）という詩の中で，こう書いている：

Enact good cheer?
Lay out the joy, yet hope to save it?
Wouldst thou both eat thy cake, and have it?
ごちそうを食べる演技までし，
楽しみを計画したのに，取って置こうというのか。
ケーキを食べなおかつそれを手元に置こうというのか。

その昔，ケーキは普通，今日みんなが知っているケーキというよりは，焼き上げたパンの一切れであった。

HEAD OVER HEELS, TO BE

学童がめんどうな学校の日課に対して不平を言ったり，ばかにしたり，さらには，担当の日課に反論さえするのは伝統的なことである。おそらく理由としては，教育が必ずしも文字どおりの意味に従ってなされていないことによるのだろう。teach は古英語では tacan（示す）であり，educate はラテン語の e（外へ）と duco（導く）の意味を持っている。to teach は，示すということより inculcate（説き聞かせる）ことのほうが多い。ラテン語の in（中へ）と calcare（ドシンドシン歩く）で，文字どおりかかとですりつぶして "to tread in"（踏んで穴をあける）となる。説き聞かされた知識は，いわばはめこまれたものである。足で踏みつけにされたことに立腹する人は，時々比喩的に自分のかかとで権威に反抗することがある。こうした反抗者は re-calcitrant（反抗的）になり，反撃するのであるが，これはラテン語で re（後ろへ）と calcitro（かかとで蹴る）からきている。ローマ人はこの言葉を馬に当てはめたが，今日では，動物が言うことを聞かないことに使われるばかりでなく，頑固で手に負えない人間にも使われる。

かかとを使ったおそらく最高にばかばかしい表現としては，head over heels（抜き差しならぬ，深くはまり込んで）があり，次のように使われる："She's head over heels in love with Tom."（彼女はトムとの恋に完全にはまっている）。もちろん意味するところは "completely and uncontrollably"（完全に，しかもどうにもならないほど）である。しかし，頭がかかとより上にあるのは正常なので，この場合含意するところは全くの反

対 — 当の人物は異常行動をするほど激しく愛している — である。でも，これで "heels over head"（抜き差しならぬ）の意図している意味ともっとよく調和していることになろう。これは愛に熱中している人の感じ方を図式的に示していることになる — すなわち全く，そして手の施しようもなくバランスがくずれ，ひっくり返っているのである。おそらく全体はカトゥルス (Catullus) の書いた *per caputque pedesque*（抜き差しならぬ）の全くの誤訳であろう。

HEAR NO EVIL

聞かざる人は思わざる人とでも言ってよいだろう。それはともかく，人生を最もよく，容易に過ごす一番の方法は，何事についても最良のことを考えることにある。ある聖人がラテン語の *male audire*（汝は評判悪し）を唱えつつ言ったように，絶えず懐疑的になるよりは時々だまされたほうがいい。この金言は，一種の楽天主義やばかげた楽観論と同等に扱うべきではない。むしろこれは一種の平穏，落ち着きの状態を保つ方法なのである。完璧な *hear no evil*（聞かざる）という諺は，17世紀以来，日本の日光東照宮の神厩舎の長押の上に彫刻の形で表されている。それは伝説上の三匹の賢い猿についてのものである："Hear no evil, see no evil, speak no evil."（見ざる，聞かざる，言わざる）。万人向けのすばらしい忠告と言えよう。

HIDE ONE'S LIGHT UNDER A BUSHEL, TO

この古い慣用句は聖書（「マタイによる福音書」5章15節）に現れている："Neither do men light a candle, and put it under a bushel, but on a candlestick." （ともし火をともして升の下に置く者はいない。燭台の上に置く）。この意味はたとえ持ち合わせている人がいるとしても，ほとんど持ち合わせている人はいないと自己の才能や善行を隠す極度な謙虚さである。人があなたの長所，才能，業績を知らないことには，出世するのは，不可能とは言わないまでも，難しいだろう。だからといって，反対に自分の持ち合わせている特異性や豊かな属性を自慢してよいことにはならない。この格言ですぐに理解できないのは，*bushel* の意味である。それは1ブッシェル（約35リッ

トル），すなわち4ペック入る容器のことを指していて，重量の単位を指しているわけではない。

HIDEBOUND

　hidebound という語は，想像されるように，家畜に関係する。この単語が最初に活字で現れたのは，*OED* によればクーパー（Cooper）のシソーラス *Coriago*（『コリアゴ』1559）の中である："The sicknesse of cattall when they are clounge, that their skynness dooe cleve fast to their bodies, hyde bound."（家畜が病気にかかると，皮がしっかりと肉についてしまい，骨と皮ばかりにやせこける）。その昔，獣医学の出現以前は，農民は家畜を十分に保護したり世話することができなかった。冬期に家畜は病気にかかるのが普通で，たとえ生き延びたとしても，皮と肉の間の脂肪層は使い果たしてしまっていた。脂肪組織がなくなれば，皮が肉にくっつき，家畜は動けるにしてもぎこちないものだった。死んでも皮は剝がされなかった。皮と骨を分離している脂肪層がない家畜の皮剝ぎは，ほとんど不可能だからである。

　今日 *hidebound* という語は比喩的な語として，狭量な，融通のきかない，頑固で自分の意見を変えることのできない人間を指すのに使っている。その人の心の狭量さがやせ衰えた動きのにぶい家畜に類似していると考えてもよいだろう。えせ哲学者はこの言葉をひねった上で，超保守主義者という人種はあまりにも心の狭量さに縛りつけられていて，それを隠すことができない連中だとでも言うかもしれない。

HIGH AND DRY

　未完で決して完成することのない仕事や，忘れ去られたり無視されたりした人，確かに見捨てられてしまった人などは，*left high and dry*（取り残された）と言われる。この比喩表現は海洋に起源がある。船が座礁したり，浮きドックに定置されると，high and dry（陸に上がっている）となる。しかし，時代とともに，この慣用句も比喩的に使われ，今日ではもはや起源も記憶されなくなってしまった。別の格言 *hard and fast* にも同じ意味があることは注目される。何らかの理由で船が水から出ることを hard and fast（水

から上がって）いると言う。陸に上がっていれば船が動けなくなっていることから，今日では普通に rigid（動きの取れない），fixed（固定した）という比喩的意味が生じることになった。融通のきかない人は座礁した船と同じで，動きが取れなくなった人である。ここから，この言葉はしっかりと守らねばならない "rules"（規則）に適用されることとなった。これが今日の主要な用法である。ヘンリー（J. W. Henley）は 1867 年に下院でこう発言している： "The House has deliberately, after long consideration, determined to have no 'hard and fast line'."（下院は長い考慮の末，故意に「強硬路線」は取らないことを決定した）。

HIGH ON THE HOG, TO EAT / LIVE

　to live high on the hog とか，また時に *to eat high on the hog* ともいう表現は，出費には頓着せず，贅沢に生活することを言う。確かに生活や食事がとても豊かな人は裕福である。この表現はかなり古いものである。ノルマン征服（Norman Conquest）の時代から，王族は腰肉のチョップやローストを食べる際には，豚の上等部分（腹の上の部分） — 豚の最良の切り身 — を食べていた。下等部分すなわち雌豚の腹，足，雄豚のあごのたれ肉などは配下の者が食べるように残しておいた。そんなわけで，豚の上等部分を食べて生活している人と言えば，それはその人が金持ちで，生活様式そのものが裕福さを示しているということになる。

HIT THE NAIL ON THE HEAD, TO

　この慣用句の意味は明白である。何かの頭をたたくとは，物事を正しく推測したり，正しい結論に到達することである。この語句の点から見ると，この意味は提起された考えについて正しく，明瞭に理解することで，日常語で言えば hit the bull's eye（的を射ている）ということになる。この言い方はシーザー（Caeser）の時代に知られていたが，実際は "to hit the nail on the head"（図星を指す，的を射ている）を意味するとはいえ，その実際の意味と言い回しは，しごく当然のことながら異なっていた。ローマ人は "*Acu rem tangere.*" すなわち "to touch a matter on the point"（核心

に触れる）と言っていた。この表現は，寿命が長く，多様に変化して，至るところに見られる。ブルーワー (Brewer) によれば，フランス人は "Vous avez frappé au but." — "You have hit the mark."（的に命中させた）と言い，イタリア人は "Avete dato in brocca." — "You have hit the pitcher."（ピッチャーを打ち込んだ）と言っている。この英語の表現が初めて印刷されたのは，1508年のジョン・スタンブリッジ (John Stanbridge) の Vulgaria（『ヴルガリア』）の中である："Thou hyttest the nayle on the head."（図星だ）。これでこの話はやめにする。

HITTING BELOW THE BELT

本稿では読者の許しを得なければならない表現も採用して，ある程度 hitting below the belt（規則に反している）ようである。それはこの表現は背景となる物語がないからである。しかし，このクリシェイは歴史的には面白いので，取り上げることとした。

ボクシングは19世紀まで法律で禁止されていた。殴り合いをする試合はひんぱんに行われたが，人里離れたところで密かに行われる興行だった。ボクサーは素手で闘い，できる限り相手側の弱みにつけ込んだ。つまり，たとえ終身障害者にさせてしまうことがあろうとも，相手の体のどこを殴ろうと自由だったのである。第8代クイーンズベリー侯爵 (Marquess of Queensberry) は，フェアプレーの規則を設けることに決め，ジョン・チェインバー (John G. Chamber) とともに，なかんずく股のつけ根，すなわちベルトの線より下を殴るのは違反という一連の規則を定めた。そんな低いところを打つと，資格剥奪の反則となるのだった。この規則は受け入れられず，反対さえされたが，やがて公式化されるに及び，徐々に受け入れられ，ローブロー禁止は今日この日まで続いている。事実この規則は，あらゆる職業の人々に広く比喩的に用いられている。すなわち人が不正につけ込んだり，アンフェアな話をしたりすると，ベルトより下を殴っている（不正をやっている）と言われる。

HOGWASH

あなたが bushwah とか nonsense とか hogwash などと言っていると

誰かに言われたら，その人は口語英語とスラングを混ぜてしまっていることになる。*bushwah* とか *booshwa(h)* とか *boushwa(h)* は，1920 年以来 "bunk"（たわごと，でたらめ）や "blah"（でたらめ）の意味で使われてきたスラングである。*nonsense* は明らかにれっきとした英単語である。*hogwash* も同様である。*hogwash* はスラングのような感じがするが，実は違う。事実 15 世紀半ばからりっぱな英語であった。*OED* は 1440 年に溯ってこの語を採録している：“They in the kechyn, for iape, pouryd on here hefd hoggyswasch." ここで言っていることは "jest"（冗談，からかい）の意味の *iape* を除いて明らかである："They in the kitchen, for jest, poured hogwash on her head."（彼らは台所で冗談半分に彼女にでたらめを浴びせかけた）。何というユーモアあふれる言い方であろうか。今や *hogwash* と綴られる *hoggyswasch* は，豚用の残飯，ビールの醸造所や台所の豚にやる屑のことである。数世紀がたち，*hogwash* が口語的に "nonsense" や "bushwah" を意味するようになってきて，本稿の最初の文に戻ることになる。しかし，惑わされてはいけない。*hogwash* は決して豚を洗うこととは関係ないのですぞ。

HOLD AT BAY, TO

hold at bay（追いつめておく）が最初に印刷されたのは 1344 年で，一般に猟犬を連想させるが，ハンターがやってくるまで吠えて獲物を木の上に追いやっている猟犬を想像してもらえばよい。そんな光景が，有名な英国の画家エドウィン・ヘンリー・ランドシーア（Edwin Henry Landseer）の *The Stag at Bay*（「追われた雄ジカ」）に描かれている。1530 年のジョン・ポールズグリーヴ（John Palsgreve）による仏語慣用句の翻訳の中にこうある："Yonder stagge is almost yelden; I here the hounds hold hym at baye."（あそこにいる雄ジカは子は産まない。猟犬で追いつめよう）。あるものを停止させておいたり，悪化しないように困難な状況を持ちこたえることを，hold at bay（食い止める）という。

しかし，語源探索者は，その用法の正確さに疑いを持っていて，すなわちこの慣用句は "to hold in a state of suspense or inaction"（保留にしておく，ないしは休止状態にしておく）という状況を表す仏語の *tenir à bay* から派生したものだと指摘している。この表現は "to hold in abeyance"（一時中断しておく）と同意表現で、後期ラテン語 *badare*（口を大きく開ける）を通って古仏語に入った *bayer* からきており、文字通りには "to hold agape"（口をぽかんと開ける）とか "to hold with mouth open"（口を開けたままにしておく）である。*gap* という単語は *agape* のまん中に見受けられる。*gap* が含意するすき間は、ちょうどハイウェーの支柱と支柱の間とか、中央分離帯のような配分された空間を意味するようになった。このような意味を含む狭い空間が、やがて *horse bay*（馬小屋の一仕切り）とか、*sick bay*（船内の病室）をもたらすことになる。もちろん木の上に追い上げられた動物は、びっくり仰天して口をあんぐり開けているという関連性も、可能性としてはあるかもしれない。

HOMAGE

　homage（敬意、臣下の礼）は、この単語が今日用いられているように、相手に気をよくさせる配慮とか、畏敬の念を起こさせる配慮という意味さえ持っている。敬意が払われる人は通例、公に賛辞が捧げられている人のことである。時に *homage* は次のようなある思想について用いられる："With the exception of peace, no social ideal receives more *homage* than education."（平和を例外として、いかなる社会的理想も教育以上に敬意が払われることはない）。

　しかし、中世には、*homage* は小作人が自分の将来の領主の "man"（家来）になると公言する儀式であった。*homage* という語はラテン語の "man"（人）を表す *homo* から派生している。*Black's Law Dictionary*（『ブラック法学辞典』）に従えば、*homage* は小作人が自分の領主に対して行うことのできる臣下の礼を表す最高に名誉ある儀式であった。宣誓は次のような儀式にのっとり執り行われた。まず小作人は武器（剣）を持たず、無帽で、領主の前にひざまずく。領主は座り、小作人は両手を差し出して領主の両手の間に入れ、次のように言う："I become your man from this day forward, of life and limb and earthly honor, and to you I will be faithful and loyal, and bear your faith, for the tenements that I claim to hold of you, saving the faith that I owe unto our sovereign lord the king, so help me God."（本日以降我が命，この地上の名誉をかけてあなた様の家来となり，忠誠を誓い，信頼を保ち，財産はあなた様のものであると断言します。我が身は王である最高の領主のお陰であるという信頼を神に誓ってお守りします）。しめくくりに，小作人は領主からキスを受けたのである。夫婦の誓いと同様，臣下の礼はキスで固められたのである。

HOMOSEXUAL

homosexuality（同性愛）は，社会問題のみならず言語問題をも引き起こしている単語である。社会的には，異性間の性交渉（ギリシャ語の *heteros* は "different"（異なる）の意）である heterosexuality と衝突する。一方 homosexuality は，同性間の性関係を意味する。そしてその点に，言語学者をいらいらさせる問題の核心が存在する。まずこの *homosexual* という語は二つの主要な要素から成り立ち，各々異なった古典語の源から出てきている。一つは "the same"（同一）を意味するギリシャ語の *homo-* で，ラテン語の *homo* は "man"（人間）を意味することに注意しよう。他の一つはラテン語の *sexus* で "sex"（性）を意味する。このような異常な語の産出は，言語純粋主義者をいらつかせることとなる。1897年に出版のハヴロック・エリス（Havelock Ellis）の大著 *Studies in the Psychology of Sex*（『性心理学研究』）には活字になった最初の用例として *homosexual* が載っている。エリスは *"Homosexual* is a hybrid word, and I claim no responsibility for it."（homosexual は混種語で，私はこの語には何の責任も負えない）と言うほどこの単語が気に入らなかった。

同性愛者社会の構成員も自分たちこそ "a homosexual" を意味する *gay* が適当だと考え，これを熱狂的な流行語としてしまった。そのためもはや "merry"（楽しい）とか "happy"（幸福な）という伝統的意味で *gay* という語は自由に使えなくなった人たちもいる。同性愛者は自分たちを *gay* と呼ぶ権利はあるものの，一方他の人たちは，自分たちが幸福で gay（楽しい）という幸福感を表すのに危ない思いをしているということになっている。

HORS D'OEUVRES

　祝い事の列席者には hors d'oeuvre（オードヴル）が振舞われるのがアメリカの習慣である。明らかに，この言葉は仏語であるが，英語に採用されて米語の辞書に載っている。事実，この表現は他の語に代え難い。英語に同意語がないのである。辞書の中には canapé（カナッペ）を同意語としているものもあるが，これは仏語からの借用で，正確に言えば，クラッカーや薄いパンの上にジャムやバターを薄く塗ったものを言い，ものの分かっているシェフはこれはオードヴルとは無関係なものだと考えている。オードヴルとはカナッペと異なり，正規の食事の前に食欲をそそるために出される前菜である。hors d'oeuvre という表現は，文字どおり "outside the main work"（主食以外の）という意味で，hors（…以外に）に de（…の）が，さらに oeuvre（仕事）が加わったものである。しかしこの語の語源となると，食欲をそそる前菜とは全く無関係である。主設計とは無関係の建物，すなわち離れ屋を指す建築用語であり，従って本来の設計の "outside the work"（仕事以外の）を指していたのである。しかし，料理用語として借用したのは論理にかなったことで，オードヴルは本来の食事以外や食事に先立って出される飲食物だからである。こうして，オードヴルは建築上は人の目を楽しませ，料理法上は人の味覚を満足させることができるのである。

HORSE LATITUDES

　大型帆船の船員たちは，北大西洋の緯度 30 度から 35 度にまたがる地帯を horse latitudes（亜熱帯無風帯）と呼んでいた。この地帯は風の状態が不安定で，時に風が予想もつかないほど激しいこともあれば，凪いで微風すら吹かず船が走れなくなることもあった。この地帯の呼び名はある説によると，かすかな微風をも捕えて船を走らせるのに積み荷を減らす必要があって，積み荷の馬を海に投げ込んだという事実から起こったという。これに関連する説では，積み荷の馬を投げ込んだ理由だけが異なっている。それは水を節約するためで，またさらに別の説では食料不足からというものである。別の説では，この表現はスペイン語の golfo de las yegas，翻訳すれば "Mares' Sea"

（雌馬の海）から出たものとしている。馬を飼育したことのない人のために，雌馬はなかなか御し難いので有名であることを，一言指摘しておきたい。一見したところ，このスペイン語はこの地帯の風が雌馬の移り気で，荒れ狂う性質に匹敵できる語感を持っていたようだ。

HORSE OF A DIFFERENT COLOR, A

この表現は，"something entirely different from what is being considered"（考えられていることと全く異なること）とか"a situation that is altogether unlike the one being discussed"（論じられている状況とは似ても似つかぬ状況）を意味するのに用いられる。この起源は不確かだが，古くて，シェイクスピア（Shakespeare）より以前であると信じるに足る証拠はいくらでもある。シェイクスピアがマライア（Maria）にマルヴォーリオ（Malvolio）に答えさせているのが文献上の最初の記録である："My purpose is, indeed, a horse of that color."（そううまくいけばいいんですがね）。シェイクスピアの使用語変化はダジャレによる変化だと示唆されてきた。通常の言い方は *That's a horse of a different color (or of another color).* （それは全く別問題です）である。大方の言語学者に否定されている推測ではあるが，この表現の源として考えられるのはバークシャーの白馬（White Horse of Berkshire）という考古学上の謎である。それは粗削りであるが大きな馬が駆けている姿である。地元民が馬の周りに生えている牧草や雑草を刈り取ると，その姿は緑から白に変化するのである。別の説は一歩進めたもので，騎士が馬上で試合をしていた時代に，出場者は乗る馬の色で区別されていたという。この行事を観戦している娘が，遠方で騎士が落馬しているのが分かると，望遠鏡でのぞいたあと，たぶん安堵のため息をつきながら，こう言ったであろうことは想像に難くない："My lover is safe. That was a horse of a different color."（ダーリンは大丈夫だわ。だって違う色の馬だったもの）。

HORSELAUGH

Laugh and be well.

　　　　　—Matthew Green, *The Spleen*
　　ばか笑いせよ、そうすれば健康になる。
　　　　　—マシュー・グリーン『かんしゃく持ち』

　馬が微笑むのは見たことがないが、おそらく *horselaugh*（ばか笑い）は聞いたことがあるだろう。それは2語の *horse laugh*（馬の笑い）ではなく、1語の *horselaugh* — すなわち、耳ざわりで、がさつで、しわがれた、下品な声である。これは数世紀もの歴史を持っている。1710年にアレグザンダー・ポープ（Alexander Pope）が用いたが、最初に現れたのは1713年のリチャード・スチール（Richard Steele）の作品である："The Horse-Laugh is a distinguishing characteristick of the rural hoyden."（高笑いは田舎のおてんば娘に特有の性質だ）。この言葉は馬のいななきになぞらえられたものか、あるいは *horse*（馬）という語自体単なる *coarse* のなまりなのかは、証明されていない。どちら側にも擁護者はいるものである。確かに元気旺盛な馬のいななきは、人の笑いと一脈相通じるものがあるが、しかし"coarse"（がさつな）の意の *horse* の意味発達は広範にわたっている。*horseradish*（わさびだいこん），*horseplay*（ばか騒ぎ），*horse-faced*（馬づらの）などを検討してほしい。ウィリアム・メイクピース・サッカレー（William Makepeace Thackeray）はかつて次のように書いた："And the old gentleman gave his knowing grin and coarse laugh."（そしてその老紳士は狡猾な笑いを浮かべ、がさつな声で笑った）。馬の意味がこの問題を解決してくれると考えている語源学者は、骨折りが水泡に帰し、ただばか笑いするだけだと結論せざるをえない。

HORSE'S MOUTH, STRAIGHT FROM THE

　おじいさんが *catnap*（うたたね）をし（おじいさんは猫がするようにしばしばまどろむことから）、そしておばあさんは *hen party*（女の会合 — 女友達が集まっては鶏の集団のごとくコッコッと鳴き話すことから）に顔を出すことはよく理解できる。だが、容易に理解できないのは、*from a horse's mouth*（一番確かな筋から）の秘密の情報の入手法である。
　競走馬は秘密情報をもらすほど聡明でもなければ、気前よくもないのは事実

である。でなければ誰も負け馬に金を賭けるものなどいないはずだ。だが，この表現は馬が健康かどうかを見極めるのに馬の口を調べるという長年の習慣から出て，生きながらえてきた。当時馬の年齢は歯を調べれば分かると考えられていた。だから "Don't look a gift horse in the mouth."（もらい物のあら捜しをしてはならない）と言うのである。この習慣から，馬の口を見れば正しい年齢が分かるという考えが派生してきた。言っていることが正しいかどうか尋ねられたとき，確かに正しいはずだと一般化するのにさして時間はかからなかった。情報が *straight from the horse's mouth*（一番確かな筋から）出ているからである。比喩的に言って，この句にはもちろん，"the truth"（真実），"the straight dope"（信頼できる情報），"from the best authority"（最高権威筋から）といった意味がある。

HOUSEWIFE

時代はなんと変わるものか。誰もあえて *hausfrau*（主婦）を *hussy*（あばずれ）と呼びはしない。*hussy* は，知っての通り，売春婦，あばずれ，その種の女のことである。しかし，16世紀以前は主婦は "a hussy" と呼ばれ，これは中英語 *hous*（家）と *wif*（婦人，妻）からなる *huswif* の宿約形で，同時に *huswif, huswife, housewife* とも言った。今日せわしげに動き回る主婦は，てきぱきと仕事をする（hustle）かもしれないが，世間で言う意味での hussy（あばずれ女）や hustler（売春婦）ではない。偶然であるが，同じ古英語の *hus*（家）はいまだに *husband* という語の中に見られ，"the master of the house"（主人）という意味を持つ。時代は本当に変わったものだ。

HUMBUG

humbug はスラングのような響きがあるが，これは尊敬に値する英単語で，すべての辞書に採録され，"hoax or fraud"（悪ふざけとかペテン）あるいは "nonsense"（ナンセンス）という意味である。この *nonsense* という語は，*humbug* が "nonsense" を示唆しているように聞こえるので，特にあてはまる。だが，1750年に犯罪の世界の隠語から英語に入った

きの意味は不明で，どのような起源を持つかは確定していない。その出所を示す証拠はどうやら失われてしまっているからである。一説に，ドイツが小国家に分かれて戦争していたとき，信頼のおけない多くの報告がバラまかれたので，別の報告が大げさに宣伝されると，"You must've gotten that from Hamburg."（おまえさん，それ Hamburg（ハンブルクードイツの都市名）から手に入れたんじゃないの）と言うのが一般的になった。あまり時と努力を重ねなくとも，*Hamburg* は不明瞭に発音されて，*humbug* が出現することとなった。他方，この語はアイルランド語の *uim bog*（軟らかな銅）からきていて，*humbug* と似た発音をするが，これは，ジェイムズ 2 世（James II）がダブリンで鋳造し，英国で広く用いられた質の悪い貨幣である。しかし，それはほとんど何の価値もなく，従って見かけは本物でも何の取り柄もなかった。あるいはぶんぶん言う音で人を驚かせる bug（虫），すなわち本物の humbug（ペテン師）を指すのかもしれない。何かと出典を持ち出しての面白い語源学には，ほとんど際限がない。チャールズ・ディケンズ（Charles Dickens）は，スクルージ（Scrooge）に "Bah, humbug!"（ふん，くだらない！）と言わせて，この語をセメントで固めてしまった。

　動詞としての *humbug* はもはや普通には使われないが，19 世紀の末頃，フィニアス・バーナム（Phineas T. Barnum）のお陰で，普通の表現となった。英国においてバーナムは "The Science of Monkey Making, and the Philosophy of Humbug"（「笑い者の科学とペテンの哲学」）と銘打って，*humbuggery*（ペテン）という主題で講義を行っている。バーナムは，かつて "The American people like to be humbugged."（アメリカ人はペテンにかけられやすい）と言ったが，ホレース・グリーリー（Horace Greeley）の言った考えと同じである。しかし，もっと生き生きとしている言葉では "The public is one immense ass."（大衆とは一つの巨大なバカである）となる。

HUNCH

　hunch は，直感とか虫の知らせのことを指し，事実とか経験によらない観念である。ほとんど誰もが少なくとも一生に一度は，意志決定につながる直感，すなわち特にばくち打ちに当てはまるある決定の下し方を経験したことがある

はずである。背骨に "hunch"（こぶ）とか "hump"（背こぶ）のある人は，医学的に *kyphosis*（脊柱後湾症）として知られ，何世紀もの間，超自然力を持つものと考えられていた。湾曲した背中は悪魔と提携盟約を結ぶ印で，これがこの人たちに未来予知能力たる洞察力を与えたのである。それで今日一瞬の洞察力が hunch（直感）と言われるのである。この語の語源に話を戻すと，その起源について誰も全く直感は持ち合わせていないことをつけ加えなければならない。

HUSKY

husky という語を聞くと，大方の人の頭の中では，それはすぐにそり引き犬の一種，強くて断固たる人，しゃがれた喉などと結びつく。こんなに本質的に異なる意味を持つ単語が，思い浮かぶなんてことがあるだろうか。そり引き犬はシベリアで改良された種である。雪の中で生き，魚を食べ，そりを引くほどの力を持ち，オオカミのようなうなり声をあげる犬を北極で見つけたとき，ヨーロッパ人は，この犬はシベリア種の血縁ではないかと思った。北カナダインディアンはこの犬のことを "Eskimo"（エスキモー）を意味する *uskimi* と呼んでいた。探検家たちは，"huskemaus" と聞こえると考えたが，*Eskimo* を短くして *Eski* と呼んだ。最終的に *Eski* という縮約形を，前に h をつけて変化させ，そこから *Husky* が出現し，これが今に続いているというわけである。

"big and burly"（大きくてたくましい）を意味する口語 *husky* は，ハスキー犬の力強さを指し，頑丈で筋骨隆々たる男になぞらえられる。ハリエット・ビーチャー・ストウ（Harriet Beecher Stowe）は，1869年に出版した物語の中でこの語を用いている。フットボールの選手は "husky" と言われるとうれしく感じるものだが，はたしてそり引き犬にたとえられていることを知っているのだろうか。一方 husky throat（しゃがれ声の喉）は声の音色が失われたしわがれた喉で，トウモロコシの *husking*（皮むき）から出るほこりから出たのかもしれない。

話を *Eskimo* に戻すと，この名称は "eaters of raw fish"（生魚を食べる人々）を意味する *eskameege* から出ているのかもしれないが，この憶測も確たる証拠はない。北アメリカのエスキモー人は，自分たちをアジア大陸

に住むエスキモー人と区別して，"people"（人間）を意味する *Inuit*（イヌイト）と呼んでいる。

ICICLE

　icicle（つらら）という語は古英語にまでさかのぼるが，古英語では *gicel* と綴られ，"a point of ice"（氷の先端）の意味であった。やがて，*gicel* は綴りに小さな変化をこうむり，初めは *ikel*，それから *ickle* となった。古英語の *ice* はサンスクリット語に語根を持つが，なめらかな面の上をすべるときのような *is*（すべる）だった。古英語の形が *is gicel* と連結されたとき，標準化され，*icicle* だけを残し，現代語へとすべり込んだ。

IMP

　この語は名詞でもあり，動詞でもある。この語を使う機会のある人は，ほとんど全員が名詞形だけを使うが，それはいたずらっ子か小悪魔（悪霊）かのいずれかを意味している。その最も普通の用法は，ジョナサン・スウィフト（Jonathan Swift）の *Gulliver's Travels*（『ガリヴァー旅行記』1726）からの次の抜粋に現れるように，いたずらっ子に言及する："I once caught a young male of three years old . . . but the little imp fell a squalling, and scratching, and biting."（かつて3歳の男の子をつかまえたことがある……が，その小さないたずら小僧は，急に金切り声をあげ，ひっかき，かみついてきた）。

　古英語の時代には，*imp* は *impa* と綴られ，植物の若芽のことを言った。そしていたずら小僧はいぜんとして "engrafted"（接ぎ木した），"implanted"（移植した）の意のギリシャ語の *emphytos* から出た "a graft"（接ぎ木）である。しかし，この若芽の意味はエドマンド・スペンサー（Edmund Spenser）の *The Faerie Queen*（『妖精の女王』1590）に "Fayre ympe of Phoebus and his aged bryde."（ポイボスの金髪のいたずら小僧とその年老いた花嫁）とあるように，すでに今では古語となっ

た意味 "offspring"（子孫）を生み出した。1世紀たってから、"a small devil"（小悪魔）という意味が流行り、それはまたいぜんとして現代に残っている。トマス・グレイ（Thomas Gray）は *A Long Story*（『なが物語』1753）の中で次のように書いている：

　　. . . thereabouts there lurk's
　　A wicked Imp they call a Poet,
　　Who prowl'd the country far and near
　　Betwitch'd the children of the peasants,
　　Dried up the cows, and lam'd the deer,
　　And suck'd the eggs, and kill'd the pheasants.
　　……そのあたりに潜み
　　だれもが詩人と呼ぶ悪いいたずら小僧が
　　国中あちこちうろつき回り
　　小作人の子どもたちに魔法をかけ
　　雌牛の乳を止め，鹿の脚を不自由にし
　　雉子の卵を吸い取り，親鳥を殺した。

　動詞の *imp* は意味上いくつかの段階を経たが，すべての段階が "to graft (new feathers) onto the wing or tail of a falcon to repair damage or increase flying capacity"（ハヤブサの翼か尾に（新しい羽を）接ぎたし，傷を治して，飛ぶ力を補強する）という現在の意味と関連していた。

IN A (PRETTY) PICKLE, TO BE

　この表現は，人が混乱状態，困難状態，まずい状態，あるいは少なくともろうばい状態にあることを意味している。この句はもともとオランダ語の *in de pekel zitten* からきたと言われていた。確かに不快な場所である "to sit in brine"（塩水につかる）を意味する *pekel* も *pickle* も今日のコンビーフ・サンドイッチとつけ合わせて食べられるものではないが，塩水そのものは食べられる。この表現は1585年にジョン・フォックス（John Foxe）が用いたのであるが，フォックスは言う："In this pickle lyeth man by nature, that is, all wee that be Adams children."(男は生まれつき苦境に陥っている，それはすべてちっぽけなアダムの子どもたちであるということである)。シェイクスピア(Shakespeare)は *The Tempest*(『嵐』)の中でこの表現を借用して，アロンゾウ(Alonso)をして友人の陰謀家に言わせている："How cams't thou in this pickle?"(なぜきみは窮地に飛び込むことになったのか)。

チャーディ(Ciardi)の説は，この句は "in a mess"(混乱状態にある)を意味するだけでなく，"done in, dead"(殺された，死んだ)も意味するというものである。異国で戦争している間は，指導者の心臓は闘いに倒れた場所に埋め，遺骸は塩水の樽に入れて母国に送り返して収容するのが習わしとなっていた。チャーディはさらに，ネルソン(Nelson)は艦上で死んだが，艦は英国の一部と見なされ，死体は無傷で帰国したものの，ラム酒の中に保存された―これは提督にふさわしいものだった―と指摘している。

IN THE SAME BOAT, TO BE

同じような位置にいたり，同じ危険を犯したり，同じ事業に従事していたり，あるいは同じ大義を追求したりしている人は，*to be in the same boat* と言われるかもしれない。この引喩―同じ船に乗って海に出ていて，それゆえ同じ危険を経験していること―はすぐにそれと分かる。この比喩表現は最初ローマの大僧正クレメント(Clement, Bishop of Rome, A.D. 91—100)が，コリント教会の種々の紛争を解決しようとして使用したと言われる。この表現は長い道のりをたどってきている。1584年にトマス・ハドソン(Thomas Hudson)はその詩 "Judith"(「ジュディス」)で書いている："Haue ye pain? So likewise pain haue we;/For in one boat we both imbarked be."(痛いのですか。私たちも痛いのです/だって互いに同じ船に乗り合わせているのですから)。そしてこれはその後何年にもわたって変わらない。1862年にこのイディオムは *all* という語を加えて拡大し，*We're all in the same boat.*(全員同じ船に乗っている)となったが，これはアーティムス・ウォード(Artemus Ward)の *The Draft in Dinsville*(『ディンズヴィルの分遣隊』)に証拠がある："We're all in the same boat."(全員が同じ運命にある)。しかし，もちろんこの *all* はどうしても必

要というものではない。なぜなら同じ船に乗っていれば、全員その船内にいるからである。

INDIAN

　個人であれ種族集団であれ、人が自分でコントロールできない名前を抱えているなどとは信じがたいし、その名前が何世紀も続き、たぶん永遠に続くだろうなどとも信じがたい。そこで頭に浮かぶのは、*Indian* という名前である。

　知らない人はいないが、コロンブス (Columbus) は15世紀に、インドに着けるものと期待して出帆した。カリブ海の島々に上陸したが、コロンブスは当然目的地インドに着いたものと考えた。(コロンブスはインドの西の地方に着いたと思ったが) 西インド諸島で見たものは、頬骨の高い、赤銅色の住民だった。当然のことだが、西インド諸島の人たちは、たぶん発見されたその土地にちなんで、ヨーロッパ人にインディアンと名づけられた。そこで今日 Indian は二種類、すなわちインドに住む Indian と米国に住む Indian (これは実際には全然インディアンではない) があることになる。

INDIAN GIVER

　この表現は今日、人に贈り物をしてから心変わりし、こんどは返して欲しいと言う人について軽蔑的に使われている。これはどう見てもとても優雅とは言えない行為だからである。そこで *Indian giver* は眉をひそめられる人ということになる。なのに、インディアンのためにスミソニアン協会が準備して発行した *Handbook of American Indians* (『アメリカインディアン・ハンドブック』1970) によると、こうした誰かに贈り物をして同様の物をお返しに期待することは、通常の習慣だというのである。もし交換がなされなかったり、交換物に不満があれば、贈り主にはその品の返還を要求する権利があった。習慣で贈り主の権利と決まっていたのである。

INFLAMMABLE

　"capable of being ignited" (引火できる) とか "susceptible of

combustion"（燃焼しやすい）を意味する英単語は *inflammable* である。こんなくどい定義が与えられたのは，この語を誤解したために引き起こされるかもしれない惨事を避けようとしてのことである。*inflammable* の意味に確信の持てなかった人が多いのは明らかである。言葉の細工師の間でさえ，この語が石油運搬トラックに関して混乱を引き起こしているかどうか，またこの語は何かが燃焼しやすいということをはっきり意味する他の語と置き換えるべきかどうか，同意はできていない。この伝統的な英単語はずっと，ラテン語の *inflammre*（火をつける）からきた *inflammable* であった。このラテン語の動詞は，接頭語の *in*（中に，中へ）と名詞の *flamma*（炎）からできている。関心は，接頭語の *in* は，また"not"（ない）も意味する（例えば，*indestructible* は"not destructible"（壊せない）の意）ので，*inflammable* の *in* は"not"（ない）を意味すると分析する人もいるかもしれないというところにあった。これは悲惨な結果を潜在的に持つ意味に関する誤りであったが。

誤解の可能性を極力少なくするために，*flammable* という語は *inflammable* に取って代わったが，この考えは *flammable* はいっそう誤解されにくい警告であるということである。現在では一般に推薦され，また可燃物輸送業者の大半が支持している提案は，*flammable* や *nonflammable* を *inflammable* と *noninflammable* の代わりに使ってはどうかということである。たぶん可燃物輸送トラックに文字のほかに絵を描いておけば，はるかに安全になるだろう。

INOCULATE

何世代にもわたって，人々はある病気に対して *inoculate*（予防接種する）されてきた。例えば，小中学生たちが天然痘の予防注射を受けるのは，標準的やり方であった。これは天然痘に効く少量のウイルスを注射して行われた。なのに *inoculate* の語源は医学とは関係がない。なぜならそれは園芸用語だからである。さらにそれは注射とは関係のない手続きや，免疫を生み出すことのない手続きにも言及する。事実，*inoculate* には全く異なった効果があった。まず第一に，それはある植物に芽を接ぐこと，すなわち植物繁殖のための"implanting"（接ぎ木）のことを言った。

ローマの詩人ヴァージル（Virgil）はこの園芸現象を初めて記録した人かもしれない。ヴァージルはその *Georgics*（『農学論』36—29 B.C.）の中で繁殖のためにある植物から他の植物へ *oculus*（目）を接ぎ木することについて語っている。かくして *in*（中へ）と *oculus*（目）を足した "to put a little eye in"（小さな目を入れる）の意のラテン語 *inoculare* ができあがる。当時の植物学者はこの接ぎ木の手続きについて *inoculatio* と言ったが，それが英語化されて *inoculten* となった。

ウイルスを注入すれば恐ろしい病気の通常の攻撃に対して免疫ができると医学者が結論した後，英国の研究者たちは *inoculate* と *inoculation* という2語を手に入れ，両語を自らのものとして受け入れた。そしてそれがそのまま残ったのである。

しかし，発展する英語はこの2語の使用を科学者のみにゆだねはしなかった。両語はありきたりの比喩表現として使用できるが，証人はメンケン（H. L. Mencken）の *Prejudices*（『偏見』1923）からの抜粋に見るとおりである："The theory ... is that a taste for music is an elevating passion, and if the great masses of the plain people could be inoculated with it they would cease to herd into the moving-picture theaters."（その理論は……音楽の趣味は気持ちを高める情熱であり，もし非常に多数の普通の人々に音楽の趣味を植えつけることができれば，人々がどっと映画館に殺到するようなことはやめるだろうというものである）。

INTERNECINE

> Th' Aegyptians worshipp'd Dogs and for
> Their Faith made internecine war.
> — Samuel Butler, *Hudibras*
> エジプト人は犬を神と拝み，その信仰ゆえに
> 血なまぐさい戦争をしかけた。
> — サミュエル・バトラー『ヒューディブラス』

人々はほとんどの場合，自分たちの誤りを抱えて生きていかなければならない。それは怠慢と無知ゆえに支払わねばならない犠牲である。英語とて例外で

はない。例えば *internecine* という語を取り上げてみよう。今日われわれはこの語を辞書の定義 "mutually destructive"（共食いの）どおりに使う。それは，ある集団または組織内の闘争に関するものかもしれないが，みんなが予期するように，いつものつまらぬ口論である。しかし，これは *internecine* が意味するものではなかったし，現行の用法は辞書編集上の誤りから出たものである。*internecine* という語がラテン語に生まれたとき，それは "to kill without exception"（無差別に殺す），すなわち "to massacre"（虐殺する）の意味だった。もし流血がなければ，*internecine* とは言えなかった。この語は *necare*（殺す）と *inter*（"down to the last person"（最後の一人まで）という完了した行為を意味する強調形，この場合には "to the death"（最後まで）を意味する）とからなっている。この問題の核心は *inter* という接頭語であり，それはしばしば "between"（…の間）を意味するために用いられるが，ここでは違う。上で見たように，*internecine* の *inter* は *neco*（殺す）をさらに強調するための役割をしている。

あの偉大なサミュエル・ジョンソン（Samuel Johnson）は『英語辞典』（1775年）の中で *internecine* を *inter* が "between" の意味であると想定して，"mutually destructive"（共食いの）と定義した。その定義 "endeavoring mutual destruction"（懸命に共食いをする）がそのまま残り，その意味をわれわれは今日使用しているのである。もちろん血なまぐさい戦争，すなわち双方が重大な流血で終わる戦争は起こりうるが，この語法はほとんど使われない。その広く使われる一般的用法では，*internecine* は流血で彩られてはいないで，集団の中の小ぜりあいによって彩られている。

INVEIGLE

inveigle はだましてそそのかしたり，誘惑したりすることである。セールスマンは，初めは一つしか要らないと言っているお客を巧みにそそのかして，帽子を四つも買わせるかもしれない。*inveigle* の意味は誘惑，だまし，比喩的には誰かを目かくししたままにしておくことである。*inveigle* の仏語の先祖は *aveugler*（めくらます）で，それは今度はラテン語の *ab*（…から）と *oculus*（目）からきていて，両者を合わせて "eyeless"（目のない）を意味している。

語源学者の中には *inveigle* が仏語から英語に借用されたとき，*aveugler* の冒頭の *a* は語幹 *veugler* に付加された（"not" を意味する）接頭語と誤解されてしまったと信じる人もいる。英語の傾向と合わせて，その *a* はより普通の接頭語 *in* に置き換えられ，そこから今日の *inveigle* が生まれた。この無知に起因する間違いがなければ，人は今 *inveigle*（つり込む）されてというよりは，*aveigle*（そそのかす）されてテレビの *Late Late Show*（深夜ショー）を見ることになるだろう。

ISLAND

  No man is an island, entire of itself . . ."
    —John Donne, *Devotions upon Emergent Occasions*
  人はすべて持ちつ持たれつである，誰もがみんな……
    —ジョン・ダン『危機に際しての祈り』
  Every man is an island . . ."
    —L. S., *People's Liberty*
  人はすべて持ちつ持たれつである……
    —L. S.『国民の自由』

 isle と *island* は，特に音声学的にも綴り字的にも似ているので，語源的には関連があるように見えるだろう。人は *isle* は *island* の縮約か詩的短縮だと想像するかもしれないが，そのどちらでもない。*isle* という語の先祖は語源不詳のラテン語 *insula*（島）にさかのぼることができる。ある権威者が発展させた考えでは，*insula* の *sula* の部分は *salum*（外海）と関連しているというものだった。この考えは島は海中の陸地の一片で，*sal*（ラテン語で塩[水]）に囲まれているというものである。しかし，確信をもっている語源学者はほとんどいない。古仏語では *isle* はこのように綴られたが，時がたつにつれ *s* は黙字のため脱落し，その語は *ile* となった。15世紀中にフランス人はその *s* を復活させ，語源に基づいてその語をラテン語の *insula* と一致させたのである。

 island は古英語の *igland* までさかのぼることができる。音節に分けてみると，"land"（陸地）を意味する *land* と "island"（島）を意味する *ig*

だと分かる。*island* の *s* が仏語の影響で 16 世紀に *g* と置き代わり，現在の意味を持つ *island* が誕生した。

ITALIAN VOICES

Music hath charms to soothe the savage breast.
　　　　　—Congreve, *The Mourning Bride*
音楽には粗野な胸を鎮める魔力がある。
　　　　　—コングリーヴ『喪服の花嫁』

　歌手の声域を示す英語名はイタリア語に負っている。そうした名称は，ごく少数の例外はあるものの，綴りや意味が全くあるいはほとんど変更されずに英語に吸収された。
　男声の最低声域は *bass*（バス）と呼ばれる。*bass* は，"bottom"（底）を意味し，ラテン語 *bassus*（低い）から出たイタリア語の *basso* をまねて *bass* に変更された *base* と同一語である。("Ol' Man River"（「オールマン・リヴァー」）で使われた声域のような最低声域を持つバスは，*basso profundo* と呼ばれる）。バスの次に高い男声名 *baritone*（バリトン）は，テノールとバスの中間声域であり，イタリア語の *baritono* からきているが，そのギリシャ語の先祖は，*barry*（重い）と *tonos*（調子）を合わせた *barytonos* だった。自然の成人男声の最高音は *tenor*（テノール）である。それは "uninterrupted course"（メロディーを持続すること）を意味する後期ラテン語 *tenor* からきた古仏語 *tenour* から中英語に入った。その父親は仏語の *tenir*（持つ。ラテン語の *tenere*）だった。テノール歌手はいぜん聴衆を魅了し続けるが，すなわちオペラではテノール歌手が通常，際立つ男優だからである。しかし，ドン・ジョヴァンニ（Don Giovanni）はバスで，さまよえるオランダ人（Flying Dutchman）はバリトンであっても，二つの声域とも聴衆をぞくぞくさせていることは注目すべきである。
　次に高い声域はラテン語の *altus*（高い）からきた *alto*（アルト）という女声である。不思議なことに，*alto* は最高音ではなく女声の最低音である。こうした食い違いが起きたのは，*alto* が以前男声の最高音に適用されていたからである。今日女声の最低音に対して通常使われる用語は *alto* と呼ばずに，

イタリア語の *contralto*（*contra*（反対の）と *alto*（高い）の合成語）と呼ぶのである。女声の最高音は *soprano*（ソプラノ）である。*sopra*（上の。ラテン語の *supra*）という語はその歌う位置を示唆している。*soprano* はイタリア語の "highest"（最高の），また後期ラテン語の *superanus*（首長）からきた "supreme or sovereign"（至高の，絶対の）を意味する *sovrano* の一変種であると言われる。

　最後の説を一つ述べてみよう。もし人が歌唱を楽しみ，立ち上がって "Bravo! Bravo!"（ブラヴォー，ブラヴォー）と叫ぶなら，イタリア語では *bravo* は "excellent"（すぐれた）だけでなく "desperado"（「ヨハネの手紙」によれば殺人のために雇われた男）も意味することは覚えておくといい。ご注意めされ。歌っている歌手はあなたが入場料を取り戻そうとしていると考えるかもしれないのである。

ITCHING PALM, TO HAVE AN

　単語の語源や表現の淵源を追究しようとする人が，語源が明らかに立証された単語や表現と出会うのはうれしいものである。ここで言及されている *itching palm*（欲深い）という表現は，おそらく文学上にその記録が載る以前からよく知られたものであった。強欲な人，あるいは賄賂を要求する人は，欲深いと言われる。このイディオムとなった暗喩はウィリアム・シェイクスピア（William Shakespeare）によって初めて書かれた。*Julius Caesar*（『ジュリアス・シーザー』）の中で，カシアス（Cassius）は，友人の収賄をブルータス（Brutus）が批判していることについて愚痴を言った。答えてブルータスは言う："Let me tell you, Cassius, you yourself/Are much condemned to have an itching palm."（あのねえ，カシアス，君は自分自身/欲深いということで非難されても当然なんだよ）。もしこれが比喩的でないというのなら，重罪の政治家全員を欲深いと認めるなんて，何とたやすいことだろう。

　ずっと後になって生まれた姉妹表現 *grease the palm or fist*（賄賂を贈る，買収する）は，1807年に初めて印刷で現れた。これもまた賄賂として贈られた金は徹頭徹尾有効でなければならないということを意味している。この表現があるからといって，その金がむずむずすることはないが，潤滑油を差

して滑らかに動く機械のように，金があれば自分のほしいものは素早く容易に手に入るだろう。金にはなんという賄賂を引き寄せる力があることだろう。今日最もしばしば使われる語は *payola*（賄賂）である。

> Grease my fist with a tester or two, and ye shall find it in your pennyworth.
> — Quirles, *The Virgin Widow*

一シリングか二シリングで私を買収しなさい。そうすれば私のこぶしが金まみれになっているのがわかるはずだ。
— クワールズ『いかず後家』

J

JANUARY

　一年の最初の月の名前は，誰一人知らない人とてないが，*January* である。一月は，ローマ人によって門や戸口の神 Janus（ヤヌス神）の名前にちなんで名づけられた。ヤヌスには二つの顔があり，一つは後方を，あとは前方を見ている。（英語の janitor という語はラテン語の同一語根 *janua* からきていて，"doorkeeper"（門衛）を意味している）。両方を見るというのがふさわしいのは，ヤヌスは過去を知り，未来を予見—ドアか門で象徴的に表現できる属性—したからである。なぜなら，ドアはすべて二つの方向を向いているからである。

　ローマ人は，しかしヤヌスの信頼性をいくらか疑っていたにちがいない。ローマ広場のヤヌスの神殿にはドアが二つあり，平時には閉じられ，戦時になると開いていた。戦時には開いたドアは，ローマ人にはヤヌスが戦士たちを助けに出陣しているという意味だった。平時には町の守り神ヤヌスが抜け出さぬよう，確認のために閉じられていた。明らかなことだが，ローマ人はヤヌスを試すようなことはしなかった。なぜなら平時にはドアをぴしゃりと閉め，ヤヌスの二つの顔とも閉じこめるのが常だったからである。

JEEPERS CREEPERS

　by jiminy（なんてこった）というののしりの間投詞の目だつ，やわらかい悪罵は，ときどき *jiminy crickets* として浴びせられるが，語源学的に激しい揺さぶりを受けてきた。ローマ時代には "twins"（双子）を意味し，カストールとポリュデウケス（Castor and Pollux，船乗りの守護神）に言及している *Gemini*（やれやれ）は，今日ある人が自分の面目にかけるかのように，誓わされた。時の経過とともに，*Gemini* はなまって *jiminy* とな

り，それから Jesus に代わるスラングとなった。crickets は Christ の代役としてこれに続いた。ここから by Jiminy は "by Jesus"（誓って）を，jiminy crickets は完全な "Jesus Christ"（ひでえなあ，ちきしょう）を意味するようになった。これはすべて非論理的と見えるかもしれない。しかし，はるかに信じがたいが，それでもなお支持する権威者もいるのが "Jesus Christ" の代わりの jeepers creepers（おや；これはこれは）である。このことは，怒らずに悪罵を浴びせかけたいとき，人はどこまでできるかを示している。

JEOPARDY

人が in jeopardy の状態だと，その人は，困っていて，傷つきやすく，けがにさらされるか損失をこうむる可能性があると自ら信じている。その人は危険に瀕していると言えるかもしれない。その人の感じる危険は，試合の参加者が感じる快活さからはほど遠い。しかし jeopardy という単語は，後期ラテン語の jocus partitus から出たのであるが，単に "a divided game"（分け合った試合）を意味しただけである。それは試合の競技者が賭け金を分けたからである。この語をフランス人が獲得したとき，それは jeu parti となり，勝ち負けのチャンスが厳密にバランスがとれている試合のことを言った。しかし結果が予測できなかったので，賭け金が危険にさらされ，損失すなわちやっかいな状態の起きる可能性を心配しなければならないという含意が生じた。この危険という意味から，jeopardy はかけごと，損失の危険や何か有害物の危険と同一視された。jeu parti のバランスのとれた意味は，危険にさらされたばかりか，失われてしまうこととなった。

JINGO

jingo という語と by jingo という表現の意味と語源は，決して満足のいく立証がなされているわけではない。多様な意見が満ち満ちていても，証拠は何もないのである。ある説は，by jingo は jingo（露骨な愛国者）という語と関連があるというものである。他の説は，それは単に "by Jesus"（誓って）の婉曲表現か，"by Jainko"（Jainko はバスク人の最高神―エドワー

ド1世（Edward I）がウェールズ軍との数度にわたる戦争でこれらバスクの外人傭兵を使った）の転訛したものだというものさえある。jingo は17世紀の手品師たちに頻繁に使われたが，その意味は決して明かされなかった。それは手品師たちの仲間言葉に秘密のきまり文句として残っている。

　知られていることは，jingo は1877年から78年にかけてのロシア・トルコ戦争（Russo-Turkish War）の間に普通の言葉となったということである。英国はその戦争に介入しようとしていて，介入賛成の感情が高まるにつれ，by jingo という句を含むミュージック・ホールの歌のリフレインが流行りに流行り，人口に膾炙（かいしゃ）するようになった。対ロシア戦争の脅威を歌うその歌はハント（G. H. Hunt）が書いたものである：

　　We don't want to fight,
　　Yet by jingo! if we do
　　We've got the ships, we've got the men
　　And got the money, too.
　　戦争なんかしたくない
　　でも誓う，もし闘うというのなら
　　戦艦もあれば，兵もある
　　戦費の用意だってある。

　好戦的外交政策を意味する jingoism は，調子のよい歌詞の中で育てられて以来ずっと，確立された単語となった。フランスで生まれた同意語は chauvinism である。それは "extreme nationalism or exaggerated patriotism"（極端な民族主義または誇張された愛国心）と定義されている。

JOE MILLER

　かわいそうなジョー・ミラー（Joe Miller）。古くさい冗談は今 "a Joe Miller"（だじゃれ）と呼ばれるが，だれもミラーの名前が古くさい冗談の名祖（なおや）となるのは好まないだろう。しかし，ある時代にコメディアン仲間で最も知られ，最もよく使われたジョーク集は *Joe Miller's Jest-Book*（『ジョー・ミラー滑稽小話集』）で，副題は *The Wit's Vade Mecum*（機知ハンドブッ

ク）だった。同書は英国ばかりか米国でもジョークの完璧な供給源であった。

　ジョー・ミラー自身はといえば，18世紀英国の卓越したコメディアンだった。しかし，ミラーは自らの名前を冠した本は書かなかった。そこで，ミラーの名声が不公平に汚されているのは，*Joe Miller* がこのジョーク集から取られた古くさいジョークを連想させるからである。事実は，ミラーがこのジョーク集を見ることはなかった。それは死後一年たった1739年に，ミラーの熱烈な崇拝者ジョン・モットリー（John Mottley）によって編集されたからである。

　実際，こうした事情が偉大な漫画の名前を不朽にしたのはありうることである。なぜなら，古くさいジョークに a Joe Miller というレッテルを張っても，それは決して古びることはないからである。考えてもごらん，ミラーがそんな本を書けたはずがない。正式な教育を受けていなかったし，読み書きもできなかったからである。

JOT / TITTLE

> Till heaven and earth pass away, one jot or one tittle shall in no wise pass away from the law, till all things are accomplished.
> 　　　　　　　　　　　　—Matthew 5:18
>
> すべてのことが実現し，天地が消えうせるまで，律法の文字から一点一画も消え去ることはない。
> 　　　　　　　　—「マタイによる福音書」5章18節

　「マタイによる福音書」で使われている意味では，*jot* は "iota"（イオタ）と "tittle"（小点）—発音を示す点（*i* の上に打たれる点のようなもの）—を意味する。今日自分の言ったこと書いたことは毫も変更まかりならず（一点一画も変更してはいけない）と主張する人は，頑固にも言ったこと書いたことはいかなる修正も受け入れないことを条件としていると言う。

　jot という動詞は "The student jotted down the last-minute instructions."（その学生はどたん場の指示をすばやく書いた）で使われているように，"to write down briefly and hastily"（手短に書き留める），

"to record essential details"（必須事項を記録する）を意味している。*jot* はまた名詞で "a little bit"（ちょっと），"a very small amount"（ごく少量）を意味する。ウィリアム・ティンダル（William Tyndale）が 1526 年に初めてこれを英語で書いた：*"One iott or one tytle of the law shall not scape."*（この法律の一点一画も逃しはしない）。

ヘブライ語のアルファベットでは，最も小さい文字は 10 番目の文字 *yodh* だった。ギリシャ語の 9 番目の文字は *iota* で，ギリシャ語のアルファベットの最小文字だった。*jot* のように，*iota* は "a very little, the lesser quantity possible"（極少；可能な限り少量）の意味でのそのアルファベットの小ささを反映する意味を帯びている。*Hamlet*（『ハムレット』）の中でホレーショ（Horatio）は "No more, ha?—Not a jot more, my lord."（もういらないですかって，え？—これ以上少しも，閣下）と言い，またアンドルー卿（Sir Andrew）は *Twelfth Night*（『十二夜』）の中で "No, faith, I'll not stay a jot longer."（いや，誓うが，もうこれ以上ここにはいない）と言った。これ以上量が少なく，時間の短いものはありえないだろう。

JUMBO

見出し語の *jumbo* は，"larger than average"（平均より大きい）を意味する語として辞書に現れる。そこでみんなはジャンボえび，ジャンボ・サンデー，ジャンボ機などと言う。しかし語源は *OED* によると不詳となっている。これは西アフリカの神あるいはおばけに適用される名前 *Mumbo Jumbo* の第 2 要素だったかもしれない。西アフリカのシャーマン（先祖の苦しんでいる霊を追い払う人）を意味する Mandingo（*māmá-gyomboō*）が英語に採用され，多くの意味を与えられたが，その意味の中には無意味な呪文，無意味な崇拝対象，わけのわからないおしゃべりが含まれている。ある特別の象の名前として，*Jumbo* は 19 世紀の後半に一般化した。その象は，異常に大きく，重さ 6 トン，身長 10 フィート 9 インチに達し，ロンドン動物園で子どもたちの人気の的だった。しかし，1882 年にサーカスの有名人フィネアス・バーナム（Phineas T. Barnum）がこのとてつもなく大きい動物とその名前 *Jumbo* を買い取ったのである。ジャンボという名

前は，子どもたちやサーカスの興行者たちの心の中で"elephant"（象）の総称語となるほどよく知られるようになった。ジャンボという名前の語源までさかのぼると，ある権威者によれば，その象はそれを捕まえた土地の人たちに*Jumbo*とあだ名をつけられたということである。スワヒリ語では*jumbo*という単語は"chief"（族長）を意味している。

KAPUT

　kaput とは "finished, defeated, ruined"（おしまいで，打ちのめされて，滅んで）を意味する独語である。しかし，その定義は先祖である仏語 *capot* を考慮に入れると，必ずしも正確とは言えない。*capot* は敗北を意味したが，それは単にトランプ遊びで負けることだった。*faire capot*（全勝する）という語は，ごまかしは何一つ行われなかったことを意味していた。"having lost it all"（すべてを失った）というこの意味で，ドイツ人たちはこの語を取り上げ，発音に若干の修正を施し，*kaput*（ドイツ人は *kaputt* と綴ったのだが）に，"finished"（滅びた），"useless"（無用な），"destroyed"（破壊された）という意味を与えた。今はしばしば失敗した人やだめになった物，すなわち "washed up"（だめになった）人や物を意味するのに用いられる。
　トリックを使わずにトランプ遊びをする人はへぼだと言われるかもしれない。しかし，より普通に使われる表現は *schneider* といって，文字どおり "tailor"（仕立て屋）を意味するイディッシュ語（Yiddish. 世界各地のユダヤ人の使う国際語）の単語である。なぜ仕立て屋が "no score"（無得点）と連想されるようになったかは確定していない。仕立て屋は事実，毎日，布切れを裁断する前に切り目をつける（score）からである。

KEEP A STIFF UPPER LIP, TO

　英語にはいわゆる keep を使ったイディオムが豊富にある。例えば，"be watchful, alert"（注意をしている，抜け目のない）の意の *keep your eyes peeled*（油断なく警戒する），あるいは関連した意味の *keep an eye on*（注意深く監視する）；"to prevent another from becoming too familiar"（他人をあまりなれなれしくさせない）の意の *to keep at arm's length*; "to remain financially sound, to avoid disaster"（健全財政を維持する，災難を避ける）の意の *to keep your head above water* というのがある。それから，「怒るな，静かにしていて」の意の *keep your shirt on* や会話で使われる「活動を維持するための対策を立てる」の意の *keep the ball rolling* というのもある。"at a brisk pace"（きびきびした足どりで）を除けばこれと同意になる *keep the pot boiling*（生活の糧を稼ぐ）もある。また "not to lose courage"（勇気をくじかない）の意の *keep your chin up* や "stay out of trouble, avoid any suspicion of wrongdoing"（トラブルに巻き込まれない，悪事を働くのではないかとの疑惑を避ける）の意の *keep your nose clean* もある。

それから，"to remain stoical, to appear resolute, showing no emotion in adversity"（冷静でいる，逆境にあっても感情をあらわにせず決意が堅い）の意の *to keep a stiff upper lip* がある。このイディオムが生む議論は，人の目に涙があふれるとき上唇でなく下唇が震えると信ずるところにある。もしこう信じることが真実なら，この表現は一世紀以上に及ぶイディオムに対して単なる "lip service"（リップサービス）をしているにすぎない。

KETTLE OF FISH, A FINE

> As the whole company go to the water-side today to eat a kettle of fish, there will be no risk of interruption.
> —Sir Walter Scott, *St. Ronan's Well*
> 今日みんなで水辺に魚を食べに行くが，誰にも邪魔はさせないぞ。
> —ウォルター・スコット卿『聖ローナンの井戸』

a fine (*nice* or *pretty*) *kettle of fish* と言っても，真実すばらしいとも，すてきとも，きれいともみなされている訳ではない。実際，この表現は物事が現れてきたその現れ方に対する嫌悪を意味する。"a sorry state of affairs, a messy predicament"（困った事態，混乱した状態）に対するこの皮肉な言い方は，数世紀にわたって生き続けている。これは，1742 年

にヘンリー・フィールディング（Henry Fielding）が書いた *Joseph Andrews*（『ジョゼフ・アンドルーズ』）の中で初めて記録された。

ある権威者の解釈によると，この句は，Tweed 川（スコットランド南東部・イングランド北東部を東流して北海に注ぐ）の近くに住み，川の堤防でピクニックを開いて隣人や友人を楽しませた紳士たちの 18 世紀の慣習に由来すると考えられる。こうしたピクニックは kettles of fish（薬缶の魚）の意の *fêtes champêtres* と呼ばれ，お客は薬缶の中に放り込まれたゆでた鮭をふるまわれた。だが，食事はときどき計画どおりに出てはこなかった。鮭の中には薬缶から跳び出して逃げるものがあった。煮えすぎのものがあるかと思えば，生煮えのものもあり，味つけのよくないものもあった。そして時には薬缶がひっくり返ることもあった。ピクニックは全くの混乱状態となり，この "a fine kettle of fish"（困った事態）という言い方が不愉快な経験を思い出すよすがとなった。しかし，成句学者の中には，この平凡な句は，この昔の魚からきているなどとは信じようとしない人もいる。fishy（うさん臭い）と感じられるからである。それに誰が魚に苦情を言うだろうか。

KICK THE BUCKET, TO

> Despondency may make you kick the beam and the bucket at once.
> 　　　　　　　　　　　　　—Thomas Hood, *Hood's Own*
> 落胆すると，梁が跳ね上がるだけでなく，死ぬことにもなる。
> 　　　　　　　　　　　　　—トマス・フッド『フッド一族』

婉曲語法であれ滑稽語法であれ，*to die*（死ぬ）の言い換えの多くが英国ばかりか米国でも使われている。おそらく最も人気のある言い換えは *to kick the bucket* であろう。この句の素姓は不確かだが，二つの学説が出されている。一つはイングランド，特に Norfolk（英国イングランド東部の州）の普通の習慣から出ていて，他の学説はどこの国に固有ということはないが，処刑や自殺の形式に言及するものである。

Norfolk では *bucket*（バケット）という言葉は *beam*（梁。古仏語で *buquet*，仏語で *trebuchet*（バランス）の意）という言葉に取って代わっ

ていた。バケットは屠殺された豚が後脚でつるされる枠であった。たぶん豚が死ぬ前に無駄にのたうちまわり，*bucket*（*beam*）を蹴飛ばしたのは間違いない。ここから死と関連づけられてしまった。最もお勧めできそうな学説は，*bucket* はいわゆるより通常の意味の"pail"（桶）のことを言っているということである。自殺決行志願者は自分の首に縄を巻きつけ，その縄の他の端を梁に結びつければ，目的を達することができるだろう。そこで，行く末と取り組むには，バケツの上に立ち，蹴飛ばしさえすればよい。*Henry IV, Part II*（『ヘンリー4世』第2部）のおもしろくも適切な台詞は "Swifter than hee that giblets on the Brewer's Bucket."（酒屋の小僧が坂を転げ落ちるよりも素早く）である。

KIT AND CABOODLE

　kit and caboodle とは "the whole lot, group, or bunch"（何もかもすべて，全集団）を意味し，通常 *the whole kit and caboodle* として表現される。これに対抗する論破しがたいアメリカのイディオムは，同じ意味を持つ *lock, stock, and barrel* である。*kit* と *caboodle* という二つの要素の意味と語源は，語源学者の間でも論争の的になっている。*kit* は中世オランダ語の *kitte*（木製の桶，取っ手つき大ジョッキ）からきていると言う人がいるかと思えば，それはラテン語の *cithara*（キタラ［3弦の琴で，小さな fiddle を *kit* と呼ぶ］）の縮約語だと言う人もいる。今でも *kit* は，兵士たちが武具や個人の持ち物を運ぶのに用いる背嚢(はいのう)を指すときに用いた古い軍隊用語だったと考える人もいる。そして，*kit and caboodle* はしばしば人々の集団に言及するのに用いられているので，*kit* は *kith*（親戚）のなまった形だと信じる権威者は少なくとも一人はいる。

　今日では *kit* は道具をしまい込む入れ物—道具入れ，生存キットである。*boodle* はたぶんオランダ語で "household property"（家財）を意味する *boedel* からきたものであろう。

　成句の専門家の中には *kit and bilin*（たぶん "boiling"（煮えている）こと）が好ましいと言う人もいたが，*boodle* のほうが好ましい選択で，それが定着した。時がたつにつれ，*boodle* は不思議なことに，*kit and caboodle* という表現が *kit and boodle* のなまった形になるように，*ca-* という

接頭語がつけられた。これは全くごちゃ混ぜになっているというので，ある人は "Why not forget the whole thing?"（すべてを忘れてはどうだろう）とも言う。*kit and boodle* が "the whole thing"（何もかも）を意味するようになったからである。

KNOCK ON WOOD

　誰かが，目標を達成したとか，あるいは何か好運なことが身の上に起こったと誇らしげに言い，それから "Knock on wood."（たたりがないように）と言い足す（木でできたものにさわる）とき，その人は自慢話をしたからといって罰せられることのないようにしているのである。少なくともそれはその人の信ずる迷信である。ちょうど木をたたくと不運や不幸が避けられるという迷信が行われているように。このありふれた習慣の由来は不明だが，それはかなり昔にさかのぼる。

　木が持つ防御力に寄せる信仰を説明するために，多くの学説が出されてきた。ある学説は，それは子どもが材木，通常は木に触ると捕まらないですむという遊び "tag"（鬼ごっこ）にあるとするものである。もう一つの学説は，精霊が木の中に住むという観念が存在していたので，木をコツンとたたくと木の中に住んでいる親しい精霊，助けてくれる精霊を呼び起こすというものである。（ドルイド―ギリシャ語の *drus*（柏の木）―復活運動グループを思い起こしてほしい。このグループは木を信仰していたのである）。このようにして，悪運や危険が差し迫っていると思われるとき，木をコツンとたたくという習慣が生まれてきたのである。あるいは，木が全く利用できなければ，神を型どった木製の像に触れるのである。それに，木をたたくことはイエスが磔(はりつけ)にされたと言われる木の十字架に触れることを連想させるという，キリスト教の説明もある。ユダヤ教の伝説によると，中世の会堂のドアは木製で，会堂内に入る許可を得ようとすれば，会衆は木のドアをたたかなければならなかった。ここに提示される思想は，人は木をたたくことによって，いったん会堂内に入ってしまえば，外部世界の騒音や残酷さから逃れられるというものである。

　第二次世界大戦の間に広く行き渡った話の中に，ウィンストン・チャーチル卿（Sir Winston Churchill）が海軍大臣在職中に艦隊の数々の成功談を下院議会に詳しく語ったという話がある。そのときある下院議員が "Touch on wood!"（くわばら，くわばら）と叫んだ。チャーチルは答えた："I sympathize with that feeling. I rarely like to be any considerable distance from a piece of wood."（その気持ちに賛同するよ。木の切れはしから少しでも離れていたくはないからね）。チャーチルはその時，木製の公文書発送箱に触ったのである。

KNOCKED INTO A COCKED HAT, TO BE

to be knocked into a cocked hat は "to completely destroy"（台無しになる），"to defeat"（負ける），あるいは "to ruin"（破滅する）を意味すると理解されている。しかし，その表現と現行の説明は不釣り合いのようである。破滅と三角帽に共通点はないのだから。

この成句の起源は三角帽がすたれたと言うのと同様に不確かである。ある学説は，もともとは，18世紀の流行遅れの帽子のように，ある物をぐにゃぐにゃになるほど強烈にたたき，腕に抱えて運べるくらいにすることであったというものである。他の学説は，めかしこんだフランスの廷臣たちが縁が上がった三角帽をかぶっていたからというものである。その縁のために廷臣たちは気どって見え，三角帽と呼ばれたのはそのためである。アメリカ南北戦争当時の将軍たちもまた慣習として三角帽をかぶっていた。普通に言われているのは，将軍が何か間違いをしでかしたとしても，それは起こるべくして起こったのであり，結果的にそれはなかったことになるだろうというものであった。しかし，権威者ならほとんど，仮に強制されて投票するにしても，帽子などとの連想とはほど遠い派生語を選ぶだろう。そしてこの言及は，最初のボールが三角形に並んでいる三つのピン—ヘッドピンと隅にある2本のピン—を残すテンピンズ（10本のピンを用いるボウリング）のゲームに起源があると言うだろう。比喩的に言えば，このピンが全部倒されてしまい，そうなってしまえば本当に悲惨だと思える状態であった。なぜならボール一つですべてのピンを倒すのはほとんど不可能だからである。

KNOW THE ROPES, TO

自分の職務に完全に通暁しているほど任務の詳細がよく分かっている人は，

日常語で to know the ropes（事情に通じている）と言われる。誰でもこの表現の起源は，海軍が背景になっているものとして完全に定着していると思うかもしれない。また多くの語彙研究者の意見では，この言葉は操帆装置をよく知るベテラン船乗りの乗り込んだ，さらに，よく言われるように，"knew the ropes"（事情がよくわかっていた）帆船時代にさかのぼると言われる。この説は，*Two Years Before the Mast*（『マストの前の 2 年間』1840）というリチャード・ヘンリー・デイナ（Richard Henry Dana）の著作によってさらに支援されている。同書にいわく："The captain, who . . . 'knew the ropes' took the steering oar."（「事情に通じている」船長が舵を取ったのだ）。しかし，誰もがこれに納得しているわけではない。チャーディ（Ciardi）は言う："The use of *ropes* for *lines,* to the best of my knowledge, is unprecedented. Have I missed some earlier maritime form *to know the lines*?"（綱の代わりにロープを使うのはどんなに知恵をしぼってみても，前例がない。進路は分かっているという昔の海運のしきたりを失念してしまったのだろうか）。この表現は陸上競技のトラック上で生じたと信じる人もいるが，陸上競技場では *ropes* が *reins*（手綱）を意味する。そこで，この表現は陸上トラック上であろうとなかろうと，手綱を上手に操れる人なら誰に適用してもよかった。その人は事情をよく知っていると言われ，ついにこの表現は状況や経過に完全に精通している人について言われた。

LAVALIERE / GORGEOUS

　lavaliere は首につけた鎖からぶら下がっているペンダントである。このタイプのネックレスを流行らせたのは，とてつもなく大きいペンダントをしばしば身につけたルイ 14 世（Louis XIV）の后である。后の名前はラ・ヴァリエール（La Vallière）すなわち Louise de La Vallière で，これが英語化されて *lavaliere* となったと推測する人がいるかもしれない。

　もう一つのネックレスは，必ずしも飾りではないとは言えないが，全く異なった語源から名前が出ている。このネックレスとは，解剖学的に言って首か喉であった。後期ラテン語で *throat*（喉）を意味する語は *gurga* で，たぶんこれが *gargle* の語源となった。これを背景として，ネックレスに対応する古仏語の *gorgias* が出てきた。これが音声どおりに表されて，"dazzlingly beautiful"（目もくらむほど美しい）という意味の英語の形容詞のように響き，英語の型に合わせようと接尾語 -*ous* をつけて *gorgeous* となった。こうしたわけで，語源学的に言って，すべての婦人は自分の体の中で少なくとも一つはゴージャスな部分—首を自慢する権利が十分にあると言える。

LAY AN EGG, TO

　今日の日常語で使われるこのクリシェイは，"to fail utterly"（完全に失敗する），"to flop"（グニャグニャになる），"to bomb out"（どじを踏む），"to make an embarrassing mistake"（恥ずかしい誤りを犯す）ことを意味する。卵は楕円形だが，数字のゼロ（0）に似ていて丸い。ここから *to lay an egg* は無得点のチームについて使われるスポーツ用語となった。*to lay an egg* の語源となったクリケットでは，"no score"（無得点）は *duck's egg*，野球では *goose egg*，テニスでは仏語の "an egg"（卵）

を意味する *l'oeuf* のなまった形の *love* と呼ばれた。時がたつにつれて, *to lay an egg* は娯楽分野の表現となった。観客の反応が鈍い大根役者は, 受けなかった（卵を産んだ）と言われる。今日, 卵を産んだと言われる人は, 商売で失敗したか恋に破れたかである。ニワトリがいなくてもどれだけ多く卵を産めるかは驚くべきことである。

LAY ON, MACDUFF

"to attack fiercely and violently, to do your damnedest"（激しく猛烈に攻撃する, 全力を尽くす）の意味のこのクリシェイは, 通常異なった意味—もともとの引用とは全く無関係な意味で用いられる。このイディオムは, マクダフ（Macduff）に殺害される直前に発したマクベス（Macbeth）の最後の台詞である。しかし, 慣用句は最初の語をねじ曲げて, "Lay" から "Lead" としてしまい, その結果残った句 "Lead on, Macduff." は, 現在 "Let's begin."（始めよう）の意味で普通に使われている。

マクダフがマクベスに与える致命傷は, 芝居の終幕の戦いの場面で起こる:

    I will not yield,
    To kiss the ground before young Malcolm's feet,
    And to be baited with the rabble's curse.
    Though Birnam wood be come to Dunsinane,
    And thou oppos'd being of no woman born,
    Yet I will try the last: before my body
    I throw my warlike shield: lay on, Macduff;
    And damn'd be him that first cries "Hold, enough!"
    降伏はせん。
    若いマルコムの足下に伏して土をなめ,
    下郎どもの罵詈雑言の的になるのはまっぴらだ。
    バーナムの森がダンシネインに押しよせようと,
    女が生んだ男でない貴様を敵にまわそうと
    わしはぎりぎりまでやるぞ
    この歴戦の盾も捨てた。さあこい, マクダフ

最初に「待った，参った」と叫んだやつが地獄行きだ。

LEAD-PIPE CINCH

lead-pipe cinch って何のことだろう。その意味は明瞭で，"an absolutely certain thing"（全く確かなこと）— "It's a lead-pipe cinch that we'll win."（我らが勝つのは確かだ），あるいは "an easy thing to do"（たやすいこと）— "Seeing the graph makes the assembling of this gadget a lead-pipe cinch."（図式を見るとこの部品を組み立てるのはたやすいことだ）ということである。O・ヘンリー（O. Henry）は，*The Sphinx Apple*（『スフィンクス・アップル』1907）と題する短編小説の中で言っている : "An engagement ain't always a lead-pipe cinch."（婚約するのは必ずしもたやすいことじゃない）。だがどんなイディオムも，これほど民間語源学者の想像力に挑戦したものはない。その語源を確立しようとする努力は実を結ばず，語源は不明である。

スペイン語の *cincha*（帯）から出た *cinch*（鞍帯）という語は，理解しやすい。馬の腹に巻く鞍帯は正しく締めれば，その鞍は定位置に固定されバックルがはずれることはないので，乗り手は安心でき，ここから，確かなことの意味が出てくる。だが，*lead pipe* は何を意味し，なぜつけ加えられたのか。歴史家は推測を提供できるにすぎない。推測の一つは，鉛のパイプはときどき自在棍棒として使われ，そのパイプで打たれた人はドスンと倒れるというものだ。他の推測は，*lead pipe* はその柔軟性ゆえに堅いパイプが役立たないところで役立つというので，鉛管工の表現となったというものである。ホウルト（Holt）は *lead-pipe cinch* という表現は意味をなさないが，それは婉曲表現であり，争う余地はないと言う。イディオムの語源の納得度の高い説明を考え出すのは，決して朝飯前ではないと考えなくてはいけない。

LEAVE IN THE LURCH, TO

困難な，困惑する状態に見捨てられ放置されて，誰も助けなど申し出てくれない人は，*left in the lurch* と言っていいかもしれない。だが，その意味は約 400 年前には適用されなかった。当時，仏語の *lourch* からきた *lurch*

は，負けた人が "lurch"（ラーチ）をもらうという人気のあるさいころゲームだった。これは自分は相手に対して弱点があるということを意味した。不利な立場に立ったり，見殺しにされたりするのは耐えられないことであるが，ゲームをしている人の位置が守れなくなったのである。これはチェスで王手のかかった王，クリベッジ（トランプの一種）の零敗，ジンラミー（トランプの一種）でどちらかが大勝ちすることに近い。だが，時がたつにつれて lurch は，種類は何であれ，見捨てられた状態，困難な状態へと意味を変えた。ガブリエル・ハーヴィ（Gabriel Harvey）は Letter-Box（『郵便受け』1576）でこの語をこう使った："Lest he fail in his reckoning . . . and so leave himself in the lurch."（彼がその見積りで失敗しないように……そして自分自身を見捨てておかないように）。リチャード・タートン（Richard Tarton）は Jests（『冗談』1611）で書いている："He leave him in the lurch and shift for my selfe."（彼は自分を見捨てていて，わたしの世話にならずにやっている）。いずれにしても，それは取り残されていい気持ちのする場所ではない。

LEAVE NO STONE UNTURNED, TO

　leave no stone unturned というありふれた助言は，エウリピデス（Euripides）によると，こうである。紀元前447年に，敗戦のペルシャの将軍マルドニウス（Mardonius）の天幕の下に埋められたと想像される財宝の位置決定について，テーベの将軍ポリュクラテス（Polycrates）が助言を求めた時に，デルポイ（Delphi）の神託が初めてある助言を将軍あてに下したという。財宝は，草の根を分けた捜索にもかかわらず発見できなかった。ポリュクラテスは，神託の助言を聞き入れて，天幕の場所に戻ると，確かに石の下で財宝は発見された。今日使われているように，このおなじみの表現の意味するところは，目的を実現し，目標を達成するためには，困難，時間，費用，努力などを惜しむべきではないということである。すなわち，追求するときは徹底せよということである。

　オグデン・ナッシュ（Ogden Nash）はこのクリシェイの向きを変えて，愉快な表現を作り出した："When I throw rocks at seabirds, I leave no tern unstoned."（海鳥に石を投げるときは，アジサシすべてに投げつ

けずにはおかない)

LED BY THE NOSE, TO BE

　通俗的な話し方で使われる多くの表現は，人間の特徴の中で最も目だつ特徴，すなわち鼻に関係がある。例えば，*look down one's nose* は "regard disapprovingly"（軽蔑の目で見る）か "treat disdainfully"（見下した扱いをする）を意味する。*to nose around* は「詳しく調べる，密かに辺りを見回す」を，*to pay through the nose* は「払いすぎる」を，*to poke (stick) one's nose into* は「他人のことに介入する」を，*to keep one's nose to the grindstone* は「懸命に働き続ける」を，*to follow one's nose* は「まっすぐ行く」を意味する。また *to turn up the nose* は "to act contemptuously"（軽蔑する）を，*on the nose* は "exactly"（正確に）を，*under one's very nose* は「よく見えるところに；人の鼻先で」を意味する。

　以上列挙したもの以外にも，鼻に関した表現はまだまだある。もっとも下品なのは *to be led by the nose* で，これは，抵抗する意志はなく，より性格の強い人の言いなりになる人の特徴で，受け身の服従の意味である。その人は完全に支配されている。これは，馬やロバや雄牛などが鼻—轡か鼻輪をとって引かれていくその引かれ方の隠喩的言及である。1583年という早い時期にゴールディング（Golding）は書いている：“Men . . . suffer themselves to bee led by the noses like brute beasts."（人間は……畜生みたいに鼻をとられて苦しむ）。シェイクスピア（Shakespeare）はオセロ（Othello）に言及してイアゴー（Iago）にこう言わせている：“The Moor is of a free and open nature / That thinks man honest that but seem to be so, / And will as tenderly be led by th' nose / As asses are."（ムーア人は生まれつき自由で寛大だ / そこで正直そうな人間を正直と考えるが / 人間はおとなしく鼻輪をとられて行く / ロバがそうであるように）。この表現は聖書に承認されている。イザヤ（Isaiah）は言う：“Because thy rage against me . . . is come up into mine ears, therefore will I put my hook in thy nose . . . and . . . I will turn thee back."（お前がわたしに向かって怒りに震え / その驕りがわたし

の耳にまで昇ってきたために/わたしはお前の鼻に鈎をかけ……/……お前が来た道を通って帰って行くようにする。「列王記下」19章27, 28節)

LET HER RIP

　航空機が上昇時にスピードを上げているとき，乗客が "Let her rip!"（ぶっ飛ばせ）とつぶやくのを聞くのは珍しいことではない。乗客が言いたいのは "Let her go!"（エンジンを全開にしろ）ということである。自分の車を修理したばかりの人や，車は運転しても安全かどうかを修理工に尋ねる人が，"Let her rip!" という返事を聞くのもまた珍しくはない。修理工は英語で "Everything is all right. Go."（万事オーケー，出発）と言っているのである。

　どのように，どこからこの表現が出てきたのかは，推測する以外にない。権威ある意見だと証明するだけの証拠はまだ見つかっていない。推測はなかなかできないし，コンセンサスさえもないのだ。この言い方は，汽車か船が，ありったけの蒸気を一杯に吐き出すばかりか，ものすごい勢いで突き進むことを意味するのか。あるいは *rip* は安らかに眠れ（*requiescat in pace*）という墓碑銘（Rest in Peace）のイニシャル RIP のユーモラスなパロディーか。セントルイスの *The Daily Morning Herald*（「デイリー・モーニング・ヘラルド紙」）の 1835 年の記事の抜粋をお目にかけよう："We've got 'em on the hip. Letter Rip! Letter Rip!（奴らを完全に押え込んだぜ。さあ始めよう，どんどんやろう）。たぶんいつか誰かがその起源を覆い隠す神秘の幕をはぎ取って（rip off）しまうだろう。

LET SLEEPING DOGS LIE

　この古い諺の意味は自明である—そのまま放っておけ，いろいろと変更しようとするときは予想できるトラブルを避けよ。この表現は比喩的に使えば最高に力を貸してくれるが，もし生きている犬が関係していれば，それはたぶん近づいてはいけない番犬だろう。ジェフリー・チョーサー（Geoffrey Chaucer）はこの諺を *Troilus and Chriseyde*（『トロイラスとクレシダ』1374）で初めて使った：

It is nought good a sleeping hound to wake,
Not yeve a wight a cause to devyne.
眠っている犬を起こすのはよくない
そんな権利は神様にだってありはしない。

　この引用文はほぼ 400 年間続いた。ジョン・ヘイウッド（John Heywood）は A Dialogue Conteyning Prouerbes and Epigrammes（『諺・警句を含む対話』）の中で基本的な変更は加えなかった："It is ill wakying of a sleapyng dogge."（眠っている犬を起こすのはよくない）。しかし、チャールズ・ディケンズ Charles Dickens）が David Copperfield（『デイヴィッド・コパーフィールド』1850）を書いた時までには、この諺は、すでに現在頻繁に使われている慣用句 Let sleeping dogs lie.（寝ている犬を起こすな）と想定されていたのである。

LEWD

　古英語時代の lewd な人への言及は、不道徳な人に対するものではなく、無学な人に対するものだろう。古英語の laewede から出た lewd は、clergy（聖職者）と区別するものとして平信徒を指していた。読み書きの能力は聖職者だけが通暁しうるものであった。一般の人々は無学ゆえに無知だと言われた。パッテナム（Puttenham）は 1589 年に、"make the poore men rich, the lewd well learned, the coward courageous."（貧者を富ませ、無学者に十分学問を与え、臆病者に勇気を出させる）ことについて書いている。そして、上流階級の人々は、大部分は教育を受けていなかった無学者に眉をひそめて以来、下層階級の人々を lewd すなわち "illiterate"（読み書きできない）と呼んだのである。その意味から、lewd は軽蔑の意味を徐々に深めることになるが、そうなるにつれて崩れていった。lewd の意味は "unlettered"（無学な）から "ignorant"（無知の）になり、それから "ill-mannered"（礼儀知らずの）、"vulgar"（粗野な）から "wicked"（邪悪な）となり、最後は現在の意味の "lascivious"（みだらな）となった。lascivious はもちろん、"marked by a lust"（好色の）を意味するが、その属性は無学者の領域独特のものだというわけではない。

LIBERAL

　liberal の基本的な意味は，政治的，道徳的概念を無視すれば "generous"（寛容な）である。寛容な人は惜しみなく与える傾向がある。しかし実用価値というよりは，アカデミックな訓練，文化的価値（*liberal arts* 教養）を持つ主題について用いられるとき，その学問の過程に固有な寛容さはつゆほどもない。*liberal* の元の意味は，ラテン語で "free"（自由の）を意味する *liber* からきている。*liber* は *freeman*（自由人）を *slave* から区別するために用いられる。自由人は上流階級出身なので，紳士的であると考えられた。自由人のために高等教育が行われる学校でカリキュラムが用意されたとき，それは "studies befitting a freeman"（自由人に適する学問）を意味する *liberal arts*（一般教養）と呼ばれた。*liberal* の先祖であるラテン語の *liberalis* には，一つの意味として "studies a freeman should be versed in"（自由人が通暁すべき学問）があった。

　過去において，一般教養のカリキュラムは *trivium*（文法，論理，レトリック）と *quadrivium*（代数，幾何学，音楽，天文学）の二つの分野からなっていた。もはやこれらの学問の多くは，運動競技の研究ほど重要とはみなされていない。

LICK AND A PROMISE, A

　誰かが素早く上手に仕事をすると約束したところ，その仕事が期待はずれと分かったときの，つたない言い訳は，"All I got was *a lick and a promise.*"（私はざーっとやっただけです）というものである。この言い方が特に適切なのは，洗濯や掃除の仕事が迅速ではあっても申し訳程度にしか行われなかった時である。なぜなら，その時，洗濯や掃除がほとんどこの表現の語源―猫が，たとえあとで丹念に顔を洗うかもしれないとしても，その汚れた顔を素早くなめる（洗うとは言えない）なめ方―にほぼ等しいからである。この慣用句は 100 歳を越えている。ホワイト（W. White）は 1860 年に書いている："We only give the cheap ones a lick and a promise."（安いやつはざっとやるだけだ）。

LICK INTO SHAPE, TO

I had not time to lick it into form, as a bear doth her young ones.
　　　　　　　—Robert Burton, *Anatomy of Melancholy*
親熊が子熊を一人前にするほどの時間も持てなかった。
　　　　　　　—ロバート・バートン『憂鬱の解剖学』

紀元79年に亡くなった大プリニウス (Pliny the Elder) はこう言う： "Bears when first born are shapeless masses of white flesh a little larger than mice, their claws alone being prominent. The mother then licks them gradually into proper shape."（熊は生まれたてのときは、ネズミよりやや大きいぶざまな白い肉のかたまりで、爪だけがはっきりしている。母熊が子熊をなめて徐々に本来の熊の姿になってくる）。何世紀もの間、大プリニウスの言ったように信じられてきた。1578年に *Divine Weeks and Works*（『神聖な週と御業』）でセイニョール・デュ・バルタス (Seigneur Du Bartas) はうたっている：

Not unlike the bear which bringeth forth
In the end of thirty days a shapeless birth;
But after licking, it in shape she draws,
And by degrees she fashions out the paws,
The head, and neck, and finally doth bring
To a perfect beast that first deformed thing.
30日の終わりに形のない誕生を
もたらす熊のように。
だがなめたあと、熊はそれを形にする。
そして徐々に形づくる、爪を
頭を、首を、そして最後に
初めはゆがんでいたものを完全な動物の姿に。

それから，我々には *to lick into shape* というイディオムがあって，"to make presentable"（提示できるようにする），あるいは "to get one's studies in order"（学問を秩序立てる），あるいは "to bring up children properly"（子供をきちんと育てる）などを意味している。だが，先祖がそのまちがった考えのために不公正な批判を受けることのないように，また熊の子は非常に小さくて，数カ月授乳しなければならないということは心に留めておくべきである。実際母熊は子熊をなめたが，今やそれは単に体を洗っていたにすぎないのだということが分かっている。

LIMELIGHT

> To the boys in the back room. They do not sit in the limelight. But they are the men who do the work.
> —Baron Beaverbrook, *Broadcast*
>
> 秘密研究室にいる少年たちへ。彼らは脚光を浴びているわけではないが，仕事をするのは彼らだ。
> —ビーヴァブルック男爵『放送』

まず *limelight* の *lime* とはシトロンの実のことではなく，それどころか，白熱光の発生時に明るく光る炭酸カルシウムのことを言っていることに同意してほしい。1825 年に，英国の陸軍の隊長トマス・ドラモンド（Thomas Drummond）が，熱したときの石灰の輝きに関する講義を受けたあと，この照明法は，離れた調査場所同士の間で使えば最も有用だろうと判定を下した。ドラモンドは何マイルも先まで届く光線を生み出すことができ，この照明方法には実用性のあることが明らかになった。

当時，劇場のステージには満足すべき照明方法が見つかっていなかった。*limelight* の光線がこの問題の解決策となった。レンズを装着すると，ライムライトは主演俳優の演技が展開されることになるステージに集中する力強い光を発した。これは明るい光のもとで主演俳優が，しばしば他の俳優たちを排除してしまうほどくっきり見えるということを意味した。主演俳優が非常に目だったので，*in the limelight*（脚光を浴びている）と言われた。この光につけられたそもそもの名前は "Drummond light"（ドラモンド光）だっ

たが，その名前は，さらなる現代的な照明方法が発明されると，ライムライト同様，使用されなくなった。この輝きの中から残り，普通の言葉に入ってきたものは，*to be in the limelight* という表現だった。これは，誰かが公衆の注意というまぶしい輝きの中にいるか，あるいは悪評の中にいるか，あるいは劇場用語を使えば "on center stage"（ステージ中央にいる）という核心をつく言い方である。

LIMERICK

limerick（リメリック）は5行からなり，1，2，5行間と，3，4行間で韻を踏むユーモラスな詩である。リメリックと言えば，大部分は，酒宴で男たちの作るみだらな即興詩であった。一編の詩ができると，男たちは全員が一斉に，"Will you come up, come up? Will you come up to Limerick?"（お次の番だよ，出そうなもんだよ）とはやしたてるのだった。リメリックは18世紀に流行したが，それはローマ式娯楽の一形式だったということになっている。誰がこの種の詩に対する興味をもう一度呼びさましたかは不明である。19世紀中葉の英国作家エドワード・リア（Edward Lear）は，*limerick* という名称は使用しなかったものの，この詩の形式を流行らせた。*OED* によればこうだ："a nonsense verse such as was written by Lear is wrongfully so-called — who applied the name to the indecent nonsense verse first, it is hard to say."（リアの書いたようなナンセンス詩は誤ってそう呼ばれている—誰が最初みだらなナンセンス詩にこの名を適用したかは言いがたい）。この詩は，リフレインゆえに *Limerick* と名づけられたが，なぜそれがアイルランドの郡であり市である Limerick なのか。それに，なぜ誰もが順番に次を続けなくてはいけないのか。

大部分の詩の意図するところは，男性の耳にだけ向いているが，中には男女どちら向けでもいいものがあった。一例をあげてみよう：

There was a young lady from Lynn
Who was so exceedingly thin
That when she essayed

To drink lemonade
She slid down the straw and fell in.
　リンという名の若い娘がいた
　もうどうしようもなく細かったので
　レモネードを飲もうとして
　ストローに足をすべらせ
　器の中に落ちてしまった。

LION'S SHARE, THE

　この表現は，現在では "the greater part of something"（ある物の大部分）の意味で使われるが，はるかイソップ物語にまでさかのぼる。イソップのおとぎ話によると，ライオンは森の他の動物たちをお供に狩に出かけた。動物たちが成果の山分けをしようとしているときに，ライオンは，自分は百獣の王だから，優先権として獲物の4分の1を，他の4分の1はその並はずれた勇気をたたえて，3番目の4分の1は自分の妻子を養うためにもらう権利がある，そして，"as for the fourth, let who will, dispute it with me."（最後の4分の1は誰でも欲しい奴がわたしと争えばいい）と宣言した。そこで，*the lion's share* はすべてか，ほとんどすべてを意味するようになった。ここで "almost all"（ほとんどすべて）というのは，イソップ物語のある版で，狐が "who will, dispute"（おれは争う）と言って，いくらかの肉をひったくった，となっているからである。今日の慣用では，*the lion's share* は "all"（すべて）ではなく，"the best or largest"（最良のものまたは最大のもの）のことを言う。

LITERARY TERMS

　われわれの多くは，通常の表現活動をしばしば文学用語で飾っているのに，それと気づかずにいる。最初に書かれたとき，こうした文学表現は輝き，注意を引き，思想を誘発した。しかし頻繁に使われたため，今日こうした表現は傑出した作家のペンから出ていても，古くさくなっている。それは今やクリシェイと呼ばれる。例えば，ダンスを踊ることの同意語としての *light fantastic*

（踊り，ダンス）である。

> Sport, that wrinkled Care derides,
> And Laughter, holding both his sides.
> Come, and trip it, as you go,
> On the light fantastic toe.
> —John Milton, *L'Allegro*

心配性の老人があざ笑う愛の戯れ
腹をかかえて笑う笑い
さあ踊れ，爪先立てて
ダンスを踊るときのように。
　　　　　—ジョン・ミルトン『快活なる人』

あるいは，好きな方を選んではどうか。なぜなら

> It's just six of one and half a dozen of the other.
> —Frederick Marryat, *The Pirate*

それは似たり寄ったりだ
　　　　　—フレデリック・マリアット『海賊』

からである。あるいは一人で行かせてほしい。なぜなら

> He travels fastest who travels alone.
> —Rudyard Kipling, *The Winners*

一人で行く者が最も速く旅する
　　　　　—ラドヤード・キップリング『勝者』

からである。あるいは目立つほど注意深くしなさい。それは

> The better part of valor is discretion.
> —Shakespeare, *Henry IV, Part 1*

勇気の大部分は聡明さである

　　　　　　　—シェイクスピア『ヘンリー 4 世』第 1 部
からである。

LITTLE BIRD TOLD ME, A

He guides me and the bird.　In His good time!
　　　　　—Robert Browning, *Sordello*
神はわが身と小鳥を導きたもう。そのよき時に！
　　　　　—ロバート・ブラウニング『ソーデロ』

　現存するイディオムの中でたぶん最古のものの一つは *A little bird told me.*（誰かさんが教えてくれた）である。その意味するところは，もちろん秘密の情報源から得た情報があるというものである。このイディオムはコーランにその淵源があるかもしれない（ムハンマドは耳もとで囁く鳩から指令を受けた）。あるいはその語源は聖書だったかもしれない。次の句が旧約聖書の Ecclesiastes（「コヘレトの言葉」10 章 20 節）の中に現れる：“Cure not the king, no not in thy thought and curse not the rich in thy bedchamber; for a bird of the air shall carry the voice, and that which hath wings shall tell the matter.”（あなたは心のうちでも王を呪うな。寝室ですら金持ちを呪うな。空の鳥がその声を伝え，翼あるものがその言葉を告げる）。シェイクスピア（Shakespeare）の *Henry IV, Part II*（『ヘンリー 4 世』第 2 部）に "I heard a bird so sing."（小鳥がそう歌うのが聞こえた）とあり，ジョナサン・スウィフト（Jonathan Swift）の *Letter to Stella*（『ステラへの手紙』1711）には "I heard a little bird say so."（風のたよりにそう聞いた）とある。*OED* が提出したのは，基本的な考えは鳥の素早い無音の飛翔の中にあるという考えである。他の情報源（1837）は，この重要な表現はもともとオランダ語の表現 *Er lij t'el baerd.* から出たものかもしれないと示唆している。このオランダ語は，音声上は "A little bird."（小鳥）のように聞こえるが，"I should betray another."（他人を裏切ってやる）の意味である。ほとんどの権威者はこの推測をもじって言う："It's for the birds."（そんなのは全くばかばかしい）。

LOBSTER NEWBURG

サパークラブのご馳走や，多くのシーフード・レストランのお好み料理は，*Lobster Newburg*（または *Newburgh*）である。それは濃厚な生クリーム，卵黄，シェリー酒を加えて熱した海老肉料理である。この料理が誰の考案かは，いまだに満足するほどに証明されていない。数ある辞書もそのシェフの名前を明らかにしていない。

19世紀に西インドのベン（またはチャールズ）・ウェンバーグ（Ben（or Charles）Wenberg）という船長（海運王だと言う人もいるが）が有名な Delmonico Hotel のシェフに，いろいろ混ぜてみてはどうかと勧めたという話が伝わっている。できあがった料理は，美食家に喜んでもらえるものだった。やがて，人気のあるメイン・コースとなったが，それでは話の先を急ぎすぎることになる。シェフはこの料理をとても喜び，料理法を提供してくれた男にちなんで，*Lobster Wenberg* と名づけた。しかし，それからすぐ，ウェンバーグと大げんかになり，紳士にあるまじき行為をしたとしてウェンバーグを非難し，二度と戻ってくるなと言った。シェフはそう命令しただけでは満足しなかったばかりか，ウェンバーグをさらに罰した。それは，その料理の最初の3文字を置き換えて，*Wenberg* を *Newburg*（または *Newburgh*）とするものだったが，おそらくハドソン川沿いの大好きな町に敬意を表したものでもある。いずれにしろ，それがシェフのつけた名前で，今日まで残っているという次第である。

LOCK HORNS, TO

> Blessed are the horny hands of toil!
> —James Russell Lowell, *A Glance Behind the Curtain*
> 幸いなるかな苦労せし角のごとく堅き手！
> —ジェイムズ・ラッセル・ロウェル『ちらっとカーテンの陰から』

to lock horns という表現が，たぶん（何あろう）雌牛をめぐる2匹の雄ヘラジカの闘いをほのめかすと想像するのはやさしく，分かってみると興味深

い。ヘラジカは非常に大きな角のある背の高い動物で，あるものは体重が 60 ポンドを越える。雄はいつもは攻撃的ではないが，繁殖期が始まり，興奮状態になると，角を使って雌から競争相手を押しのけようとする。もし 2 匹の雄同士の闘いが始まれば，角は互いに容易に絡み合うことになる。その絡み合った状態から抜け出せなければ，餓死することになる。この示唆するところは，比喩的で合っても，絡み合う角がいかに危険を招くかということであって，激しい論争を交える人々が心にとめておかなければならない事実でもある。いずれにしろ，論争家たちの争いが解決不可能と見えるとき，角の生えていない頭はすべすべだが，闘う雄ヘラジカにたとえて，論争家たちは *to lock horns*（角突き合わせる）と言われる。

LOCK, STOCK, AND BARREL

　lock, stock, barrel は古風な銃の三つの部品（発射装置，銃床，銃身）のことである。一般の語法ではこれらの語は，互いにつきまとい，意味は "an entirety"（そっくり全部），"the whole thing"（すっかり）である。誰かが商人の在庫品を *lock, stock, and barrel*（いっさいがっさい）買いたいと申し出れば，商品全体，何もかも引き取るという意味である。

　英国では，このイディオムはしばしばジョン・ギブソン・ロックハート（John Gibson Lockhart）がそのウォルター・スコット卿（Sir Walter Scott）の伝記 (1837) 中で書いたところに従った："Like the highland-man's gun, she wants stock, lock, and barrel, to put her in repair."（ハイランドの男の銃のように，彼女は自分の手入れを行き届かせようと，何もかもほしがる）。*stock* と *lock* は，イディオムの響きをさらに改善しようと，結果的に *lock, stock, and barrel* と位置を変えられて残り，元々の語順ではなくなったのである。

LOGGERHEADS

> Solid men of Boston, go to bed at sundown;
> Never lose your way like the loggerheads of London.
> 　　　　　—Anonymous, *Billy Pitt and the Farmer*

ボストンの馬鹿者どもよ、日暮れと共に眠れ；
ロンドンの間抜け者どものように道に迷うな。
　　　　　　—作者不詳『ビリー・ピットと農夫』

　二人が at loggerheads（仲たがいして）いると言うのは、人が互いに争っているときのイディオム表現である。この記述に値する争いは通常、普通の争いなどではなく、当事者と言えば意見の相違をめぐって、深刻で熱い争いの渦中にいるのである。
　何世紀にもわたって loggerhead は二つの基本的意味を持っていた。どちらも喧嘩や不和とは関係がなかった。一つは "blockhead" の意味で、これはのろまの相当語だった。重し（logger）とは放牧中の馬が逃げ出さないように脚に着けられたブロックだと言われた。このブロックは役立たずだという考えが発展して、そこで loggerhead はばかで間抜けな人、すなわちうすのろ、でくのぼうを意味するようになった。他の一つは、取り囲んでいる敵の頭上に兵士が壁の上から溶けたタールを注ぐときに使う、あるいは水兵が攻撃をしかけている艦船にピッチやタールを投げつけるのに使う、長い柄の柄杓(ひしゃく)のことを言った。さらに、頭の大きい動物が loggerhead と呼ばれたことは注目されるかもしれない。この動物の一つは loggerhead turtle（アカウミガメ）、すなわちカミツキガメだった。たぶんこのカメには激しい小競り合いをほのめかす手がかりがあるのだろう。互いに相手にかみつこうとするカメは、言い争っているように見えるのかもしれない。

LOOSE ENDS, TO BE AT

　to be at loose ends は、次に何をするか不確かだとか、計画は何もないということである。あるいは、こんな状態にある人は失業者かもしれない。エリック・パートリッジ（Eric Partridge）は、この表現は "from a horse whose tether has broken or slipped"（つないである綱が切れたか抜けたかした馬から）きていると示唆した最初の人かもしれない。エヴァンズ（Evans）は、ヘイウッド（Heywood）が Proverbs（『格言集』1546）の中でこう言っていると指摘する：“Some loose or od ende will come man, some one daie."（人はいつの日か途方に暮れるだろう）。

エヴァンズの見解は，この表現には他に起源があることを示唆している。

　loose ends という慣用句は通常，交渉中の契約の最終段階，あるいはすべての取引の最終の細目の処理のことを言う。そしてもしそれらが決着し，きちんと締結されれば，そのときはこのクリシェイの姉妹版を使って *tied up the loose ends*（最後の仕上げができた）と言う。

LOVE ME, LOVE MY DOG

"Love me, love my dog."（坊主憎けりゃ袈裟まで憎い）は，長いことおなじみのものである。1867 年にヘイウッド（Heywood）の *Proverbs*（『格言集』）に英語で初めて現れたこのイディオムは，もしわたしを欲しければすべての欠点とともに受け入れてほしい，あるいはわたしを愛するならわたしのものすべてを好きになってください，ということのどちらかを意味するものと理解されている。この表現の骨子は 12 世紀もの昔に書かれたが，それはラテン語であった。クレルヴォー（Clairvaux）の大司教聖ベルナール（St. Bernard）は書いている：*"Qui me amat, amat et canem meum."* — "Who loves me, also loves my dog."（わたしを愛する人はわたしの犬も愛してくれる）。ベルナールはしかし，その名前とその言及が犬に及んでいるにもかかわらず，100 年も前に生き，有名なホスピスを創設し，St. Bernard dog（セントバーナード犬）の名のもととなった聖ベルナール・ドゥ・メンテオン（St. Bernard de Mentheon）のことではない。

MACABRE

　陽気に考え，*macabre* という語は避けよう。この忠告が人生の現実を無視しなければ，それでよい。*macabre* の意味は "gruesome"（陰気な）とか "ghastly"（不気味な）であり，死を示唆するものである。中世の腺ペスト（黒死病）が流行した時代に，墓地へ向かう死体満載の車は珍しくはなかった。まだ命のある人も，車で運び去られるのも時間の問題だと考えていたので，残されたわずかの生活はどんちゃん騒ぎで過ごした。死をテーマとするダンス・パーティー，墓場に人を導く踊る骸骨とのダンス・パーティーは，時代の気晴らしとなった。ジャン・ドゥ・フェーヴル（Jean de Fèvre）は，昔の気晴らしを *Danse macabrée*（陰気な踊り）という詩に歌い上げた。

　以上すべてを考慮に入れても *macabre* の起源は得られないが，それは誰にも分からないからである。ある説では，その語はマカーバ（Macaber）またはマカベー（Macabré）という名の画家からきたというものであるが，これは確認されているわけではない。もう一つの説は，後期ラテン語の *Chorea Maccabaeorum* すなわち "dance of the Maccabees"（マカベア家の踊り）が源だというもので，マカベア家とは，唯一神崇拝の信仰が固く，アンティオコス4世（Antiochus IV）に死をもって脅迫されても，ギリシャの多くの神々崇拝を拒否した人々のことである。ユダス・マカバイオス（Judas Maccabeus）とその多くの信奉者は，最後には窒息するという誰にも耐えられない拷問に勇敢にも耐えたが，決してよろめくことなく，その信仰はユダヤ教・キリスト教に共通の基本原理として残っている。

MAD AS A HATTER

　有毒で多色の大トカゲ *attar* について奇妙なことは，表情が常に怒ったり

憤慨したりしているように見えることである。この奇妙な特徴は，誰かのことを怒っている人に応用されるようになった。そういう人は，*mad as an attar*（花香油のように狂っている）と言われたが，もっとしばしば今は諺のようになった語の連結 *mad as a hatter* のように聞こえた。今日 *attar* は *adder* と呼ばれ，怒りっぽい人は *a mad hatter*（気が狂った人）と呼ばれる。こうしたことについてはるかに不思議なことは，誰もこの話に実際少しでも根拠があるかどうか，またこの話が，かまれたら狂気を引き起こすという蛇にかまれて気が狂った人のうわごとかどうか，本当には知らないのである。あるいは，帽子屋はフエルト帽を作るときに使う水銀ニトロで頭がおかしくなるということか。この化学物質—情緒的，精神的問題をことごとく引き起こしうる毒は，帽子屋が不意に立ち上がる動きを引き起こし，そしてたぶん，ある場合には完全な狂気を引き起こすと信じられている。推測は推測を呼んだ。その一つはオーストラリアの坑夫は *hatter* と呼ばれたというものである。坑夫はしばしば単独で働いたので，頭が変だとは言わないまでも風変わりだと言われたが，*mad as a hatter* の起こりはここにある。唯一誰もが納得できるのは，1865年にルイス・キャロル（Louis Carroll）が *Alice's Adventures in Wonderland*（『不思議の国のアリス』）の中の Mad Hatter（気違い帽子屋）でこの表現を流行らせたということである。

しかし，1837年という早い時期にトマス・ハリバートン（Thomas Haliburton）が *The Clockmaster*（『時計屋』）の中で用いたことに注目したい："Sister Sal . . . walked out of the room, as mad as a hatter."（姉のサールは……狂ったように部屋を出て行った）。

MAD AS A MARCH HARE

この奇妙な表現は少なくともチョーサー（Chaucer）の時代までさかのぼる。チョーサーは1386年に "The Friar's Tale"（「托鉢修道士の話」）の中で言った："Mad were as an Hare."（野兎のように狂った）。3月は子育ての季節なので，野兎がたとえ狂ってはいなくとも，また，たぶん他の兎にはロマンチックに見えようとも，人にはふざけて騒いでいるように見えるのは何の不思議もない。有名なオランダの神学者エラスムス（Erasmus）によれば，沼地では野兎はぐっと騒々しくなる。エラスムスは言う："March hare is marsh hare. Hares are wilder in marshes than elsewhere because of their greater flatness and the absence of hedges and cover."（3月の野兎は荒っぽい。野兎は沼地にくると，他のどこにいるときより気が荒くなるが，そこは広大な平坦地である上に，垣根も茂みなどの隠れ家もないからである）。人に尋ねられそうな質問は，これは hairy tale（身の毛のよだつ話）かどうかということである。ルイス・キャロル (Lewis Carroll) は *Alice's Adventures in Wonderland*（『不思議の国のアリス』）の中で，その登場人物 March Hare（3月の野兎）を通して *mad as a March hare*（気まぐれな）を諺にする手助けをした：

> The March Hare will be much more interesting, and perhaps, as this is May, it won't be raving mad — at least not so mad as it was in March.
> 3月の野兎ははるかにおもしろい。そして今季節は5月なので，野兎はたぶんひどく気まぐれではない―少なくとも3月ほどには気まぐれではないであろう。

mad as a March hare は狂気を暗示するが，この姉妹版の *mad as a hen* は怒っている人のことを言う。この直喩の起源については手がかりさえないが，ウッドハウス (P. G. Wodehouse) は1942年にこれを *Money in the Bank*（『銀行にある金』）の中で使った。今日普通に言われるのは "mad as a *wet* hen"（ひどく腹を立てて）である。

MAKE A MOUNTAIN OUT OF A MOLEHILL

> He changes a fly into an elephant.
> ―John Ray, *English Proverbs*
> 奴は針小棒大に言う。
> ―ジョン・レイ『英語の諺』

多くの言語には，問題を大げさにすべきではない，特に小さいことをひどく大げさにすべきではないということを表現する多くの方法がある。ローマ人は

言った：*"Arcem ex cloaca facere"* —"to make a difficulty from trifles"（ささいなことに苦情を言う）。これは文字どおりには "to make a citadel out of a sewer"（下水管で要塞を作る）である。全く取るにたらないものを重視するというこの意味は、英語では *to make a mountain out of a molehill*（針小棒大に言う）という表現で一般に表現されている。この表現は諺になってしまうほど古いが、英国人の頭韻好きがこの表現を生み出したと信じられている。他の国、特にフランスやドイツでは、この思想を伝えるイメージは全く異なっていて、"to make an elephant out of a fly" というものだが、これは最初ギリシャの随筆家ルシアン（Lucian）がその "Praise for a Fly"（「ハエ賛歌」）の中で作り上げた考え、言葉の組合せである。仏語ではそれは *"Faire d'une mouche un éléphant."*（ハエを象に変える）となった。英語版が初めて印刷で現れたのはトマス・ベイコン（Thomas Bacon）の *Catechism*（『教理問答書』1560）の中の "They make of a fly an elephant, and of a molehill a mountain."（彼らはハエから象を作り、モグラ塚から山を作る）かもしれない。通常はフォックス（Foxe）の *Book of Martyrs*（『殉教者列伝』1573）が初めて "makeying mountaines of Molehills"（針小棒大に言う）という表現を記録したと信じられている。この諺は、ガブリエル・ハーヴィ（Gabriel Harvey）の *Letter-Book*（『書簡集』1573）によって確固たる地位を築いた。"to make huge mountains of small molehills"（小さなモグラ塚から大きな山を作る）は、ホレス（Horace）の *Ars Poetica*（『詩の技法』）に "The mountain labors, and a ridiculous mouse is born."（山が陣痛を起こし、おかしなネズミが生まれる）として現れるように、もちろん山からネズミを作ることの正反対である。ローパー（Roper）はその *Life of More*（『モアの生涯』1557）で書いている："Thus was the great mountayne turned scant to a little mole hill."（かくして大きな山が小さくなり、モグラ塚となった）。しかし、フォックスは、その *A & M*（『AとM』1570）の "to much amplifying things yt be but small, makying mountaines of Molehills"（モグラ塚から山を作るように、小さなものを大げさにすること）でこの引喩を今日の用法にしたのである。

MAKE HEAD OR TAIL, UNABLE TO

　このイディオムは17世紀にまでさかのぼるが，人は物を明瞭には見ていないものだということをはっきり示している。目に見える物は非常に曖昧であり，考えていることは非常に分かりにくいので，誰も unable to make head or tail out of it（それは何がなんだか分からない）のである。この引喩はもちろん，頭と尾（表と裏）があるものに対してであり，しかもそのあるものとは，たぶん動物か硬貨であるが，動物はどの動物を指すかは不明瞭で，硬貨は両面がピカピカに磨いてある。マージェリー・メイソン（Margery Mason）は The Tickler Tickled（『懲らしめられたおだて屋』1679）で書いている：“Their Tale ... had neither Head nor Taile."（彼らの話は……皆目理解できなかった）。キケロ（Cicero）は "Nec caput nec pedes."（頭もなければ足もない）と言ったが，翻訳しても混乱を極めるだけである。いずれにしろ，もし自分が見ていることや考慮中の問題が何がなんだか分からなければ，それは理解できないということである。

MAKE NO BONES ABOUT IT, TO

　to make no bones about (it or a matter) という表現は，17世紀初頭の作家ニコラス・ユードル（Nicholas Udall）によってアブラハム（Abraham）とイサク（Isaac）の物語 Apothegms from Erasmus（『エラスムスの金言』）で初めて使われた。アブラハムは息子を生けにえにせよと命じられたのである。ユードルは書いている：“He made no manier (manner of) bones ... but went in hand to offer up his only son, Isaac."（彼は隠しだてをしなかった……が自制して一人息子のイサクを捧げようと申し出た）。ここから現在の "to show no hesitation"（躊躇しない）の意味が出てきた。しかし，この表現の起源は，ある表現研究家の信ずるところによると，スープを飲むことの中にあった。スープに骨が入っていなければ，飲む人は造作もなく躊躇せず飲めるだろう。この表現は，たじろがずに，まっすぐに，あるいはさらに言えば，完全に，率直にしなければならないことを意味する一般慣用語法の中に入った。いずれの場合にも，その人は

making no bones about it（遠慮せずやっている）のである：" Arthur dislikes his mother-in-law, and he *makes no bones about it.*"（アーサーは継母がきらいで，遠慮なくそう言っている）。ある種の支持は得ているが，ほとんど支持する人のいないもう一つの学説は，骨をサイコロと関連づけるものである。カジノを訪れた人なら誰でも，サイコロ賭博師がサイコロを投げる前にある儀式に従うのが分かる。運命の女神を励まそうとして，サイコロに息を吹きかけ，空中に投げ上げ，あるいはくすぐったりさえする。そんな大げさなことを避けようとして，サイコロを投げる前に，コップ状にした自分の手の中でただ振っているだけの賭博師は，"to make no bones about it"（躊躇しない）と言われる。賭博師は主張の正しいことを証明しようとして，ずばり核心に触れるのである。

MAKE ONE'S HAIR STAND ON END, TO

　突然恐怖に襲われたり，気力を失せるような経験をすると，髪が逆立つことがある。この現象は確かに犬や猫に顕著に見られる。恐怖に陥ると，猫の毛や犬のたてがみはかたくなる。そしてこれはまた人間の頭脳にも言える。ベレズフォード・チャペルのアンドルーズ博士（Dr. Andrews of Beresford Chapel）を引用したブルーワー（Brewer）によると，処刑寸前の罪人の髪は次第によだち，しばらくそのままだったという。ここから *to make the hair stand on end*（身の毛をよだたせる）というイディオムは，何かが異常に恐ろしく，恐怖を引き起こしていることを示すようになったのである。

　この考えは，はるか聖書の時代までさかのぼる。次は Job 4：14-15（「ヨブ記」4章14, 15節）に出ている："Fear came upon me, and trembling, which made all my bones to shake. Then a spirit passed before my face; the hair of my flesh stood up.（恐れがわたしに臨んだので，おののき，わたしの骨はことごとく震えた。時に，霊があって，わたしの前を過ぎたので，わたしの身の毛はよだった)。

　これと反対のイディオムは，ジェーン・オースティン（Jane Austen）によって "He never turned a hair."（馬はびくともしなかった）のように創作された。そこで意味されるのは，おとなしく冷静な馬の毛は滑らかだが，その馬は邪魔されると毛を逆立てるということである。するとその毛は，文字

どおりではないにしても "stand on end"（逆立つ）のである。*He never turned a hair.* というこの表現は人間に適用され，落ち着き払っていて，一目でうろたえていないのがわかることを意味する。しかし，皮肉屋の手にかかれば，こうした人は身の毛のよだつような経験はしたことがないとつけ加えることになるかもしれない。

MAKE THE GRADE, TO

第二次世界大戦中，いくつかの政府部局では，応募者はすべての試験で合格点80点が要求された。まさに高い点である。もし誰かがコースの試験に失敗し，成功しなかった（didn't make the grade）と言えば，その人はこの句の文字どおりには解釈されても，歴史的には解釈されないだろう。すなわち，この to make the grade というイディオムは鉄道の話に適用されて，試験とはなんら関係がなかったからである。表現中の *grade* は蒸気機関車が越えなければならない勾配のことである。南北戦争前の蒸気機関車は牽引力は強かったが，斜面を登るときは牽引力が大幅に失われた。機関士は，引き上げるのが困難な斜面の頂に列車が着くまで神経質そうに息を殺し，それからほっとして言うのだった："We made the grade."（やったぞ）。今日この表現はすべての活動分野で使われていて，何も汽車の登攀だけに適用する必要はない。自分の求める最高点に到達したり，ようやく目標に到着した人は，こう言ってもおかしくない："I've made the grade."（登り切ったぞ）。たとえその人が平地にいたとしても。

MARGARINE

margarine はうれしい発明品だ。今でこそ広く受け入れられているが，このマーガリンという製品は，商店の棚に並べられる途上でいろいろな段階をへて，主に綴りや発音の変化を経験した。このバターの代用品のフルネームは *oleomargarine*（*oleo* は "oil"（油）を意味する連結詞）である。*margarin* という語（マーガリンは植物脂肪と植物油の混合物である）は19世紀のフランス人化学者マリー・ユージン・シュヴルール（Marie-Eugene Chevreul）の造語である。シュヴルールがその語を選んだのは，マーガリン

の主成分の一つが *margaric acid*（仏語で *acide margarique*）だからであり，またその結晶が真珠色だったからである。英語の *margaric* と仏語の *margarique* は，"pearl"（真珠）を意味するギリシャ語の *margaron* が語源である。*margarine* の発明者は，フランスの化学者でバターの代用品として申し分のない製品の開発コンテストで優勝したヒッポライト・メゲ・ムーリーズ（Hippolyte Mege-Mouries）であった。このコンテストは，1870 年の普仏戦争時にバターの代用品を求めていたナポレオン 3 世（Napoleon III）が計画した。マーガリンの色はもともと白だったが，黄色に人工着色して，バターの天然色に似せたのである。

その両親の発音と綴りに従って，*margarine* は MAR-guh-rine と発音され，綴りは最後に *e* がつけられた。このように発音や正書法はいろいろと変化したが，この変化は，特にマーガリンは実物のバターよりすぐれていると言う人々によってマーガリンが一般化したことと，何ら関係はなかった。

MASHER

masher（女たらし）は今日の語法では普通の単語ではないが，古い映画の再上映ではいまだに聞かれもし，早い時代にプロットが設定された本には登場する。この語が初めて印刷されたのは，*OED* によると 1882 年のことだった。*masher* とはコーラス・ガールのことで，男性の観客といちゃつき，楽屋口に会いに来てくれと誘ったが，それは楽屋口でぶらぶらする男になれということだった。この語はスラングだが，ジプシーの *masher-ava* から派生していて，それは "to allure with the eyes"（目で幻惑する）という意味だと言えば適当だろう。時がたつにつれて，この語の適用にあたりその性を変えて，浮気男のことを言うようになった。それをどう見ようとも（あるいは誰が最初に目配せしようと），双子は相まみえるものだ。だが，スラング辞書の中には *masher* を，いやがる女性に無理に注意を向ける男と見なすものもあることに注意されたい。こんな男をただ目配せする人と言ったのでは言い足りない。

MAYDAY / MAY POLE

　もしも急に救助が必要で，モールス符号の *Mayday* を使おうとすれば，*SOS* と同義のこの表現の出所を尋ねるのは当を得ていないだろう。それが問題解決に役立つ語源学ではないからである。だが，助けが得られ，感謝感激したあと，どこかの時点で *Mayday* はピジン仏語だと知って興味がわくかもしれない。これは仏語の表現 (*venez*) *m'aidez* (*hay* の *a* のように二重母音で発音される) の英語化したもので，"(come) and help me" (助け(に来)て) という意味である。

　May pole と *Mayday* は関連した語とは言えない。その昔 *May pole* の周りを回って楽しんでいる人たちの中に，"Mayday"(メーデー) と叫ぶような人もいたかもしれないとしても。今日では，一見無害のお祭り騒ぎ―学生たちが春を迎えようとポールの周りで踊ったり，歌ったり，はね回ったりする―のように思えるかもしれないが，このようなはしゃぎ方は，必ずしも非常に高い評価を受けているわけではなかった。*May pole* のみじめな歴史に深入りする前に，昔は踊りは豊饒を確認する儀式だったことを心にとめておきたい。そのポールはペニスの象徴と見なされた。ストランド地区に *May pole* が立っていたロンドンでは，あばれ回ってポールを押し倒したり，その周囲を回っている人たちの熱狂するドンチャン騒ぎを，ある日，清教徒たちがやめさせてしまった。この行きすぎた清教徒の頑固さに勝るのは，ボストンのきまじめなピルグリム・ファーザーズ (Pilgrims) だけだった。ピルグリム・ファーザーズはトマス・モートン (Thomas Morton) が立てたポールの周りに集まったインディアンや他の人たちの愉快そうな様子に反抗して，そのポールを取りこわそうとしたばかりか，モートンの財産も燃やそうとしたのだった。これを聞くと人は，いかにして May pole が，ヴァッサー大学 (Vassar College) の女子学生のように貞節で礼儀正しい娘たちが喜ぶまでに，脚光を浴びるに至ったのかと，人は不思議に思う。

MEDUSA

　Beauty is that Medusa's head

Which men go armed to seek and sever:
It is most deadly when most dead,
And dead will stare and sting forever.
　　—Archibald MacLeish, *The Happy Marriage*

美とは男たちが武装して
捜し求めて切り分けるメドゥーサの頭。
美は死んだと見えるとき最も破壊的で
死んだと見えて永遠に凝視し，刺す。
　　—アーチボールド・マックリーシュ『幸福な結婚』

　ギリシャ神話の記録の中で最も醜い女性 *Medusa*（メドゥーサ）は見るも恐ろしかったので，会うなり人は顔をそむけたものである。メドゥーサには頭髪の代わりに，曲がりくねり口からシュッと音を立てる蛇が何匹もいて，この蛇には翼，真鍮の爪，巨大な歯があった。アテナ（Athena）はメドゥーサを恐ろしい女にしたが，これはメドゥーサを見た人はみんな石になるという意味だった。ペルセウス（Perseus）はメドゥーサの頭を確保せよと命じられた。石にされないために，ペルセウスは自分の磨き抜かれた盾の反射面を利用してメドゥーサを観察した。攻撃には不便なところにいたが，一刀のもとにメドゥーサの頭を切り落とすことができた。そして後に，この戦利品をアテナに捧げた。アテナはそれを鎧の胸当ての真ん中につけた。イタリアのフロレンスにあるランツィの回廊は，チェリーニ（Cellini）作のメドゥーサの切られた頭を誇らしげに高く掲げる有名なペルセウスの像を所蔵している。今日，醜い女はメドゥーサのような女だと呼ばれるかもしれないが，それはその人の顔のことを言っているのではないというのが思慮深いということになる。

MESS

That you three fools lack'd me fool to make up the mess.
　　　　　　　—Shakespeare, *Love's Labour's Lost*

あなたがた三人の馬鹿に，まだ，馬鹿の私が一枚足らなかったので，これで四人組ができ上りました。
　　　　　—シェイクスピア『恋の骨折り損』

mess は汚れているか不潔な固まり，あるいは混乱状態，あるいは難局のことで，"He's made a mess of it."（奴はへまをしちまった）のように，何かをしくじる人について言われる。mess のもとの意味はしかし，今あげた意味のいずれとも全く関係はなかった。それはポタージュ一杯のように，食卓の食べ物の一部を意味した。（ポタージュ一杯のためにエサウ（Esau）は長子の権利を売った：Genesis 25:33「創世記」25 章 33 節）。この語のラテン語の先祖は mittere（送る）だったが，そのローマ時代の意味は "to set in place"（あるべきところに置く）であった。ここから後期ラテン語の missus（食卓のコース）が出てきたが，文字どおりには "a thing put as on a table"（食卓の上などに置かれるもの）であった。（古仏語の mes は，今では mets と綴るが，食物あるいは食物を供することを意味した）。時がたつにつれ，mess の意味は変わった。それは通常四人からなる小さなパーティーを意味するようになった。パーティーでは四人は共に腰をかけ，同じ皿から食べるのだった。こうしたグループを messes と呼んだ。

女主人はもし四人の会食に一人足りなければ，当惑するのが常だった。トレンチ（R. C. Trench）は *Dictionary of Obsolete English*（『英語廃語辞典』）の中で，"There lacks a fourth . . . to make up the mess."（会食するのに……四番目の人がいない）という訓話を引用している。（今日でさえ接待役の女主人たちはときどきブリッジで四人目の人を必要とする）。さらに時がたつにつれ，mess の意味は一段と拡張されて，どんな数でも含むようになり，食卓を共にする特に兵士や水兵（*messmates*）に適用されるようになった。たぶん mess に乱雑さの意味が生まれたのは，食堂（mess hall）の食卓に残されたごみが原因であろう。

MILK OF HUMAN KINDNESS, THE

No act of kindness, no matter how small, is ever wasted.
—Aesop, "The Lion and the Mouse"
どんな親切な行為も，それがいかに小さくとも，無駄にはならない。
—イソップ「ライオンとネズミ」

生まれつき同情心，愛情，憐れみ，理解ある心を無限に持っていると見える

人は, *full of the milk of human kindness*（人情に満ちている）と言われるかもしれない。この表現は今となってはクリシェイだが, *Macbeth*（『マクベス』）に初めて登場したときは類なき逸品だった。

マクベス夫人の心配の種は, 夫には殺人を犯してでも王位を手に入れようという無鉄砲さがないということだった, と回想されるかもしれない。マクベス（Macbeth）は性格があまりにもおとなしすぎ, 人間に対する配慮がありすぎて, 夫人が計画した殺人を実行できなかった。夫人は言った："Yet do I fear thy nature;/ It is too full o' the milk of human kindness/ To catch the nearest way. Thou wouldst be great,/ Art not without ambition, but without / Thy illness should attend it."（でもわたしはあなたの性格が怖いのです/人情がありすぎて近道ができない/あなたは偉くなりたいと思い/野心がないわけでもないのに / その野心達成に必要な邪心がないでしょう）。

ずっと流布してきたが今やクリシェイとなったこの表現に関する話は, 年老いた司教がボンベイのある尊師を訪ねたことである。尊師は絶え間なくしゃべったが, その話しぶりはいつも深い敬虔と鼻もちならない信心ぶりを備えていた。司教が自分の仲間のところに戻ってきたとき, 案内人は尋ねた："What did you think of this charismatic character?"（このカリスマのような性格をどう思いましたか）。すると司教は答えた："Well, I've often heard of the milk of human kindness, but I never dreamed I would meet the cow."（そうですね, わたしはよく心のやさしさについて聞いていましたが, 虫の好かぬ奴に出会うとは夢にも思いませんでしたよ）。

MIND YOUR P'S AND Q'S

人が *mind his p's and q's* すると, 行儀がよく, 自分の言行に注意深いと言われるが, その人はわざと注意深く, きちょうめんにしているのである。ハンナ・カウブリー（Hannah Cowbley）は 1779 年に, *Who's the Dupe?*（『間抜けは誰だ』）で書いている："You must mind your *p's and q's* with him, I can tell you."（いいかい, あの人に対しては言行を慎みなさいよ）。このありふれた表現の意味は明らかだが, その起源は明らかではない。この表現の由来は多種多様で, 教室から酒場までと幅広い。

pとqという二つの文字は，印刷業者がディセンダーと呼ぶ縦の線がそれぞれ反対側にあることを除けば，違いはない。それは従って先生が生徒に *Mind your p's and q's.* (pとqに注意するように) と助言することだと推測された。すなわち，それは二つの文字の明らかな違いに注意することだった。しかしなぜ "to mind your *b*'s and *d*'s" (bやdには注意) しなくてもいいのか。他の学説は，船員の妻は夫の弁髪 (pigtail) でピージャケット (pea jacket) の襟が汚れることを心配したというものである。この場合に *Mind your p's and q's.* と言われることは，弁髪が襟に触れないようにしてほしい，あるいは別な言い方では弁髪がピージャケットに触れないようにしてほしいということだった。

最高にもっともらしい話はこうである。バーテンの仕事は，ジョッキ1杯の飲み物の注文を受けるたびに，黒板にチョークで p (1パイントの場合) か q (1クオートの場合) の下に数字の1を書いて，お客が何杯飲んだか見張ることだった。酔って去るお客は，はっきり言って自分の p や q に注意することはできなかった。

MONEY BURNS A HOLE IN HIS POCKET

お金にはいろいろな種類があるものだ。*butter and egg money* (札びらを切る金)，*found money* (あぶく銭)，*pin money* (小遣い)，*ready money* (いつでも使える金)，それに *blood money* (殺人の報酬) がある。だが，それがどんな種類の金であれ，いったん人の手に入れば，*burn a hole in his pocket* (すぐになくなる) から，長くは手元に残らないだろう。この引喩は金を持ち続けられない，すなわち金を使いたくてうずうずしている人に対してのものである。もちろん，この表現は文字どおりではなく，比喩的である。もしお金がポケットに焦げ穴を作れば，そのお金も燃えてしまい，使うお金がなくなってしまうからである。だが，このイディオムは次のような子孫を作り出した。*to spend money like water, to let money run through your fingers*, そして *to spend money like a drunken sailor* である。使われているクリシェイの形とは関係なく，意味はみんな同じである。すなわち，浪費家の向こう見ずで，金を湯水のごとく使ってしまうのである。

MONKEY WRENCH

　monkey wrench がモンキーと呼ばれるのは，名前の由来となった動物に似ているからだと言われてきた。たぶんそうであろうが，誰もが同意するわけではないのもまた確かである。修理工なら誰でも知っているように，モンキーは手で使う道具で，さまざまな寸法のナットを回すのに使う調節のきくあごがついていて，動きは猿のあごの動きに似ている。モンキーという器具にその名がついたのは猿に似ているからだという推測は，しかし，多くの権威者から賛同を得たわけではなかった。ほぼ1856年以来，長期間にわたって，モンキーはその発明者だと言われるチャールズ・モンキー（Charles Moncke）というロンドンの鍛冶屋から名前が出たと信じられていた。この言い伝えによると，発明者の名前は *monkey* と発音されたが，それは発明者の本名が一般に知られていなかったからである。*Boston Transcript*（「ボストン・トランスクリプト紙」）は，1932年から1933年にかけて冬期に行った調査を報道して，この英国流学説を非難した。その調査で，モンキーの発明者は英国人ではなく，マサチューセッツ州スプリングフィールドにあるベミス＆コール（Bemis & Call）社に雇われていた *Monk*（モンク。ファーストネームは不明）というアメリカ人だということが判明したというのである。この証拠を支持するものに，モンクの1856年という発明の日付がある。これは *monkey wrench* という語が *OED* に初めて印刷されたと記録される2年前のことだった。さらに，英国人はモンキーのことを *spanner*（スパナー）と呼ぶ。それはそうだとしても，辞書はおしなべて *monkey wrench* の起源を，曖昧，不明として採録している。たぶんこれは，辞書がちょっかいを出したがらない語源の一つなのであろう。

MORE THE MERRIER, THE

　参加者が多ければ多いほど誰も楽しいという，あるいは予想外の客に対する歓迎の辞であるというこの表現の意味するところは，明らかなようだ。キケロ（Cicero）はこの友好的な思想の創始者として認められてきた。しかし，この思想が英語に取り入れられ，定着したイディオムとなるのには何世紀もかかっ

たのである。単語探求者の中には，ジェハーン・ポールズグレーヴ（Jehan Palsgrave）がこの思想を初めて英語に持ち込んだという意見の人もいるが，みんながみんなそう考えているわけではない。ポールズグレーヴは1530年に書いている：``The mo the meryer; the fewer, the better fare.''（人が多ければ多いほど楽しいが，少なければ少ないほど，おいしいごちそうが食べられる）。ポールズグレーヴがこの思想を考え出したのか，あるいはただ単に英語に言い換えたのかは，議論のあるところである。それを疑う人たちは，スコットランドの王ジェームズ1世（King James I）が最初にこの自明の理を口にしたと信じている。ジョン・ヘイウッド（John Heywood）はそれをその *Proverbs*（『格言集』1546）に取り入れている：``The mo the merrier, we all daie here and see. Ye, but the fewer, the better far.'' ヘイウッドの書いたことは，今日の言葉で言えばこうなる：``The more the merrier; the fewer, the better fare.''（人が多ければ多いほど楽しいが，食べさせる人が少なければ少ないほど，他の人たちに多くの食物を残してやれる）。

MORTGAGE

> Worm or beetle — drought or tempest — on a farmer's land may fall,
> Each is loaded full o' ruin, but a mortgage beats 'em all.
> —Will Carleton, *Betsy and I Are Out*
>
> ウジ虫であれ，かぶと虫であれ—日照りであれ，嵐であれ—どれもあふれんばかりの滅びを背負って
> 農夫の土地に襲いかかるかもしれないが，ローンに勝てるものはない。
> —ウィル・カールトン「ベッツィ共々失業中」

実業界では，*death* とは休暇を取ることで，*death*（そのラテン語の先祖 *mors*（死）から出た）に関連して普通に使われる単語は，*mortgage* そのものである。それはもやは仕事で使う``death''（死）を内包していないし，誰もそれが死と関連しているとは思っていない。二つの要素からなるこの語は，仏語の *mort* と *gage*，文字どおりには ``dead pledge''（無効になった抵

当）一人の死をもって負債はチャラになるという約束からきた。もちろん今日では，この語は死，すなわち生き物の死とは何ら関係がない。これはその代わり負債の担保として財産を移転することで，その負債は生存者間で契約され，通常貸し手と借り手の両者の生存中に弁済されることになっているのである。*mortgage* の代わりの表現は "hypothecate"（抵当に入れる）で，これは中世ラテン語の *hypothecare* からきている。フランスでは *mortgage* は *hypothèque* に完全に取って代わられた。

　住宅ローンを支払う商慣習は，*amortization* と呼ばれる定期的支払を通してなされる。それは利息と元金の一部を含む契約条項に規定された通りの毎月の支払いのことである。このゆっくりで着実な負債解消法は，結果的に負債を完全に "kill"（握りつぶす）か "destroy"（無効にする）から，ある意味で緩慢な死といえる。*amortize* の辞書の定義は "to put money aside at intervals as in a sinking fund, for gradual payment of a debt"（減債基金のように折にふれて金をためておき負債を徐々に返済する）である。英語 *amortize* は仏語に再度感謝できる。その仏語はラテン語の *ad* (to) と *mors* (死) を集めてできあがり，古仏語ではその語の親で "to extinguish"（消す）か "to deaden"（殺す）を意味する *amortir* と出会った。償却された住宅ローンは償却された負債というべきである。それはもう完全に支払われたのだから。

MUMBO JUMBO

　mumbo jumbo という 2 語の組合せにはいくつかの辞書的意味があって，その中に "gibberish"（わけのわからない言葉）がある。そしてそれは，たぶんほとんどの人がそれにあてはめた意味 "incomprehensible language"（理解できない言葉）である。多くの語源学者は，正確な語源と本来の意味を正確に記述しようと試みたものの，いまだに合意に達していない。*OED* は "Origin Unknown"（語源不詳）としている。しかし，一般には *mumbo jumbo* は西アフリカのマンディン語からの派生で，意味は "a magician who could make evil spirits depart"（悪霊を立ち去らせる魔術師）だと信じられている。Mumbo Jumbo はスーダンのある村の守護神で，悪を寄せつけないばかりか婦人たちを服従させ続ける力もある仮面祈

祷師によって表現された。それはまた物神，すなわち超自然力を持つものとも定義される。こうした意味があるにもかかわらず，不思議なのは，ホウルト（Holt）も言うように，なぜディケンズ（Dickens）が "Carlyle, who knows everything, don't [sic] know what Mumbo Jumbo is."（カーライルは何でも分かっていながら，Mumbo Jumbo が何だか分かっていない）という驚きを記録し，さらになぜそれは偶像でも物神でもなく，部族の男たちの婦人を厳しく現状に縛りつけておこうという一致した決意を代表する仮面の男性のことだと指摘し続けたのかということである。Mumbo Jumbo が「女性解放運動」のことを聞いたことがないのは明らかである。いずれにしても，確かなことはその意味が何であれ，カーライル（Carlyle）だけが "precise"（正確な）な意味を知らなかったわけではないということである。

MUSHROOM

mushroom という語について奇妙なことは，それが *mousse* という語に影響されて，フランスの北部で *mousseron*（または *moissereon*）と呼ばれたことである。それは "moss"（苔）を意味するが，豪華なレストランで見られる傘の形をした食用の菌類（キノコ）とは何の関係もないのにである。はっきりしているように，英語化されて *mushroom* となった *mush* も *room* も仏語には現れない。この英語の綴りは仏語の発音に原因があるとされてきたが，この語は英国人の耳には *mushroom* と聞こえたのである。キノコを食べる前に発音してみてはどうか。

NAKED

Blind and naked ignorance
Delivers brawling judgments, unashamed,
On all things all day long.
　　　—Alfred Tennyson, *Idylls of the King*
目の見えない，全くの無知が
恥じることなく騒々しい判断を届ける
あらゆるものに関して一日中。
　　　—アルフレッド・テニソン『国王物語詩集』

"fully unclothed"（全く脱いでいる）とか "bare"（裸の）を意味する *naked* の古英語は *nacod* だった。気むずかし屋たちは何世代にもわたって，*naked* という語の使用にはことごとく反対してきた。それは下品で，ポルノ的イメージを喚起するからというものである。こうした気むずかし屋たちが好んだ語は *nude*（ラテン語の *nudus* が語源）だった。気むずかし屋たちを応援するトリックがあった。すなわち，ルノアール（Renoir）は *nude* women（裸婦）を描いたのであって，*naked* women（ヌードの婦人）を描いたのではないというものである。しかし，*naked* の他の用法では，誰もそれに異議を唱えなかった。例えば，*naked truth*（赤裸々な真実），すなわちホレス（Horace）が言っているような，昔のおとぎ話の時代に確立された表現 "the unvarnished truth"（表面的に取り繕った真実）を意味する *nuda veritas* は，気どり屋さえ心から受け入れるほどのものだった。おとぎ話によると，「真実」と「偽り」は共に水浴びをした。「偽り」が先に水から上がり，「真実」の着物を着てしまった。偽りと対照的に「真実」は裸になった。そしてそれが赤裸々な「真実」だった。

NAME IS MUD, HIS

　社会がある人を軽蔑する場合，それは社会が感じる反感を簡潔に表現する数語— *his name is mud*（その人の評判が地に落ちている）にまとめることができるかもしれない。そしてまた実際そうであるが，それほどに辛らつでない言葉のレベルでは，もし上司の機嫌を損なえば，従業員の評判は落ちると言われる。

　このイディオムがどのようにしてできたか，確かなことは誰も分からない。これと結びつけられた最大の疑問に関する物語は，アブラハム・リンカーン (Abraham Lincoln) を暗殺したあとの俳優ジョン・ウィルクス・ブース (John Wilkes Booth) を手当したメリーランドの医師サミュエル・マッド博士 (Dr. Samuel Mudd) に関するものである。思い出していただけるだろうが，ブースは大統領のボックス席から舞台に跳び降り，脚を骨折したのである。博士はブースの脚を固定した。ブースとの共謀を証明する証拠は何もないが，博士は共謀罪で有罪判決を受け，監獄—実際，キー・ウェスト (Key West) にあるドライ・トルトゥーガス諸島 (Dry Tortugas) へ送られた。博士の名の *Mudd* の2番目の *d* は，以後も名前を汚し続けようとして，徹底的な不快感を与えるために表現から落とされた。

　権威者の中にはこの物語の妥当性を議論したり，それは単なる民間語源説だと言う人もいる。スキャンダラスなあるいは不名誉な何かに言及するのに *mud* という語を使用したのは南北戦争以前のことだったからで，この説は正しいかもしれない。*his name is mud* という句もマッド博士の論争を呼ぶ行為に先んじていたという可能性を示唆している。この表現が初めて印刷で使用されたのは，1891年に出版されたチーヴァー・グッドウィン (J. Cheever Goodwin) の *Wang: Elephant Song*（『ウォング：象の歌』）の中だった。この中にはこのイディオムのもとの意味が泥と同じくらいにはっきりと残されていると，才人なら言うかもしれない。泥について言われるべきたった一つのよいこととは，愉快な一杯のお酒との連想である："Here's mud in your eye."（乾杯！）。

NARCISSUS

And still deeper the meaning of that story of Narcissus, who because he could not grasp the tormenting, mild image he saw in the fountain, plunged into it and was drowned.
　　　　　　　　　—Herman Melville, *Moby Dick*

泉の中で見たいじめるような優しい姿が何か分からなかったので、泉に飛び込んで溺れてしまったナルキッソスの物語の意味ははるかに深かった。
　　　　　　　　　—ハーマン・メルヴィル『白鯨』

　narcissus とその同族語の意味の範囲について考えると、興味をそそられる。*narcissus* は美しい花で、ギリシャの美しい若者にならって名づけられた。若者は透き通った水に映る自分の姿を眺めたとき、そのあまりの美しさにうっとりして、水辺を離れられなかった。若者はそこで死に、白と黄色の花の群れに変わり、その花は若者の名前をつけられた。*narcissus* のギリシャ語は麻薬の効果を暗示する "numbness"（無感覚）を表す。*narcissism*（ナルシシズム）は、ジグムント・フロイト（Sigmund Freud）が造語した精神分析の用語で、病的自己愛のことである。

NASTURTIUM

　もし誰かが *nasturtium*（ノーゼンハレン。ときどき酢の味つけに使われる）の葉を食べるようなことがあれば、ツンときすぎて鼻が曲がってしまうだろう。この花の名前は少なくとも歴史的に言えば適切である。なぜか。それがラテン語の *nasus*（鼻）と *torquere*（よじる）からきているからである。この説明を聞けば、その種をひと粒かんだらどうなるかが分かる。ローマの博物学者プリニウス（Pliny）は1世紀にこう言った："The flower received its name from tormenting the nose."（鼻をいじめたところからその花の名前が出た）。ノーゼンハレンはまさしく鼻曲げ屋と呼ばれてもいいかもしれない。

NEITHER RHYME NOR REASON

　なぜこの表現が 16 世紀からずっと生き続けてきたかは *no rhyme or reason*（筋道だてて説明できない）のである。この表現は，何かに体系や意味はないこと，すなわちそれは事実全くのナンセンスだということを意味するようになった。もし誰かが本棚が主題ごとに整理されていない古本屋で，ある本を捜しても見つからなければ，むかむかして，店の本棚は筋道だった並べ方になっていない（without rhyme or reason）と言うかもしれない。この説明の核心が理解できない人はいないだろう。とは言っても，ここで使われている *reason* に意味があっても，*rhyme* には意味はないのであるが。

　この語を一般化した功績は，ヘンリー 8 世（Henry VIII）の大蔵大臣トマス・モア卿（Sir Thomas More）に帰せられる。ある作家が原稿を卿に手渡し，意見を求めたと言われる。その作品は，控えめに言っても興味をかき立てられるようなものではなかったので，卿は作品を詩に書き換えてはと勧めたところ，作家はそれに応じた。原稿が再度届けられたとき，卿はこう叫んだ："Ay! ay! That will do. 'Tis rhyme now, but before it was neither rhyme nor reason."（よし，よし！これでよし。今度は韻は踏んでいるが，前のは韻も意味もなかったよ）。

NEW BROOM SWEEPS CLEAN, A

　「箒は新しければよく掃ける」というのは大方真実だから，このクリシェイは誰でも文字どおりに理解できよう。しかし，このイディオムはそのようには使われていない。それはいわば，既存の習慣ばかりか従業員何人かを一掃するなど，熱心に，ときどきはやみくもに，状況をいろいろ変えていく，新任の会社幹部について使われる。明らかに，ジョン・ヘイウッド（John Heywood）がその 1546 年の格言集で "Some thereto said, the greene new broom swepith cleene."（それに加えて誰かが，青い新しい箒はきれいに掃ける，と言った）と証言するように，このような形の改革は何世紀にもわたって続いている。

　この表現はもう一つの論争点を持ち出してくる。その昔，箒は青い木の枝や

柄をつけた下ばえで作られた。新しく作られた箒はきれいに掃けたが，枝や下ばえが茶色になると，しなやかさが失われ，そうなるときれいに掃けなかった。事実，掃けば小さな切れ端が落ち，こうして本来掃くべきごみを散らかしてしまうのだった。新しい箒だけがよく掃けたのは確かである。新しい箒で，他のクリシェイに便乗して，*clean sweep*（一掃）という表現を得ることができる。

この表現は，最初から（新しい箒のように）並みはずれた仕事をして，効率よく働き回る人ならどんな新人労働者にも等しく適用される。

NICK OF TIME, IN THE

この語は，最後の瞬間に，決定的瞬間に，あるいは遅れる寸前に到着したことを暗示する。語源学者の中には，*nick* の語源は古低地独語にまでさかのぼると主張する人もいる。ジョンソン博士（Dr. Johnson）はチュートン語の "in the twinkling of an eye"（またたく間に）を意味する *nicke* が語源だと書いた。中英語では，*nyke* と綴られたが，その綴りの変化形は *nocke* で，*nick* の本質である "notch"（V字型の刻み目）を意味する中世オランダ語からすべて借用したものである。*nick* と *notch* のほんの小さな差は，*nick* が浅い切り口，すなわち木のへこみであるのに対し，*notch* は通常V字型をした切り口であるということである。たぶんその差が，二つの単語の違った用法のいくつかも説明してくれるであろう。例えば，"in the nick of time"（きわどかった）が，"feeling a notch better than yesterday"（昨日より一段階ぐあいがいい）と言う人もいる。

in the nick of time の句源は，何世紀にもわたり難問だった。得点はV字型の刻み（切り傷）を入れて合札上に保存されたという説が優勢である。刻み目がゲーム終了時につけられれば，得点はまだ間に合うだろうし，合札は得点に従って切り傷（V字型刻み目）がつけられるだろう。刻み目は *in the nick of time*（土壇場で）なされると言われたからである。

NINE-DAY WONDER, A

第一次世界大戦勃発時に将校が不足したために，重大な軍事問題が引き起こ

された。この有資格人員の不足を解決するために，将校予備兵の訓練期間は徹底的に短縮された。訓練生は急速に任務を与えられたので，その担当将校たちによれば，訓練生は *ninety-day wonder*（90日の不思議）だった。訓練は実際90日間続いた。もちろん暗示するところは，将校の準備教育が不適切だったということである。

　兵隊たちがこの表現を発明したわけではなく，少なくとも14世紀から使われていた表現を復活させたにすぎない。チョーサー（Chaucer）は1374年に *Troylus*（『トロイラス』）の中で書いている："Eh wonder last but nine nyght nevere in towne."（町では不思議は9日間しか続かない）。"in towne" は，田舎の人たちは9日間をもう少し長く考えていることを意味すると言われた。1546年にヘイウッド（J. Heywood）は *Proverbs*（『格言集』）の中で，"This wonder lasted nine daie."（この不思議は9日間続いた）と言い，1579年にリリー（Lyly）は *Euphues*（『ユーフィーズ』）の中でこう言う："The greatest wonder lasteth but nine daies."（どんな不思議なことでも9日しかもたない）。シェイクスピア（Shakespeare）の *Henry VI*（『ヘンリー6世』）には会話の相互作用が見られる。すなわち "That would be ten days' wonder at the least."（それは少なくとも10日間の不思議だろう）に対し，返答はこうである："That's a day longer than a wonder lasts."（それは不思議より1日余計に続くだけだ）。

　最近の慣用法では，*nine-day wonder* という表現は，たぶんすぐに忘れられるセンセーショナルなことについて用いられる。あるいは，ある権威者が言うように，報道後も長続きするような新聞報道は消えたのである。これはある昔の諺 "A wonder lasts nine days, and then the puppy's eyes are open."（不思議は9日間続き，それから子犬の目があく）になぞらえられる。この引喩は子犬と子猫に対するもので，子犬や子猫は誕生時には常に目が見えないが，何日かすると目をあける。そして比喩的には，それはニュースに動転するほど驚いても，あとで忘れてしまう人々に関するものである。その人たちはもはや驚くことはない。

NIP AND TUCK

　まず *nip* で始めるが，ほとんどすべての語源学者は，この語の出所は推測の危険を冒すことさえ拒否するほど確かだと信じている。しかし，一つの推理は，*nip* はオランダ語の *nipperkin*（容量がほぼ半パイントの小瓶）の省略形だというものである。人がどうしてあの量を *nip* と呼べるのか不思議に思っても無理はないかもしれない。*nipperkin* は *nippertje*（1 ドラム）からきており，ドラムは *nippen*（ちびちび飲む）から派生したが，それはアルコールを少し飲む人の動作である。sip と nip はほぼ同義語である。もちろん *nip* には，飲酒とは無関係な他の意味がある。例えば，"to nip a bud"（つぼみを摘む）のように "to cut"（切る）ことを，あるいは "The pitcher tried to nip the runner off second base."（投手は走者を2塁に釘づけにした）のように "to catch"（捕らえる）ことを意味する。

　次は *nip and tuck*（互角で）を検討しよう。"very close"（とても近い）または "closely contested"（互角に競われた）という意味のこの表現は，*neck and neck*（五分五分）の別の言い方であるが，違いがある。*nip and tuck* は，まず一人の競技者がリードし，次に別の一人がリードし，互いにその位置を交代することを示唆している。もし競技者が互角であれば，同着の大接戦で競う2頭の馬のように二人は互いに釣合いがとれているだろう。*neck and neck* の意味は明らかだが，*nip and tuck* の意味はそうでもない。この言葉の組合せに関する最高にもっともらしい学説は，それが決闘に関係しているというものである。決闘者は互いに相手を負かそうとするか，刺し傷をつけようとする。*tuck* は細身の諸刃の長剣に対する古語で，古仏語の *estoc*（木の幹）からきている。

　一部の語彙研究家が提示する疑問は，決闘がごく普通のスポーツだったとき，*nip and tuck* が *neck and neck* を意味したのかということだ。あるいは *nip and tuck* はひどい目にあいたいと要求することなのか。

NO NEWS IS GOOD NEWS

　悪い知らせがあるくらいなら何も知らせのないほうがいいに決まっている。

形がいくぶん異なるこの諺は，早くも 1574 年にはエドワード・ヘロウズ (Edward Hellowes) が *Guevara's Chronicle*（『ゲヴァラ年代記』）の中で次のように書いている："Euil newes neuer come too late."（悪い知らせは決して遅れて来ることはない）。1616 年にジェームズ 1 世 (James I) はジョージ・モア卿 (Sir George More) に手紙を書いて，収監中のサマーセット伯爵 (Earl of Somerset) に対し，裁判を受けずに毒殺の罪を告白するよう説得させたと信じられている："Let none living know of this, and if it takes good effect, move him to send in haste for the Commissioners and give them satisfaction; but if he remains obstinate I desire not that ye should trouble me with an answer, if it is no end; and no news is better than evil news."（生きている者全員にこのことは秘密にせよ。もし効果が見込めるなら，急いで伯爵を委員会に移し，委員を満足させよ。だが伯爵がいぜん執拗な態度を取り続けるなら，わざわざ返事をよこすには及ばない，頑固な態度に際限がなければのことだが。便りのないのは凶報よりいいものだ）。

NO SOAP

no soap という表現は，最近でこそあまり一般的に使われないが，何世代にもわたって口語として普及したものである。その意味は "nothing doing"（すべなし）であるか，あるいは計画が挫折したことである。子どもが友達に向かって，"Didja get the money?"（お金，手に入ったかい）と叫び，その友達が "No soap." と叫び返すとき，お金は手に入らなかったのである。

この表現の奇妙な歴史は 1755 年，喜劇俳優で劇作家のサミュエル・フット (Samuel Foote) とアイルランドの俳優チャールズ・マクリン (Charles Macklin) の二人が行ったちょっとした演技の最中に始まった。マクリンが自慢したのは，自分は記憶力が鋭く正確なので，一度聞いたらどんな複雑な台詞だって繰り返せるよというものだった。フットは立ち上がると，挑戦してすぐさま即興で次の一遍のナンセンスを作り上げた："So she went into the garden to cut a cabbage leaf to make an apple pie, and at the same time a great she-bear came running up the street and popped its head into the shop. 'What! no soap?' So he died, and she — very imprudently — married the barber. And there were present the Jabilillies, the Garyulies, and the Grand Panjandrum himself, with the little round button at top."(そこで彼女は庭に出て行って、アップルパイを作ろうとキャベツの葉を切り取った。と同時に大きな雌熊が通りを走ってきて、頭を店に突っ込んだ。「何だって! すべなしか」 そこで彼は死んだ。そして彼女は軽率にも理髪師と結婚した。するとそこにジャビリリー家、ガリュリー家の人たちと大パンジャンドラム自身がいた。頭には丸い小さいボタンをつけていた)。マクリンは挑戦を拒否したと報道されているが、このちんぷんかんぷんの言葉から、そもそも丸々大失敗というわけではなかったということを証明する"no soap"(だめだ)という表現が生まれた。

NOISOME

 I wiped away the weeds and foam,
 I fetched my sea-born treasures home;
 But the poor, unsightly, noisome things
 Had left their beauty on the shore,
 With the sun and the sand and the wild uproar.
   —Ralph Waldo Emerson, *Each and All*
私は海草と泡を拭き取り
海で生まれた宝物を家に持ち帰った。
だがかわいそうに目ざわりで不快なものが
岸辺に思いもかけぬものを残して行った
太陽と砂と荒々しい叫びに加えて。
   —ラルフ・ウォルド・エマソン『全体のなかの個』

 誰でも例えばディスコなどの騒々しい部屋に入るとき "What a din. What a *noisome* place."(なんたるやかましさ。なんたる不快なところ)と言っても、決して異常とは言えない。もし騒音に加えてその不平の中身が、そこは胸くそ悪いほどいやなところだということなら、その言い分は正しいだ

ろう。しかし，十中八九はその反対である。たぶん noisome で意味したのは，その場所が耐えられないほどうるさいということだった。

　noisome は noise の派生語のように見えるが，意味も先祖も互いに無関係である。noisome は "harmful"（有害な）の意の中英語から生まれた。これは今は廃語となった noy（迷惑）と接尾語 -some とで合成されたものである。noy は古仏語 anoi（悩ますこと）からきた anoy の短縮形である。noi と現代の annoy の共通語源は，ラテン語の in odio（憎んで，悪意で）にあった。たぶん noisome の代わりに発達したその語がもし annoyance であって，noisome（不快な臭いを発する）という現行の意味を持っているとすれば，誤用も少なく，迷惑（annoyance）も少なくなることであろう。

NON

　"not"（ない）を意味する英語の接頭語 non は，これも "not" を意味するラテン語の non から直接，古仏語経由できたものである。英単語の中には non という接頭語をつけるだけで否定になるものが多い。例えば nonconformist や nonessential など。nonconformist は反対者であるが，conformist とは規則の順守者のことである。nonessential なものは不必要で，essential なものは絶対必要である。しかし，non で始まり否定の意味を持つ語の中には，non なしでは事実上英単語にならないものもある。その一つは nonchalant（無関心な）である。nonchalant な人とは無関心で，興味を示さず，不熱心な人のことである。しかし，関心があり，興味にあふれ，熱心だからと言って，その人を chalant だとは言えない。nonchalant という語は古仏語 nonchalois（不注意な）から枝分かれしているが，それはラテン語の non と calere（温かい）にまでさかのぼる。nonchalant な人とは，ある状況，すなわち目の前に提出されているものに冷淡な人と仮定できるかもしれない。"undistinctive"（目だった特徴のない）を意味する nondescript は名状しがたい人について言われる。この語は non とラテン語の descriptus（describe を意味する discribere の過去分詞）からできている。もしこの語から non を削除すれば，descript が残り，これもまた英語にはならない。これは他動詞 nonplus（混乱させる，かき混ぜる）も同様，ラテン語の non（ない）と plus（余分の）の結合で，"no further"（これ以上…ない）を意味する。誰もかつて *plussed*（よけい者にされた）人はいない。

NUMBERS AND LETTERS

　数字や文字の中には，誕生のいきさつがよく知られているものがある。例えば，*one* は中英語の *on,* *two* は *two*（変化なしだが，もとは *twa*），*three* は *thre* からきている。しかし，他の数字，特に *eleven* や *twelve* の語源は one, two, three の 3 語と違ってもっと風変わりである。昔は，数字は *ten*（10）に基づいていた。ゲルマン民族は *ainaz*（1）という語を取り上げ，*lif*（取り去る）をつけ加えて，10 を越える数字（*eleven* と呼ぶ）を考え出した。結果は *endleofan* となり，意味は 10 まで数えて 1 残った，すなわち *eleven*（11）であった。*twelve*（12）についても同様，*twa* と *lif* の結合で，10 まで数えて 2 残るということである。teen のつく数字は古英語からきている。*thriteen* または *tyneteen* が thirteen, *feower* プラス *tyne*（中英語で *fourtene*）が fourteen, *fiftyne*（中英語で *fiftene*）が fifteen となり，このようにして数は増えていく。

　英語ではローマ字やラテン語アルファベットを使う。*alphabet* という語はギリシャ語の *alphabetos* からきていて，alpha と beta というギリシャ文字の最初の 2 文字が組み合わさったものである。二つの *u* を表してはいるが，実際には二つの *v* が一つの文字に形作られてできた *w* という文字の出所は，これとは違っている。それはその音声に合わせようとする 7 世紀の英国人の発明であったが，文学に初めて記録されたのは 15 世紀になってからのことである。*w* という文字はヨーロッパ大陸に移動して，英国人はその代わりにルーン文字の *wyn* を使った。ノルマン人は 1066 年にヘイスティングズの戦いでアングロサクソン軍を征服したあと，*w* という文字を再び採用したが，その時点で *w* が確立した。

　z は，ギリシャ文字の 6 番目の *zeta* という文字からきている。最終の文字は *omega* で *zeta* ではない。ローマ字では *zeta* は脱落したが，必要性が感じられなかったからである。しかし時がたつにつれ，古代ローマ人は *zeta* の効用を発見し，*z* が息を吹き返したが，それはアルファベットの最後に置かれて，そのままずっと定位置となったというわけである。

OCTOPUS

> Adopt the character of the twisting octopus, which takes on the appearance of the nearby rock. Now follow in this direction, now turn a different hue.
> —Theognis, *Elegies*

> からみつくタコの特質を見習え，見かけが近くの岩に似ているタコの。ある時はこちらへくるかと思えば，ある時は違う色に変われ。
> —テオグニス『エレジー』

octopus（ギリシャ語の *oktopous* から出た）は "eight-footed"（8本足のある）という意味である。しかし事実は，この捕食動物は名前のつけ方が間違っている。タコには8本の腕はあるが，足はないからである。タコの名はしたがって，変えるべきである。なぜか？ ある会社が小さな町に押し寄せて，タコのようにほとんどあらゆることを支配したと誰かが言うとき，特に腕は比喩的意味だったからである。人はものを手でつかみ，足ではつかまない。*octopus* の複数形は，ラテン語化された偽の複数形 *octopi* ではなく，英語化された *octopuses* かギリシャ語の *octopodes* である。

ON ONE'S HIGH HORSE, TO BE

あの人は *on his high horse* だと言えば，怒っているか，横柄であるか，不遜な人のことである。その人は気どって，偉そうに振舞っている。しかしずっと昔，文字どおり *to be on a high horse* は実用上の利点—たぶん生死の問題だった。背の低い馬に乗っている敵と戦う騎士が決定的に有利だったのは，下に向かって突くほうが突きやすく，効果的だったからである。用心深い人な

ら誰も，突き刺されるのを恐れて，高慢な騎士に向かって，あえて "Come off your high horse." （威張るんじゃない）とは言わないだろう。

ON TENTERHOOKS, TO BE

　to be on tenterhooks とは，気がかりや不安の状態にあることを指す。試験の結果を待ち受ける人は，不安を抱えていると言えるかもしれない。その人は苦しんでいる。このように *tenterhook*（布張りくぎ）を比喩的に使うと生き生きしてくる。なぜなら，もしある人が文字どおり気をもんでいれば，その人は苦痛が長引くからである。この引喩は布を延ばすこと，すなわち "tentering"（張り枠に布をぴんと張ること）に向けられている。*tenter* は，均等に乾くように延ばした布が掛けられる鈎や釘の飛び出た枠である。それは母親や祖母の世代が使った時代遅れのカーテン・ストレッチャーに似ている。*tenter* の背景はラテン語の *tendere*（延ばす）の中に見い出せる。不安な人は，比喩的に言えばあたかも張り枠の上にいるように苦しんでいるが，神経がぴんと張っているからであり，確かに非常な緊張下にある。

　トビアス・スモレット（Tobias Smollett）はこの語を初めて印刷で使用した人として認められたが，*Adventures of Roderick Random*（『ロデリック・ランダムの冒険』1748）で，こう書いている："I left him upon the tenter-hooks of impatient uncertainty."（彼を耐えがたい不安定という緊張状態においた）。

ONE SWALLOW DOES NOT MAKE A SUMMER

> A man must not swallow more beliefs than he can digest.
> 　　　　　—Havelock Ellis, *Impressions and Comments*
> 人は消化できないほどの意見をいろいろと鵜呑みにしてはならない。
> 　　　　　—ハヴロック・エリス『印象と批評』

　たった一つの経験に基づいて判断を下すのは賢明とは言えない。一つのごたごたが満足できる結末を迎えたからといって，ごたごたすべてが解決するわけではない。これを説明しきる昔の諺表現は，*One swallow does not a summer make*.（燕が1羽来たからといって夏が来たわけではない）である。この諺はイソップ物語が発端かもしれない。イソップ物語では，1羽の燕が冬にしてはいつもより温かい日に現れた。一人の若者がその燕に気づいてすぐさま，温かい上着を売って，飲み食いの大酒盛りをしたが，不運にも，翌日天候はいつもの冬の寒さに逆戻りしてしまった。そしてその若者は悲しくも，"One swallow does not make a summer."（早合点はいけないよ）と悟ったのだった。この諺はアリストテレスの *Nicomachaean Ethicisma*（『ニーコーマコスの倫理学』）で若干違った形で見られよう：*One swallow does not make a spring*.（燕1羽が来たからといって春が来たわけではない）。ここではすべての季節が移ろうように季節名も変化したが，意味はもとのままである。もっと時代が下がって，ジョン・ヘイウッド（John Heywood）は *Proverbs*（『格言集』1546）の中で言う："One swallow maketh not a summer."（1羽の燕が夏を作るわけではない）。疑問のないところだが，よく大酒飲みの中には，燕が1羽来たからといって夏になるわけではないばかりか，人を幸せにもしないと言う人がいたものだ。

ONION

たまねぎはその甘くぴりっとした味で知られる。たまねぎの中には，人の静脈洞を開くほど強いものもあれば，それほど刺激のないものもある。しかし，共通点は，多くの鱗茎(りんけい)に分かれているニンニクやエシャロットと異なり，それぞれが一つの球根をなしていることである。そしてこの単一性，すなわちこの塊がこの野菜の名づけの張本人である。ローマ人はそれをラテン語の *unus*（一つ）からきた *unio* と呼んだが，たまねぎの構造が理由かどうか，誰にも分からないようだ。*onion* のもとの意味は "things joined into one"（一つにまとめられた多くのもの）で，多くの層が結合されていることを言う。いずれにしろ，若干の音声変化はあったものの，ラテン語の *unio* が英語の *onion* の生みの親となったのである。

他の学説は，この野菜が，流行していた赤真珠に似ていたので "pearl"（真珠）の代わりに *unio* と呼んだというものである。実際問題として，その名はこびりついてしまった。シェフは今でも料理に *pearl onion*（小粒のたまねぎ）を出すが，その色は赤ではなく，銀白色である。

ORANGUTAN

　人間に最も近い動物は，ボルネオやスマトラの森に住む類人猿の *orangutan*（オランウータン）である。この類人猿の名はマレー語からきていて，*orang*（人間）と (*h*)*utan*（森）からなっている。全く明らかなことは，マレー人がこの類人猿を森の人と考えたことである。しかし，クライン（Klein）によると，マレー語の *orangutan* は "wild man"（野蛮な人）を意味し，マレー人はその語をスンダ列島に住む野蛮民族だけを指すものとして使った。ヨーロッパ人はその語を誤解して，この類人猿にあてはめた。

　事実，オランウータンと人間には外見だけでなく，多々共通点がある。一つには，オランウータンの妊娠期間は，人間同様9カ月である。また，類人猿や多種類の猿と異なり，オランウータンは，人間同様，肋骨が24本あるほか，単独または夫婦で生活する。直立歩行して頭上の枝をつかむことができる。

　この類人猿を *orangutang* と呼ぶ人は多い。最後尾につけ加わった *g* がこの名前（17世紀にボンティウス博士（Dr. Bontius）が最初に記録した）を跳飛語に変える。するとこの語の前半が後半の心地よい音と韻を踏めるのである。

　この綴りをもてあそぶ人たちは，*monkey* という語の語源の不明確なことを知りたいのかもしれない。権威者の中には，それは "Reynard the Fox"（「狐のレナード」）という古い民話に出てくる類人猿の息子の名前 *Moneke* からきているとする人もいる。*Moneke* はドイツの姓で，古イタリア語の *monna*（雌の猿）からきたのかもしれない。*monna* は *madonnna*（情婦）のなまった形であるが，非難する気持ちが全く意図されていないのは，もちろんである。

ORION

　ボーイ・スカウトの団員なら誰も星座 *Orion*（オリオン座。狩人）を見分けることのできる天文学を十分に学ぶ。一つの星がオリオン座の右肩を，もう一つの星（青い星）がその左肩を示す。三つの明るい星で縁どられたそのベルトには，三つのぼんやり見える星で区切られた刀がぶら下がっている。オリオ

ンは力強い体ときわだった美しさで知られた。オリオンは，キオスの王の娘メロープ（Merope）を恋した。そして王が娘との結婚を拒んだとき，メロープをさらってしまおうとしたが，それに立腹した王に，視力を奪われてしまった。オリオンは昇る朝日の光線に目をさらして，視力を回復した。

他の伝説では，アポロは妹がこのハンサムな狩人オリオンに恋したのに腹を立てた。そこで妹アルテミス（Artemis，ローマ神話のDiana）に挑戦して，遠くの水の中で浮き沈みする一点を射たせて妹の弓の技術を試した。アルテミスは狙いを定め，矢は的に当たったが，仰天したことに，その的こそは，なんと恋人の頭だったのである。オリオンの死を悼むアルテミスの悲しみは深く，オリオンを星座に変え，空に置き，ベルトと刀を添えた。*Orion* は夜ごと見られるが，背後に横たわるこの物語は，ただわれわれの想像に任されている。

ORNERY

英単語の中には結婚によって生まれたものもある。すなわち，先祖を持たず，完全に成長するまで，まとまりのない意味の経路をたどったものである。こうした単語は，綴りの誤りに起因するかもしれないが，発音の誤りによるもののほうが多いかもしれない。*ornery* という語はぴったりのケースである。この語に先祖はなく，もちろん "common"（普通の），"normal"（通常の），"regular"（規則正しい），"according to custom"（習慣による）を意味する *ordinary* の方言の発音にすぎなかった。時がたつにつれ，19世紀の間に *ornery* は *ordinary* の代わりとなった地方もある。

> Poor shotes that ye couldn't persuade us to tech,
> Not in ornery times, though we're willin' to feed 'em
> With a nod now and then, when we happen to need 'em....
> —James Russel Lowell, *The Biglow Papers*
> あなたに説得されても接触できなかったあわれな子豚たち
> 平生はだめでも，たまたま子豚が必要となる時は
> ときどきうなずき，喜んで給餌をしたいのだが……
> —ジェームズ・ラッセル・ロウウェル『ビグロー・ペイパーズ』

ornery の意味は、マーク・トゥウェイン (Mark Twain) の *Huckleberry Finn*（『ハックルベリー・フィン』1884）の中でハック・フィン (Huck Finn) が ". . . seeing I was so ignorant, and so low-down and ornery"（ぼくがとても無知で、卑劣で、高慢だったとわかって……）と言っているように、"contemptuous"（軽蔑的）となった。しかし、その時この語はもっと軽蔑的な意味—不機嫌な、高慢な、怒りっぽい、気むずかしい、全く不快な—を帯びることとなった。そして *ordinary* のなまった形の *ornery* という語は、非公式の語とはいえ、今もわれわれと共にあり、すべての立派な辞書に掲載されている。非嫡出子といえども、豊かな人生を送る権利はある。

OUNCE

ounce の中には z という文字はない。しかし記号で表すと *oz* である。いったいなぜ、と尋ねる人がいても当然かもしれない。答えは不明確だが、権威者は二つの学説を提供している。しかし、先祖を通しての手がかりはない。*ounce* の直接の先祖は仏語の *unce* で、究極の先祖はラテン語の *uncia*（12番目の部分）である。学説の一つは、*OED* が提案したが、*oz* は 15 世紀のイタリア語の *onza*（オンス）の縮約形だったというものである。この縮約形は広く行われたので、記号として英語に受け入れられた。他の権威者たちは、中世には、縮めた証拠として、z に似た終了の印を使った印刷業者が多かったと信じている。それは特に *et* で終わる語の中で使われた。ここからラテン語で "it is easy to see"（それは見やすい）の意の *videlicet* が出たが、それは最初の 2 文字 *vi* に終わりの記号 z をプラスして *viz* と植字された。現代の *viz* の意味は namely か to wit（すなわち）である。そして *ounce* も同様、その最初の 1 文字 o と終わりの省略記号 z との結合である。自分の好きなものを自由に選んではどうか。

OVER A BARREL

この表現のおもしろいところは、他のクリシェイを借りれば、それがお手上げになったということである。今日 *over a barrel* の状態にある人について

言うとき，その人は誰かの影響下にあって，自分ではどうすることもできないということを意味する。例えば，こうも言える："The finance company has my neighbor over a barrel."（融資会社はわたしの隣人を窮地に陥れている）。意味するところは「もしもその隣人がきちんとしなければ，法律に訴えて，抵当権を奪ってしまうかもしれない」というものだ。現代の語法で言う *to be over a barrel* という表現は，ある人が重大な不利益を被っていることを明らかに暗示している。レイモンド・チャンドラー（Raymond Chandler）は *The Big Sleep*（『偉大なる眠り』1939）の中で書いている："We keep a file on unidentified bullets nowadays. Someday you might use that gun again. Then you'd be over a barrel."（我々は今日，銃の割り出しのすんでいない銃弾に関する記録を保存している。いつか君もあの銃を再使用するかもしれないが，そうすれば君は窮地に陥るだろう）。それが暗示しているのは，もし君がその銃を使えば，使われた銃弾が不利な証明になり，不都合なことに，訴えられるだろうということだ。

　OED の結論によると，この表現は海難で救助された人を蘇生させようとする行為から発生した。遭難者の頭を垂らして樽の上に置き，その樽をぐるぐる回せば，肺から水を吐き出させることができるかもしれない。人口呼吸がどんな場合にも有効とは限らないが，犠牲者がお手上げ状態であるのは，どんな場合にもはっきりしていた。だからお手上げ状態という思想—樽の上にいることは，水難犠牲者の救助活動から始まって，今日われわれの誰かが自分の状態に気づく比喩的位置に至るまで，しつこく生き残った。

OXYGEN / NITROGEN

　化学専攻の初学者であれば誰でも，動物や植物が吸入する空気は主に *oxygen*（酸素）と *nitrogen*（窒素）からなるということは，すぐに覚えてしまう。酸素は，ほぼ1772年にスウェーデンのカール・ウィルヘルム・シェーレ（Carl Wilhelm Scheele）に，そして1774年に独自に英国の科学者ジョゼフ・プリーストリー（Joseph Priestly）によって発見された。酸素は命を救うガスであるばかりか，化学元素でもある。水の重量のほぼ9分の8は酸素からなる。酸素があるので燃焼が起きるが，酸素がなければ火は燃えないだろう。以前はすべての可燃物は *phlogistos*（フロギストン。inflammable

（燃えやすい）の意味があるギリシャ語からきている）と呼ばれる元素を含み，これが燃焼中に炎（*flame* はギリシャ語で *phlogos* という）として放出されると想像されていた。

　フランスの化学者アントワン・ローレント・ラヴォアジエ（Antoine-Laurent Lavoisier）は，酸素の役割を呼吸の中で説明したが，それを仏語の *oxygene*（ギリシャ語の *oxus*（酸）プラス *genes*（生まれた）であるが，これは"producing"（生み出す）を意味する *genes* の誤った解釈である）から *oxygen*（酸素）と名づけた。ラヴォアジエは酸素はすべての酸の必須部分であると信じた。それは誤りだったが，それが誤解と分かるまでに，*oxygen* という名前は定着してしまい，そのまま今日まで残ったというわけである。

　nitrogen（窒素）は地球の大気のほぼ5分の4を占めている。1770年代早期に，化学者たちは空気は二つのガスの混合物だと結論づけていた。シェーレは，一方は燃焼を支持するという理由で"fire air"（火の空気）と名づけ，他方は"fire air"が消費されたあとの残留物だというので"foul air"（偽の空気）と名づけた。後に"fire air"は *oxygen* と名づけられ，"foul air"は *nitrogen* と名づけられたものであることは明らかである。しかし，後者の元素名は1790年まで一般には受け入れられなかった。それは生命を支えられないとの理由で，ラヴォアジエによって *azote*（ギリシャ語の *a*（not）と *zote*（life）からきている）と呼ばれた。実験によってその新しいガスと硝酸カリウム—事実，そのガスは硝酸カリウムを作り出すために使うことができる—の間の関係を確立したフランスの化学者ジャン・アントワン・クロード・シャプタル（Jean-Antoine-Claude Chaptal）は，それを現在広く採用されている造語の *nitrogen* と呼んだ。

PADDLE YOUR OWN CANOE, TO

　独立している人，自立している人は，自分のカヌーを漕いでいると言われる。この表情豊かな表現が初めて現れたのは1802年で，チャーディ（Ciardi）によると，アメリカへの移住者たちが西進の旅を始めたころのことである。フレデリック・マリアット大佐（Captain Frederick Marryat）は，この表現を1884年にその *Settlers in Canada*（『カナダ移住者』）の中で使用した。これは，エドワード・フィルポッツ博士（Dr. Edward P. Philpots）が作曲し，*Harper's Monthly*（「月刊ハーパーズ」）が1854年5月に発表した，生き生きした歌のタイトルとなった。その歌の7つの節は同じ繰り返しで終わる。その二つの節を示そう：

　　Voyager upon life's sea,
　　To yourself be true,
　　And whate're your lot may be,
　　Paddle your own canoe.
　　　　・・・
　　Leave to heaven, in humble trust,
　　All you will to do;
　　But if you succeed, you must
　　Paddle your own canoe.
　　人生の海に船出する人よ
　　自らに忠実たれ
　　運命がどうあれ
　　独力で進め。
　　　　・・・

天に任せよ，謙虚に信じて
すべてなさんとすることを。
だがもし成功しようとするなら
自分のことは自分で始末せよ。

自力で成功しなければならないという考えは，ずっとずっと以前にセクストゥス・プロペルティウス（Sextus Propertius, 紀元前 54 年―紀元 2 年）によって概念化された。この概念化では全く異なる語が使われているが，これが *paddle your own canoe* の始まりだったかもしれない。プロペルティウスは言っている："Let each man have the wit to go his own way."（各人に我が道を行く分別を備えさせよ）。

PAJAMAS

語源学者なら，寝るときにはパジャマの上着だけでいいかと尋ねても当然かもしれない。答えは，ブロードウェイのヒットしたミュージカル *The Pajama Game*（『パジャマゲーム』）にもかかわらず，たぶん仕立て屋的ではあっても，語源学的であるとは言えないだろう。芝居の中ではズボンは邪魔だと見なされていた。東洋の綿か絹でできたゆるいズボンを意味する *pajama* という語は，ペルシャ語の *pai*（脚）と *jama*（着物）からきていて，19 世紀に英国人が取り入れた。もともとパジャマはハーレム（harem）の女たちだけが着るペチコートだったが，当時ハーレムで遊ぶ男たちも着てみようと思った。英国人は，自国の気候の寒いときに着るのにふさわしい上着をパジャマにつけ加えたのである。パジャマ（複数化して他の着物 *trousers, breeches, pants*（ズボン）にマッチさせた）は，下肢を覆う着物のことだけを言うのが適当なので，上着が加わったことによって，品位は落ちたのである。

PARASITE

parasite が何かは誰でも知っているが，ここでわたしの言いたいのは，社会的動物のことである。その人は腰ぎんちゃくで，あなたにお世辞を言うが，

自分は何も寄付せずに、いつも人にたかってばかりいる人のことである。*parasite* の先祖は、ギリシャ語の "eating at another's cost"（人のふんどしで相撲を取る）を意味した *parasitos* である。それは、文字どおりには "one who sits near the food"（食べ物の近くに座る人）の意味であったが。ディナーの招待客は *parasite* だったが、通常は裕福なホストが会食に招待した聖職者や政府の役人のことだった。しかし、時がたつにつれ、ホストの歓待を利用するというこの *parasite* の濫用により、この語の意味は堕落してしまい、それは今日の意味 "one who lives at another's expense"（他人の財布を当てにして暮らす人）という軽蔑的な意味を持つようになった。さらに時がたつにつれ、*parasite* は一般的意味を持つようになり、そこでこの語は現在、他の有機体にすがって生きているすべての有機体に適用することができる。この語はしばしば生物学で、例えば *host parasite*（寄生動植物の宿主）のように使われている。

parasite の最も適切な定義は、エド・ウィン（Ed Wynn）によるラジオ番組での "perfect fool"（全くのアホ）という説明だった。ウィンは言う："A parasite is the guy who goes through the revolving door on your push."（パラサイトとは、あなたが押し開けた回転ドアを通り抜ける奴のことだ）。

PARTING SHOT, A

shot にはいろいろな種類がある。例えば *a big shot* は（ときには自称）大物、*a long shot* はチャンスの少ないこと、などである。それから *to have a shot at* は未経験ながら何かをしようとすること、ひょっとしたら *a shot wide of the mark* は全く間違っていること、などである。われわれはときどき *get a shot in the arm*（腕に注射を受ける）が、これは元気づけてくれたり熱意を与えてくれるという意味で、それはわれわれを *like a shot*（急速に、快く）活気づけてくれる。

しかし、以上の表現と違う *shot* は *parting shot* で、それは、歴史的に言って、古代中東のパルティアの戦士たちの最後の一矢である。戦士たちは闘うとき、追手に矢や弾丸などを放ったあと、回れ右をして射程距離から離れていった。この戦略では、他のイディオムを使って言えば、敵をいい加減には扱

わなかったのである。ここから a parting shot は，敵に侮辱する言葉を浴びせかけ，反論の可能性を全く与えない論争で酷評することを意味するようになった。それは最後の言葉，あるいは退去ラインだった。

PATTER

　ラテン語で paternoster (pater プラス noster) は，単語の連結を逆にして "our father"（我らの父）を意味する。それは「主の祈り」のラテン語の表記で，"Our father which art in heaven"（天にまします我らの父よ）の最初の2語から取られたものである。この先祖から英語の patter が出てきたが，これは "gibberish chatter"（ちんぷんかんぷんのおしゃべり）を意味し，後になって "the jargon of magicians or any profession or class"（手品師か，あらゆる職業・階級の仲間言葉）と "the glib talk of pitchmen"（大道商人の上べだけの話）を意味した。

　paternoster から出たこの奇妙な派生語 patter は，聖職者が祈りの文句を頻繁に朗誦する必要のあった中世に生じた。聖職者は祈りの文句を暗記していて，互いの頭のてっぺんからもれ出す言葉を機械的にぶつぶつ唱えながら，あたふたと祈りを終えた。勝手に手を加えた朗誦は聖職者には何の意味もなさなかったのは明らかである。この無意味な迷信から（pater から出た）patter という語ができたが，これは祈りの時間によく聞いたつぶやきのことを描写しているのである。

　この patter という語を "to make a succession of quick, light, soft taps"（連続して急いで軽く柔らかくたたく）という意味の語と混同しないようにしたい。この後者の patter は pat（軽くたたく）の反復動詞であって，雨垂れが窓ガラスをたたくときのような動きによって生じる音を再現している。ロングフェロー (Longfellow) は，この patter をその Children's Hour（「子供の時間」）で不朽のものにした：“I hear in the chamber above me / The patter of little feet.”（頭の上の部屋から聞こえる/小さな足のぱたぱたという音が）。このパターは pitter-patter（ぱらぱら）と呼んでもいい。

PENGUIN

　ペンギン？　そりゃ一体何だい？　飛べない鳥のことかい，それとも出版社のことかい？　もしや両方？　もし"both"（両方）って言うなら，それは正しい。Penguin USA は，英国ミドルセックス州のハーマンズワースにある Penguin Books（ペンギンブックス社）の一部門だからである。

　南極に住む鳥 *penguin* は，一日中正装している。その名前の生まれ方は尋常ではなかった。17世紀から18世紀にかけて北大西洋を航海したブルターニュやウェールズの船乗りは，水掻きがあって体が重く飛べない鳥を目にした。その鳥は水に潜って餌をとっていた。船乗りはその鳥にウェールズ語で *pen gwyn* と名づけた。頭が白かった（*pen*（頭），*gwyn*（白い））からである。目にした鳥が本当は大きなウミスズメだったことは，知るよしもなかった。

　しばらくして，フランシス・ドレイク卿（Sir Francis Drake）はマゼラン海峡を航行中，北大西洋で見たのと似た飛べない鳥を見つけた。そこで卿はその鳥に *penguin* と名づけたばかりか，その鳥の姿に感銘を受け，ある島にペンギンと名づけた。しかし，誤りが一つ起きた。卿の見た鳥は頭が黒く，白くはなかった。ブルターニュやウェールズの船乗りに間違って名前をつけられた鳥は，今や絶滅種であるが，それは19世紀中葉に消えたウミスズメの最後の種であった。ドレイクが間違って名づけた鳥は今でも繁殖を続けていて，黒い頭は自慢げにそのタキシード風の着衣の上に載っている。

PHAETON

　2頭の馬に引かれる軽四輪車 *phaeton*（フェートン）は，2人乗り用に設計されている。それは太陽神アポロ（Apollo）の息子の名前でもあった。

　伝説によると，アポロは自分の父性を証明しようとして，お前の望みは何でもかなえてやろうと息子フェートン（Phaeton）に言った。するとすぐ息子は，一日中太陽の戦車を乗り回したいと願い出た。戦車を引く元気旺盛の軍馬を乗りこなすのはとてつもなく難しいことを知っていたアポロは，そんな危険な冒険はやめるよう説得してみたが，無駄だった。そこで不承不承折れた。身体虚弱で経験不足のフェートンは，戦車を乗り回したが，地球に近づきすぎた。

すると，地球は燃え上がらんばかりになった。ところが実際は，リビア，さらにアフリカの大半を焼け焦げさせただけだった（アフリカの人間の肌は黒くなった）。決定的な災難を避けようと，ゼウス（Zeus，ジュピター）は運転者フェートンに稲妻を投げつけ，殺害してしまった。戦車に馬をつけてやった妹たちはポプラの木に変えられ，妹たちの涙は琥珀となった。

　次の表現は，シェイクスピア（Shakespeare）の *Romeo and Juliet*（『ロミオとジュリエット』）に現れている：". . . such a waggoner / As Phaeton would whip you to the west, / And bring in cloudy night immediately."（……かような御者ならば/フェートンはそれこそ一目散にお前たちを駆り立てて/すぐにも暗い夜をつれてきてくれるだろうに）。

PICAYUNE

　何かつまらない，小さな，安っぽい物，すなわちほとんど価値のない小さな物は *picayune* と呼んでいいかもしれない。そして語源学者は，*picayune* の語源の明確な歴史は，あまりにつまらなく，ささいで，提案できるようなものではないと感じたかもしれない。この点に関して言えることは，せいぜい，その語源は依然不明だという仮説がいくつか存在するということにすぎない。

　この語は，ほとんど価値はないが，1ファージング（4分の1ペニー）ほどの価値がある小さな銅貨を表す *picaillon* という語を使用していた仏語の方言から派生したものかもしれない。スペイン語の *pequeño*，イタリア語の *piccolo*，仏語の *petit* はその同族語かもしれない。もう一つの推測はこの語はラテン語の *pecunia*（富，財産）が語源だというものだが，その発生はまだ明確になっていない。残りの推測は，その語源をキツツキの食習慣として示している。キツツキは食用の昆虫を捜して木に穴を開けるが，その穴から "to pierce"（刺し貫く）を意味する *picus* が出てきた。この動詞は他の動詞 *pica* に屈服したが，*pica* は，いろいろ他にも意味のある中で，ポケットの中の硬貨がジャラジャラするように "to jingle, jangle"（ジャラジャラする）を意味した。この硬貨の音から，*picaio*（お金）が現れた。"money"（お金）から *picayune*，すなわち "small money that jingled"（ジャラジャラを音を立てた小銭）になるまでに，時間はあまりかからなかった。ルイジアナ州のフランス人も同様のことをした。ルイジアナの住人たちはこの語

に夢中なあまり，ニューオーリーンズの新聞に *The Picayune*（「ピカユーン紙」）と名づけた。その本来の意味は，"trivial"，すなわちつまらない話，ゴッシップの意味だった。

だから，ピカユーン貨（スペインの小貨幣）ほどの価値のない物は，同じ意味を持つ他のクリシェイを借りて言えば，ほとんど無価値だと言えるかもしれない。それとも，すべてはジャラジャラという音の中に消えてゆくのか。

PIG IN A POKE, TO BUY A

Though he love not to buy the pig in the poke.
—John Heywood, *Proverbs*
彼はものをよく調べもせずに買うのは好きじゃないが。
—ジョン・ヘイウッド『格言集』

"to buy something without examination"（吟味しないで物を買う）という意味の *pig in a poke* という羊飼いの表現は，田園地帯から出てきたものである。数世代前，郡の品評会がその地方の最もわくわくする社交行事だったころ，品評会は，大勢の土地のジェントリー階級の人を引きつけるほど刺激的だったので，不用心な客の金をねらってあらゆるごまかしが行われた。ごまかしに使われるおきまりの手口の一つは，すでに袋詰めにされて発送されるばかりになっている乳離れしていない豚を売ろうというものだった。もし田舎者が中身も吟味せずにその袋を受け取れば，金が無駄になり，だましの手口に使われたみすぼらしい猫が手に入るだけだった。中身を見もせずに買い物をした田舎者は，"buying blind"（物を見ずに買っている）と言われた。そしてそれが *pig in a poke* の意味するところとなった。*poke* は小袋で，仏語の *poche*（ポケットあるいは袋）からきている。もちろん，注意深い買い手なら袋を開けて豚を確かめただろう。そうすれば，間違いなく手口はばれてしまうのだから。

こうしただましの習慣がもとになって，関連表現 "to reveal a secret"（秘密をあばく）の意の *to let the cat out of the bag* が現れた。袋を開けるほどの注意深い買い手なら，猫がきっと飛び出して逃げ，手口を暴くだろうから，袋を開けないなどということはないだろう。たぶん，*left holding the bag*（全責任を取らされる）という表現もまたこの巧みなだましと関連しているのかもしれない。なぜなら，だます側がその手口の結果として残したのは，袋だけだっただろうから。しかし，これもまだ証明されているわけではない。

PIKER

piker（けちん坊）とはしみったれのことだとは誰もが知ってはいても，その引喩がどこからきたのかは誰も知らない。あふれるほど多様な意見はあっても，証拠は何もない。最大の支持者を持つ学説は，この語はミズーリ州のパイク郡から移住してきた人のせいだとするものである。ミズーリ州出身の人々が職を求めてカリフォルニア州に到着したときは，みんなぼろぼろの姿で貧乏だったので，見るからに役立たずで信用がおけなかった。いわば，ろくでなしだったと言ってよい。他の説は，*piker* は "hit the road"（旅に出た）無宿者で，この場合, *pike* は *turnpike*（通行税取立て門）の短縮形だったというものである。

turnpike は Norman Conquest（ノルマン征服。1066 年）のあと一般的になった。*turnpike* という語は動詞 *turn* と名詞 *pike*（障害物）の合成語で，ここから通行税を払うまでは乗り物の通行を止めておく柱とか料金所という語が出た。

料金所を歩いて通る人は *piker*（けちん坊）と呼ばれた。*piker* は 1812 年の戦いでパイク（Z. M. Pike）に率いられた連隊の兵隊だったという学説は，パイクの兵隊たちは装備が貧しかったので棒（pike）で訓練したと言われているにもかかわらず，あまり信憑性があるとは言えない。何年もたって，*piker* は何にもまして，哀れなプレイボーイ，やすっぽい賭けをする人，あるいははったり屋を意味した。しかしこれらの意味は，一つの意味にその席を譲ってしまった。今日 *piker* と言えば，けちん坊のことである。

PIN MONEY

今日 *pin money* と言えば，ピンを買うのに使われる金ではなく，こまごましたものを買うのに使われる金のことである。しかし，この習慣はいつもそ

うというわけではない。かつて，ピンを買うからというだけの目的で小遣いが妻に与えられたことがある。その習慣から *pin money* という合成語が今日まで続いている。

　ピンが発明されたのは14世紀だった。当時まで使われていた木の櫛の代わりにピン特有の便利さと効率のよさに，女性の生活は大きな衝撃を受けた。特にほとんどすべての女性が縫い物に多くの時間を割いていたからである。しかし，ピンの製造者は製品をいつでも自分の望むときに売ることは許されず，販売日は限定されていた。ピンの販売が許されたのは，毎年1月1日と2日だけだった。こうしたわけで，当時，夫は妻にピンを買う金を与えたが，全く当然のことながら，それが *pin money* と呼ばれるようになった。

　少額の個人の小遣い（ある場合はそんなに少額ではないが）は，偶然そのうち1文たりともピンを買うのに使われないとしても，*pin money* と言われるのである。

PLAIN SAILING

　人が何か問題を抱えているが，今後は *plain sailing*（順調な進行）になるだろうと言うとき，明らかに，もはやこれ以上障害はないということを意味する。何もその人の邪魔をするものはなく，何の障害もなく，その人は順調に進んで行くだろう。権威者によると，正確な語法は，しかし，*plane sailing*（平面航法）で，したがって *plain sailing* は転化された形ということになる。地球が球面体ではなく平面体であると見なすとき，船の位置を決める技術が *plane sailing* である。こうした航法は平面地図上で見ると，短距離間では十分正確である。しかし，もしこの表現を使って *plane sailing* と正しく綴れば，たぶんほとんどの人は綴りが間違っていると思うだろう。意味の海を平穏無事に航行しようとすれば，危険を冒さずに，*plain sailing* と綴ることにしよう。

PLAY FAST AND LOOSE, TO

　スポーツでは，*fast and loose* と言われる選手は最高の状態にあり，最善を尽くしているかもしれない。例えば，体の動きが *loose* で速い玉が投げ

られる投手は絶好調と言える。しかし，to play fast and loose というクリシェイは，野球あるいはたぶん男女間で行われるスポーツ（人の気持ちをもてあそぶもの，愛の戯れ）を除いて，他のスポーツには言及されない。この表現は頼りなさ，一貫性のなさ，道徳的だらしなさを意味し，一般に無節操な性格を言う。

　16世紀，あるいはたぶんはるか以前に流行った昔のいかさまとばくは"fast and loose"と名づけられた。このゲームは縁日で帯と棒を使って行われた。ジェームズ・ハリウェル (James O. Halliwell) が，その *Dictionary of Archaic and Provincial Words, Obsolete Phrases, Proverbs and Ancient Customs, from the Fourteenth Century* (『14世紀以来の古語・方言・廃語・諺・慣習辞典』1847) の中で，このゲームをこう紹介している："A cheating game played with a stick and a belt or string, so arranged that a spectator would think he could make the latter fast by placing a stick through its intricate folds, whereas the operator could detach it at once."（棒のほか帯かひもを使って行われるいかさまとばくは，見ている客は，とぐろ巻き状にからまった帯の中に通せば，棒は固定できると思ったが，いかさま師はただちにそれを引き離せたのである）。実際は，見物客の努力はとうてい不可能な芸当へ向けられた。この語はしばしばシェイクスピア (Shakespeare) が *Antonio and Cleopatra*（『アントニーとクレオパトラ』）などで使った："Like a right gipsy, hath, at fast and loose, beguiled me to the very heart of loss."（そこらのジプシー女よろしく，小手先の手品でおれの目をごまかし，まんまとこの心を盗んだのだ）。不道徳や不誠実という概念は，しばしばこの表現で意味されてきた。この表現は早くも1547年には *Tottel's Miscellany*（『トテルの雑集』）に現れた："Of a new married student that plaied fast and loose."（無責任に行動した結婚したての学生について）。ウィリアム・サッカレー (William Thackeray) は *Lovel the Widower*（『男やもめラヴル』1860）の中で同様に率直に述べた："She had played fast and loose with me."（彼女はわたしをもてあそんだ）。

PLAY POSSUM, TO

　to play possum は，無知を装うこと，眠っているふりや病気のふりをすること，あるいは問題が起きている最中に時機を待つことである。あるいはいずれにしても本心を偽っている人について言われるかもしれない。

　この表現は，捕食動物が近づいてくると死んだふりをするフクロネズミ（possum）の能力から直接きている。捕食動物が近づくと，フクロネズミはぐにゃぐにゃになり，目を閉じ，生きている様子は露ほども示さない。この巧妙な策略に隠された核心は，捕食動物の中には自分が殺した動物しか食べないものがいるということである。どんなことをされても，フクロネズミは生きている証を示さないと言われる。そのフクロネズミを動かすには，水中に投げ込まねばならないだろう。

　この動物―樹上生活する有袋小動物の本当の名前は，*opossum* である。これはアルゴンキン語の *apasum*（白い動物）から派生している。フクロネズミの外見はジョン・スミス大尉（Captain John Smith）の言葉で要約するのが一番よい："An opossum hath an head like a Swine, and a taile like a rat, and is of the bigness of a cat."（フクロネズミには豚のような頭とネズミのような尾があり，大きさは猫ほどである）。*opossum* から出た *possum* は，*esquire*（郷士）から *squire*（地主）が，*acute*（鋭敏な）から *cute*（かわいい）が出たように，頭母音消失の例，すなわち語頭の無アクセント母音が消失した例である。

PLAY THE SEDULOUS APE, TO

　この *sedulous* という語は "diligent in application"（熱心に応用する），"persistently and carefully maintained"（粘りづよく注意深く継続された），"persevering in effort"（努力して耐える）を意味し，しばしば作家や芸術家について用いられるが，他人のスタイルをまねることを指している。この表現は，模倣と言われるほど忠実に他人の作品をモデルとして自分の作品を作りながらも，創造的芸術に携わる人なら誰にでも当てはまるかもしれない。ロバート・ルイス・スティーヴンソン（Robert Louis

Stevenson) は，その *Memories and Portraits*（『記憶と肖像』1887）の中でこの成句を造り出した。スティーヴンソンは書いている："I have played the sedulous ape to Hazlitt, to Lamb, to Wordsworth, to Sir Thomas Browne, to Defoe, to Hawthorne, to Montaigne, to Baudelaire, and to Oberman. That, like it or not, is the way to learn."（わたしは次にあげる作家を入念にまねたのである。ハズリット，ラム，ワーズワース，トマス・ブラウン卿，デフォー，ホーソーン，モンテーニュ，ボードレール，オーバーマン。それこそが，好むと好まざるとにかかわらず，勉強法なのだ）。

POLKA DOT / POLONAISE

　ある型を作るために繰り返し打たれる点の意の *polka dot*（水玉模様）という表現の語源は，はっきり記録されていると想像できる。つまり，*polka* が何で，*dot* が何を指すかは誰でも知っているのである。それにもかかわらず，この語の発展過程は語源学者の間でも論争の的である。

　まず初めに，1831 年にあるボヘミアの召使いの少女が発明したと言われる *polka* と呼ばれる活発なダンスは，ポーランドで人気となり，それから他の国々へと広まったというものである。語源学者の中には，*polka* という語の語源はチェコ語の *pulka*（半音・半歩）にあると言う人もいる。*polka* は，スリー・ステップにワン・スキップかワン・ホップ，ある意味で半ステップを加えたダンスの一つのパターンである。そこで，この学説は意味をなすことになる。しかし，同様に信頼すべきであるが，他の語源学者は，そのダンスは女性パートナーの名前からつけられたと主張している。ポーランド語では，*polka* は "woman"（女性）を意味し，"man"（男性）は *polak* である。この学説もまた意味あるものだ。

　しかし，後者の考えが正しいとしても，*polka dot* の *dot* が女性にふさわしいとは言えない。たとえ水玉模様は最初ポーランドの女性たちによって織られたというのが一つの意見だとしても。提案されたものの，さほど支持者のない他の説は，*polka dot* は *poke a dot* の綴り直しだというものである。さらにもう一つの説は，*polka dot* は 1800 年代にポルカが幅広く流行したため，服，帽子，傘などの普通のデザインになったというものである。多くの踊

り手がますます急速にダンスが好きになるにつれて，多くの服やアクセサリーがポピュラー・ダンスにますます賛辞を送る小物で飾られるようになった。

他のポーランドのダンス，*polonaise* という荘重な行進曲風ダンス（それはまた 18, 19 世紀にポーランド女性が織ったドレスに言及する。そしてここから "women of Poland"（ポーランド女性）を意味するようになった）は，水玉模様にちなんでつけられた小物を持っているという栄誉を受けなかった。

ちなみに，仏語で *polanaise* と言えば，ラテン語化したポーランドの名前 *Polonia* の派生語 "Polish"（ポーランド人［語］の，ポーランドの）を意味する。

POMPADOUR

1940 年代の流行の髪型は *pompadour*（ポンパドゥール）で，ふくらませた前髪が額から上にかき上げられた凝った髪型だった。このかき上げの固まりのような髪型を考案したのは，フランス王ルイ 15 世（King Louis XV of France）の寵愛を受けたマダム・ドゥ・ポンパドゥール（Madame de Pompadour）だった。この美しく輝くような王の情婦が知れ渡ったのは，髪型がけばけばしかったからというだけでなく，ライフスタイルが不品行だったからでもある。

王室財政から湯水のごとく金を使う特権を王から与えられて，ポンパドゥールは金を浪費し，やがて貧困にあえぐフランス国民から激しい憎しみを買うこととなった。

悔い改めるでもなくひるむでもなく，ポンパドゥールは批判する人たちに "Après moi, le dêluge." と答えたが，これは文字どおりには "After me, the flood."（あとは野となれ山となれ）であった。この答えも，もとはと言えば，王が原因だったが，むしろ「今日を十分に生き，明日のことは明日に任せよう」というポンパドゥールの人生哲学を要約しているように見えた。

ポンパドゥールは，王の寝室の相手を務めている間に，恩人の王から三つの城とセーヴル村全村をもらい受け，そこに有名な国立陶器工場を作ったが，その事業はかなり成功した。ポンパドゥールは王宮の仕事をうまくこなしたが，陶器の事業もうまくやり遂げたようである。

POPLIN

　法王は布作りはしないが，法王の名は，ある学説に促されて，*poplin* と呼ばれる光沢の生地のうね模様のついた織物とは関連がある。この説が多くの人に支持される話によると，1309 年から 1377 年まで（権威者によっては違う年代を説く人もいるが）ローマカトリック教会には二人の法王がいて，一方はローマに，他方はフランスのアヴィニオンにいた。ずる賢いフランスの商人たちは，法王がアヴィニオンに居住していることを利用して，特に衣服やカーテン地として使われる強い簡単な織りの布を "the Pope's linen"（法王のリネン）として宣伝したが，それが法王の住む町で作られたからである。この句が融合して，最終音節が脱落し，*poplin* となった。

　他の学説は，アヴィニオンが法王の座だというので，フランス人はアヴィニオンを *papeline*（*papeline* はイタリア語 *papalina*（ローマ教皇の）の変化というが，疑わしい）と呼んだことを論拠にしている。（イタリア語では *pope* に相当する語は *papa* で，法王が用いる種類の *skullcap*（スカルキャップ）に相当する語は *papalina* である）。この仏語のなまりから，アヴィニオンで作られるその布の名前が生まれたと固く信じられている。もう一つの説によると，その布の名前はフランダースの布生産都市 Poperinge の布からきているという。これが仏語で *papeline* となり，そして *popeline* となった。この最後の学説は一般に信用できないとされてきたものである。

PORCUPINE

> And each particular hair to stand on end,
> Like quills upon the fretful porpentine.
> 　　　　　　　—Shakespeare, *Hamlet*
> 　その束ねた髪も猛り狂った山荒しの針金のように
> 一筋一筋さかだったであろう。
> 　　　　　　　—シェイクスピア『ハムレット』

　porcupine（ヤマアラシ）は身長がほぼ 30 インチほどで背中に固い針の

ある齧歯(げっし)動物である。鋭いとげのある羽軸は，ヤマアラシが怖がったり興奮したりしたときだけ持ち上がる。とげに刺されるといけないので，誰も近づいてはいけないと忠告される。ヤマアラシの一撃を受けると痛いこともある。

ヤマアラシは齧歯動物であって，その呼び方を除けば豚科とは無関係である。ローマ人はこの穴を掘って住む動物は子豚に似ていると思ったので，*porcus*（豚）に *spina*（とげ）を足してとげのある豚と名づけた。フランス人はその名を採用したものの，少し変更を加えて，*porc aspin*（とげのある豚）と呼んだ。中英語ではそれを，現在の綴りに変わる小さな段階として *porkepin* と呼んだ。しかし，これを現代英語に採用するに当たって，いくつかの変化形が生じた。シェイクスピア（Shakespeare）は例えば，*porpentine* と呼んだ。

もう一つの豚語 *porcelain*（高度にうわ薬をかけた陶磁器）は，*porcus* の派生語だが，"swine"（豚）とは関係ない。どうしてなのか。ポルトガルの貿易商はコヤスガイの形は豚の背に似ていて，脇には女性の生殖器に似た開口部があると考えていた。イタリア人はこの考えを借りて，*porcus* に二重の意味 "young pig"（子豚）と "vulva"（外陰）を持たせた。貝そのものは *porcella*（子豚）から出た *porcellana* と呼んだ。そしてその語から，米国を代表するミスター・アメリカ，ミセス・アメリカの食卓だけでなく，宴会の食卓を優雅に見せる高価な磁器製食器類が生まれた。

PORTLAND CEMENT

Portland cement（ポートランド・セメント）という表現になじみのある人は多いが，その人たちの出す疑問は，なぜポートランドなんだ，というものである。その人たちにも確信できることが一つあって，それはセメント（*cement* はラテン語で粗い未加工の石片を意味する *caementum* が語源）は，オレゴン州ポートランドであろうと，メイン州ポートランドであろうと，あるいはまたポートランドという名前の都市であろうと，どこでも作られてはいないということである。事実，この表現の *Portland* の部分はセメントとは全く関係ないのである。この語の出所はイングランド南部のポートランド島（the Isle of Portland）であるが，セメントはそこでも作られたことなどなかった。

ポートランド・セメントは，1824年にイングランドはリーズのジョゼフ・アスプディン（Joseph Aspdin）という石工によって発明された。アスプディンは自分の製品を *Portland cement* と呼んだが，それがポートランド石，ポートランド島で切り出される石灰石と似ていたからである。

技術の心得のある人にとってのポートランド・セメントとは，炉の中でカルシウム，アルミニウム，鉄，シリコンの酸化物を含む石灰石と粘土の混合物を熱して，結果としてできるクリンカーを粉末にして作られる水硬セメントのことである。

PRIVATE

辞書に見られる *private* の定義の中に "limited to one person"（一人に限定される）とか "not in a public position"（公共の場所にない）というのがある。もちろん，こうした定義は形容詞 *private* に適用されるものである。名詞としては，*private* は最下級兵士，一兵卒のことを言う。確かに形容詞をこのような兵卒に適用するのは正しくない。それは *private*（兵卒）は，一人だけに限定される地位を持っているわけではなく，実際公衆（the public）に奉仕しているからである。しかし，語源的には *private* は階級を剥奪されているばかりか，市民生活とも引き離されているのである。*private* という語が出てきたラテン語の *privo* は "to separate or to deprive"（引き離す，剥奪する）という意味である。ここから疑問が起こる。いったい家族から *separated*（引き離された）兵卒は生活のもろもろの楽しみを *deprived*（奪われている）と絶えず不平を言っても当然ということになるのだろうか。

PRIZE

prize は勝ったときにもらえる物である。*prize* のこの意味は，プロボクシングの敗者が得るものと言えば，ひどい頭痛や身体のあちこちの痛みだけだったということを示すのが常だった。この説明は，プロボクシングの場合を除いて，一般に真実である。しかし17世紀のボクシングの闘いは，拳ではなく刀を使ったということに注意しよう。賞杯が提供される他の闘いの範疇では，勝

者だけがその賞杯を持ち去る（人気をさらう）のである。*prize* という語で不思議なことは，文字どおりこれが，賞として与えられるもののことではなく，"of price"（貴重な）を意味することである。*prize* という語は，17 世紀以前には存在せず，当時 *price* の姉妹語として生まれたというのが事実である。*price* の直接の先祖（ラテン語の *pretium*（報酬，価値，値段）の派生語である仏語の *pris*）はある物の相当物という概念を表した。

　price にはいくつかの互いに無関係の意味があったが，英語に入ったとき，それは *pris* — 何かに払われる金つまりコストという一つの意味を含むようになった。*price* のもう一つの意味は "the victor in a contest"（競技の勝者）であった。*prize* が独立語としての *price* から生み出されたとき，それは勝者に与えられる賞品 — 賞杯だけかもしれないが — を意味するようになった。*price* から *prize* への綴りの変化は，これとは無関係の仏語 *prendre*（捕らえる，捕まえる）に影響されたと言われる。この *prize* は戦利品，特に敵の船と海上で捕らえたその船の積み荷である。今日，最もありふれた賞品といえば，偶然宝くじで得られたものである。

PSYCHE

> Fair Psyche, kneeling at the ethereal throne,
> Warmed the fond bosom of unconquered love.
> 　　　　　—Darwin, *Economy of Vegetation*
> 美しいプシケは，はかない王座の前にひざまずき
> かなえられなかった愛のいとしい胸を暖めた。
> 　　　　　—ダーウィン『植物の経済』

　psychology と *psychiatry* は，それぞれ前者が心理学を，後者が精神病の治療と予防を扱う医学の分野（精神医学）を指している。どちらの場合も，基本語はギリシャ語で "breath"（息）あるいは "life"（命）を意味する *psyche* から出た *psych* である。英語の *psyche* は，肉体とは区別されるものとしての精神のことを言うが，意味が拡大されて，現在使われている心理学上の精神を含むようになった。

　Psyche（プシケ）は古典神話の中で，キューピッド（Cupid）が夢中に

なった美しい少女だった。キューピッドはプシケを豪華な宮殿に連れて行き，そこでふたりは夜ごと愛を交わして過ごしたが，その間ずっと自分が the God of Love（愛の神）だと気づかれないように，顔を覆っていた。そして自分の正体は詮索しないで，ただ信じてくれとプシケには警告していた。しかし，プシケは，嫉妬深い姉が妹の不幸を願って，お前は怪獣と寝ているかもしれないんだよと言い続ける言葉に従っていた。そしてある夜，好奇心と恐怖心に駆られて，こっそりキューピッドに小さなランプを照らしかけた。そのとき照らし出されたのは，この世のものとも思えぬ美男子の顔だった。不幸なことに，そのランプから一滴の油が肩に落ちて，キューピッドは目を覚ますと，プシケの不信をとがめ逃げ去った。二人の愛の宮殿は消え，絶望と悲しみのあまり，プシケは溺死したいと思うほどだった。だが，幸いなことに，さ迷っているうちに多くの困難や屈辱を経て，キューピッドの恵み（キューピッドがプシケに寄せる愛は衰えてはいなかった）のおかげで，プシケは不死となり，ふたりは永遠に結ばれた。こうして真の愛情物語は結末を迎える。

PULL SOMEONE'S LEG, TO

"Stop pulling my leg." と言う人は，自分がいじめられ，だまされ，ばかにされているとユーモアたっぷりに考える。これは表現は有名だが，語源は不明である。語源学者にできることは，仮に人の脚を引っ張らないとすれば，推測するしかない。

この表現に関する最も心ひかれるが，たぶん出所の怪しい話には，19世紀に大きな見世物だった公開処刑（絞首刑）が含まれていると言われる。罪人たちの恐ろしい最期を見て心から楽しんだ人が多く，"hanging parties"（処刑愛好者の集会）を開けるほどだった。チャールズ・ディケンズ（Charles Dickens）はこの集会を主催するほど悪名高かった。死に至らしめる手段としての絞首刑は，残酷で無慈悲だった。絞首刑にしたからといって，すぐにはすべての犠牲者が絶命したわけではなく，したがって苦痛に悶える者もあった。こうした哀れな罪人に対する人間的な行為として，友人や親戚が罪人の脚を引っ張って死を速めるのを許され，こうして苦しみに終止符が打たれた。これは，誰かに脚を引っ張るのをやめてくれと頼む前に，人に一瞬の小休止を与えてくれる。

PUNDIT

pundit は地口 (pun) を書く人のことではない。反対に, *pundit* がおそらく言ったり書いたりすることは, まじめで学究的であり, 綿密な批評に値するだろう。この語の語源は, ヒンズー語の *pandit* にある。これは, インドでは "learned and versed in Sanskrit" (博識でサンスクリット語に造詣深い) という意味だが, その究極の核はサンスクリット語で "a scholar" (熟練, 理解力, それに学問のある人) を意味する *pandita* である。サファイア (Safire) は言っている: "The term is widely applied to almost any member of the newspaper and radio-television fraternity encompassed in Eisenhower's 'sensation seeking columnists and commentators.'" (この語は広く, アイゼンハワーの言う「コラムニストや評論家を見つけ出すセンス」にどっぷりつかった新聞人, 放送人のほとんど誰にも適用される)。今日, われわれが使う語としての *pundit* は, 単に学者というだけでなく, 権威者でもある。とは言っても, その人がサンスクリット語に精通している必要はない。しかし, 博学者への言及の中には本心とは裏腹に作られるものもある。それらの言及がなされるのは, お世辞を言うのが目的ではない。

PUT ON THE DOG, TO

to put on the dog という表現は, "to put on airs" (気どる―これももう一つのクリシェイだが), "to make pretentions of grandeur" (もったいぶる), "to act in a conceited manner" (だまされたように振舞う), または "to dress flashily" (はでに着飾る) を意味する。この表現の発起人に, オウム, 猫, スカンク (スカンクがもし "putting on the ritz" (気どっている) のであれば, 白いネクタイは不要だろう) ではなく, 犬が選ばれた理由は, 説明しがたい。あるいは, 理由は犬がときどき見栄を張っているように見えるということなのか。ある学説は, *putting on the dog* という表現は南北戦争後に, 甘やかされて, 見知らぬ人を横柄に眺める抱き犬が始まってから生まれたというものである。他の学説は, この表現は南北戦争

の初期の数年間に，エール大学構内でカレッジ・スラング（学生語）となったというものだ。1871 年にバッグ（L. H. Bagg）の書いた *Four Years at Yale*（『エール大学の4年間』）というテクストの中で，この表現が具体化されたことが知られている：“To put on the dog is to make a flashy display.”（気どるとは，はでな飾りつけをすることである）。さらに知られているのは，この表現はアメリカの大学のキャンパスに行き渡っただけでなく，一般用法ともなったということである。そしてキャンパスよりも町で共通のもの，あるいはたぶんもっとありふれた表現となった。このありふれた表現は，確立されたイディオムとして，雑種犬を飼っていない人たちの間にさえ，定着しているのである。

PUT THE CART BEFORE THE HORSE, TO

> This methinks is playnely to sett the carte before the horse.
> —Early English Tract Society, *The Babees Book*
> これはわたしの考えるところ，はっきり言って馬の前に車を置くようなものです。
> —初期英国トラクト協会『幼児のために』

英語の中で最もばかげた単語は *preposterous* である。これは *pre*（前の）と *post*（後の）の結合で，ドイツ人が言うように，“putting the horse behind the carriage”（馬車の後ろに馬を置いている，本末を転倒している）のである。この元の意味は前後していて，ばかげている。しかし，それこそ *preposterous* の意味する “absurd”（ばかげている）である。

これを見ると，キケロ（Cicero）が紀元前 61 年に記す前からすでにあった *to put the cart before the horse*（本末を転倒する）というありきたりの表現が想起される。すなわち “*Currus bovem trahit praepostere.*” で，意味は “The plow draws the oxen in reversed position.”（鋤が反対に回って雄牛を引く）である。雄牛でラテン語版を使おうと，馬で英語版を使おうと，考え方は同じで，物事が通常の順序と逆になってしまっているのである。この思想を借用した言語は多い。フランス人は “*Mettre la charrette avant les boeufs.*”（牛の前に鋤をつける）と言

い，ドイツ人は *"Die Pferde hinter dan Wagen spannen."*（車の後ろに馬をつなぐ）と言う。これは多くの言語で混交の起きる可能性があることを示している。

PUT THE KIBOSH ON, TO

to put the kibosh on は "to put an end to"（……を廃止する），"to squelch"（……を抑圧する），"to dispose of"（……を処理する）を意味する。ディケンズ（Dickens）は *Seven Dials*（『セヴン・ダイアルズ』）でこれを *kye-bosk* と綴ったが，何かを "finishing off"（使い切ること）という意味は変わらなかった。この語の語源は論争を呼んでいる。権威者の中には，これは "carrion"（腐肉）を意味する中世高地独語の *keibe* から進化したイディッシュ語の表現であると理論づける人もいる。他の権威者たちは，それは "cap of death"（死の帽子）を意味するゲール語 *cie bas* の中に見出されると信じている。どちらの見解を受け入れるにせよ，*kibosh* の何かが悲しい結末を迎えたという現在使われている意味は明らかで，誤解の余地はない。*carrion* はもちろん死肉あるいは腐っていく肉で，"cap of death" の意味は自ずと明らかである。

PUT UP YOUR DUKES

もしそれを人生の早い時期に学ばなかったならば，きっと孫息子を持ってから学ぶことになろう。この「それ」が言及されるのは *put up your dukes* という表現である。

アウグストゥス・フレデリック（Augustus Frederick）は19世紀初めの住人であるが，国王の任命でヨーク公爵（Duke of York）となった。公爵の関心はさまざま多岐にわたっていたが，大好きな趣味はボクシングだった。プロボクシングのリングに入れあげていて，非常に多くのプロボクサーに助言したので，ボクサー連中は公爵にならって自分たちの拳に "Dukes of York"（ヨークの諸公爵）と名づけた。これが後に短縮されて *dukes* となった。今日，他人に殴り合いを挑む人が，"Put up your dukes."（構えろ）と言って相手に分からせるのに，リング上にいる必要はないのである。

慣用句の探偵は *dukes* の語源に関する他のいくつかの学説を提出している。その学説はすべて互いに無関係で，ありのままに純粋の推測として残っている。ある学説は，コックニー（ロンドンの East End に住み，ロンドンなまりを話す人）が自分たちの隠語表現に韻を踏ませた習慣に関するものである。こうした表現は韻を踏んでいる限り，意味が通じる必要はないのである。例えば，フォークには指があり，*forks* という語をそう呼ぶことが "Duke of Yorks" に発展するかもしれない。米国人の頭の中では論理的に理解できないが，ここから "hands"（手）を意味する *dukes* が出たと言われている。提案されてきたもう一つの学説によると，ウェリントン公爵（Duke of Wellington）の軍隊が，公爵の鼻の大きさに敬意を表して，どんな鼻でも鼻は *dukes* と呼んだというものである。乱闘の標的は主に鼻だったので，*dukes* は鼻を打つもの，すなわち拳と連想されるようになった。かくして *duke-buster*（鼻を破壊するもの）となったが，時がたつにつれ，単に *duke*（げんこつ）となってしまった。

PYGMALION

楽しいミュージカル *My Fair Lady*（『マイ・フェア・レディー』）は，1912年に出版されたジョージ・バーナード・ショウ（George Bernard Shaw）の *Pygmalion*（『ピグマリオン』）に基づいているが，このミュージカルのせいで *Pygmalion* という名前がいくぶんか普通語になった。しかし，*Pygmalion* という名前がそのミュージカルの中に出てくるというのではなく，またミュージカルはピグマリオンの物語でもないということは，覚えておかねばならない。ただ暗示されているのは，言語学教授ヘンリー・ヒギンズ（Henry Higgins）とコックニーの花売り娘ライザ・ドゥリトル（Liza Doolittle）の感情や社交上の才は，ピグマリオンとその最終結婚相手の女性の感情や社交上の才に似ているということだけである。

ギリシャ神話では，キプロス島の王ピグマリオン（Pygmalion）は女嫌いであった。ピグマリオンはどんな女性も好きにはなれなかったが，象牙を使って女性の像を彫った。その像は並ぶもののない美しさを備えていて，自分が恋してしまうほどだった。そこで愛の女神アプロディーテー（Aphrodite）に向かって，像に命を吹き込んでほしいと祈ると，女神は祈りをかなえてくれた。

ピグマリオンはその像の少女と結婚し，ふたりの間には息子が一人恵まれた。これではっきり証明されるが，ピグマリオンは冷たい感じの象牙を彫るよりも，温かい人間に接するのを楽しんだのである。

PYTHON

　python（パイソン）は，ボア（南米の大蛇）のようにとぐろを巻き，餌食を圧死させる大蛇である。この爬虫類にはいくつかの種類の大蛇が含まれている。元々 *python* という語は大文字 *P* で綴られたのだが，ギリシャ神話では，それが特に大きな蛇か龍だったからである。この蛇はノアの大洪水（Flood）のあと地球の軟泥の中から孵化し，成長してパルナッソス山の洞窟に潜み，住人たちを恐怖に陥れた。太陽神アポロ（Apollo）はデルポイ神殿（Delphi）に到着し，神託を立て，パイソンについて学んだあと，この怪物の蛇を発見し，銀の弓につがえた矢で殺した。この無毒の蛇はアポロが殺したあとの状態—太陽の中で腐った—にならって名づけられたと言われている。ギリシャ語で"to rot"（腐る）を意味する動詞は *python* という名の語源を持つ。

2

QUARRY

And let me use my sword, I'd make a quarry
With thousands of these quartered slaves. . . .
——Shakespeare, *Coriolanus*
この剣を使うことを許してくれれば、あいつらの千人や二千人はたたき斬り、槍のとどくかぎり、死人の山を築いてみせるのだが。
——シェイクスピア『コリオレーナス』

　名詞 *quarry* は追跡対象あるいは採石場のことを言う。最初の *quarry* は猟師の獲物であるが、猟犬を連れた猟師が追跡する動物を意味するようになった。時がたつにつれて、*quarry* の意味は拡大されて、たぶん顧客または女性の配偶者など、いかなる対象でもよくなった。しかし、変化した古仏語 *cuirée* から、また *cuir*（隠す）から、そして最終的にラテン語の *corium*（肌）から出た *quarry* が "entrails"（内臓）を意味し、2音節に発音する *querre* として中英語に入ったのは、何世紀も前のことではない。*querre* は、殺された動物の一部で、それは皮をはいだあと、猟犬の猟後のご褒美に、その皮の上に置かれたのだった。もっと単純に言えば、それは犬たちの食物として与えられた物だった。さらに時がたつにつれて、*querre* は *quarry* となった。

　石切り場の意の *quarry* という語は、たぶん *quarré*（四角に切った石）から出た古仏語の *quarriére* から、究極的にはラテン語の *quadrare*（四角にする）からきている。ローマ時代、切り出された石はその場で四角形にされた。*quarry* が初めてこの意味で使われた記録は、1420年のことであった。確かに自分の獲物を食べたいという猟師も、満足な食事を得ようとする街の浮浪児も、四角い石を捜しているわけではない。

QUARTER

　quarter（ラテン語の *quartus*（4番目）からきている）は，それが何であれ4番目の部分であるが，*quarter*（"four-walled"（四方が壁の）の意味のラテン語の *quadrus*（四角い）からきている）は，町のある地域，すなわち居住区域—カルチエ・ラタン（Latin Quarter）である。この用法では，複数形 *quarters* がより一般的である。ここから疑問が呈されることとなる。これらの語が "to beg for mercy"（慈悲を乞う）の意の *to cry quarters* や "to spare the life of an enenmy"（敵の命を見のがしてやる）の意の *to grant quarter* のような句とどう関連するというのか。不幸なことに，これらのイディオムの出所に関しては，句源学者は誰一人，何一つとして手がかりを持たないのである。一つの示唆は，この *to grant quarter* という表現は18世紀にオランダやスペインの外交官と共に生まれたというものである。当時，外交官たちは，囚人は給料の4分の1の身代金を支払えば釈放してもよいということに同意していた。この考えが単なる民間語源説であるのは，しごく明らかである。その当時の兵士の給料は少なく，弾丸1個の値段さえまかなえなかった。そんなに少ない給料の4分の1を，身代金として受け取るなどと想像できるだろうか。このように信じがたい推理の創始者は，25セント（quarter）にも値しない，と言ってもいいかもしれない。

QUEEN

> I would not be a queen for all the world.
> 　　—Shakespeare, *Henry VIII*
> わたしは女王になろうなんて，よもや考えてはいないのです。
> 　　—シェイクスピア『ヘンリー8世』

　伝統的に *queen* は女帝か王の妻であった。しかし，現在は伝統的クイーンより多くのクイーンは，男性の同性愛者で，通常服装倒錯の受身の女役ホモである。どちらのクイーンの意味であっても，この語は国産である（もちろんアメリカ英語ではなく，古英語であるが）。古い時代には，*cwen* という語は

"wife or woman"（妻か女性）だけでなく，"queen"（女王）をも意味した。quean という語は身持ちのよくない女性を軽蔑して言う言葉であるが，語源は cwen と同じである。中英語では cwen は quen となった。これは 1066 年のノルマン征服のあとフランス人書記たちが，cw で始まるすべての英単語を qu で始まるように変えたからである。したがって queen（二つめの e はあとから加えられた），quick, qualm などもそう言える。

別のポイントを示そう。cwen はギリシャ語で woman の意の gyne と関連している。この gyne は現在 gynecology（女性の病気を研究する学問，婦人科），gynecologist（婦人科専門の内科医，婦人科医）という語で使われている gyne という連結形を提供してくれている。こうしたわけでクイーンは，語源的にはその婦人科医と関連しているという結論が導かれる。

QUEER

人は，しゃれていながら擁護して，queer には奇妙な先祖がいると言うかもしれない。この語の伝統的な意味 "deviating from the normal or the expected"（正常値，期待値からそれた）や "strange"（不思議な）は判明しているが，queer という語がどこからきたかは不明である。辞書によっては，その語源は不明とするものもあれば，曖昧だとするものもあり，また推測にすぎないとするものもある。ある権威者は，先祖はたぶん独語の quer（意地悪の，斜めの）の中にあったと推理する。斜めのものは真っすぐではなく，基準からずれている。他の学説は，その語源はラテン語の torquere（曲がる）の中に見い出せるというものである。これに助け船を出す思想は，何か曲がったものはねじれていて，したがって普通ではないというものである。もっと保証しかねる推測は，queer はラテン語の quaero（尋ねる）から派生しているというもので，これは疑わしい金銭上の過去を持つ顧客の名前に従って作られた表記法である。たぶんその辞書的意味よりもさらに頻繁に，queer は "feeling ill at ease"（不安に感じている），"queasy"（不快な）を表すスラングとして使われている。それはまた失敗した取引（queer された取引）や計画についても用いられる。そして，その最も不愉快な用法では，同性との性行為のほうが好きな人たち，すなわち同性愛者に適用される。こうした次第で，この語は確かに奇妙な語だと言えるかも

しれない。

QUEUE

　集団で列に入れと言われてすぐ，比喩的に行列を作れと言われたとは気づかないかもしれない。その人たちは，もちろん列を作ることになるのではあるが。この比喩的意味はしかし，生まれて間もないものである。中英語では *queue* は動物の尾を意味するだけだった。*queue* は古仏語の *coue* からきたが，この先祖はラテン語の *cauda*（尾）であった。18世紀中葉になって初めて，*queue* は第2の意味 "a plait of hair worn hanging down behind"（後ろに垂れるように結った髪）— pigtail（弁髪）を獲得した。1777年にダルリンプル（W. Dalrymple）は書いている："They came not out ... in the morning till their hair was queued."（彼らは出てこなかった……朝，弁髪に結うまで）。*queue* のこの意味は，首の後ろに垂れた編んだ髪が動物の尾に似ているところから発展したものである。現代では，切符売り場の前に立っている人や，バスを待つ人の列は *queue* と呼ばれるようになった。これもまた，尾のように列が長く次第に細くなっているからである。

　しゃれ好きの人は，こうなぞかけするのが好きだ："What five-letter English word can drop its last four letters without affecting its pronunciation?"（5文字の英単語のうち，発音に影響なしに最後の4文字を脱落できるものなあに？）。答えはもちろん *queue* である。そして，"What English word has four vowels in a row?"（連続した4つの母音を持つ英単語なあに？）に対する答えも，また *queue* となる。*queue* の同意語の *pigtail*（弁髪）という語について不思議に思う人にとって，この語が最初に比喩的に言及されたのは弁髪に対してではなく，ねじれすぎて豚の尾のように見えるタバコの吸殻に対してであった。*queue* が初めてこの意味で印刷されたのは，1688年のことであった。

QUINSY

　quinsy とは扁桃腺の重大な炎症である。この語は "dog strangulation"（犬の狼藉）を意味するラテン語の *cyanchia* とギリシャ語の

kunanche の直系である。扁桃腺が炎症している人は，犬，特に狂犬のように口を大きく開けていると信じられた。*kunanche* から *kuansy* が生まれ，そこから *quinsy* となった。今では珍しくなったこの語は，19世紀を通してすべての喉の痛みに対する普通語として共通に使われた。

RAGAMUFFIN

> I have led ragamuffins where they are peppered.
> —Shakespeare, *Henry IV, Part I*
> あほの名がきさまの魂についてまわるがよい。
> —シェイクスピア『ヘンリー4世』第1部

　ragamuffin とは，ぼろをまとった身なりのみすぼらしい人か，ぼろを着た子どものことである。*ragamuffin* のぼろの部分は分かりやすい。しかし，どうして *muffin* なのか。不幸なことに，今までこの問いに答えられた人は皆無である。ブルーワー（Brewer）の言うには，*ragamuffin* とは "a regular muff"（全くのまぬけ），すなわちぼろにくるまった気の毒な人間だという。*muff* という語は，語源は不明だが，クライン（Klein）によると，不器用な人のことを言う。今日，不器用な人のことを落球した人と言う。多少容認されている学説は，*ragamuffin* は仏語の *Ragamoffyn* からきているというものである。これは古い神秘劇に出てくる悪魔の名前だが，1393年にラングランド（Langland）の *Piers Plowman*（『農夫ピアズ』）に初めて登場した。作中その悪魔はぼろをまとっているように描かれているが，これは中世ではごくありきたりの描写であった。その用法から，"shaggy"（むさくるしい）とか "unkempt"（身なりがだらしない）の意味が出てきた。万人が同意するのは，この語の第2要素（muffin）と *muffin*（マフィン。小さな丸パン）という語は無関係だということである。満足できる証拠が発掘されるまで，*ragamuffin* という語は，語源に無知のまま使用せねばならない。

RAINBOW

　古英語 *renboga* が語源で，初めて紀元 1000 年に印刷された色彩豊かな英語は *rainbow*（虹）で，虹とは同心帯の中で七色の色帯を示す太陽光線の反射のことである。虹と関連する姉妹語は *iridescence*（イリデセンス）であり，これは虹効果を生み出すいろいろの色のちらつきである。この英語の語源はギリシャ神話にまでさかのぼれる。神話では神々の使者アイリス（Iris）が虹の姿で現れたのである。アイリスが天の神のメッセージを下界の人間に伝える必要があったとき，便利な階段を地上に向けて降ろした。その階段こそ何あろう虹だったのである。虹を伝って降りるなんて，アイリスにはなんと楽しかったことか。アイリスの名がギリシャ語の "rainbow"（虹）すなわち *Iris* から派生したものだからである。1634 年に，ジョンソン（T. Johnson）はその外科関連の著書で，悪性腫瘍に言及したとき，*Iris* と *rainbow* の両語を使用した："about the circle of the Iris or rainbow"（虹彩すなわち虹の円の周囲に）。今日 *iris* という語の最もよく知られた用法が，目の色つきの部分（1721 年にデンマーク人のベンジャミン・ヴィンスラウ（Benjamin Winslow）の創作用語。虹彩）についてのものである。アイリスはまた，葉が刀状で大きくはでな花をつける草本でもある。これは仏語では *fleur-de-lis*，すなわちユリの紋である。もう一つ忘れてならないものがある。*Iris* はかわいらしい女性名である。連結形 *irid* は，上で述べた他の *iridescence* と *iridium*（プラチナのグループの金属元素）のような語に使用されていて，イリジウムは他の元素と結合すると，多様な色の物質を形成する。

RAINING CATS AND DOGS, IT'S

> What woulds't thou have of me?
> Good king of cats, nothing but one of nine lives.
> 　　　　　—Shakespeare, *Romeo and Juliet*
>
> このわしをどうしようと言うのだ。
> 猫の大将，九つある命の唯一つを頂戴したいのだ。
> 　　　　　—シェイクスピア『ロミオとジュリエット』

cat という語に中心を置く表現は多い。例えば，cat-o'-nine-tails（体罰用の9本のひもつきむち）だが，この表現にその名前がついたのは，たぶん猫には命が9つあると考えられていたからである。その他にも推測はいくつかあった。cathouse は安売春宿のことである。この語の語源は不確かだが，売春婦を表す古い単語 cat から出たのかもしれないし，あるいは猫に備わった性行動から出たのかもしれない。

テネシー・ウィリアムズ（Tennessee Williams）の有名な芝居 Cat on a Hot Tin Roof（『やけたトタン屋根の上の猫』）は，この句を最近の世代に流行らせた。しかし，その歴史は少なくとも20世紀の初めにまでさかのぼる。熱いトタン屋根の上の猫は確かに神経質になってジャンプするというその句の暗示は，不安感，すなわち熱いトタン屋根の上では "at home"（安心）できないという比喩的意味を引き起こした。

しかし，最もありきたりの表現は，激しい雷雨の間に作られた It's raining cats and dogs.（どしゃ降りだ）である。この表現の出所に関して出された多くの推測の中で，ごく自然に意味の通るものは，その昔，暴風雨の通過後，下水溝が汚物やごみばかりか，猫や犬の死骸であふれることがよくあったというものである。この句に関しては巧みに人の感情に訴えるものがあるにちがいないが，現在でもこの句がよく使われているからである。現在は，下水溝に流れ込む側溝の中に浮かんでいる猫や犬の死骸は普通は見かけないとしても。

RANKLE

同意しない人はいないだろうが，to rankle は怒りに燃えることである。rankle に与えられた辞書の定義は "to cause continued irritation, anger, or bitterness"（長く続くいらいら，怒り，つらさを引き起こす）である。

この語の生まれを打ち明ければ，その親捜しはほとんど不可能と見えるほどの忍耐と器用さが求められる。ギリシャ語で drakon と言えば "snake"（蛇），すなわち刺すような恐ろしい目をした地を這う大きなものを意味する。ローマ人は，蛇や竜をこれと似たような語 draco で呼んだ。その指小語 dracunculus から "a festering sore"（痛さつのるはれもの）の意味が

出た。(とんでもないと思われるかもしれないが) こうした潰瘍は, 小さな蛇に似ていて, 蛇にかまれたのと同じようにうずくと考えられたからである。

一連の音声と綴りの変化を通して, *dracunculus* は *rankle* (かりに d が脱落したとすればラテン語とそんなに違わない) として英語にたどり着いた。今日誰かが気にさわったり怒ったりしたとき, その人はあたかも竜にかまれたように感じたり, あるいは潰瘍が焼けるような感じがするのである。

RAP

もし誰かが, ある物が一文の値打もないとか, ある考えが全く価値がないと言えば, それは無価値か, あるいは無益だという意味である。そこで起こってくる疑問は, *rap* とは何かというものである。すぐに思い浮かぶ理論的答えは, こっぴどく叱ったり, 食卓や机を激しくたたくことである。そんなことをしても, 確かに非生産的かつ無価値だからである。しかし, 語源学者の考えは違っている。一つには, ジョージ1世 (George I) の時代 (1714—1727) に鋳造されてアイルランドで広く使用された小さい銅貨は *rap* (その名前の語源は不明) と呼ばれた。この硬貨は, ほぼ8分の1ペニーでほとんど無価値だった。しかし, 本物の貨幣が乏しかったので, しばしば偽の半ペニーとして通用した。1724年にジョナサン・スウィフト (Jonathan Swift) はこの習慣を *Drapier's Letters* (『ドレイピア書簡』) の中で次のように書いた：
"Copper halfpence or farthings have been for some time very scarce, and many counterfeits passed about under the name of raps." (銅貨の半ペニーあるいは4分の1ペニーは, しばらくの間とても不足していて, ラップの名のもとに偽物がいろいろと出回った)。

rap という語の他の考えられる語源で, いまだに定着しているとは言えないのが, 独語の *rappe* である。これは大陸で14世紀に流通し, アイルランドの海賊が英国諸島にもたらしたと言われる偽1ペニー銅貨のことである。*rap* はインドのお金の単位 *ruppe, annas, pice* の最初の文字からの頭字語だったという仮説もあるが, これを支持する歴史的証拠はいっさい存在しない。以上を総合すると, *rap* の先祖は証明できないとの結論に至るかもしれない。それはたぶん諺に言うように, 語源学者がその語源を知ったとて, 一銭 (rap) の価値もないと感じたからであろう。

RED HERRING

　red という語を含むありふれた表現は多い。*to be caught red-handed*（現行犯でつかまる），*won't give up even a red cent*（一銭の寄付も期待しない），*to see red*（雄牛のように怒る）などである。

　数世紀をへたもののなお生き続けている別の "red expression"（redを使った表現）は，*dragging* (or *drawing*) *a red herring across the trail*（人の注意を他へそらすこと）である。この言葉は，猟犬の訓練中に犬を誤誘導する手段として，よく狐の通り道と交差するように赤いニシンを引きずって歩いた猟師の間から生まれた。ニシンの臭いは狐の臭いを消したものだった。スポーツマン仲間の言葉では，この習慣は "setting the hounds at fault"（ファンを途方に暮れさせる）として知られた。ついでながらニシンは赤かったが，これはニシンは塩漬けして薫製にする過程で，赤くなったからである。

　この表現の比喩的用法は今日，問題を避けたり，あるいは副次的な問題を持ち出して人の注意をそらせたり，無関係なことを持ち込んだりすることを暗示している。我々は現在，短縮形 *Let's not have* (or *Do not give us*) *a red herring*.（人の注意をそらさないようにしよう），あるいは単に *That's a red herring*.（それは人を欺くものである）を使っている。

REST ON ONE'S LAURELS, TO

> And the myrtle and ivy of sweet two and twenty
> Are worth all your laurels, though ever so plenty.
> 　　　　　―Lord Byron, *Stanzas written on the Road
> 　　　　　between Florence and Pisa*
> 二十二の甘いヒメツルニチソウとツタは
> あなたのすべての月桂冠の価値がある，とてもたっぷりだが。
> 　　　　　―バイロン卿『フィレンツェ・ピサ間の道路を読める詩』

　to rest on one's laurels は，自分の地位や成功に満足すること，過去

の業績に甘んじてあぐらをかくこと，そしてさらなる栄光を求めて努力する必要のないことである。その昔の月桂冠は月桂樹の葉か小枝で作った環で，英雄，詩人，偉大な陸上競技の選手，指導的政治家，その他の地域社会の傑出した構成員の頭にかぶせる栄誉の印として使われた。月桂冠はときどき常緑樹で作られたが，それは永続する名声を象徴するためだった。

laurel という語は *to rest on one's laurels* に加えて，他の普通の表現も生み出した。一つは *to look to one's laurels* で，これは競争相手に自分の地位を侵されないように警戒せよとの，またライバルを過小評価しないようにとの警告である。もう一つは *to win laurels* で，名誉をかち取り栄光を得ることである。*laureate* という語はたぶん今日，月桂冠に関する昔の習慣を最も広範に思い出させるものであろう。敬って言う *poet laureate*（桂冠詩人。*laureate* は "worthy of laurels for one's achievements"（その業績で月桂冠を受ける価値がある）の意味で，ラテン語の *laureatus*（月桂冠をかぶった）から来ている）の称号は，17世紀に初めてジョン・ドライデン（John Dryden）に授与された。ノーベル賞は *laureate* という語をありふれた言葉にしてしまった。ノーベル賞受賞者は今は *Nobel laureate*（ノーベル賞を受賞した名誉ある人）として知られている。

ギリシャ神話によると，アポロ（Apollo）は川の神の娘ダフネー（Daphne）の美しさに魅了されて，熱心に追いかけたが，成功しなかった。まさに追いつかれようとしたとき，ダフネーは助けを祈り，すぐに月桂樹（laurel tree）に変身してしまったからである。アポロはその後ずっと *laurel* を愛したが，月桂樹がアポロの渇望をどうことごとく満たしたかは，誰にも分からない。

RIGMAROLE

> In that manner vulgarly,
> but significantly, called rigmarole.
> 卑しくも意義深く
> くだらない長話と呼ばれるやり方で。

rigmarole は支離滅裂で混乱した話のことを言うが，これはとりとめのな

い，ばかばかしい，途方もない，あるいはモーリー・マヴァリック（Maury Maverick）の言葉を借りれば，長たらしい難解な言葉遣いをする話のことである。しかし，現在の用法とこの語の歴史とは何ら関係がない。事実，*rigmarole* の本質は，この語が英語として誕生したときは，むだ話などではなく証書であったことにある。

　1296 年に，エドワード 1 世（Edward I）はスコットランドに侵入し，国中の貴族にむりやり忠誠を誓わせた。貴族たちは王の要求を拒絶する立場にはなかったので，王に対し *ragman roll*（長い巻物）と呼ばれる個人的忠誠を誓う捺印書を差し出した（ragman の語源は不詳）。その文書の数はおびただしく，名前の一覧表はことのほか長かった。結果として *ragman roll* は統合されて一つの文書となり，巻物は 40 フィートにも及んだ。抵抗はことごとく鎮圧しようとして，王はスコットランド中に使者を遣わし，*Ragman Roll* を全住民に読み聞かせた。使者の読み方が速すぎて，普通の住民は何を聞いているのか分からなかった。そこで，*Ragman Roll* は *rigmarole* と不明瞭に発音されるようになった。そして一貫性のない話や言葉の寄せ集めの意味を持つこととなり，その語と意味が今日まで生き残ったのである。*rigmarole* はまた *rigamarole* とも綴られるようになり，ある人たちの意見では，この方が *rigmarole* よりやさしい発音と心地よい音声を生み出しているとのことである。

RIOT ACT, TO READ THE

　もしある従業員が同僚に "The boss is mad; he's going *to read the riot act*."（ボスは怒っている。取締令を読むだろう）と言えば，その言葉は文字どおりには解釈されずとも，メッセージは明らかである。従業員たちはどなりつけられるだろうということである。

　この *to read the riot act* というイディオムは，1714 年に騒擾(そうじょう)取締令がジョージ 1 世（George I）の統治下で制定された時に発生した。ジョージ 1 世は，不人気で横柄なドイツ人（ハノーヴァー家の血を引く最初の王）で，英語を軽蔑したばかりか，覚えようともしなかった。英語に無感覚なほど冷淡な王の態度に抵抗して集会を開いた人たちがいたが，そのうち何人かが手に負えなくなった。騒擾取締令は，暴動を起こす集会阻止のために計画されたが，1714

年に制定された取締令以前にすでに存在していた。しかし，それこそ最初の包括的法律だった。その条項には，明確に禁止条例や課すことのできる罰則が記述されていた。12人あるいはそれ以上の人からなる無法の群衆を解散させるために，法的権限を持つ当局は，その法律から次の条文を読んで聞かせるのだった："Our sovereign Lord the King chargeth and commandeth all persons being assembled immediately to disperse themselves, and peacefully to depart to their habitations or to their lawful business, upon the pains contained in the Act made in the first year of King George for preventing tumultuous and riotous assemblies. God save the King."（我らが君主にして王は，集合せしすべての人民に，ジョージ1世の初年に制定の騒擾集会防止条令による処罰を覚悟の上で，即刻解散し，穏やかに家または合法の職場に向かうことを命ずる。王に恵みあれ）。この宣言の朗読に続く1時間のうちに群衆が解散しなければ，残っている者は逮捕，重罪とし，少なくとも3年は投獄できた。

　この法律は効果てきめんで，これから to read the riot act という表現が，これより徹底を欠く現在の "to warn"（警告する）あるいは少なくとも "to scold vigorously"（激しく怒る）の意味とともに流行り，現在まで残ってきたのである。

ROOK

　rook された人は欺かれ，だまされたのである。それはあたかも猛禽に襲われたかのようであるが，なぜかと言えば，ある意味では，自分の合法財産をぺてん師にゆすり取られてしまったからである。

　猛禽とぺてん師の間には意味論的類似が存在する。他の鳥や農民の種や柔らかい芽を食べて，アメリカの植民地開拓者を悩ませた黒いカラスは，獲物をめがけて降下するとき高く鋭い声をあげた。この鋭い声を特徴づけようとした作家たちは，*hroc* という語（長い *o* を持ち，推測するに鳥たちのうるさい鳴き声をまねたもの）を考え出した。中英語で *hroc* は *h* を無声化して *rok* となり，結果的に *rook* となった。時がたち，これらの猛禽は他人からだまし取る人間にその名を貸した。すなわち被害者を *to rook*（ぺてんにかける）ということである。

ROUÉ

roué は道楽者，放蕩者である。この語の先祖は "a wheel"（輪）を意味するラテン語の *rota* だった。もともとの意味はしたがって，ふしだらさとは全く無関係だった。フランス人は，罪人から告白を引き出す道具として作られた責め具のことを言うのに，このラテン語の名詞を "to break on the wheel"（車裂きの刑に処する）の意の *rouer* という動詞に変えた。

1720年ごろ，デュク・ドールレーアーン（Duc d'Orleans, この人の名をとってニューオーリーンズ（New Orleans）市は命名された）は，ルイ15世（Louis XV）が多数派を獲得するまでフランスの摂政を勤めるよう任命された。デュクは道楽者であり，その仲間も同様にふしだらだった。仲間はあまりに気まぐれで，デュクがしゃれのめして力説したように，車裂きの刑に処してもおかしくなかった。デュクはそこで，仲間を *roués* と呼んだが，それを仲間は誇らしげに忠誠，すなわち進んで車裂きの拷問を受けるほどの献身の象徴と考えた。今日，この仲間の象徴は "worthless"（不品行な）と解釈すべきだったと，言いたい。

ROUND ROBIN

round robin は，署名人の順序を偽装するため円形に署名した請願書ないし抗議書だった。こうしておけば誰が最初に署名したかを見分けるのは不可能で，首謀と目される人は誰ひとりいなかったからである。この発明のおかげで，多くの水夫は営倉入りを，また多くの廷臣は絞首刑を免れた。17, 18世紀に行われたこの営倉入りや絞首刑の習慣は，請願書に抗議の発案者として名前が現れる人を厳しく罰するために行われた。だが，円形に署名された請願書を示して，罰を与えるためには，船長は乗組員全員を罰せねばならなかったし，王は廷臣すべてを処刑せねばならなかったが，それは扇動者が誰か分からなかったからである。

round robin の *robin* は鳥のことではなく，円いを表す仏語の *rond* のことを言うので，*round robin* は英語の *round* と仏語の *rond* の結合，すなわち "round round"（円くて円い）という冗語となるのである。もと

もとの完全な表現は "round ribbon"（円いリボン）を意味する *rond ruban* だった。署名は請願書や抗議書上に円形に置かれたリボンの上に書かれたからである。仏語の *rond ruban* が，不明瞭に発音されて英語の *round robin* になったのは，あまり想像力を働かせなくとも理解できる。

RUBÁIYÁT

　アメリカの学生には *Rubáiyát of Omar Khayyám*（『オマル・ハイヤームのルーバーイヤート』）と呼ばれる作品に馴染んでいる人が多い。学生たちはたぶんオマル（Omar）は11世紀に生きたペルシャの警句家だったとは知っているだろうが，有名な哲学者かつ数学者でもあったとは知らないかもしれない。その代数に関する研究は中世ヨーロッパ中に知られ，天文学の研究はペルシャ暦の改革に役立ったのである。

　オマルはこれぞ自作と言える詩はほとんど作らなかったが，自作と分かる詩は優しい自然や愛の喜びを賛美する心を鋭く反映している。オマルの作品は，1859年に出版されたエドワード・フィッツジェラルド（Edward FitzGerald）の古典翻訳によって，西洋世界の人々に注目された。

　オマルはハイヤーム（Khayyám）の息子であった。その名はペルシャ語で "tentmaker"（テント作り）を意味したが，テント作りはたぶん父親の職業だったであろう。たぶんオマルほど知られていないのは，アラビア語が語源の *Rubáiyát* の意味であろう。それは "something made of four parts"（四つの部分からなるもの）である。この語の単数形は *rubai* といって，4行連の集まり，すなわち4行詩である：

　　These pearls of thought in Persian gulfs were bred,
　　Each softly lucent as a rounded moon;
　　The diver Omar plucked them from their bed,
　　FitzGerald strung them on an English thread.
　　　—James Russell Lowell, *In a Copy of Omar Khayyám*
　　これらの思想の真珠はペルシャ湾で育ち，
　　一つ一つがまん丸い月のようにやわらかく光っている。
　　潜水夫オマルが真珠を海底から引き抜き，

フィッツジェラルドが英国の糸で数珠つなぎにした。
　—ジェームズ・ラッセル・ローウェル『オマル・ハイヤームの写本の中で』

RULE OF THUMB

　rule of thumb（大ざっぱな計算法）というイディオムは，科学的な採寸や厳密な公式というよりは，何であれ習慣に基づくおよその推測や採寸を意味するようになった。経験則から生まれた意見や推測は，自分の経験だけに基づいて作られる。この表現は，親指の下半分（大人の親指の下半分は測ってみると，ほぼ1インチである）で測る服地販売業者や大工の習慣から一般的になったと信じられている。計測方法として親指を使う別の発明は，ビール醸造業者の間ではごく普通のことであった。醸造業者はしかし長さではなく，温度を測ったのである。衛生設備の必要条件が今日ほど厳しくなかった時代には，ビールの温度は醸造所長が醸造用の大桶の中に親指を入れて検査するのが習慣とされていた。こうして検査されたビールは *thumb brewed* と呼ばれた。*rule of thumb* の語源の二つある学説のうちで，語源学者の陪審員はたぶん最初の学説を選び，こうして経験に打ち勝つのはむずかしいことが証明された。第2の学説については，所長が万事順調に行っているかを確かめようと大桶の中に親指を入れるのとは違って，陪審員は正に反対を表明するのに親指を下向きにするのである。ちなみに，親指はあるとき人の命を救うことができたり，死の象徴となることができたりした。征服されたローマの剣闘士たちの命は，観客の親指による投票で決まった。もし観衆が剣闘士を殺したいと望めば，親指を伸ばしたまま外側に向け，もし生かそうと望めば，親指を握りこぶしの中に折り曲げるのだった。

RUMINATE

　　　He chew'd
　　　The thrice-turn'd cud of wrath, and cook'd his spleen.
　　　　　　　　—Alfred Tennyson, *The Princess*
　　　彼は怒りの食い戻しを三度反芻し，

> 不機嫌をなおした
> ——アルフレッド・テニソン『王女』

　くどくどと思い巡らす人と反芻している牛には何らかの共通点があると考えられる。牛の胃は四つの別々の部屋（腔）に分かれている。牛は食べている物を完全にはかみ砕かず，第一胃（こぶ胃）と呼ばれる腔に送る。後でゆったりした時に，食べ物を胃から吐き出し，かみ砕いて，再び飲み込むのである。こぶ胃から戻された食べ物，かみ砕かれた小さなかたまりは食い戻しと言って，牛がかむものといつも呼ばれている。牛は，人間が思い巡らしているように，反芻しているのである。ruminate は "to chew the cud"（反芻する）と "to meditate"（思い巡らす）の両方を意味する。この語は rumen（喉，食道）から出たラテン語の rumino から派生している。思い巡らしている人にこの語 ruminate をあてた機知に富む人は，常に思い巡らしている考えを頭に浮かべることは，牛がその胃から食べ物を戻し何度も咀嚼する動作に似ていると信じたのである。人も牛も反芻していたのである。

　ところで，反芻動物は数多くいる。すなわち，反芻動物には胃の中に三つないしそれ以上の腔があって，食い戻しを咀嚼するのである。アンテロープ（羚羊），ラクダ，鹿，キリン，山羊，羊などがそうである。

S

SACKCLOTH AND ASHES, TO BE IN

後悔や悔恨を経験する人，あるいは単に何か自分のしたことで取り乱している人は，*to be wearing sackcloth and ashes*（深く悔いている）と言われるかもしれない。この語は，神の前に謙遜さを表明するため，灰をかぶった粗布を着用して，宗教儀式に出席する古代ユダヤ人の習慣への引喩である。*sackcloth* とは袋を作る粗くて黒い麻織りのことである。旧約聖書には次のような聖句がある：

> And I set my face unto the Lord God,
> to seek by prayer and supplications,
> with fasting, and sackcloth, and ashes: . . .
> 　　　　　　　　—Daniel 9:3

> わたしは主なる神を仰いで
> 断食し，粗布をまとい，灰をかぶって
> 祈りをささげ，嘆願した。……
> 　　　　　　　　—「ダニエル書」9章3節

SAGA / SAGACIOUS

> What this country needs is a good five cent *saga*.
> 　—Groucho Marx, paraphrasing the punchy statement made by Vice-President Thomas R. Marshall

> わが国が必要とするものはまさに安物の武勇伝である。
> 　—グルーチョ・マークス，副大統領トマス・R・マーシャルの述べた力強い話を敷延して

saga という語は *sagacious* という語の中にはっきりと見られるが，この二つの語は無関係である。*saga* は"tale"（話）を意味する北欧語である。"wise"（賢い）を意味する *sagacious* は，ラテン語の *sagire*（鋭く，素早く受け取る）からきている。

　もともと *saga* は，王や他の重要人物の伝統的歴史を物語る中世アイスランドの物語詩であった。それはまもなく英雄的行為の物語や伝説上の出来事を具現するようになり，後に，ゴールズワージー（Galsworthy）の *Forsyte Saga*（『フォーサイト家物語』）で行われたように，一家の生活を詳述するものとなった。散漫な語法では，*saga* には *tale, story, epic* など多くの同義語がある。

　sagacious の名詞形 *sagacity* は，鋭い感受性という特質のことである。昔は，この鋭さは餌食を捕らえるのが特別に巧みな動物のことを言うだけだった。もちろん，現在はもはやそんなことはない。*sagacity* は今や，人間のそつのなさや人間の問題についての健全な判断力につきものである。

　sagacious な人は *sage* と見なされるかもしれないが，このイタリック体の２語の語源は異なった先祖の中に見い出せる。英語の"a very wise man"（とても賢い人）を表す *sage* はラテン語の *sapere*（賢い）からきていて，英語で使われるのと同形の *sage* として，古仏語の中に吸収された。*sagacious* のラテン語の先祖は，この語の冒頭のパラグラフで述べたとおりである。

SALAD / SAUCE

　　Salt seasons all things.
　　　—John Florio, *Second Frutes*
　　塩はすべてのものの味つけをする。
　　　—ジョン・フローリオウ『第二の果物』

　ご案内のとおり，塩—sodium chloride（塩化ナトリウム），すなわち白い結晶体は，ほとんど食事のたびごとに使われる。(*salt* という語はラテン語の *sal* からきている)。塩ほどよく知られていないが，"things preserved in salt"（塩漬けにされたもの）を意味するラテン語の形容詞 *salsa* から

salad と呼ばれる普通の料理ができた。それに *sauce* という語も語源は同様であった。さらに，ソース（ラテン語で *salsarium*）を入れた皿は，仏語の *saucière* 経由で，英語の *saucer* になったが，ソーサーはソースよりカップを載せていることのほうが多い。

塩は通常，*saltcellar*（塩入れ）に入れて使われるが，これは中英語では *salte-saler* と綴られた。*salte* は"salt"（塩）の意味である。古仏語の *salier* からきたこの第2要素 *saler* は"salt box"（塩入れ）の意味であり，*salt* という語が2度現れるから，*saltcellar* という語は同語反復になっている。この英単語の *cellar* の部分は地下に作られた部屋（地下室，ケラー）とは関連はなく，*saler* の変形にすぎない。

SARDONIC

sardonic という語は，生来疑い深い人の姿を思い出させるが，意味は"bitter（苦い），cynical（人間不信の），scornful（軽蔑に満ちた）"である。この発生源は *sardonia* と呼ばれる毒草で，サルデニア（Sardinia，地中海にあるイタリア領の島）地方特有の植物の中に見られる。この苦い植物は食べた人の顔をゆがませるほど激しい発作を引き起こし，また食べた人が苦笑しているように見えるほど苦かったと言われている。しかし，実際はその人の歪んだ顔には死に際の苦しみが現れていたのである。気の毒にその人たちは，笑いながら死んでいったと言えるかもしれない。

SCHIZOPHRENIA

いわゆる精神分裂症は，あまり異常とは言えなくても不可思議な状態として，映画の肖像写真の中で一般化した。*schizophrenia*（ギリシャ語の *schizein*（分裂する）と *phrenia*（精神）からきた近世ラテン語で，"split mind"（分裂した精神）を意味する）を病む人は，人格と人格の間を行き来するということが，一般に信じられている。だが事実は違う。精神分裂状態に苦しむ人は，多重人格の持ち主かもしれないからである。

多重人格を含む不思議な状態（通常完璧に上々な状態と，通常全くひどい状態が存在していて，どっちつかずの状態など存在しない）は，劇的に公衆の注

意を引きつけたが、それは1886年に出版されたロバート・ルイス・スティーヴンソン（Robert Louis Stevenson）の有名な物語 *The Strange Case of Dr. Jekyll and Mr. Hyde*（『ジキル博士とハイド氏』）の中でだった。評判の医者ジキル博士は、穏やかな慈悲深い人を憎むべき邪悪な人間に変える薬を発見する。善良な博士は我が身に薬を実験して、一服あおり、邪悪で残忍な人へと変身する。自らをハイド氏と呼んで、次々に犯罪を重ね、とうとう殺人罪を犯すことになる。時がたつにつれ、その薬の効果があらわになり、博士はもはや以前の自分を取り戻せないほどになる。博士はハイド氏の人格に捕われたのである。絶望して、自分しか知らない唯一の解決策を取り、自殺してしまう。幸い、多重人格者はたいてい、ジキル博士のような過度に奇怪な行動に支配されることはないのである。

SCRATCH ONE'S BACK

scratch（軽い引っかき傷）は痛くはないが、にもかかわらず歓迎されないものである。しかし、背中のかゆみはとてもやっかいなので、かゆい人はたぶん背中をかいたり、かゆみを取り除こうとして壁に背中をこすりつけたりするだろう。背中をかいてかゆみを和らげようとするこうした欲求は、互いに助け合うことを承知した二人の政治屋の行動を述べる句 "You vote for my bill and I'll vote for yours."（おれの法案に投票してくれよ、そうすれば君の法案に投票してやるよ）として、政治的領域に入り込んでいる。これを慣用語法で言えば、"I'll scratch your back if you'll scratch mine."（魚心あれば水心）となる。このイディオムは、政治の世界から、利己的利益に基づいて返礼が行われるほとんどすべての他の領域に移った。"I'll speak well of you if you don't criticize me."（僕のことを批判しなければ、君をけなすようなことはしないよ）は "I'll scratch your back if you'll scracth mine." となるのである。

SCRATCH, TO START FROM

不意にひっかかれた人は、驚きか痛み、あるいは驚きと痛みでびくっとするかもしれない。しかし、*to start from scratch* という表現は、いかなる

形であれ，肌を傷つけるつけ方とは無関係である。この表現は，徒競走で走者のスタート地点を地面に印した刻み目からきたものである。走者は *start from scratch*（ゼロから出発する）と言われたが，この *scratch* は通常のスタート地点のことである。ハンデを背負った走者には利点が与えられた。ハンデを背負った走者は "start from scratch"（傷つけられたスタートラインから出発する）ことはせず，スタートラインより前方に立った。現在の慣用では，このイディオムは物事を始めるほとんどの場合にあてはまるかもしれないが，利点なしでスタートし，すなわち他の人より頭一つでも有利にならないようにスタートするというその本来の意味が維持されてきている。

SEPARATE THE WHEAT FROM THE CHAFF, TO

　この諺は，良い物と悪い物，欲しい物と欲しくない物，優れた物と劣った物，価値のある物とない物を区別することで有名になっている。この表現は，昔から続く農業で籾を籾殻などから選別する習慣から出たものであるが，これは小麦を風にさらし，籾だけ残して籾殻が飛び散るようにすることである。ピーター・ウォークデン（Peter Walkden）が 1729 年に日記につけた記録にはこう書いてある："Winnowed my wheat the chaff out of it."（小麦を脱穀し籾殻を選り別けた）。この考えは洗礼者ヨハネ（John the Baptist）によって，"that cometh after me"（わたしの後に来る方—「マタイによる福音書」3 章 12 節）について比喩的に次のように述べられた："Whose fan in his hand and he will thoroughly purge his floor, and gather his wheat into the garner; but he will burn up the chaff with unquenchable fire."（そして，手に箕を持って，脱穀場を隅々まできれいにし，麦を集めて倉に入れ，殻を消えることのない火で焼き払われる）。この語もまた消えることがない。穀物と籾殻の選別の習慣が知られていない都会地でさえ，今日この語が生きているからである。マカッチャン（G. B. McCutcheon）はこの思想を *Anderson Crow*（『アンダーソンの烏』1920）の中でこうずばりと述べている："They separated the wheat from the chaff."（烏は価値あるものとないものを選り別けた）。

SERENDIPITY

　serendipity 探しにスリランカ（Sri Lanka）へ行く人は，行き場所が正しい。スリランカはかつてセイロンと呼ばれていたが，それ以前，だいぶ以前のことだが，セレンディップ（Serendip）と呼ばれていた。

　serendipity は英国の作家ホレス・ウォールポウル（Horace Walpole）の造語になる臨時語で，"the making of discoveries that one is not seeking"（自分が追求していない発見をすること）を意味している。ウォールポウルは自分が，ペルシャの"The Three Princes of Serendip"（「セレンディップの3王子」）というおとぎ話の題名に基づいて造語したと語った。ウォールポウルが1754年1月28日に書いた手紙によると，このおとぎ話に登場する英雄たちは"were always making discoveries, by accident or sagacity, of things they were not in quest of."（偶然によるものか嗅覚の鋭さからか，追い求めていないものを常に発見していた）のである。古典的例を聖書に求めれば，"Saul who set out to find his father's asses but instead found a kingdom."（サウルは父のろばを探しに出かけたが，代わりに王国を発見した―旧約聖書「サムエル記上」9，14章を参照）というサウルの物語に行き当たるが，これこそ誰も出し抜けない好運である。

SESQUIPEDALIAN

　音節の多い単語は *sesquipedalian* と呼べるかもしれない。この語はラテン語の *sesqui*（半分）に *ped*（足）を加えて，さらに接尾語 *ian* を組み合わせたもので，意味は "a foot and a half long"（長さが1フィート半ある）となる。もちろん，この語の長さが1フィート半もあるわけはないが，みんなの使い慣れたものよりは長い。ホウルト（Holt）は，ウィンストン・チャーチル（Winston Churchill）の有名な言葉 "a terminological inexactitude"（語法上の不正確さ）を，南アフリカの中国人労働者に適用された *slavery* という語にあてはめて使われた "inaccurate charge"（不正確な管理）の多音節語の代用として指摘している。この語の先祖特定が

可能なのは，紀元前8年の，それが長命で1ヤードもある語を造語した男の死の直前に出版された *Ars Poetica* ("The Poetic Art" 『詩論』) の中で初めて，ラテン語の形をまとって現れたからである。その男こそ，ローマの詩人ホラティウス (Horace) で，この語を "great, stout, and lofty words"（大きく丈夫で高尚な語）を意味させようとして使ったのである。

SET ONE'S CAP FOR, TO

今日の女性はめったに帽子の類はかぶらない。たぶん何を見失っているか女性には分かっていないのである。帽子がボーイフレンドを引きつけるかもしれないというのに。少なくともこの事実は，ヴィクトリア時代には信じられていたが，当時室内で（通常モスリンの）帽子をかぶるのは，習慣上ぜひとも必要だった。（米国の画家ホイッスラー (Whistler) の母を思い出してほしい）。そこで，年若い女性たちは飾りたてた帽子を魅力を引き出す角度にかぶり，ボーイフレンドの注意を引こうとした。ある婦人が自分の心を舞い上がらせた紳士と会うことになれば，最高にかわいい帽子をかぶるだろう。その女性は *setting her cap at him*（彼の気を引こうとしている）と言われた。ゴールドスミス (Goldsmith) は，1773年に *She Stoops to Conquer*（『負けるが勝ち』）の中で，このイディオムを次のように使っている： "Instead of breaking my heart at his indifference, I'll . . . set my cap to some newer fashion, and look for some less difficult admirer."（彼の冷淡さに絶望せず，わたしは帽子を今までより新しい流行のかぶり方でかぶり，どなたかあまり気むずかしくない求婚者を捜すのです）。1832年にバイロン卿 (Byron) は言った： "Some, who once set their caps at cautious dukes."（かつて用心深い公国の君子の気を引こうとした女性がいた）。今日，男性が脱帽するのは，華やかに自分の気を引いて心を射止める女性である。

SEVENTH HEAVEN, TO BE IN

seventh heaven（第七天）にいればこの上なく幸せであり，たぶんその至福は恍惚とも言えるであろう。ある学説によれば，第七の星の輪は，至高所

にあって，地球から最も遠く離れているというもので，この理屈づけは正しいが，それは確かに神の住まいにちがいない。

ムスリムの信仰もこれとあまり違いはないが，さらに詳細を極めている。その説明によると，人間は神のところに昇るのに七つの段階，あるいは七つの天を経るという。第七天，すなわち最高の天は，毎日歓喜のうちに過ごすところである。次のように言われる："Each of its inhabitants is bigger than the whole Earth. Furthermore, each person acquires 70,000 heads with as many mouths and tongues, and each tongue speaks 70,000 languages — all forever chanting the praises of Allah."（第七の天の住人は誰も全地球より大きい。さらに一人一人は七万の口と七万の舌を持つ七万の頭を身につける。そして各々の舌は七万の言葉を話す―そしてすべての人は永遠にアラーの賛美を歌い続ける）。

今日われわれは *seventh heaven*（第七天）のことを，ウォルター・スコット卿（Sir Walter Scott）がその *St. Ronan's Well*（『聖ローナンの鉱泉場』1824）の中で "He looked upon himself as approaching to the seventh heaven."（彼は自分自身，第七天に近づいているとみなした）と言っているように，宗教的意義抜きで，恍惚状態として言う。七を出し続けるサイコロ賭博師に関しても同様である。賭博師は有頂天なのである―それに高まってもいる。もし次から次へ七を出し続ければ，賭博師は第七天にいるのかもしれない。

SHORT SHRIFT, TO GIVE

昔，殺人罪または暗殺罪で処刑される囚人は，カトリック教会の最後の儀式を認められなかった。しかし，同じく死刑を宣告された罪人でも，他の罪人，例えば軍隊の捕虜は，見せかけの配慮を示された。捕虜への訪問は，聖職者が告白を聞いて，罪の赦しを与えるために許可された。しかし，囚人に許された時間は短く，わずか数分であった。まさに処刑されようとする囚人たちは，あまり聖職者の配慮に値しなかったのは明らかである。秘跡の告白は短くなければならなかったので，*a short shrift*（*shrift* は古英語の *scrifan*（懺悔する，罪人を赦す）からきている）と呼ばれるようになった。現代英語の *short shrift*（ぶっきらぼうに扱うこと）という表現には全く宗教的意義は

ない。それはほとんど，あるいは全く時間も配慮も与えてやらないことを意味するために使われるか，不快なことを手短に処理することを意味するために使われている。こうした意味をひっくるめると，*short shrift* は，さっさと利害にとらわれずに人や提案を扱うことである。

シェイクスピア (Shakespeare) の *Richard III*（『リチャード3世』）の中で，（後にリチャード3世になる）グロスター公爵 (Duke of Gloucester) はヘイスティングズ卿 (Lord Hastings) の首をはねるよう命じている。リチャード・ラドクリフ卿 (Sir Richard Radcliff) は，刑の執行を確かめよと命じられ，自らの運命を嘆き悲しむヘイスティングズ卿に向かって言う：“Come, come, dispatch: the duke would be at dinner:/Make a short shrift; he longs to see your head.”（さあ，さあ，手早くすませよう。公爵は食事中だろう/さっさとやろう，公爵は君の首を見たがっているから）。

SHOT HIS BOLT

> Long as a mast and uprighte as a bolt.
> 　—Chaucer, "The Miller's Tale"
> 帆柱のように高く，棒のように真っ直ぐでもあった。
> 　—チョーサー「粉屋の話」

この句で使われる *bolt* は頭の重い矢，弾丸のような取っ手であって，ドアのかんぬきではない。矢は弓から放たれるので，*shot his bolt* というこの表現が出てくるのは論理にかなっている。この句を大衆的にした比喩的意味は，自分にできることはすべて試したり実行したりしたが結局は無駄に終わった人は，自分の資金はすべて使い果たし，従って全力を出し切ったというものである。

この *bolt* という語は，他の *bolt* を使った句 *bolt upright*（背筋を伸ばして；まっすぐに）を，まず第一の例として生み出した。背筋を伸ばして座っている人は，矢のようにまっすぐに座っているのである。*bolt of cloth*（一反の織物）はまっすぐで，長く狭い形をしているところからそう呼ばれる。速さという概念は矢の飛行に備わっていて，そこで *to bolt* は素早く動くこと

となる。ドアに向かって素早く動く人は，できる限り速くまっすぐドアに向かって歩いて行くのである。

SHREWD

　今日の慣用では，*shrewd* という語には，抜け目のない，ずる賢い，頭がいいなど，"smart"（才気あふれる）の含みがある。如才ない人は，利口だとか，たぶん機敏だとかいって尊敬されるが，こうした意味ができたのは比較的近年のことである。*shrewd* の語源は，語源学的に完全に証明されたわけではないが，その遠い原型は *shrew*（古英語で *screawa*）と呼ばれるネズミに似た動物だったと信じられている。この動物は，世評では動物界で最も卑しい哺乳動物だった。そして家畜がうろたえている間に害を与える力があると言われ，かまれると毒があるとまことしやかに言われさえした。また食べ残しを争って他の動物と死闘を繰り広げた上，勝ちを収めれば，それだけではすまず，おまけに負けた相手を食べてしまうのだった。中英語のこうした考えから，*shrewede*（呪われた，落ち込んだ，これから意地悪なの意となる）という語が生まれた。同様にして *shrew*（意地悪で，がみがみ言う女性）が出て，シェイクスピア（Shakespeare）の *Taming of the Shrew*（『じゃじゃ馬馴らし』）で流行した。意地悪女は to *shrew* すなわち「ののしる，呪う」と言われた。その過去分詞 *schrewen* から，意地悪いずるさという一層迫力を欠く意味を持つ形容詞形 *shrewd* が作られた。そして，あたかもばかばかしさから華やかさに—極端から極端へ—移るように，*shrewd* は前述のように，もはや冷やかしの言葉ではなく，しぶしぶほめる賞賛の言葉になっている。車のセールスマンと取引きしたあと，「あなた *shrewd* だったわよ」と妻が言えば，お世辞を言われたと感じるものだ。

SKELETON

　ギリシャ語はわれわれの最も豊かな医学用語の源泉であった。ありきたりの語の一つは *skeleton* で，これはもちろん動物の体を支える骨の構造，骨格のことを言う。骨格の意の *skeleton* は，1578年にエリザベス1世（Queen Elizabeth I）統治下のロンドンの外科医ジョン・バニスター（John

Banister）が英語にもたらした。英国の法律は人間の死体解剖を禁じていたので，医者の中には体の構造の詳しい知識のない人が多く，情報源はヨーロッパに頼らざるを得なかった。バニスターは *History of Man*（『人間の発達史』）という解剖の本を出版した。この本に収容されたのは，主に他の解剖学者の成果から得た内容であったが，この骨の構造を何と呼ぶかはまだ決まっていなかった。バニスターは "mummy"（ミイラ）に対する語はギリシャ語では *skeletos* だということを思い出した。これは文字どおり，すべてのミイラがそうであるように，"all dried up"（完全に乾ききった）ことを意味する。この語は適切なように見えたが，バニスターは綴りに少し変更を加え *skeleton* とした。この綴りは，すでに外国のテキストにはときどき現れていたものである。

SKELETON AT THE FEAST

> He was the general skeleton at all banquets.
> —Vizetelly, *Glances Back*
> 彼は座を白けさせる常連だった。
> —ヴィゼテリー『回顧録』

プルタルコス（Plutarch）の *Moralia*（『倫理論集』）の "Dinner of the Seven Wise Men"（「七賢人の晩餐」）によると，エジプトでは晩餐の食卓の貴賓席に骸骨を置く習慣があった。その習慣は，すべて人間は死ぬ運命にあること，人はチャンスのあるうちに自分の行いを改めたほうがいいということを，浮かれ騒いでいる客に知ってもらうためだった。あるいは，これほど恐ろしくない意味では，楽しみは自分のものだが，責任もまた自分が負うものだということだった。もちろん，晩餐の友としての骸骨（あるいは現在はもっと普通に *a skeleton at the feast*（座を白けさせるもの）と言われるのだが）は，厳粛な雰囲気を作り出して，出席者全員の気力を失わせなければならない。しかし，浮かれ騒ぐ人の中には，この死の象徴に違った反応を示し，代わりに古代の諺 "Eat, drink, and be merry, for tomorrow ye die."（食べ，飲み，楽しめ。明日は死ぬのだから—「ルカによる福音書」12章19節，「コリントの信徒への手紙2」15章32節を参照）を採用して，楽し

みという楽しみ―大騒ぎし，歌い，踊り，愛し合う―をあわてて実行に移そうとする人もいるかもしれないのである。

　この数世紀に及ぶエジプトの慣習にもかかわらず，*a skeleton at the feast* という句が英文学に入ったのは，ようやく19世紀中葉になってからのことである。ロングフェロー（Longfellow）はこの句を，その "The Old Clock on the Stairs"（「階段に掛かった古時計」）の中に固定した：

> The stranger feasted at the board;
> But like the skeleton at the feast,
> That warning timepiece never ceased —
> Forever — Never
> Never — Forever!
> そのよそ者は食卓で大いに楽しんだ。
> だが，座を白けさせるように
> あの警告の時計は決して動きを止めなかった―
> 永久に―決して
> 全く―いつまでも！

　この比喩が今日使われるときは，誰かがその場にいるだけで他の人たちの元気や楽しさがそがれてしまうことを暗示する。

SKELETON IN THE CLOSET, A

　ほとんどどこの家庭にも，なんとしても公衆の目に触れられたくない隠された心配事や内輪の恥があると言われる。こうした欠点を表す表現が *a skeleton in the closet* で，ウィリアム・メイクピース・サッカレー（William Makepeace Thackeray）が1845年に *Punch in the East*（『東洋のポンチ絵』）の中に "There is a skeleton in every house."（家庭ならどこでも隠しておきたい秘密がある）という文学的用法として導入した。

　この死体のような金言を誰が生み出したかの証明はないが，仮説ならあふれるほどある。一つは Bluebeard's Castle（青ひげの城）の納戸の引喩で，納戸には青ひげが殺害した妻たちが隠されていた。他の仮説は，町の長老たち

が不安もトラブルも全くないと見なした女性に関したものである。長老たちはこんな女性を捜していたのである。幸いにも，長老たちは賞をその女性の家で与えたのだが，受賞した女性が委員全員を二階の納戸に連れて行き，そこを開けると人間の骸骨が出てきた。その時の女性の説明では，骸骨すなわち決闘で死んだ夫のライバルの死骸にキスするように夫から強制されたというのだ。仮説はまだある―英国では1832年の人体法が通過するまで，死体の解剖は法的に禁止されていたので，それ以前に墓場荒らしから死体を買っていた医者は，骸骨をせんさく好きな人の目の届かない納戸に隠して，自分の掘り出し物を守っていたようである。

その語源を無視して，ファークワ（Farquhar）が *The Beaux' Stratagem*（『だて男の戦略』）の中で言っている "There are secrets in all families."（どこの家庭だって秘密はあるものだ）や，無名作家の著 *Italian Tales of Honor, Gallantry and Romance*（『イタリアの名誉，勇気，ロマンス物語』）の中で言っている "There is a skeleton in every closet."（どこの家にも秘密がある）の一節は，誰でも賛成するにちがいない。

SLEEP LIKE A TOP / LOG, TO

    I shall sleep like a top.
      —Sir William Davement, *The Rivals*
    ぐっすり眠ってやるぞ。
      ―ウィリアム・デイヴメント卿『恋敵』

夜ぐっすり眠った人は "I slept like a top; nothing awakened me."（ぐっすり眠れたよ。邪魔するものは何もなかったから）と言って喜ぶかもしれない。この直喩はとても古い。ウィリアム・デイヴメント卿（Sir William Davement）はこれを *The Rivals*（『恋敵』1668年）の中で使った："I shall sleep like a top."（ぐっすり眠るぞ）。しかし，コマ（top）はどう眠るのかとか，なぜ回っているコマが眠っている人に例えられるのかと，人は尋ねるかもしれない。もちろんコマが眠るわけはないが，速く回ったり，回転数が最高に達したとき，コマは動いているようには見えないものだ。これ

でコマが眠っている人に例えられるのが正当化される。たぶんもっとすぐれた類推は，ある機転のきく人の言うように，コマと人が出す騒音の中にある。コマはブンブンと音を立て，人はゴーゴーといびきをかくからである。

　top という語は仏語 taupe（モグラ）からきたと考えたあの賢い語源学者たちは，仏語の表現は dormir comme un sabot — "to sleep like a wooden shoe"（木靴のように眠る）で，comme une taupe（モグラのように）ではないとの理由で，他の言語愛好者から嘲笑された。何が木靴に特別な眠気を誘うのかというフランス人の質問は，上記二つの表現のうちどちらから出てくるのか。一方，アメリカの金言 "I slept like a log." にも同じ意味がある。木製のものは，靴であれ丸太であれ，意識はないからである。

SLOGAN

　辞書には単語の意味がたくさんリストアップされている。その意味の中には，他の意味と全く無関係と見えるものがあるかと思えば，他の意味と全く無関係なものさえある。例として slogan という語を取り上げてみよう。この主な意味は，例えば，"We love to fly and it shows."（飛ぶのが好きなのは分かるでしょう），"When you care enough to send the very best."（最高の品を送ろうとお考えなら），"Don't leave home without it."（出かけるときは忘れずに）のような "a phrase expressing the aims or nature of an enterprise or organization"（企業や組織の目的や性質を述べる表現），または "a catch-phrase used in advertising or promotion"（広告や販促で使われる惹句）である。ニューヨークはマジソン街のアメリカ広告業界人は，大衆に製品やサービスを買わせようとするキャッチ・フレーズの欲しいクライアントのために，その時間の多くを，いろいろとスローガンを考えるのに割いている。通常なされる第2の定義は，slogan という語の語源にまでさかのぼり，コマーシャル・スローガンの積極的必要性をよりよく理解させてくれる。それは "a battle cry of the Scottish clans"（スコットランドの氏族があげる鬨の声）で，ゲール語の slaugh（亭主）と gairm（叫び）がなまったものである。

　今日の実業界では，スローガンは商業上の鬨の声である。スローガンはラジオ，テレビ，雑誌を使ったり，メッセージを頭の中にたたき込む手段ならど

んな手段を使ってでも，われわれに向かって "shout"（叫ぶ）のである。スローガンを聞くと，聞いた人たちの中には，大衆は "Down with slogans."（スローガンなんてくそ食らえ）という自分自身の鬨の声をあげるべきか，自問する人もいる。

SMALL FRY

small fry という語はかなり多くの子どもたちのことをユーモラスに言うときに用いる。この引喩は，その昔の語根，古アイスランド語 *frjor*（種）から生まれたというのが論理にかなっている。アングロ・サクソン人はこれを古仏語 *frai*（がきども）を通じて取り入れ，*frei* と綴り，これが今日の *fry* となった。現在では "young fish"（魚の子）ばかりか，"offspring"（子孫）とも定義される。もともと *fry* はニシン，カワカマス，サケのような魚の卵だけに適用されたが，後に小さい魚そのもの，特にサケの子にも適用されるようになった。これはダンピア（Dampier）の *Voyage*（『航海』1697）で，"This small Fry I take to be the top of their Fishery."（わたしはこの小さな魚は彼らの漁場の最上のものと認める）のように使われた。この段階では，"small children"（小さな子どもたち）を意味するこの表現を採用するのは，小さなステップにすぎなかった。ハリエット・ビーチャー・ストウ（Harriet Beecher Stowe）は *Uncle Tom's Cabin*（『アンクルトムズケビン』）でこれを取り上げ，書いている："Mrs. Bird . . . followed by the eldest boys, the smaller fry having by this time been safely disposed in bed."（バード夫人には……最年長の子どもたちが付き添い，小さい子どもたちはこの時までに無事にベッドにきちんと並んでいた）。この表現は通常，多数の小さな子どもについて使われるが，一人の子どもについてもある状況では使われてきた。例えばシェイクスピア（Shakespeare）の *Macbeth*（『マクベス』）の中で，ある殺人者がマクダフ夫人（Lady Macduff）の面前で，夫人の息子を突き刺し致命傷を与えながら，その息子を *a young fry of treachery*（裏切り者め）と呼ぶのである。

SMALLPOX

　smallpox（天然痘。古英語で *smael*（小さい）と *pox*（*pock* の複数形）からできた）は恐ろしい病気だったが、今日もはや伝染病ではない。過去に天然痘によって数百万人が早死にした。ヘンリー8世（Henry VIII）は、この広範囲にわたる殺し屋について書きとめていた。王は言う："They do die in these parts . . . of the small pokkes and mezils."（人々がこの地方で死ぬ原因は……天然痘やはしかである）。天然痘という伝染病は、ヨーロッパで定期的に繰り返され、それからスペイン人の侵入と共に新世界で日常茶飯事となった。

　天然痘は、独創的で鋭敏な医学生の発明のおかげで、ほぼ防ぐことができた。1796年に、エドワード・ジェンナー（Edward Jenner）は、乳しぼりの少女は天然痘にかからないようだということに気がついた。そして観察・研究・実験を重ねた後に、（感染力の弱い）牛痘を接種された人は天然痘の免疫ができることを発見した。ジェンナーが最初に接種したのは、8歳の少年だったが、そのとき接種したのは、乳しぼりの少女の手から採った牛痘による小水泡だった。数カ月後、こんどはその少年に天然痘を接種したが、発病しなかった。ラテン語 *vacca*（牛）から出たワクチンの有効性は証明され、以来、数え切れないほど多くの人がワクチン接種を受け、この病気が人類の世界から根絶されたのである。

SMELL A RAT, TO

　Do you smell a fault?
　　—Shakespeare, *King Lear*
　うすうす気づいたかい。
　　—シェイクスピア『リア王』

　その昔からネズミは、家でも宮殿でも歓迎されざる侵入者だった。事実、ネズミの数が人口を上回る町は多かったと言われる。このやっかいものを退治しようと、ネズミを追う動物、すなわち猟犬テリアや猫が、家の中で、特に比較

的裕福な人の家の中で飼われた。家族の夕べの団らんの間，飼い犬が急に立ち上がり，壁に向かい，鼻をクンクンさせたり爪を立てたりしながら，床の上をうろうろと嗅ぎ回るのは珍しいことではなかった。これを推測すると，飼い犬は *smelled a rat*（怪しいと感づいた）のである。

1550年に，ジョン・スケルトン（John Skelton）はその *Image of Hypocrisy*（『偽善的言行のイメージ』）の中で書いている："Yf they smell a rat / They grisely [means fearfully] chide and chant." （もし犬たちがうさんくさいと感づけば/身の毛のよだつほど［恐ろしく］猛り狂い，ほえたてる）。こうしてこの *to smell a rat*（くさいと感じる）という表現は生まれた。以来この方，この表現は，ある人が何かがうまく行かず，危険で不名誉なもみ消しがあると疑っていることを表現するなじみ深い言い方として，クリシェイの一角に残った。

SNEEZE

古い童謡にこううたわれている：
If you sneeze on Monday you sneeze for danger,
Sneeze on Tuesday, kiss a stranger,
Sneeze on Wednesday, sneeze for a letter,
Sneeze on Thursday, something better,
Sneeze on Friday, sneeze for sorrow,
Sneeze on Saturday, see your sweetheart tomorrow.
月曜にくしゃみをすれば，それは危険のしるし
火曜なら，見知らぬ人にキスをする
水曜なら，手紙がくる
木曜なら，何かいいことがある
金曜なら，悲しみのしるし
土曜なら，明日恋人に会える

くしゃみは，古代ギリシャ人やローマ人に始まる数世紀を通じて，迷信と固く結ばれていた。くしゃみはいまだに，誰かがくしゃみをすると，見知らぬ人でさえ，*Gesundheit! Crisce sant!*（お大事に！ 神の恵みあれ！）と

反射的に応じることをある程度考慮している。しかし，現在ではそうした敬虔な願いをまじめに受け取る人はほとんどいない。

　sneeze（くしゃみ）―粘液膜のいらいらによって不意に息が吐き出されること―という語には，綴りに伴う発音上の目だった変化なしに，綴りが変化したという意味上の歴史がある。古英語では *to sneeze* の先祖は *fneosan*（吹く）だった。この劇的変化が起きた要因は三つある。すなわち (1) *s* と *f* という外見の似かより（横棒がなければ *f* は *s* のように見える），(2) *fn* という結合は英語の語頭では珍しかった，(3) *f* と *s* が表す音は似ていた，であった。15世紀に *snesen* は活字になって現れたが，ウィリアム・キャクストン（William Caxton）はこれより10年早く同じ引用句の中で *fnese* を活字にしていた。他の正書法上の変更についても同様で，現代英語は *sneeze* を考え出した。語源学のこうした面とその今日の正書法に及ぼした影響に深入りしてみたいという人が，クリシェイを借りて，次のように言っても正当かもしれない：``This is nothing to sneeze at.''（これはばかにしてはいけない）。

SNIDE

　語源学者とて，いかなる場合も実用本意の語源を提案できるわけではないので，語源学者について *snide* なことを言う人もいる。もちろん，それは心ない言葉である。いろいろな例を見ても，単語の発達には確かな証拠など全くない。この語は``grow'd'' like Topsy（急に「成長した」）だけかもしれない。*snide* は要点をついた事例である。語源は未知だが，意味 ``derogatory in a malicious, superior way''（意地悪で思い上がったやり方で傷つけるような）は未知というわけではない。この語は汚く，皮肉っぽい，辛らつな言葉を発する人について言われる。

　snide はドイツ語の ``to cut''（切る），または ``to make cutting or sarcastic remarks''（辛らつな，皮肉な言葉づかいをする）を意味する *schneiden* からきて，スラングとして英語に入ったという学説があるが，これは，語源学者から気乗り薄の受け入れ方さえされなかった。しかも *schneider*（洋服屋）は裁断する人である。そこで，いやみな意見，すなわち激しい言葉（a cutting remark）と洋服屋の仕事場で裁断（cut）を待

つ布の間には関係があるということはあり得る。

SNUG AS A BUG IN A RUG

　このイディオムが生き続けられたのは，たぶん同じ音（-ug）の繰り返しの魅力，すなわちこれが韻を踏んでいることによるのであろう。引喩だとするのはこじつけとなるからである。ここで言う虫はどんな種類の虫なのか。たぶんかぶと虫だが，誰も確かなことは分からない。この表現はある無名劇作家が1769年に *Stratford Jubilee*（『ストラトフォードの祝祭』）で使用したものであるが，そこにはこんな一節があった："If she has the mopus's, I'll have her, as snug as a bug in a rug."（彼女にお金があるなら，気持ちよく彼女を受け入れよう）。当時 *mopus* とは "money"（お金）のことであった。しかし，このイディオムに先んじて，シェイクスピア（Shakespeare）でさえ同じような句を使った。すなわちときどき "bug"（虫）の代わりは "dog"（犬），"snug"（温かくて心地よい）の代わりは "safe"（安全な）であった。このイディオムの意味は "safe"（安全な），"comfortable"（心地よい），"the very utmost in contentment"（満足度抜群の）である。

SOCRATIC IRONY

　有名なソクラテス（Socrates）からこの世界が引き継いだ最も実用的な遺産は，たぶん情報の入手法であろう。ソクラテスは情報を引き出すのに，質問に対する反応が自分の意図した結論と合致するように注意深く質問の枠組みを作った。その質問によって明らかになる手元の事柄に関しては無知を装い，これをやりとげた。このようにして，少ないながらも相手が持っていると思える知識を表に出すように誘導したのである。
　相手の見解を進んで採用しようと見せて，実際は偽って欠点をさらけ出させようとするこの技術は，明らかに相手を侮辱する技術であるが，これは *Socratic irony*（ソクラテス的問答法のアイロニー）と呼ばれる。この戦略が理由となって，ソクラテスは敵対者の気を狂わせたが，誰もが知るように，その敵対者がソクラテスに毒をあおらせたのだと，しばしば言われてきた。

SOMERSAULT / SAUTÉ

　somersault（宙返り）と *sauté*（ソテー）という共通点のない語が同族語—共通の先祖からの派生語だとは信じがたいかもしれない。この二つの語を誕生させたのはラテン語 *salire*（跳ぶ）である。*somersault* は，跳び上がって回転し，最後はもとの位置で姿勢正しく止まる曲芸である。この語は仏語 *sobresault* の変化形 *sombresault* からの借用だった。*sobresault* は *sobre*（上に。ラテン語の *supra*）と *sault*（跳ぶ。ラテン語の *saltus*）からきている。英語に借用された別の仏語で料理用語 *sauté* の意味は "to fry lightly in a shallow pan in a small amount of fat"（小量の脂を使い浅い鍋で軽くいためる）である。この二つの語と仏語の関係は，双方の語に共通の飛んだり跳ねたりする動きの中にある。このような動きは宙返りを見れば明らかである。それはまた，もし料理が小量の脂を使って熱せられれば，*sauté* に関してもはっきりしている。なぜなら，脂が数滴落ちただけで飛び跳ねるのが見えるからである。

　もちろん *salire* をその先祖としてたたえる英語が数語（*assault*（襲う），*sally*（襲撃する），*salient*（突き出た）など）あるが，予想もつかないのは *salacious*（好色な）である。この語はもともとラテン語で "exciting lust"（色欲を刺激する）の意の *salax* が親になって作られた。ここからその子孫 *salire*（跳ぶ）が出た。だがこちらが跳ねるのは，数滴の脂が飛び跳ねるのとは違って，こんろの熱によるのではない。

SOP

　sop という語はスラングではなく，音声がスラングに似ているだけのことである。事実，この語は古代の背景を背負っている。ローマ時代には *sop* は賄賂であった。政治家は *panem et circenses*（パンとサーカス）という賄賂のひな型をローマ市民に与えた。これは市民を統治し，申し分なく幸福にするためだった。

　神話のケルベロス（Cerberus），すなわちハデス（Hades）の門を守っている蛇の尾と三つの頭を持つプルート（Pluto）の犬に妨害されずに門を通

り抜けようとする人は，きまってソップ（パンの切れ端）を与えるのだった。亡くなった人の手の中に，ケーキ一切れないしはケルベロスに差し出す賄賂として役立つ他の一握りの食べ物を置くのは，ギリシャ人やローマ人の習慣だった。この *sop* は古英語で *sopp*，中英語で *soppe* と綴られ，"dipped bread"（浸したパン），すなわち，ワインか他の酒に浸したパンを意味するようになった。時がたつにつれて，この"soak"（浸す）の意味が他のびしょ濡れの場合に適用されるようになった。雷雨の中から出てくるびしょ濡れの人は，*sopping wet* だと言われる。*sop*（賄賂）のローマ時代の意味は今でも使われているが，それは浸すという意味にとって重要さは二義的でしかない。それはたぶんケルベロスなどは誰も信じてはいないからであろう。

SPICK-AND-SPAN

このクリシェイの意味は"neat"（こぎれいな），"spotlessly clean"（こざっぱりとした），"in perfect order"（完璧に秩序だった）で，通常何か新品に言及することでもある。この表現の語源ははっきりしないが，単語の表すものは明瞭である。スウェーデン語の *spik* から出た *spick* は大釘か釘であり，ドイツ語の *spannan* から出た *span* は木片である。進水しようとしている船は *spick-and-span* だと言われたが，これはすなわち，あらゆる使用木材ばかりか釘もすべて新品だったからである。もともとこの表現は *span-new*（真新しい）だったが，のちに *spick and span new* となり，それから *new* が脱落して，*spick-and-span* となった。*span* という語は *spoon* の同族語である。その昔，木片はスプーンとして使われた。名詞の *spoon* と動詞の *spoon*（make love（いちゃつく））の関係をいぶかる人向けに，両者は無関係だと言っておこう。後者の *spoon* は"silly"（ばかげた）から，すなわち 18 世紀のスラングの一つで"simpleton"（ばかもの）を意味する *spoon* の派生語から分かれた *spoony* からきた。ばかもの（simpleton）は口説く人だけにとどまらないが，名詞の *spoon*（*simpleton*）から"to make love"（愛をかわす），または"to spoon"（いちゃつく）を意味する動詞が出たのである。

SPINSTER

　奇妙な語 *spinster* は 1362 年に初めて活字になったが，それは今日意味するところとは違っている。*spinster* は紡ぐ人（中英語 *spinnen*（紡ぐ）から出た）のことだったが，その昔，糸紡ぎは未婚女性のありふれた職業だった。事実，当時女性は自分のシャツ，テーブルクロス，枕カバーなど一連のものが紡げるようになって初めて，妻となる資格ができると信じられていた。シェイクスピア（Shakespeare）は *spinster* という語をいくつかの芝居で使った：" The spinsters and the knitters in the sun"（日溜まりの紡ぎ手や編み手たち）— *Twelfth Night*（『十二夜』），"The spinsters, carders, fillers, weavers"（紡ぎ手，すき手，箱詰め人，織り手）— *Henry VIII*（『ヘンリー 8 世』）。*spinster* という語は 17 世紀に始まったが，女性名につけ加えられて，独身であることを示した。未婚女性の名前は公式記録に "Johanna Hunt, spinster"（ジョハンナ・ハント，未婚）のように現れるのが常だった。

　spinster の意味は今日，"an unmarried woman, especailly one beyond the usual age for marriage"（未婚女性，特に結婚適齢期を過ぎた女性）である。このような女性は，婉曲的に *a maiden lady*（未婚婦人），またはあざけって *an old maid*（オールドミス）と呼ばれる。1719 年にロバーツ（J. Roberts）は初めてこの意味の *spinster* について書いている：" As for us poor Spinsters, we must certainly go away to France also."（われわれ哀れな独身者について言えば，確かにまたフランスへ駆け落ちしなければならないのです）。チャールズ・ディケンズ（Charles Dickens）は *Pickwick Papers*（『ピクウィック・ペイパーズ』）の中で "Tupman and the spinster aunt"（タップマンと独身の叔母）について語っている。

　独身女性は，家族の中で母方，すなわち女性の側にいると言われるかもしれない。古英語 *distaff* は当時 *distaef* と綴られ，文字どおりには "a bedizened staff"（ごてごてと飾り立てられた糸巻き棒）を意味した。*distaff* の第一要素は *diesse*（一束の亜麻）からきて，*staff* につけ加えられたが，*staff* はサンスクリット語の *stha*（立つ）からきて，古英語に *staef*（棒，

杖）として入った。英語の接頭語 be は，シップリー（Shipley）によると，しばしば besmirch（よごす）あるいは belittle（見くびる）におけるような行為を示すために使われる。distaff からくる female（女性）の連想は，糸を紡ぐのが女性の間で職業や慰みとして受け入れられているという理由だけで発生してきた。今日，独身者が紡ぐのを止めたのはもちろんであるが，これはもう一つの理由による。もはや独身者だからといって社交界からやかましく言われなくなっているからである。

SPITTING IMAGE, THE

父親と spitting image だったり，the spit and image だったりする少年とは，父親にそっくりであることを指している。しかし，それ以上に，この表現によると，その少年は父親と完全に相似していて，父親の姿そのものである。同様の表現を持つ言語は多い。例えば，フランス人は言う： "C'est son père tout craché." これはすなわち "He's the living image of his father."（彼は父親と生き写しである）であるが，文字どおりには "He is his father completely spat."（彼は父親と全く瓜二つである）となる。

しかし，権威者の中にはこの解釈に異議を唱え，もとの表現は spirit and image だと信ずる人もいる。その論点は spit は単に spirit の不明瞭な発音か方言の発音にすぎないというものである。どちらが正しいかは判定できない。

ST. VITUS'S DANCE

腕や脚や顔の筋肉の不随意運動を伴う病気を，医学では "dance"（踊る）の意のギリシャ語で chorea（舞踏病）と呼ぶ。chorea から英語は choreography（振りつけ）や，記憶を一層呼び覚ましてくれる chorine（コーラス・ガール）を派生させた。医学の門外漢の言語では，これは初期のリウマチ熱に起因する神経病の St. Vitus's Dance（舞踏病）として知られる。

こうした状態を表す一般的な名称は，専制君主のディオクレティアヌス皇帝（Emperor Diocletian）の手によって殉教したローマのある聖人の名前からきている。理由は不明だが，この聖人から健康を連想するという信仰が生じた。中世後期，聖ウィトゥス（St. Vitus）の弟子たちは，ウィトゥスの像の

回りで踊ると，聖人の治癒力が呼びさまされ，病気を防いでもらえると確信するようになった。踊りはときどき熱狂の域まで高まったが，ありがたい効能があったとの確かな報告はない。しかし，*chorea* という病名は舞踏病として定着した。その「踊り」は踊りながら，英語という言語の中に永遠の適所を見つけたと言えるかもしれない。

STEAL ONE'S THUNDER, TO

> Thunder is good; thunder is impressive;
> but it is lightning that does the work.
> 　—Mark Twain, *Letters to an Unidentified Person*
> 雷はいいものだ，雷は感銘を与える。
> が，効果のあるのはほかでもない稲妻だ。
> 　—マーク・トゥウェイン『何某への書簡集』

　人が *steal one's thunder*（横取り）すれば，今日の一般的言い方では，他人の業績があたかも自分自身のものであるかのように振舞っていることになる。その人は，自分が利益を得ているアイディアは，誰か他の人が考えたものだと，いさぎよく認めたがらないだけである。

　この表現のおもしろいところは，基本的にそれが本質を突いていて，ある意味で，誰かがアイディアを横取りされたということである。この表現が始まったのは 1709 年で，それはジョン・デニス（John Dennis）の書いた芝居 *Appius and Virginia*（『アピアスとヴァージニア』）がロンドンのドルーリー・レイン・シアター（Drury Lane Theatre）で上演されたときのことである。デニスはこの芝居のために，雷を模した装置を導入したが，この装置は，それまでステージ上で聞いたどんな雷よりも現実感のあることが分かった。デニスの芝居は悲劇であったが，批評家はその芝居をデニスとは異なった意味で悲劇だと考えた。この芝居は経済的には失敗で，劇場のマネージャーはすぐにこれを引っ込めたからである。デニスは後に *Macbeth*（『マクベス』）の上演を見物した。雷鳴に稲妻を伴った魔女の場面になったとき，デニスは雷鳴を生み出す自分の発明装置が使われているのに気づくと，立ち上がり，叫んだ："That's my thunder, by God! The villains will not play my play, and yet they steal my thunder!"（あれはおれの雷だ，ちくしょう！ ならず者におれの芝居はさせないぞ。なのに，おれのアイディアを横取りしやがって！）

STEVEDORE / LONGSHOREMAN

　ほとんどの人の頭の中では，*stevedore* と *longshoreman* の2語は同意語で，両語とも船荷の積み降ろしをする波止場の労働者のことである。2語が相互に入れ替え可能という考えは，その語源と辞書定義の双方によって強化されている。

　名詞の *stevedore* は "a packer or stower"（荷造り人，積込み人）の意のスペイン語 *estivador* からきている。その動詞形 *estivar*（荷を積み込む）は，ラテン語 *stipare*（混合する，詰め込む，荷を解く）から派生した。したがって，港湾労働者が荷物の積み降ろしに雇われた人であるのは，全く明瞭である。

　longshoreman は岸辺で働くが，その名前が暗示するように，船荷の積み降ろしをする人のことである。これは，*along-shore-man* の単なる縮約にすぎず，したがってその異形と言える。このような人はまた *stevedore* と呼ぶのが正しいのかもしれない。しかし，心に留めておかねばならないのは，*stevedore* は *longshoreman* の雇い主かもしれないということである。一方，*longshoreman* は常に船が停泊する波止場で働く肉体労働者，沖仲仕のことである。

STICK IN ONE'S CRAW, TO

　to stick in one's craw という表現は，鳥の中にはときどき自分の餌袋よりも大きい石を飲み込むものがある，ということに気づいた猟師が初めて使ったと言われる。その石は喉を通らなかったので，なかなか消化器官まで達しなかった。そこでこの金言が一般的な用法に入った。意味は，誰かが何かを信じられず，すなわち何かがあまりに受け入れがたく嫌悪感を催すとき，特にそれは我慢する以外方法がないとしても，納得しがたいということである。*craw* の代わりに *gizzard* を代用する人もいるかもしれない。*craw* は鳥の餌袋，

すなわち "preliminary stomach"（予備の胃）か "storage place"（貯蔵所）の一種である。*gizzard* は鳥の活発な胃袋で，食べた物が細かく砕かれるところである。鳥が石など飲み込んだら病気になるんじゃないかと心配する人よ，鳥はきまって小石，砂，砂利を飲み込んでいるので安心するがいい。飲み込んだ小石などは餌袋の壁にへばりついて，食べ物をかみ砕く助けとなり，鳥の健康を支えていてくれるからである。

マーク・トゥウェイン（Mark Twain）の *Huckleberry Finn*（『ハックルベリー・フィン』）によると，"sand in one's craw"（胃袋の中の砂）は勇気をはぐくむという。ニワトリが食べた砂はニワトリに忍耐心を与えるというのが，この勇気という思想である。

STICK ONE'S NECK OUT, TO

このイディオムは "to invite trouble"（災いを招く），"to take a risk"（危険を冒す），あるいは少なくとも "to be conspicuous"（人目を引く）ことを意味する。このおなじみの表現の出所は納屋だったかもしれない。ニワトリは，首をはねる台の上に乗せると，首を突き出すことが知られているが，幸いにもこの動きのおかげで首ははねやすくなる。ここから，危険に身をさらし，故意に危険を冒す人は，このニワトリのようだということになる。そして，もしたっぷり首を突き出せば，その人も "get it in the neck"（ひどい目に会う）かもしれない。シェイクスピア（Shakespeare）の *Henry V*（『ヘンリー5世』）でフルエリン（Fluellen）は，裏切り者と思ったウィリアム（William）に言っている："Let his neck answer for it."（彼の首にその責任を取ってもらおう）。もっと近年になると，レイモンド・チャンドラー（Raymond Chandler）は *The Black Mask*（『黒い仮面』1936）で書いている："You sure stick your neck out all the time."（君は確かにいつもあえて危険を冒している）。

STIFF-NECKED

強硬に執拗だったり反抗的な人は，頑固者と言われる。この表現はヘブライ語から派生して，強情な雄牛に適用された。雄牛は，人間が畑を耕作するとき

の動力源だった。雄牛が手に負えなくなり,首の筋肉を硬直させると,一歩たりと動かせる人はいなくなり,耕作はすべて中止に追い込まれるのだった。雄牛は手綱にどうしても従おうとはしなかったと,この金言は言う。田畑の耕作で雄牛の力を頼りにしなくなってかなり時間がたつが,この表現が生き続けているのは,たぶんその昔の強情な雄牛と同じくらい大勢の強情な人間が世の中にいるからであろう。聖書は *stiff-neck* にしばしば言及している:Psalm (「詩編」75章)"Speak not with stiff neck."(胸をはって断言するな); Jeremiah (「エレミア記」17章)"They obeyed not, but made their necks stiff."(彼らはうなじを固くして,聞き従わなかった)。この表現の音声が好きになれない人のために言えば,他のクリシェイの *stiff as a board* (かた苦しい不動の姿勢で)という隠喩を使っても,同じ結果を生むことができる。

STRAW THAT BROKE THE CAMEL'S BACK, THE

　この表現は通常の用法では,どんな表現にも劣らず陳腐である。これはもちろん,費用,忍耐,あるいはその他その種のものが限界や限度に達していること,そしてそれを超えればどんなものも破滅に至るか,壊れてしまうことを意味する。しかし,出所はこの表現ほど広く知られていないかもしれない。これはチャールズ・ディケンズ(Charles Dickens)の発明で,*Dombey and Son* (『ドンビー父子』1848)に現れている:". . . as the last straw breaks the laden camel's back."(破綻をもたらす最後の出来事のように)。権威者の中には,これより古い諺 "'Tis the last feather that breaks the horse's back."(それは最後の決定的な一撃である)がディケンズに霊感を与えたかもしれないと考える人もいる。この後者の表現がどの程度古いのか不明だが,トマス・フラー(Thomas Fuller, 1608—1661)は *Gnomoloia* (『金言集』)の中でこれを記録している。
　いずれにしろ,この表現の背後に隠れている道徳は,やりすぎないこと,誰かにあまり過重な負担や責任を押しつけないこと,さらに手出しして破滅するほどまで財政機構を弱体化させてはいけないということである。

STYMIED, TO BE

　ある人が *stymied* の状態にあれば，それはある目的を達成しようとあれこれ努力したのに，失望し，挫折し，身動きできなくなった人のことである。はっきりしていることは，困難に出会っている人は，計画どおりに進むのを妨げられており，混乱し，落胆している。*stymie* の意味は，ゴルフに似たゲームに適用するのは厳しすぎるかもしれないが，たとえ不思議に見えるとしても，この語の出所はゴルフ・コースである。もしある選手のボールがホールに向かって一列にしかも相手のボールの後ろすれすれに落ちれば，そのボールは *laid a stymie*（困った状態になった）と言われる。選手に残された選択肢は，前のボール越しに打ち上げるか，一打失うかのいずれかだった。そしてこの苦境から *stymie* という語が生まれたが，現在は普通の話し言葉で"to block or impede"（妨害する，邪魔する）の意味に使われる。

SWORD OF DAMOCLES, THE

> Uneasy lies the head that wears a crown.
> 　　　—Shakespeare, *Henry IV, Part II*
> 王冠を戴く頭は常に不安に襲われているものだ。
> 　　　—シェイクスピア『ヘンリー4世』第2部

　他人の高い地位をむやみに欲しがる人が，権威あるその地位につけば，それがどんなに危険なものかが分かって衝撃を受けるかもしれない。これが一般的意味では，*the sword of Damocles*，すなわち恐怖を覚える危険，一触即発の危険を表す典型的表現の背後にある物語の核心である。

　この神話によると，シラクーザ（Syracuse）の王ディオニュシオス1世（Dionysius the Elder）の廷臣ダモクレス（Damocles）は，王が富も権力も享受したということで，常に王の慶事を激賞した。王は自分にへつらう廷臣には，王の生活というものは，特権以上のものからなっているばかりか，次々襲いかかる危険によってがんじがらめにされていることを，じかに分からせるべきだと考えた。そこで，王はダモクレスをぜいたくな宴会に招き，王の椅子

に座らせた。ダモクレスは，頭上に鞘の抜かれた刀が馬の毛一本でつるされているのを見るまで，喜び，名誉に感じたのであったが，この刀を見たとたん食欲をなくしたと言われている。

T, TO A

　to a T は，製図用のT定規（T-square）—直線を描くのに使うT型定規から生じた表現である。*to fit to a T* は "to fit exactly"（ぴったり合う）を意味するようになった。もし *T-square* が製図版上に置かれれば，その場にぴったり，非常にぴったりはまっているので，*set square*，すなわち，"a flat triangular instrument with one right angle and the other angles set at various degrees"（一つの角が90度，他の二角はさまざまな角度をとる平らな三角定規）の基礎になりうる。T定規のような設計用器具がなければ，建築家が設計する建物はきちんと安定しないばかりか，ぴったり合いはしないだろう。この隠喩は他の意味でも使われて，スーツが身体にぴったりだとか，パイの焼けぐあいはバッチリだとか，ステーキの焼けぐあいは申し分ない，などと言う。

　不協和音を発する見解を一つあげよう。語源学者の中には *to a T* という表現はT定規の発明以前からあったと信じる人もいる。"exactly"（正確に）とか "properly"（適切に）を意味する *to a T* の元の意味は，特定されていないとする高名な *OED* が証人である。Tはカーリングやゴルフの *tee*，あるいはT定規のTであったという見解は，詳しい調査の批判には耐えられないようだ。別の見解をあげておこう。*OED* は，この表現が生じてきた元々の見解，すなわちtは横棒を引くことによって適切に完成するという見解は，まだ定着しているわけではないとつけ加えている。

　T-square という名前は18世紀，たぶんその発明後すぐに活字で現れたが，*to a T* という語はそれより100年以上前にさかのぼる。*OED* はこの表現が1693年に使用されたという記録を載せている。ジョージ・ファークワー（George Farquhar）の *Love in a Bottle*（『瓶の中の恋』1699）に次のように記されている："He answered the description ... to a T, sir."（彼は書いてあることに答えました……正確にです，はい旦那）。

TAKE THE CAKE, TO

to take the cake は "to win the prize"（賞品を勝ち取る）を諧ふうに表現したものである。しかし，一般用法では，抜群にうまくなされたことを意味する。何かに優れ，何か気のきいたことを言う人は，ほめ言葉に "You take the cake."（全くすばらしい）と言われるかもしれない。もちろんその人がケーキをもらえるわけではないが，この句が初めて使われた19世紀後半の四半世紀に，異なった状況下ではあったが，本物のケーキが与えられた事実がある。アメリカの南部では黒人たちが，娯楽としてコンテストを開いたが，結果は夫婦がケーキの周りを歩き回るときの動きの優雅さとスタイルによって判断されるのだった。ステップが最高に優雅ないしはすばらしい夫婦が優勝と判定され，賞品を受け取ったが，それは周りを歩き回ったケーキである。いざ帰ろうとするとき，夫婦はこう声をかけられた："Don't forget. You take the cake."（忘れないで，ケーキを持って行きなさい）。そして容易に想像できるように，ジャズ到来の前に流行った踊りの *cakewalk*（ケーキウォーク）が発展したのは，実にこのコンテストからだった。

TAKE THE WIND OUT OF SOMEONE'S SAILS, TO

老練水夫だろうと新米水夫だろうと，あるときたぶん自分が "I took the wind out of his sails."（彼をぎゃふんと言わせた）と言ったり，誰かがそう言うのを聞いたりしたことがあるとしても，そんなことは問題ではない。隠喩的に言われたことは，誰かが比喩的にか文字どおりにか，制止されたり，不利な立場に置かれているか，あるいは鼻をへし折られてしまうことだった。いずれにしろ，その人は途方に暮れているのである。この表現は昔の海上の機動作戦，すなわち帆船時代の作戦を反映しているが，この作戦では，他の船の進行を妨げ，身動きできなくなるように，自分の船を他の船の風上に回したのである。その結果，帆が障害となって，風は他の船には届かなかった。陸上では，この表現はもちろん比喩的にのみ使われたが，*The Fortunes of Nigel*（『ナイジェルの禍福』1822）の中でウォルター・スコット卿（Sir Walter

Scott) がこう言って証言する：" He would take the wind out of the sail of every gallant."（彼は勇敢な相手をみんなぎゃふんと言わせるのだった）。

TAKE WITH A GRAIN OF SALT

　塩は食物に一味加える添加物である。たったのひとつまみで，まずい料理を本当においしい料理に変えてくれる。ローマ時代に戻れば，*to take*(something — a promise, a protestation of love, or whatever) *with a grain of salt* (*cum grano salis*)（約束，愛の表明，といったものを何でも額面どおりには受け取らない）という表現は，懐疑主義あるいは徹底的不信を暗示している。ちょうど塩が食欲をそそらない食事の味を高めるように，魅力のない提案や，ありそうもない話を持ち出された人は，仮にそれを受け入れようとしたとしても，話半分に聞いておいたほうがいい。そのほうがそんな提案や話をすんなり"swallow"（受け入れる）ことができるだろう。

　昔の物語に，しばしば繰り返されたポンペイウス（Pompey）とペルシャの王ミトリダテス（Mithradates）に関する話があるが，ポンペイウスは王の城を包囲したのである。この話を初めて語ったのは大プリニウス（Pliny the Elder）だと想像される。ポンペイウスは，話が進むにつれて，王の解毒剤を発見する。その説明書は次の言葉で結ばれていた："to be taken fasting, plus a grain of salt" (*addite salis grano*)（断食しながら塩一つまみを添えて服用のこと）。語彙研究家の中には大プリニウスの言う事実を疑う人もいるし，その出典は怪しいと言う人もいる。どちらを選ぶかは自由だが，割り引いて聞く（take it with a grain of salt）ことを忘れてはいけない。

TALK TURKEY, TO

　　The turkey is a much more respectable bird (than the bald eagle), and withal a true original native of America.
　　　　—Benjamin Franklin, *Letter to Sarah Bache*
　七面鳥は（はげ鷲より）はるかにりっぱな鳥で，もともとアメリカに本当

にいたものだ。
　　　　　――ベンジャミン・フランクリン「セイラ・ベイチ宛の手紙」

　to talk turkey というイディオムがアメリカ人の言葉の一部になったのは，七面鳥が新世界で初めて見つかってからのことである。権威者の中には，この表現は七面鳥の鳴き声をまねる移民猟師の能力に負っているとする人がいる。この七面鳥の鳴き声―正直に話す―によって，猟師は野鳥を射程距離内に誘い込めた。しかし，ある植民地伝説によると，白人とインディアンがある日，猟に行くことに決め，互いに獲物は平等に山分けすることにした。互いの技術で，カラス4羽と七面鳥4羽を網にかけた。いざ山分けする段になって，白人が言った："You take this crow and I'll take this turkey."（君にこのカラスをやり，おれはこの七面鳥を取る）。白人は同じことを繰り返し，気がつくとインディアンはカラスを4羽持っていた。そこでインディアンは抗議して言った："Ugh, you talk turkey for you but not for me. Now I talk turkey."（えっ，君は率直に物を言っているが，それは自分のためであって，僕のためじゃない。今度は僕が正直に言う番だ）。それからインディアンは，当然の取り分を取り始めた。この物語には変形があるが，この話から，多くの語源学者の考えによると，*to talk turkey* という表現が英語に入ったのは，以下のような意味の表現としてだった。"Let's talk plainly and seriously."（率直にまじめに話そう）とか，"Let's get to the point."（要点に移ろう）とかだが，もっと英語流に言うなら "Let's get down to brass tacks."（本題に入ろう）となろう。

TARGET

　target という語は，初期仏語 *targe*（軽い盾）にまでさかのぼることができる。これは13世紀に丸ごと英語に借用されたが，仏語の単語と同様に綴られたり発音されたりした。チョーサー（Chaucer）の *Canterbury Tales*（『カンタベリー物語』）の中の "The Knight's Tale"（「騎士の話」1387）にこの語が見られる。騎士が言う："... the rede statue of Mars, with spere and targe"（……槍と盾とを持った軍神マルスの赤い像）。100年後，英語は仏語の縮約語 *targette*（小さな的または盾）を取り入れた。

シェイクスピア (Shakespeare) は16世紀の後半に *Henry VI* (『ヘンリー6世』) の中でこの語を使ったが，ヘンリーの息子エドワード (Edward) はこう宣言する："Whate'er it bodes, henceforward will I bear/Upon my target three fair-shining suns."（それがどんな悪い予言をしようと私は支える/盾の上に赤々と輝く三つの太陽を）。18世紀にこれが拡大されて，練習用に射る的という現在主に使用される意味となった。しかし，サミュエル・ジョンソン (Samuel Johnson) が *Dictionary*（『英語辞典』）からその意味を省いたことは注目してよいかもしれない。にもかかわらず，その意味は残り，発展し続け，その結果，今日文字どおりにも比喩的にも使用されるかもしれない。テニソン卿 (Lord Tennyson) はその "Locksley Hall"（「ロックスリー・ホール」1842）で書いている："Hark, my merry comrades call me, sounding on the bugle-horn./They to whom my foolish passion were a target for their scorn."（聞け，楽しげな戦友がわたしを呼ぶ，ラッパの音を響かせて。/かつてはわたしをあざけりの対象としたくせに，今では助けを借りようとしている）。これは的を射た単語だと言って締めくくってもいいかもしれない。

TARIFF / SARDINE

なにげない英語の中にも外国語に由来するものが多い。そうした語は，本来の英語と全く関係はなかったが，説明しようにも説明できる英語が全く存在しなかった習慣や物事を描写した。こうした語はしたがって，借用後に英語化された。そのような2語が *tariff* と *sardine* であった。

tariff という英語は "a list of charges"（料金一覧―ホテルの料金表，鉄道の運賃表）を意味するが，"any duty tariff"（税金早見表）を意味するかもしれない。*tariff* はアラビア語 *'arafa*（通報する）と *ta'rif*（通報）から派生している。16世紀になって，英語は "a schedule of customs duties"（関税の明細表）を表すこの語を借用した。

イタリアのサルデーニャ島 (the island of Sardinia) は，オイル漬けにするとおいしい食べ物となる小魚で知られた。その小魚につけられた名前は，推測に疑問の余地のないような *sardine*（イワシ）だった。

TEDDY BEAR

　teddy bear は子どものおもちゃであるが，大人でも遊んで楽しむ人がいる。この名前の由来は確かだと言う人は誰もいないが，最も流布してきた物語は，たぶん出典は怪しいのだが，ある権威者たちにとっては意味が通じるものである。20世紀への変わり目に米国の大統領だったセオドー・ローズヴェルト（Theodore Roosevelt）は，根っからの猟師だった。愛を込めてテディー（Teddy）と呼ばれたローズヴェルトは，1902年にミシシッピ州で熊狩をしていたと言われる。そのとき熊の子をしとめる機会を与えられたが，断って射たなかった。この憐れみ深い行為を記念して，熊のぬいぐるみはブルックリンの住人が製作し，商業主義の市場に乗せられた。大統領にならって *Teddy Bear* と呼ぶその熊の売上げは上昇し，*teddy bear* の名はありふれた用語となり，現在もまたそうである。しかし，冗談好きの連中は，なぞなぞを仕掛けるとき，自分たちの機知をばか笑いして言い続ける："If you see T. R. as the President when he's dressed, what do you see when he's undresssed? Hah! Hah! Teddy bare!"（ローズヴェベルトが服を着ているとき大統領として見るなら，脱いだときはどう見るのかな。ハッ，ハッ，ハッ，テディーは素っ裸）。

TEETOTALER

　　I'm only a beer teetotaler, not a champagne teetotaler.
　　　　　　—George Bernard Shaw: *Candida*
　　おれはビールは絶対飲まないだけで，シャンペンは飲まないことはない。
　　　　　　　—ジョージ・バーナード・ショー『カンディダ』

　teetotaler は酒類の飲用を控える人のことである。この語は英国人リチャード・ターナー（Richard Turner）に起因しているが，ターナーがこれを造語したのか，それとも偶然そうなったのかは，まだ証明されていない。伝えられる話によると，1833年にターナーは禁酒の講演のあと，小グループの人たちに絶対禁酒主義について語りかけた。しかし，*total* という語を発するとき

どもってしまい，"t-t-t-total abstinence"（ぜ，ぜ，ぜ，絶対禁酒）と言ってしまった。ほぼ時を同じくしてアメリカで，飲酒反対の誓約が1837年にニューヨーク禁酒協会になされた。それ以前に誓約していた会員たちは，誓約カードの自分の名前の脇に"O.P."（the Old Pledge「古い誓約」の頭文字）と書きつけた。会員の誓約は，蒸留酒は控えるというものだった。絶対禁酒主義を約束する人たちは"T"（Total「完全な」の頭文字）という文字をつけ加えた。"T-total"（ぜ，絶対な）は頻繁に話題にされたので，1語のように響き始め，事実，teetotal と1語になってしまった。この語 teetotal はターナーによるのか，T-total の使用によるのか，確かな人は誰もいない。権威者の間でも，ゼッ，ゼッ，絶対の（to-to-total）同意はないと言えるかもしれない。

TEMPEST IN A TEAPOT, A

　急須の中で嵐はどれほど起こせるのか。tempest は荒々しい暴風か恐ろしい暴動であって，teapot はお茶を入れる小さな器（急須）である。全く明瞭なことだが，嵐への言及は比喩的であって，それは空騒ぎ，つまりささいなことで大騒ぎすることを意味している。tempest in a teapot という考えは，キケロ（Cicero）と共に始まったが，それはキケロがその De Legibus（『法律論』）で，"Excitabat enim fluctus in simpulo." と書いたときである。翻訳すると，"He used to raise a tempest [or a storm] in a teapot."（彼はよくなんでもないことで大騒ぎするのだった）となる。この金言は，ノース卿（Lord North）がボストン茶会事件（1773年にアメリカの入植者たちが茶税に反対して起こした反乱）に言及したとき，卿によって英国に持ち込まれたと言われてきた。卿が嵐の激しさ，すなわち急須の大きさを過小評価したのは疑いない。反乱が起こした嵐は，急須の中の嵐のように，ジョージ3世（George III）を激怒させたにちがいない。

TESTIMONY

　男性の生殖器のあの部分（睾丸）は，いくつかありきたりの英単語の源泉となったが，単語のそれぞれは互いに無関係であった。睾丸が源になってできた

最も驚くべき語は，上流夫人好みの *orchid*（ラン）という花の名前である。この花の一種は，ローマの作家で博物学者，大プリニウス（Pliny the Elder）がいつものように研究のための散歩をしている間に，観察したものである。プリニウスは言った：*"Mirabilis est orchis herba, sine serapias gemina radice testiculis simili."* これを敷延すれば「わたしは，この花の双子の球根が毛むくじゃらの睾丸に似ているのが珍しいと思った」という意味になる。プリニウスはしかし，その花の名づけ親にはならなかった。この花は，英国のランドリー（Landley）の *School of Botany*（『植物生態学』1845）の中で *orchid* と呼ばれた。ラテン語の *orchis*（野生のラン）は今や，植物界と医学界を除き，形見となっている。

avocado は，アボカドの木で実る洋梨の形をした果物である。この果物の元のメキシコの名前は *ahuactl* だったが，これは "testicle"（睾丸）の意味で，洋梨の形をしているところからそう名づけられたのである。スペイン人にはこの名前は発音しずらかったので，民間語源学によって，*avocado* を作り出した。弁護士は物事を混乱させることで知られているが，スペイン人が自分たちの言葉で "lawyer"（弁護士）や "testicle"（睾丸）を意味する *avocado*（abogado と綴られるが，*b* は *v* とほとんど発音が同じである）を連想したかは疑わしい。*testicle* はその "witness"（証人）という意味を持って，事実上 *testis*（精巣）を通して生まれてきた語だと信じられている。なぜなら，ローマ時代から男たちは睾丸に誓いを立てたからであり，そして男たちの言ったことが男たちの *testimony*（証言）となったからである。

THERE BUT FOR THE GRACE OF GOD GO I

There but for the grace of God go I.（全く運がよかった；明日はわが身）は，うんざりするほど再三にわたって言われてきたが，誰にもその出所は証明できない。この表現の意味は，著者のわたしが味わった好運から考えても，明らかである。わたしも非難されたり災難に会ったりする人と同様の愚行や非行をしでかしたにもかかわらず，好運にも重大な結果を招かなかったのは，神のおかげだったのである。わたしはいまだに逮捕もされず，罰せられてもいない。

この諺は，多くの人に由来するものである。ジョン・バニヤン（John

Bunyan, 1628-1688)、ジョン・ウェスレー（John Wesley, 1703-1791)、ジョン・ニュートン（John Newton, 1725-1807）などがすべて敬虔で熱心なのは、しごく当然である。しかし、句源学者や表現研究家はほとんど、この表現の発明者は女王メアリー1世（Queen Mary I）により殉教した聖職者ジョン・ブラッドフォード（John Bradford）らしいと考えている。しかし、それはこの物語に先立つものである。

　伝説によると、ブラッドフォードはかつて、有罪判決を受けた罪人が絞首台まで車で運ばれるのを眺めながら、こう言った："There, but for the grace of God, goes John Bradford."（ジョン・ブラッドフォードは全く運がよかったよ）。だが、ブラッドフォードにとって不運なことに、神の恵みは長くは続かなかった。というのも、クイーン・メアリー（Queen Mary)、すなわちあの悪名高い血のメアリー（Bloody Mary）の統治下で、異教徒として裁かれ、有罪となり、1555年7月1日、焚刑に処されたからである。"Eternal Hope"（「永遠の希望」）と題する説教で有名なカンタベリーの主教（the Dean of Canterbury）フレドリク・ファラ（Frederic W. Farrar）はその刊行作品集の中で、この諺のことに触れていて、ブラッドフォードが表現の出所だとしている。もしこの出所を正しいとすることが可能ならば、ブラッドフォードとその思想の自由を抹殺しようとする偏狭な宗教人の目的は完全に達せられたとは言えなかっただろう。なぜかって？　気まぐれに処刑に成功した偏狭な宗教人だって、ブラッドフォードの名前は完全に消せなかったのだから。

THERE'S MANY A SLIP 'TWIXT CUP AND LIP

　There's many a slip 'twixt the cup and the lip. という表現はおなじみのものである。もちろんこれは、何事も実際に手にするまでは信じられないという意味である。この表現は非常に古いものであるが、ギリシャ古典の中で育てられた。伝説によると、ポセイドン（Poseidon）の息子で Argo（アルゴ丸）の舵取りアンケウス（Ancaeus）は、精を出してブドウ園の手入れを行い、ブドウの収穫を鼻にかけた。しかし、奴隷の扱い方は言語同断だった。ある奴隷はその残酷さに耐えかね、勇を鼓して、あなたは自作のワインを楽しむ前に命を落とすだろうと告げた。収穫が終わり、アンケウスは奴隷の間

違いを示してやろうと、奴隷を呼びつけ、一杯のできたてのワインを手に取り、今から飲んで見せようと言った。奴隷は大胆にも言った："There's many a slip 'twixt the cup and the lip."（油断は大敵ですぞ）。ちょうどそのとき使者が到着し、野生の猪がブドウ園をめちゃくちゃに荒らしていますと伝えた。アンケウスはワインを味わういとまもなくグラスを置くと、直ちに猪を探しに出て行ったが、逆に猪に殺されてしまった。その奴隷は、予言者ということになり、アンケウスの残したその一杯のワインで、自分に乾杯したことだろう。

THERE'S THE RUB

> We sometimes had those little rubs which Providence sent to enhance the value of its favours.
> —Goldsmith, *The Vicar of Wakefield*
>
> われわれは神がその恵みの価値を高めようと送り込んだ小さな困難にときどき直面した。
> —ゴールドスミス『ウェイクフィールドの牧師』

この奇妙なイディオムを理解するにあたって、*rub* はかつて "impediment or obstacle"（妨害、障害）を意味する名詞だったことを知ってほしい。障害物や妨害物は *rub* と呼ばれたのである。この表現は、ローンボウリング（芝生上のボウリング）で使われる語から派生したが、ゲーム中にボール（木球）の自由な動きを妨げ、意図したコースからそれさせるもの（でこぼこ）はすべて *rub* と呼ばれた。しかし、今日知られるような *rub* という語の使用は、シェイクスピア（Shakespeare）によるもので、ハムレットの有名な独白からきている：

> To die, to sleep;
> To sleep; perchance to dream: ay, there's the rub:
> For in that sleep of death what dreams may come,
> When we have shuffled off this mortal coil,
> Must give us pause . . .

死んで，眠って，
眠って。だだそれだけなら！　眠って，いや，眠れば夢も見よう，それがいやだ
永遠の眠りについて
ああ，それからどんな夢に悩まされるのか，
誰もそれを思うと―いつまでも執着が残る。

THICK AS THIEVES

　この妙なイディオムは，生まれてからほぼ 200 年と比較的新しい。その意味は，いわくありげな親密さであるか，少なくとも非常に親密な友情である。もしジェーンとメアリーが互いに頻繁に会って，買い物や休暇を一緒に過ごしたり冗談を言い合うような仲なら，互いに *as thick as thieves*（とても仲がいい）と言われるかもしれない。シオドア・フック（Theodore E. Hook）は 1833 年にそれを *The Parson's Daughter*（『牧師の娘』）の中でこう表している："She and my wife are as thick as thieves, as the proverb goes."（娘と妻は諺にも言うごとく親密な仲である）。この表現は，もっと古くは *Those two are very thick.* と言った。しかし，*to be thick* はまた，考えるのが遅い人，あまり頭のよくない人も意味した。頭韻を踏む *thick as thieves* がその問題を解決してくれた。エヴァンズ（Evans）はこのクリシェイには多くの適切な仲間，すなわち *as thick as hail, as thick as hops, as thick as huckleberries* が，さらに豊富さを強調するのに *as thick as porridge* が，仲のよさを示すのにすばらしい古いスコットランドの隠喩 *as thick as three in a bed* があると指摘している。しかし，この中にはたぶん大げさすぎる（too thick）言い方をしているものもあるだろう。

THREE / THIRD

　With lokkes crulle as they were leyd in presse.
　　―Chaucer, Prologue to *The Canterbury Tales*
　その垂れ髪は鏝をかけたように，きれいに巻かれ，縮れていた。

―チョーサー『カンタベリー物語』総序の歌

　なぜ基数では *three* と言うのに，序数では *third* と言うのかと，立ち止まって自問したことがあっただろうか。かりに序数 *third* が，対応する元の基数 *three* に相当するとすれば，確かにより論理的と見えるだろう。この 2 語の究極の先祖は，インドヨーロッパ語族の *trei-* だった。古英語では，序数形は中英語まで続いた *thridda* だった。中英語時代に *metathesis*（字位転換，語中の文字あるいは音節の転換）として知られる過程を通して，この *r* は *i* と入れ替わり *third* となった。事実は *thirde* となったのだが，後になって語尾の *e* が脱落した。語中の文字の位置の相互交換は，英語では珍しい出来事というわけではなかった。*aks* が *ask* に，*brid* が *bird* に，*clapse* が *clasp* に，*crulle* が *curly*（本項冒頭のチョーサーからの引用を参照）に，*thirl* が *thrill* に変化したというのが証人である。

THREE R'S, THE

　すべて教育の基礎は，一般に *the three R's*（三つの R，読み・書き・算数― reading, writing, and arithmetic）だと見なされている。この表現の考案者は無学のロンドン市長ウィリアム・カーティス卿（Sir William Curtis）で，卿は 19 世紀初頭に "To Reading, Riting, and Rithmetic"（読み・書き・そろばんに）と乾杯の音頭を取った。卿はそのとき知らなかったが，今われわれは知っている―卿の無学は永遠に不滅だと。

THROUGH THICK AND THIN

　through thick and thin は，現在使われているイディオムの中で最古のものかもしれない。これは，チョーサー（Chaucer）の *Canterbury Tales*（『カンタベリー物語』1386）に先行すること数百年という *The Exeter Book*（『エクセター写本』）の中に現れた。この昔の金言は "despite all difficulties, desregarding all obstacles and impediments, through fair weather and foul, steadfast"（あらゆる困難にもかかわらず，あらゆる邪魔物や障害物を無視して，天候のよい時も悪い

時も，確固として）を意味する。"The Reeve's Tale"（「親分の話」）の中でチョーサーは書いている："And whan the hors was loos, he gan to goon / Toward the fen ther wilde mares renne, / Forth with 'wihe!' thurgh thikke and eek thurgh thenne."（すると馬は手綱を解かれたので／ヒヒーンといななきながら／何をさしおいても野飼いの雌馬のほうへ駆けていった）。この表現の出所は，エドマンド・スペンサー（Edmund Spenser）の *Faerie Queene*（『妖精の女王』1590）によって一層明らかにされる：

> His tyreling Jade he fiersly forth did push
> Through thicke and thin, both over banck and bush,
> In hope her to attain by hook or crook.
> 彼はその痩せ雌馬を乱暴にもどんどん進める
> 野越え川越え，あらゆる困難を無視し
> 痩せ馬に目的達成の是が非でもの望みを託して。

このイディオムの *thick* は *thicket*（下生えや低木の茂み）の短縮形である。低木の茂みの中を馬に乗って通れば，不愉快で，時には危険なこともあった。*thin* はもちろん開けた明るい土地のことである。

THUMB THE NOSE, TO

子どもたちの間で普通に行われる習慣 *thumbing the nose* は，軽蔑を示す手まね（鼻先に親指をあて他の指を扇形に広げて振って人をばかにすること）である。"Jamie is a crybaby."（ジェイミーは泣き虫だ）などというあざけりは，見くびったり，笑いものにすることである。人は鼻を使ってからかうことはないけれど，*mockery* という語は，ときどき軽蔑の仕草としてなされる "to wipe the nose"（鼻をぬぐう）の意の後期ラテン語 *muccare* からきている。*to turn up one's nose* には事実に基づくしっかりした根拠があるとはいえ，軽蔑の仕草の中で，鼻がなぜこんなに重要な役割を演じるかを説明できるほど，安定した学説は提出されていない。冷笑するとき，人はその上唇をゆがめるが，この動きは鼻を上向きにさせ，軽蔑の表情をさせるこ

とになる。ペルシウス（Persius）はその *Satires*（『冷笑』）でこうした表情主義に警告を発した："You are scoffing and use your turned up nose too freely."（君はせせら笑っているけど，あまりに人をばかにしている）。にもかかわらず，人の鼻はその意図された目的とは異なる意味で，すこぶる重要な器官だということを，ブレイズ・パスカル（Blaise Pascal）が明らかにした："If Cleopatra's nose had been a little shorter, the whole face of the world would have been changed."（もしクレオパトラの鼻がもう少し低かったら，世界の顔全体は変わっていただろう）。

仏語では，*to thumb your nose* の仕草は *pied de nez*（鼻の足）と呼ばれる。これは反抗的態度もしくは軽蔑を示している。

THUNDERSTRUCK

> And thou, all-shaking thunder,
> Strike flat the thick rotundity o' the world.
> —Shakespeare, *King Lear*
> おお，天地を揺るがす激しい雷，
> この丸い大地の球を叩きつぶし，板のように平たくしてしまってくれ。
> —シェイクスピア『リア王』

thunderstruck という表現は数世紀をさかのぼるが，雷鳴に打たれたことがあると万人に認められている人など誰もいない。事実は，雷鳴は稲妻が閃光を放つとき出す大音響であって，打撃部隊というわけではない。

古英語の *tunor* から中英語の *thunor* が生まれ，それが後に "thunder"（雷）となった。なぜ *d* がつけ加えられたかは証明されていないが，たぶんそれは発生するたびに多くの人を恐れさせる膨張する空気のうなり音や炸裂音にもっとよく似せるためであろう。納屋などの建物に及ぼす稲妻の破壊的効果は目に見えたとしても，雷鳴の起きた後に想像される効果が稲妻と同じほど多くの恐怖をもたらしたのは疑いない。早くも 1400 年にマンデヴ（Maundev）は書いている："We ware ... stricken doune to the earth with great hidous blastez of wind and of thouner."（われわれは恐ろしい一陣の風と雷の突発とで地に打ち倒された）。現代の会話で

は，原因が恐怖か驚きかはともかく，一時的に口のきけなくなった人は *thunderstruck*（肝をつぶした）と言われる。

　週の5日目の *Thursday* は，北欧の雷神 *Thor* にならって名づけられた。雷神は雷電を地球めがけて投げつけると信じられていた。ユーピテル（Jupiter, ギリシャのゼウスに相当するローマの神）も同様で，通常左手に笏(しゃく)（王が持つ豊饒の象徴）を，右手に雷電を持って描かれている。雷電はもちろん神話上の飛び道具である。シェイクスピア（Shakespeare）は *Julius Caeser*（『ジュリアス・シーザー』）の中で，ブルータス（Brutus）に雷電について次のように語らせている：" Be ready, gods, with all your thunderbolts,/Dash him to pieces!"（ああ神々よ，速かに雷電を下して/彼を粉々に打ち砕いてください）。

TILT AT WINDMILLS, TO

　クリシェイとなってしまうほどよく知られた表現の出所が分かれば，満足感に浸れるのはまちがいない。*to tilt at windmills* はその由来が確固としているものの一つである。これはセルヴァンテス（Cervantes）がその有名な *Don Quixote*（『ドン・キホーテ』1605）の中で創作したものである。槍を攻撃態勢に構えたキホーテは，勇敢な駿馬(しゅんめ)に乗って田舎を通り抜け，巨人退治へ向かったが，その巨人とは実は風車だった。『ドン・キホーテ』からの抜粋を紹介しよう：

> At this point they came in sight of thirty or forty windmills ... as soon as Don Quixote saw them he said to his squire, "Fortune is arranging matters for us better than we could have shaped our desires ourselves, for look there, friend Sancho Panza, where thirty or more monstrous giants present themselves, all of whom I mean to engage in battle and slay, and with whose spoils we shall begin to make our fortunes, for ... it is God's good service to sweep so evil a breed off the face of the earth."
> この地点で彼らには三四十の風車が見えてきた。……ドン・キホーテは風

車を見ると，すぐ従者に言った：「好運の神は，たまたまわれらが望んだよりもはるかに好都合に，われらのできごとを導いてくださるとみえる。その証拠には，サンチョ・パンサよ，向こうを見るがよい。あそこに三四十人もの不埒な巨人が姿を見せているではないか。奴らと闘って，一人残らず殺してやる。その死骸で金持ちになるというのだ。なぜって……，地の表から悪い奴らを根絶やしにするのは神のよき業ではないか」

to tilt at windmills という表現は，仮想敵への攻撃，存在しない敵軍との戦闘，思いこんだ危険をかわすことを意味するようになっている。

TIMEPIECE

中世の人々は，時計塔から聞こえる鐘の音の数で何時かを知った。時計を見上げたわけではなく，音を聞いたのである。*clock* の語源を考慮すれば，音を聞くのは正しいやり方だった。英語の *clock* は仏語の *cloche* からきているが，この仏語は，まず後期ラテン語の "a bell"（鐘）の意の *clocca* からきていた。

誰もが今何時かが読み取れるように，時計に文字盤がつけられてから，時計はそれまでよりずっと小型になり，中には小さなポケットに入るほど小型のものまで現れた。この時計は *watch* と名づけられ，そして単純な理由だが，時計は見られたのである。全く奇妙なことに，今日 "watch watchers"（時計番）は希少種と言えるが，"clock watchers"（時間になるとすぐ帰る人）は普通種である。

TOE THE MARK, TO

この平凡な表現は説明を要しないが，記録として残すために，今日広く使われているように，これは比喩的に "to conform to standards of discipline"（訓練の基準に従う），"to be up to snuff"（容易なことではだまされない），"to come up to scratch"（要求水準に達する）を意味すると言っておかねばならない。厳しい行動計画に応じるよう要求される人は，"to toe the mark"（習慣を守ってきちんとやる）ようにさせられている。文字

どおりには，この表現は，選手が競技場でスタートラインに爪先をつけて立ったとき聞く，ヨーイドンの叫び声であった。子どもの頃から，スターターが大声で "On your mark, get set, go!"（位置について，用意，ドン！）と叫ぶのを聞いたものだ。立つ位置を示す印が本当に線なので，この *toe the line* という表現もまた "have to follow strict orders"（厳格な規則に従わねばならない）という意味で使われる普通の慣用法であることは覚えておきたい。*Westminster Gazette*（「ウエストミンスター・ガゼット紙」）は1895年に報道している： "The phrase 'toeing the line' is very much in favour with some Liberals."（「厳格な規則に従わねばならない」という句は，一部のリベラリストたちにとても受けがいい）。

toe your mark という表現は，プロボクシングのリング上で生まれたが，元々意味するところが違っていた。その意味はまず *come to the scratch*（一定の水準に達する）か *toe the scratch*（規律に従う）の形で表現された。だいぶ以前は，ボクシング・リングはくっきりした線で2等分されていた。ボクサーは闘いを始めるごとに，この線の引かれたところまで行かなければならなかった。ホウルト（Holt）は，ボクサーがほとんど死闘に近い闘いをしているその間，審判は打たれた塊のようなボクサーが自力で "toe the line"（線のところまでくる）ことができるかどうかを確かめるべく，ふらふらになったボクサーにリングの中央まで来るように要求するのが常だっただろうと指摘している。

TORPEDO

torpedo（魚雷）は，ほとんど誰もがいつも言っていたように，水中自動推進体であり，船や潜水艦あるいは航空母艦から発射される。*torpedo* が破壊兵器であるばかりか，魚でもあると言われて驚く人がいるが，その驚きを想像してみよう。この *torpedo* は，先細の尾と細身の体で分かるように，シビレエイすなわち電気を放射する魚と同類であった。成長し切ったシビレエイの衝撃は人一人を気絶させるほどだった。1520年にアンドルー（Andrewe）と名乗る人の次の所説が現れた： "Torpido is a fisshe, but who-so-handleth hym shalbe lame & defe of lymmes that he shale fele no thyng."（シビレエイは魚だが，それに触れると誰も，何も感じないほど

足がしびれ，口がきけなくなるだろう）。人がシビレエイに襲われて "shale fele no thyng"（何も感じない）ようになることは，"numbness, lethargy, listlessness"（無感覚，無気力，物憂さ）という，元は不活発で無感覚の意の *torpere* からきたラテン語の *torpedo* の定義によって証明される。18世紀までに *torpedo* の意味である，頑固さ，無感覚は，日常活動の領域にまで広がってゆき，素早さや敏捷さが表に出されないところで，適用範囲が広かった。ジェームズ・ボズウェル（James Boswell）が1763年にイタリアで書いた *Life of Johnson*（『ジョンソン伝』）からの一節が証人である："Tom Birch is as brisk as a bee in conversation; but no sooner does he take a pen in his hand than it becomes a torpedo to him, and benumbs all his faculties."（トム・バーチは会話は蜜蜂のように元気がいい。しかし，いったんペンを握ると，すぐにペンはシビレエイとなり，トムの機能をことごとく麻痺させてしまうのだ）。

　自動推進魚雷の第1号は1866年に発射された。それはスコットランドの技師ロバート・ホワイトヘッド（Robert Whitehead）が組立てたものだが，ホワイトヘッドはオーストリア海軍のラッピス（Luppis）大佐に魚雷製作計画を示されたのだった。魚雷は時がたつにつれ，確度と航続距離の両面で改善された。第二次大戦中，魚雷は恐ろしいミサイルだった。それはシビレエイのように，"sting"（刺す）ことができたのである。

TOWER OF STRENGTH

　家族の一員，通常父親は，いつなんどき訪問してもよく，どんな問題を抱えていようと家族が援助や指導を頼れる人であると考えたいのは人情である。父親は，イディオム的に言えば，聖書の中でこの表現に与えられた意味，*tower of strength*（困ったときに頼りになる人）である。中世に都市が発展した時代に，この表現は，都市の外壁が侵入者に破壊される場合に備えて，市民が逃げ込める堅固な塔が建築されるのに伴って，文字どおりの意味を帯びた。非常に著名な塔はロンドン塔（the Tower of London）であるが，これは今日，ビーフイーター（ロンドン塔の守衛）が頼りとするところであり，観光客の呼び物になっている。テニソン卿（Lord Tennyson）は1852年に，このイディオムをその *Ode on the Death of the Duke of Wellington*

(「ウェリントン卿の死に寄せて」)の中に塗り込めた：

> O iron nerve to true occasion true,
> O fallen at length, that tower of strength
> Which stood four-square to all the winds that blew.
> おお，真実の要求に立ち向かう図太い神経よ
> おお，ついに落ちたか，あのロンドン塔は
> どんな風が吹きつけようと，負けず堅固に立っていたのに。

TUMBLER

　tumbler は知ってのとおり，底が平らで取っ手も台足も脚もないコップのことである。したがって，倒れたり転がったりしにくい容器である。こういう次第なので，命名をまちがえたのではないかと，いぶかられるのである。*tumbler* という語は，もはやこの型の飲酒用コップを正確に表してはいないが，元々はそうだったというのは事実である。17世紀には飲酒用コップを作るときには，底を丸くするか尖らせるかしたが，それはテーブルに置けば転がるようにするためだった。したがって，コップは中身を完全に飲み干すまでテーブルに置くのは危険だった。コップのこうした奇妙な底の背後に秘められた思想は，飲む人が一滴も残していないか，すなわち完全に飲み干したかどうか確かめることだった。たぶんその時代のスローガンは "Waste not, want not."（浪費しなければ欠乏しない）だった。しかし，確かにスローガンは "Bottoms up."（乾杯！）でなければならなかった。

TURKEY

　感謝祭のディナーと言えば，七面鳥があってこそ初めて完璧と言える。七面鳥という家禽がアメリカで発見されたのは，初期スペイン人探検家によるもので，16世紀にヨーロッパ大陸にもたらされたとき，相当な評判を呼んだ。当時，七面鳥は名無しだったが，明らかに誰もインディアンにその鳥の名前を尋ねようなどと考えなかったからである。そこで，このアメリカ生まれの鳥は，ヨーロッパ人が命名することとなり，*turkey* と名づけられたのである。しか

し，権威者の中には，この命名について確固不抜の意見を持っている人もいるにはいるが，この命名の由来は証明し尽くされているわけではない。七面鳥は，新世界（the New World）からトルコ（Turkey）経由でヨーロッパにもたらされたというのが一つの推測で，したがってその名前はトルコからきたというものである。別の推測は，ヨーロッパ人が七面鳥を *turkey* と呼んだのは，それがトルコの貿易商によって英国にもたらされたあるアフリカの鳥に非常によく似ていたからだというものである。これらの名前をめぐる混乱は明らかになっている。われわれはすでに，そのアフリカの鳥は，ギニア沿岸地方からもたらされ，それにふさわしい名前 *guinea fowl*（ホロホロ鳥）と名づけられたことを知っている。七面鳥の生息地がアメリカにあったことは証明された。七面鳥をどう見ようと，アメリカ人が七面鳥を切り分けようとする時，どうやらそれをヨーロッパ由来の名前で呼ばねばならないようだ。

　もう一つトルコにちなむ名前でアメリカ人好みのものと言えば，青緑色の鉱物，宝石 *turquoise*（トルコ石）である。そのフルネームはフランス人の命名によるが，"Turkish stone"（トルコの石）を意味する *la pierre turquoise* だった。この石がそう名づけられたのは，それがトルコ経由でシナイ半島からヨーロッパにもたらされたからである。

TURNING A HAIR, NOT / WITHOUT

　落ち着いているように見え，心おだやかでない問題を抱えつつも，困った様子を見せない人に言及するとき，"He hasn't turned a hair."（彼は動揺を見せなかった）と言うのは珍しいことではない。この表現は乗馬道で生まれたのかもしれない。なぜなら，*not having turned a hair* としてほのめかされているのは，馬だからである。ジェーン・オースティン（Jane Austen）は *Northanger Abbey*（『ノーサンガー寺院』1818）でこの表現を作り出した。オースティンは馬に言及して，書いている："He had not turned a hair till we came to Walcot Church."（その雄馬はわれわれがウォルコット教会に着くまで平然としていた）。この考えは，馬は困難に出会ったとき汗をかくが，汗をかかなければ馬の毛はつやつやしているということである。汗をかくと馬の毛は逆立ってくる。もはや冷静でない馬の毛は，逆立ち，すでに滑らかな毛ではなくなっている。そしてもはやその馬は

"hasn't turned a hair"（冷静だった）とか，リチャード・ブラックモア (Richard D. Blackmore) が *Dariel*（『ダリエル』1898）で冷静な人について述べた "She never turned a hair . . . as the sporting people say."（彼女は平然としていた……賭けごと好きの人が言うように）とは言えないかもしれない。

TURTLE

> Rise up, my love, my fair one, and come away.
> For, lo, the winter is past, the rain is over and gone;
> The flowers appear on the earth; the time
> of [the] singing [of birds] is come, and the voice
> of the turtle is heard in our land.
> 　　　　　　　　—The Song of Solomon, 2:10-12

　　恋人よ，美しいひとよ
　　さあ，立って出ておいで。
　　ごらん，冬は去り，雨の季節は終わった
　　花は地に咲きいで，小鳥の歌うときが来た。
　　この里にも山鳩の声が聞こえる。
　　　　　　　　—「雅歌」2章10-12節

　春の使者，聖書の中で言及されている *turtle* は，ご承知のとおりの亀ではなく，*turtledove*，すなわちあの柔らかいクークーと鳴く声で知られる鳥（鳩）のことである。ローマ人はこの鳥を *turtur* と呼んだが，この *turtur* は *tur* の繰り返しで，鳩の物悲しいクークーという鳴き声をまねたものと言われる。ラテン語の *turtur* は英語化されて *turtle* となった。新世界が発見されるまで，*turtle* と言えばすべて，われわれが現在 *turtledove* と呼ぶ鳥のことであった。

　他の亀，子供が遊ぶのが好きで，ときどきスープにして食べる亀は，スペインの水夫が名づけ親で，*tortuga* と呼ばれた。仏語版はこれに似ていて *tortue* だった。これらの名前にはラテン語の先祖 *tortus* があったが，これは "twisted"（ねじれた），"crooked"（曲がった）という意味で，たぶん

こうした海の爬虫類には，ねじれた足や脚があったからであろう。英国人水夫の耳には，このスペインの名前は元々"turtledove"（鳩）に与えられた名前 *turtle* のように響いた。そこで，亀は飛べもしなければ，たった一声クーと鳴きもしないのに，水夫たちはこの海の生き物を *turtle* と呼んだのである。

UNCLE SAM

> I'm a Yankee Doodle dandy,
> A Yankee Doodle do or die;
> A real live nephew of my Uncle Sam's
> Born on the Fourth of July.
> —George M. Cohan, *Yankee Doodle Dandy*
>
> おれはヤンキー・ドゥードル，だて男
> ヤンキー・ドゥードルはやるか死ぬかだ。
> おれのアンクル・サムの本物の甥は
> 7月4日生まれだ
> —ジョージ・M・コーハン『ヤンキー・ドゥードル，だて男』

　U.S. という頭文字はしばしば合衆国を意味するのに使われるが，*Uncle Sam*（合衆国政府のあだ名）を意味することもある。赤白青のシルクハットをかぶり，燕尾服を着た，あののっぽでやせ型の，山羊ひげを生やした，典型的アメリカ人の若者は，知らぬ人とてないが，その名がどこからきたのか確信を持つ者はいない。

　二つの説（他にも説はあるのだが）のどちらかをおおむね支持する語源学者にとって，よりもっともらしい説明は，この表現は1812年の米英戦争中に初めて使われたというものである。戦争反対者は，戦時物資の梱包に押印された *U.S.* とい文字を "Uncle Sam" と同一視した。*Uncle Sam* は戦争反対者が無駄と愚かさの対象を表すものとして冷笑的に使用した名祖(なおや)であった。冷笑を表す意味は，時がたつにつれ消え去り，*Uncle Sam* は合衆国が具現されたものとしてよいところを強調して現れた。しかし，さらに大きく支持される学説は，米英戦争中にニューヨーク州トロイの軍検閲官が船積み認可の食糧

梱包に *U.S.* と押印したが，その検閲官のファースト・ネームがサミュエル (Samuel，名字は Wilson) だったので，冗談にサミュエルは "Uncle Sam" と呼ばれるようになったからだというものである。こうした混乱した始まり方ではあったものの，Uncle Sam は国家承認の，すなわち公式採用のシンボルとなっていったのである。

UP TO SNUFF / PAR

up to snuff と *up to par* の主たる相違は，前者が望ましいレベルの質または行為に言及したり，あるいは人の良好な体調に言及することであるのに対し，後者は標準に達していることに言及するというものである。*up to par*（*par* は平均水準を意味する）の人は，ふだんの調子で，なんとかやりくりしているのである。

up to snuff の現行の意味は，数世紀にわたって使われた意味とは全く異なっている。その変化を指摘する前に，*snuff* はここでは粉タバコのことを言っているのではないことを，まず心にとめておきたい。*snuff*（粉タバコ）は，廷臣などが自分はさも上品だと言わんばかりに習慣的に吸ったのだが，この語はそれどころか，中世オランダ語の *snuffen*（鼻から鼻くそをほじり出す），独語の *schnuffeln*（嗅ぐ）と同族の古英語である。*snuff* は結果的に *sniff* の相当語になり，両者は "to draw air through the nose"（鼻から空気を吸い込む）の意味だった。長年にわたって，匂いに敏感な人は，簡単にはだまされず賢い人だと思われてきた。鋭い嗅覚は比喩的に言えば，したがって，他の同様な "smell"（匂い）の表現— *to smell a rat*（うさんくさく思う）や *to be on the right scent*（手がかりをつかんでいる）で暗示されるように，敏感さや抜け目なさを意味するようになった。しかし今日，*up to snuff* は，敏感で警戒心のある人，すなわち簡単にはだまされない人に言及するというよりは，人の健康状態について使われる。体調がよくていつもどおりの人は *up to snuff* だと言われる。

up to par はゴルフからの借用である。事実，完全に表現すれば *up to par for the course*（予想どおりの）となる。*par* は各ホールごとの標準打数であるが，なかなか標準打数ではコースは回れない。この表現はときどき *to be below par* と裏返して，"unsatisfactory or in poor health"

（不満足で，体調が悪くて）の意味となる。モンタギュー（C. E. Montague, 1867-1928）はその *Fiery Particles*（『炎の粒子』）の中で書いている："I was born below par to the extent of two whiskies."（わたしの知性のレベルはずいぶん低いものだった）。

UPPER HAND, TO HAVE THE

　この表現は古いものだが，ある組織の政策，機構，経営を支配する人について言う。したがって管理者である。このイディオムは箒の柄から生まれた。子どもたちは，過去数世紀にわたり，またたぶん現在まで，一人が箒の柄の下部に手を置き，次の一人が手をその上に置くというゲームを伝えてきた。こうして一人一人が手を置いていく箒の柄がなくなるまで交代で続ける。いちばん上部に置かれた手，これをアッパーハンド（優勢）と言うが，その手を置いた人が勝ちとなる。このゲームは古代のばくちだったと言われるが，その学説の真実性はいまだに確定されてはいない。

UPSET THE APPLECART, TO

　　　I have upset my apple-cart; I am done for.
　　　　　　　　—Lucian, *Pseudolus*
　　わたしは計画をぶちこわした。もうだめだ
　　　　　　　　—ルシアン『虚言術』

　他人の周到な計画を台無しにする人は，*upsetting the applecart* のかどで非難されるかもしれない。この表現はわれわれが何世紀も共に暮らしてきた比喩である。ローマ人は言った："*Plaustrium perculisti.*"—"You have upset the applecart."（君は計画をだめにしてくれたね）。これは「君の愚かな言動のために何もかもパーになってしまったよ」の意味である。しかし，なぜ *apple* という語が *cart* につけ加えられたのかと尋ねる人がいるかもしれない。答えは誰にも分からない。これは長年にわたる思索を要する問題だったし，今でもそうである。一つの推測は，それは全く子どもっぽい言及だというものである。別の推測は，ある学者がラテン語を翻訳するとき，い

たずらして *cart* を *applecart* に変更したというものである。さらにもう一つの学説は，中世の道は轍(わだち)ばかりで，荷車1台分の産物を市場に運ぶのも困難だったというものである。荷車が道のでこぼこにはまり，前のめりになると，荷車から振り落とされたものが何であれ，みんなはこう言った："There goes his applecart."（あの人はリンゴの荷車をだめにしちゃった）。この表現が本当はどこから出たか，将来判明するなどということはなさそうだ。これが最初に記録されたのは，1796年のグロウス(Grose)の *Classical Dictionary of the Vulgar Tongue*（『ギリシャ・ローマ卑語辞典』）の中であった。トマス・フェッセンデン(Thomas G. Fessenden)は，この表現を1800年頃，トマス・ジェファソン(Thomas Jefferson)を攻撃する詩で使った："He talketh big words in Congress and threateneth to overturn the apple-cart."（ジェファソンは議会で大ぼらを吹き，事態をだめにしようと威嚇している）。しかし，ジョージ・バーナード・ショー(George Bernard Shaw)は *The Apple Cart*（『リンゴ運搬車』）という芝居のタイトルを通じて，これを世界的に有名にした。今日，リンゴ荷車はもはや見られないが，このクリシェイはまだ残っている。

URANUS

> A slight sound at evening lifts me up by the ears, and makes life seem inexpressibly serene and grand. It may be in Uranus, or it may be in the shutter.
> —Henry David Thoreau, *Journal 10-12, 1841*
> 夕べの小さな音は，わたしの感情を高揚させ驚かせ，人生を名状しがたく静謐(せいひつ)に素晴らしく見えるようにしてくれる。その音は天王星の中にあるのかもしれないし，よろい戸の中にあるのかもしれない。
> —ヘンリー・デーヴィッド・ソロー『日記，1841年10-12月』

古代ギリシャの神 *Uranus*（ウラーノス）は，天の神でガイア(Gaea, 大地の女神)の夫であるが，天の神と巨人族の父ということで不朽の名声を与えられた。（ウラーノスはまた母親にそそのかされた息子クロノス(Cronos)によって，小鎌で去勢された）。

366 URANUS

　1781年に英国の天文学者ウィリアム・ハーシェル卿（Sir William Herschel）は新惑星を発見した。この惑星は，古代以来この種の最初の発見だった。その瞬間までに人間は六つの惑星を観察していた。すなわち，Mercury, Venus, Mars, Jupiter, Saturn, and Earth（水星，金星，火星，木星，土星，地球）である。最後の地球は，観察されただけではなく，もちろんわれわれが立っている場所でもある。天の神を記念して，ハーシェルは自分の発見に *Uranus*（天王星）と名づけた。

　天王星の発見後まもなくの1789年に，ドイツの化学者マーティン・クラープロウト（Martin Klaproth）は瀝青ウラン鉱の実験をしていたが，そのときウラン鉱の中に異常な新しい鉄の元素―放射性物質を発見した。新惑星を記念して，クラープロウトはこの放射性物質につける名前を造語し，*uranium*（ウラニウム）とした。これは現代ラテン語の発音のような響きを持っているが，実際は違う。*uranium* は化学元素の形―原子エネルギー源として使われる *isotope*（アイソトープ）を含んでいる。

VENT ONE'S SPLEEN, TO

spleen（脾臓）は，人間には胃の左後ろにあり，他の脊椎動物には胃と小腸の近くにある導管のない内分泌器官で，血液を貯蔵し，血液中の異物を濾過する役目を果たしている。脾臓はかつて機嫌を悪くするもとだと信じられており，不機嫌，短気，悪意の宿るところと見なされていた。人が *to be venting his spleen*（怒りをぶちまけている）と言われるとき，その人は気分が憂鬱か悪意を感じているのである。どちらにしろ，その人は悪意を抱いている。ジョン・テイサム（John Tatham）は，早くも1641年にこれについて書いている："Did you e'er hear spleen better vented?"（これまでに誰かが怒りをうまくぶちまけているのを聞いたことあるかい）。デニス・マッカーシー（Denis A. McCarthy）は，世界が待ち望んでいながらいまだに手中に収めていない哲学的概念を提供した："This is the land where hate should die,/No fueds of faith, no spleen of race."（ここは憎しみが死ぬべきところだ／信仰の確執もなく民族の憂鬱もない）。

VICIOUS CIRCLE

vicious circle は，"a chain of circumstances in which the solving of one problem creates a new problem which makes the original problem more difficult of solution"（ある問題の解決が，もとの問題の解決を一層困難にする新しい問題を生み出す一連の条件，状況）と定義される。あるいは，他のもっと単純な言葉で述べるとすれば，それはますます悪化する悪い状況ということになるが，それはある問題を処理している間に他の問題が生じてくるからである。一つの問題が解決されてさえ，他の問題がいろいろ生じてくるのである。この概念は正式の論理からきている。証拠

を最初の陳述に頼るのは，別の陳述を証明しようとしてある陳述に依存するという愚かな行為である。*Encyclopaedia Britannica*（『ブリタニカ大百科事典』1792）は言う："He runs into what is termed by logicians a *vicious circle.*"（彼は論理学者が「悪循環」と呼ぶものに陥る）。ゲオルグ・ドゥ・モリエール（George du Maurier）は1892年に *vicious circle* という語を効果的に使ったばかりか，軍医総監を出し抜いた。モリエールは書いている："The wretcheder one is, the more one smokes; and the more one smokes, the wretcheder one gets — a vicious circle."（人が哀れであればあるほど，タバコを吸う量がふえる。タバコを吸う量がふえればふえるほど，人は哀れになる—これぞ悪循環だ）。

WALK ON AIR, TO

　人が空中散歩や空中飛行ができれば、すばらしいだろう。しかし、科学はこれまでのところ人間気体力学の秘密を発見していない。にもかかわらず、比喩的に言ってのことだが、ときどき *walk on air* する人がいるのである。それは、たぶん何か好運があったために、高揚し、エクスタシーを感じ、元気はつらつとした瞬間に起こることである。地上から上げられたような感覚で、今や空中を舞っているのである。それは至福と仮定されるもので、そのような感覚は、ロバート・ルイス・スティーヴンソン (Robert Louis Stevenson) の *Memories and Portraits* (『記憶と肖像』1887) に描かれている："I went home that morning walking upon air."（その朝わたしは有頂天で帰宅した）。ジョン・キーツ (John Keats) はその羽のような感触で、その詩 "Isabella"（「イザベラ」）に二人の恋人を次のように描いた："Parting they seemed to tread upon the air,/Twin roses by the zephyr blown apart to meet again more close."（別れに際し二人は浮きうきしているようだった／二つのバラは今度はもっと親密に会えるよう西風で吹き飛ばされた）。

　シェイクスピア (Shakespeare) は *Sonnets*（『ソネット集』）で異なった方針を取り、こう書いている："I grant I never saw a goddess go./My mistress when she walks, walks on the ground."（一歩譲って女神が歩むのを見たことはないことを認めよう／わたしの恋人は歩くとき地上を歩いている）。

WALLS HAVE EARS, EVEN

　人が誰かに秘密をささやいているとき、もっと低い声でと警告されるのは異

常とは言えない。なぜなら Even walls have ears.（壁に耳あり）だからである。意味するところはもちろん，他人に聞かれているかもしれないから気をつけよ，ということである。この警告は，少なくともルーブル宮殿（現在は美術館）がパリに建てられた時以来発せられてきたものである。女王カトリーヌ・ドゥ・メディシス（Catherine de Médicis）は，王室の廷臣や顧問を警戒していた。そこで，カトリーヌは王宮を建てるとき，ある部屋で別の部屋の会話が聞けるように設計させた。そして，まちがいなく国家機密や自分を亡き者にしようとする陰謀を知ったのである。たぶんこうしたおしゃべり連中の中には首をはねられた人もいたであろう。壁に耳ありということを知らなかったばっかりに。

WARM THE COCKLES OF THE HEART, TO

It is a cockle, or a walnut shell.
—Shakespeare, *The Taming of the Shrew*
それは帆立貝もしくは胡桃の殻だ。
—シェイクスピア『じゃじゃ馬馴らし』

　to warm the cockles of the heart（人を幸福な気持ちにさせる）で言っているように，心臓のある部位に言及する cockle という語は，現代の辞典には載っていない。人の最も奥深い感情を満足させ，輝くような喜びを引き起こすものへの引喩はよく知られ，広く受け入れられているが，cockle と呼ばれる心臓の部位は，数世紀前初めて人の口にのぼったとき，誰かの想像力の産物だったかもしれない。もちろんこれは解剖学がわれわれの知っているような科学になるずっと以前のことであるが，事実，*Gray's Anatomy*（『グレイ解剖書』）の "heart"（心臓）の項では，cockle については全く記述されていない。
　cockle は海に住む小型の貝で，その殻を分けてみると心臓の形をしている。すなわち，聖ヴァレンタインの祭日のカードにしばしば見られるような心臓の形の一般的概念からすれば，そうなる。cockles of the heart の中の cockles は，それが心臓の心室と似ていると思われているところから派生したのかもしれない。しかし，ラテン語で "ventricles of the heart"（心

臓の心室）は *cockleae cordis* のことであると指摘しておかなくてはいけない。たぶんそこに手がかりがあるだろう。

WEAR ONE'S HEART ON ONE'S SLEEVE, TO

to wear one's heart on one's sleeve は，秘密にしている希望，願い，意図を表に出すことである。しかし，この金言が初めてシェイクスピア (Shakespeare) の *Othello*（『オセロ』）に現れたとき，それは実際にある女性の愛によってオセロの着物の袖につけられた熱愛を示すリボンのことだった。リボンを身につけている人の心臓に隠された秘密に，今や誰もが注目することができるということを意味した。イアゴ (Iago) がこの芝居の中で言った表現をあげてみよう：

> For when my outward action doth demonstrate
> The native act and figure of my heart
> In compliment extern, 'tis not long after
> But I will wear my heart upon my sleeve
> For daws to peck at.
> そりゃ，そうしてなきゃお前，これで腹の中の思惑をだね，
> さあごらん下さいこのとおりと，やってみせでもしようもんなら，
> いっそ心臓を袖の上にぶら下げて
> 鳥に突かせたほうがましだったってことになっちまうからな。
> 俺は見かけとはちょいと違った男なんだよ。

着物の袖に愛の象徴のリボンをつける習慣は，シェイクスピアより何世紀も前のことであった。騎士たちは袖に，女性から贈られた好意のリボンをつけるのが習わしだったが，それは騎士が前から秘密にしておいたリボンについて誰もが知ることができるようにするためであった。

WEEK

Doomsday is the eighth day of the week.

　　　　　―Stanley Kunitz, *Foreign Affairs*
運命の日は週の八日目の日である。
　　　　　―スタンリー・クニッツ『外国事情』

　年に何週あるかなどということは誰だって知っているが，正確に *week* という時の区分がどう発生してきたかは誰も知らない。*week* はもちろん連続した7日であればどの7日でもよく，古代ユダヤ人の週はこの7日からなりたっていたのである。旧約聖書の Genesis (「創世記」)によると，この世は6日間で創造され，7日目は休息と礼拝の日であった。西アフリカの人々の1週は4日であり，中央アジアの人々の場合は5日であった。アッシリア人はもう1日つけ加えて，1週は6日だった。バビロニア人は1週7日制を採用し，自分たちの時間を月相の28日と関連づけた。*seven* という数はバビロニア人には神聖なものだった。そこで7日からなる4週を定着させたが，これがおおざっぱに言ってひと月の長さとなった。(より正確には，月相は約29日半を要する)。スカンディナヴィア人の1週は5日からなっていた。ローマ人の影響下で，その1週は太陽の日と月の日の2日が追加されて，7日となったのである。

　英語の *week* は，中英語の *weke, wike* までさかのぼることができる。同じような音声の単語を持つ言語は多かった。もとの意味は "a change in time, a regularly recurring period"(時間の変化，規則正しく繰り返される期間)であったらしく，古英語の *wice* (連続)と関連している。そこで週から週へとはてしなく続くことになる。

WET ONE'S WHISTLE, TO

　to wet one's whistle は一杯やって喉を潤すことである。唇が乾いていれば口笛は吹きにくい。そんなときは唇をなめるより，一杯やるほうがいい。*to wet one's whistle* というイディオムは13世紀までさかのぼることができる。*The Battle of the Wines*(『ワインの闘い』)には，次のような簡単な短詩が現れる：

　　Listen now to a great fable
　　That happened the other day at table

To good King Philip, who did incline
To wet his whistle with good white wine.
さあおもしろい作り話を聞け
それは先日起こった
とっておきの白ワインで一杯やろうと思った
善良な王フィリップの食卓で。

チョーサー（Chaucer）は *The Canterbury Tales*（『カンタベリー物語』）の "The Reeve's Tale"（「親方の話」）で，こう言っている："So was hir joly whistle wel y-wet."（女房も相当飲んで，ほがらかになっていた）。

WHAT THE DICKENS

what the dickens は，一見有名な小説家チャールズ・ディケンズ（Charles Dickens）の名前からきたものらしく見えるが，この感嘆表現と小説家の名前は互いに何の関係もなかった。事実，この語はディケンズに数世紀も先んじていたのである。シェイクスピア（Shakespeare）は，それを1598年に *The Merry Wives of Windsor*（『ウィンザーの陽気な女房たち』）で使った。その中でミス・ペイジ（Miss Page）は，フォルスターフ（Falstaff）の名前を思い出そうとして言う："I cannot tell what the dickens his name is."（彼の名前はいったい何というのか分からない）。*dickens* の語源に関する推測はニークコロー・マーキャーヴェルリ（Niccolò Machiavelli）に対する *Old Nick*（老ニック）から *devilkins*（小悪魔）または *devil*（悪魔）まで広範にわたっているし，他の推測も複数あった。全員とは言わないが，ほとんどの権威者は，最も妥当なものは *dickens* は単に *devil* の婉曲語法にすぎないと考えているというのがそれである。*OED* はこれに賛成している。なぜかと言えば，この辞典は *dickens* は明らかに "as having the same sound"（同様な音を持っているものとして）の *devil* の代用であると言っているからである。他の権威者たちは *dickens* は *devilkin* すなわち *deilkin*（小悪魔）の使い古されたものだと示唆するが，この説を実証するものは何も見つかっていない。このように全くの混乱状態な

ので，次のように言っても正当だろう："How the dickens am I to know?"（いったいどうしてわたしが知りえよう）。

WHEN IN ROME, DO AS THE ROMANS DO

When in Rome, do as the Romans do. は説明のいらないほどありきたりの諺である。しかし，その歴史が興味深いのは，今日と違い，この諺が比喩的意味（生活を共にする他の人たちのするようにせよ）にのみ使われるとき，それは文字どおりに従うべき忠告だったからである。この忠告は，聖アンブロシウス（St. Ambrose）から出ていて，週のうちで断食に適正な日はいつかということに関して，聖アウグスティヌス（St. Augustine）になされた。アウグスティヌスの母親はミラノに来ていたが，ローマで行われていた土曜日に断食が守られていないのを知って，息子に尋ねた。アウグスティヌスはアンブロシウスに尋ねるのが一番だと考えたが，アンブロシウスは *Epistle to Januarius*（『ヤヌアリウスへの書簡』）によればとして，こう言ったという："When I am in Rome, I fast on a Saturday; when I am at Milan, I do not. Follow the custom of the church where you are."（ローマ滞在中は土曜日に断食します。ミラノ滞在中は土曜日には断食しません。滞在地の教会の慣習に従ったらどうでしょう）。諺ふうに述べられたのは，"When in Rome, do as the Romans do."（郷に入っては郷に従え）である。

WHEN MY SHIP COMES IN

このクリシェイは，一財産作れるようにと成功を望むことを言う。ある人は "When my ship comes in, then I will pay all my bills."（金持ちになったら，借金はすべて払いましょう）とか ". . . then I will buy that stately house up on the hill."（……その時は，あの丘の上の豪壮な家を買いましょう）と言うかもしれない。もともとこの表現は大航海時代に広く使われたが，使われ方は二つの異なるものだった。陸上の投機者は金を投資した船と荷物の安全性に関心があった。自分の船が港に入ってくれば，その投機者は機嫌がよくなり，安堵のため息をつくのだった。こうした心配の様子は，

ヘンリー・メイヒュー（Henry Mayhew）が *London Labour and the London Poor*（『ロンドンの労働者階級と貧困層』1851）の中で，次のように言う："One [customer] always says he'll give me a ton of taties [potatoes] when his ship comes in."（ある人[客]は常々，船が入ってきたらジャガ[イモ]1トンをあげようと言ってくれている）。一方，船乗りの妻たちには別の懸念，すなわち夫たちの安全があった。商人貿易が交通の主たる手段だった当時，船はゆっくり移動し，コミュニケーションはごく少なかったので，船が入ってくるのをいつまで待てばよいか，誰も正確には分からなかった。妻たちにできるのは待ち望むことだけだった。この表現は比喩的にも使用されるようになった。*The American Heritage Dictionary*（『アメリカン・ヘリテージ辞典』）の編集長ウィリアム・モリス（William Morris）は，19世紀の有名な小説 *John Halifax*（『ジョン・ハリファックス』）から取った一片の対話に触れている："Perhaps we may manage it sometime." "Yes, when our ship comes in."（「われわれはたぶんいつかうまくやれるかもしれない」「そうです，金持ちになればね」）。ブルーワー（Brewer）は，この引喩はたんまり略奪品を外国の戦地から持ち帰った *Argosy*（大型商船）に対するものであると言っている。船を送り出した商人や投資家はこの略奪品で潤うのである。

> And I have better news in store for you
> Than you expect: unseal this letter soon;
> There you shall find three of your argosies
> Are richly come to harbour suddenly.
> 　　　—Shakespeare, *The Merchant of Venice*

あなたのためにとっておいた
思っているよりいい知らせがある
この手紙をすぐ開封してごらん。
三艘の大型商船が積み荷満載で
突然入港してくるのが分かるでしょう。
　　　—シェイクスピア『ヴェニスの商人』

この表現がすたれかかっているのは，交通がもはや船ばかりに依存している

わけではないからである．しかし，この表現は，あまりに意気消沈したために何事も思うようにいかない人たちによって，最近復活させられた．こんなふうに使われる：“When my ship comes in, in all probability I'll be waiting at the airport."（金持ちになったら，そのときはたぶん飛行場で待っています）．

WHISTLE IN THE DARK, TO

　人はおびえた状態にあるとき，たぶん陽気に振舞って勇気を奮い起こそうとするだろう．一つのやり方は口笛を吹くことで，この習慣はとくに暗闇や寂しい場所で応用するのにふさわしい．口笛を吹くことからこのイディオムが出たが，これはずっと時代をさかのぼる．ジョン・ドライデン（John Dryden）は *Amphitryon*（『アムピトリュオーン』1690）の中でこう言った：“I went darkling and whistling to keep myself from being afraid."（暗がりに行き，恐ろしさから逃れようと口笛を吹いた）．ロバート・ブレア（Robert Blair）は *The Grave*（『墓』1742）の中で書いている：“Schoolboy . . . Whistling aloud to bear his courage up."（生徒は……大きい口笛を吹いて勇気を奮い起こしている）．困難な状況に遭遇したときに，無関心を装ったり，恐怖心のないことを示そうとして口笛を吹く習慣は，いまだに残っている．

WHITE ELEPHANT, A

　誰も *white elephant* を欲しがる人はいない．この表現は，19世紀後半に目だつようになったが，贈り主の機嫌を損ねないようにしておかねばならないやっかいな贈り物のことを言う．しかし，もっとしばしばこの表現は，愚かな買い物，すなわち結局は無駄な買い物のことを言う．シャム（現在のタイ）では，白い象はすべて神聖な王の所有物で，ある意味では，高価なお荷物，すなわち王以外誰も手に入らないぜいたく品だった．白い象は神聖とされて，仕事をさせることはまかりならず，したがって誰もその飼育費さえ稼げなかったからである．昔の支配者（王）は廷臣の貴族の誰かが気に入らなくなったのを理由に没落させようと思えば，その貴族に白い象を贈るのが常だった．この贈り

物は重大な処罰の方式だった。維持費を考慮すれば，象を贈られた廷臣も，自分が廃位されたのはすぐに分かった。

　有名なサーカスの起業家バーナム（P. T. Barnum）は，自らの功績を白い象と関連づけるいくつかの物語の主題となってきた。ある話では，バーナムは1863年にシャムから白い象を一頭買った。船賃の請求書を受け取ったところ，料金が異常に高かったので，"I really bought myself a white elephant."（ほんとにやっかいな買い物をしたよ）と断言した。他の話によれば，競争相手が白い象を買ったが，それが大評判を呼んだ。バーナムは興業師だったので，負けたくなかったが，白い象にも投資したくはなかった。そこで，ごく普通の灰色の象に漆喰を塗り，白い象として練り歩かせた。その象がいったい大雨に会ったかどうかは，寡聞にして知らない。

WHOLE HOG, (GO) THE

　　Frogs Eat Butterflies.　Snakes Eat Frogs.
　　Hogs Eat Snakes.　Men Eat Hogs.
　　　　—Wallace Stevens, Title of Poem
　　蛙が蝶を食べ，蛇が蛙を食べる。
　　豚が蛇を食べ，人が豚を食べる。
　　　　—ウォレス・スティーヴンズ，詩の題名

　to go the whole hog とは "to go all the way"（はるばる行くこと），"to do the thing completely, thoroughly"（物事を完全に，完璧にやること），"to commit oneself without reservations"（遠慮なく立場を明らかにすること）という意味である。どうしてこのイディオムが生じたかはまだ検証されていない。しかし，学説はいくつもある。一つは，権威者の中には同意する人もいるが，*hog* は17世紀の1シリングのコインであったというものである。その表面には豚が刻印されていたかもしれない。1シリングは当時相当な金額だったので，それを使い切ったり賭け切ったりするのは，贅沢なことだった。しかし，浪費家は，アメリカの誰かが "I'm going to spend the whole buck."（びた一文も残さず使い切ってやるぞ）と言うかもしれないように，"Shucks, I'm going the whole hog."（ちぇっ，

おれはとことんやるぞ）と言うかもしれない。別の学説は，説得力は劣るが，この表現は，ウィリアム・クーパー（William Cowper）の 1779 年の詩 "The Love of the World Reproved; or Hypocrisy Detected" （「非難されたこの世の愛；または暴かれた偽善」）に直接基づくというものである。この詩によれば，ムハンマド（Mohammed）は，弟子たちに豚の食べてもよいと指定されていない部位を食べるのを禁止したというのである。飢えたムスリム（イスラム教徒）はどの部位が禁止されているのか分からず，一頭の豚で試してみようと決めたが，除外すべき部位について意見の一致を見ることはできなかった。そこで，各自，自分の好きな部位は食べてもいいと立証しようとした：

> But for one piece they thought it hard
> From the whole hog to be debar'd;
> And set their wit at work to find
> What joint the prophet had in mind.
> Much controversy straight arose,
> These choose the back, the belly those;
> By some 'tis confidently said
> He meant not to forbid the head;
> While others at that doctrine rail,
> And piously prefer the tail.
> Thus conscience freed from every clog,
> Mohammedans eat up the hog. . . .
> With sophistry their sauce they sweeten,
> Till quite from tail to snout 'tis eaten.
> だが，除外するのはむずかしい
> 豚一頭丸ごとから一部だけを，
> どの関節をムハンマドは思い浮かべているのか
> 知恵を働かせて見つけ出そうとしたが。
> 論争が激しくわき上がり
> 背中を選ぶ者，腹を選ぶ者とさまざま。
> 信頼できることを言う人もいた

ムハンマドは頭は禁止する意図はなかったと。
それは独断となじる人もいるが，
敬虔ぶって尻尾が好きだと言う人もいる。
かくして良心はすべての桎梏（しっこく）から解放され
ムスリムは豚を食べる……。
詭弁（きべん）を弄してソースを甘くし
鼻から尻尾まで丸々食べつくしてしまうのだ。

WILD-GOOSE CHASE, A

wild-goose chase は，つまらないお使い，ばかげた追跡，とっぴな計画のことである。サミュエル・ジョンソン博士（Dr. Samuel Johnson）を引用すれば，"a pursuit of something as unlikely to be caught as a wild goose"（カリのように捕まえにくいものの追跡）である。カリは非常に捕まえにくく，さらにたとえ捕まえたところで，全く価値はない。食用に適さないのである。ではなぜ捕まえるのか。16世紀に馬に乗ってするゲームは *wild-goose chase* として知られたが，それはそのゲームのやり方が，カリが群飛ぶときのVの字型に似ていたからである。*Romeo and Juliet*（『ロミオとジュリエット』）の中で，このゲームはマーキューシオ（Mercutio）によって言及されているが，マーキューシオはこう言う："Nay, if thy wits run the wild-goose chase, I have done; for thou has more of the wild-goose in one of thy wits than, I am sure, I have in my whole five. . . ."（いや，もしお前の五官がカリガネ狩りをするのなら，おれは降りる。なぜって，お前はおれより確かにずっと無分別だから）。これに答えてロミオが言う："Thou wast never with me for anything when thou wast not there for the goose."（お前はカリガネ狩りに行かなかったのに，おれとは何も追いかけなかったじゃないか）。

WINDOW

I remember, I remember
The house where I was born,

The little window where the sun
Came peeping in at morn.
　—Thomas Hood, "I Remember, I Remember"
思い出した，思い出した
生まれた家，小さな窓を
朝になると朝日が
覗きにやってきた。
　—トマス・フッド「思い出した，思い出した」

　開口部，特に光を入れるための建物に開けられた穴 *window* は，魅惑的なイメージを表す語である。振り返ると，中英語では *window* という語は，これと近い綴りの *windowe* だった。しかし，その先祖の古ノルド語では *vindauga* で，文字どおりには "windeye"，すなわち *vindr*（風）と *auga*（目）の合成語だった。*window* はしたがって，風の目であり，それを通して見ると風が目に見える穴だった。今日，窓は風を見る役は果たしていないかもしれないが，建物の目は残している。ジョンソン博士（Dr. Johnson）は *window* を "orifice in an edifice"（大建造物の穴）としてユーモラスに定義した。

WITHOUT BATTING AN EYELID

　bat という語は日常の表現の中に現れることが多い。*right off the bat*（すぐさま，ただちに）では，引喩は野球のボールに対するもので，ボールは *bat* で打たれると素早く飛んで行く。比喩的にはこのイディオムは "without hesitation or deliberation"（躊躇せず，熟考せず）の意味である。*like a bat out of the hell* という句では，言及される *bat* は夜飛ぶ哺乳類（コウモリ）である。このイディオムの背後にある思想は，コウモリは光を嫌うので，地獄の悪魔のような永遠の炎を逃れようと，地獄からできるだけ速やかに飛び去るのだというものである。比喩的には "with great speed"（猛烈なスピードで）とか "recklessly"（向こう見ずに）の意味である。しかし，*without batting an eyelid* という成句では，スポーツで使うバットのことも夜飛ぶ哺乳類のことも言ってはいない。この句は，まぶたをパチパ

チさせたり開閉したりすること，すなわちけいれん性の不随意運動のことを言っているのである。この意味の *bat* は仏語 *battre*（打つ）からきていて，その意味は翼の羽ばたきのことである。*batting* は 1615 年にレイサム（Latham）の *Falconry*（『鷹狩り』）に初めて現れたが，逃げようとする小鳥の立てるバタバタ，パタパタする羽音であった。比喩的には，*without batting an eyelid* はどんな驚きや感情でも顔色ひとつ変えないことを意味する。片方のまぶたをパチパチする少女はウインクしているのであって，そのお返しにまぶたをパチパチしない男は，女性の送る信号に注意を払っていないのである。

WORLD IS MY OYSTER, THE

　この奇妙な諺は，この世界は誰かが二枚貝から真珠を取り出すように，利用しなければならない場所であり，利益を引き出す場所だということを意味する。これは希望や夢に満ち，当然未来に期待する，野心家の若者たちの合い言葉となった。この隠喩はウィリアム・シェイクスピア（William Shakespeare）の筆になるものであった。*The Merry Wives of Windsor*（『ウィンザーの陽気な女房たち』）の中で，道化者のジョン・フォルスターフ卿（Sir John Falstaff）はピストル（Pistol）という名のほら吹きに願いごとをするが，断られてしまう。あとでピストルに借金を申し込まれたが，これを断ってフォルスターフは言う："I will not lend thee a penny."（お前にはびた一文貸せないな）。ピストルが刀を振り回しながら言ったまぜかえしは，あまりにしばしば使われたので，クリシェイになってしまった。ピストルは言う："Why then the world's mine oyster,/Which I with sword will open."（ではこの剣にもの言わせて/貝のように閉ざした世間の口をこじあけてやる）。エヴァンズ（Evans）も言っている："O. Henry observed a sword is a far more suitable instrument than a typewriter for opening oysters."（O・ヘンリーは，この世で儲かるにはタイプライターより刀のほうがずっと適した道具であることを見抜いていた）。

WOULDN'T TOUCH IT WITH A TEN-FOOT POLE

　提案に反対したり，趣味に合わず，嫌悪感を引き起こす，危険な状況を避けたいと願う人は，こう言うかもしれない："I wouldn't touch it with a ten-foot pole."（それにはどうしても関わりたくないよ）。この *pole* はラテン語 *polus*（棒，くい）からきている。これは19世紀中葉に発達した比喩的意味で，相手の顔も見たくないだろうということであった。10フィートのポールの代わりに，8フィートとか12フィートのポールと言ってしまえば，この表現の効果は失われてしまうのか。そんなことはなく，変えたとしても同様の主旨が述べられるだろう。しかし，そうすればポールの長さの背後に横たわる歴史的正確さが失われてしまうだろう。事実は，*ten-foot pole* は，商品を積んだ平底のポールボートの船頭が使った標準サイズだったということである。こうして水位を測るために，船頭はポールを10フィートの長さに切った。このポールはそのとき水位の計測棒としても，船頭が押して使う船を進める道具としても役立った。こうした川の共同体に住む人は，ある問題を避ける理由を見い出したとき，反対意見を述べて，"I wouldn't touch it with a riverman's ten-foot pole."（そんなことには関わりたくないよ）と言った。ポールボートは消え去り，この句の中の *riverman's* も同様に消えたが，表現の残りの部分は生き延びた。それは今日まだ身の回りに豊富に残っている。なぜ正確さが10フィート以外の長さをいっさい受け入れないかは，誰にも分かる。

x

X RAY

X ray はX線で撮影された写真である。技術志向の人には，X線は "a relatively high-energy photon, with wavelength in the approximate range from 0.05 to 100 Angstroms"（比較的高エネルギーのフォトンで，波長はほぼ0.05オングストロームから100オングストロームにまたがる）である。歯科医院で患者用椅子に座ったことのある人なら，ほとんど誰もが確かにX線を浴びている。

治療法上きわめて有益な助けとなるX線の発展は，発明ではなく好運な発見ともいうべきものであった。X線の発見は1895年のことであるが，それは真空管を使ってガス中に電気を通す実験をしていたドイツの物理学者が，真空管近くの蛍光スクリーンは，たとえ真空管の光から遮断しておいたとしても，発光したのに気づいたときだった。さらに研究してみると，この不思議な反応様式の物理的現象が一層明らかになった。しかし，発光体の性質が不確かだったので，発見者のドイツの学者はこれを *X-Strahl* と呼んだ。*X* はデカルト（Descartes）の時代以来未知のものを指した。*Strahl* は独語で "ray"（光線）の意味である。X線はときどき *roentgen ray*（レントゲン光線）と呼ばれ，この分野の医学専門家は *roentgenologist*（X線学者）として知られる。物理学者かつX線の発見者は，最初のノーベル物理学賞受賞者ウィルヘルム・コンラッド・レントゲン（Wilhelm Konrad Roentgen, また Röentgen とも綴る）だった。

YOU CAN'T MAKE A SILK PURSE
OUT OF A SOW'S EAR

　自分にはできないことを教えてくれる格言や諺や金言は多い。例えば，"You can lead a horse to water but you can't make him drink."（雄馬を水辺に連れて行けても，水を飲ませることはできない），"You can't fight City Hall."（お役所相手にけんかを挑んでも無駄だよ），"You can't take it with you."（金はあの世に持っては行けないよ），"You can't win 'em all."（いつもうまくいくとは限らないぜ），"You can't make an omelet without breaking eggs."（卵を割らなくちゃオムレツはできないわ）などなどである。しかし，明らかにナンセンスで，誰も忠告を必要としないのは，"You can't make a silk purse out of a sow's ear."（瓜のつるにナスビはならぬ）である。そしてもちろん，誰にも瓜のつるにナスビをならせることはできないという事実は，明々白々である。それでも，このおなじみの警告は，16世紀から引き続き使用されている。この表現を文字どおりに考えてみると，たぶんこの表現を使う人の中には，*sow* とは何かを知らず，また見たことのない人も首都圏にはいるかもしれない。記録のために書いておくと，*sow* は成長した雌豚のことである。この諺の意味はもちろん，もともと悪いものからいいものや価値あるものは作れないということである。もしまず初めに正しい材料や思想を持っていなければ，結果は不満足なものに終わってしまうことになる。400年前，アレグザンダー・バークリー（Alexander Barclay）がその *Certayne Eglogues*（『ある田園詩』）で違う単語を使って言ったが，その思想は今も同じである："None can . . . make goodly silke of a gotes fleece."（山羊の毛から良質の絹は作れない）。またスティーヴン・ゴスン（Stephen Gosson）は *Ephemerides*（『カゲロウ』1579）の中で書いている：". . . seekinge . . . to make a silke purse of a Sowes eare."（雌豚の耳から絹の財布を作ろうとして）。

ジョナサン・スウィフト (Jonathan Swift) がその *Polite Conversation* (『ていねいな会話』1738) の中にこの諺を記録したのは，今日使われ，綴られているものであった。

ZEST

I shall grow old but never lose life's zest.
—Henry Van Dyke, *The Zest of Life*
年は取っても，人生の喜びはなくしたくないものだ。
—ヘンリー・ヴァン・ダイク『人生の喜び』

　猛烈な喜び，真心からの興味，すなわち一言で *zest* と呼ばれるものを賞賛するのは人の常である。こんなに生き生きした語は，当然明瞭な，生き生きした先祖を持っていると想像されるだろうが，そうではない。事実，その出所は不確かである。この語の系譜は仏語の *zeste* までさかのぼれるが，その向こうには先祖となる背景は何も浮上してこない。仏語の *zest* の意味は，本項 1 行目に現れた猛烈な喜び，真心からの興味とは何ら関係はなかった。その意味は "orange or lemon peel"（オレンジの皮かレモンの皮）だった。*zest* は，食物や飲物に香りをつけたり薬味をきかせたりするための添加物だった。ジェフリー・ブラント（Geoffrey Blount）は，1674 年に *zest* について言っている："... Orange, or such like, squeezed into a glass of wine, to give it relish."（……オレンジかそのようなものをしぼって一杯のワインに入れると風味が出る）。風味を加えるためのオレンジの皮かレモンの皮である *zest* の意味は，食べ物や飲物それ自体へと変化した。強い風味，すなわち興奮を呼ぶ風味かぴりっとする味を持つようになったのは食べ物だった。19 世紀初頭にこの語は，はるかに劇的変化を遂げ，こうして *zest* は "keen enjoyment"（すばらしい楽しみ）を意味するようになった。独身男たちのにぎやかなダンス・パーティーで踊るベリー・ダンサーは，パーティーに風味（zest）を添えるかもしれない。

ZEUS

　ギリシャの神殿の神々の主神である Zeus（ゼウス）は，人を動物に変身させてしまえば，正体を隠ぺいするのに有効だということを発見した。誰だってその動物が本当に人であるなどとは思わないだろう。例えば，ゼウスはかつて王の牛の群れに混じって，王の娘オイロパ（Europa）に近づこうと，自分自身を雄牛に変身させたのである。

　もう一つの隠ぺい工作——これから地理上の名前が出てきたが，ゼウスは少女（今度はイーオー（Io）という名の妖精）の美しさに再び魅惑されて，やきもちやきの妻ヘーラー（Hera）の厳しい目を逃れて愛を交わそうとして，あの手この手を探さなければならなかった。ゼウスはイーオーを雌牛に変えてこれを実行した。しかし，ヘーラーはゼウスの悪賢さが分かっていたので，百の目があるというアルゴス（Argus）を送り，何が起こるか監視させた。ゼウスはアルゴスを殺害した。ヘーラーは負けずに，今や亭主の不誠実と雌牛が誰かを確かめると，イーオーをいじめて安息を与えないように大きな針のある虻を送った。イーオーはいぜん雌牛の姿のままだったが，虻を避けようと国を逃げ出し，あちこちを巡った。あるときイーオーは，イスタンブール近くの海峡を渡った。そのことを記念して海峡は *Bosporus* と名づけられた。これはラテン語で "cow crossing"（雌牛の渡し）の意である。ラテン語で cow は *bos* である。（地理にうるさい人は，*Bosporus* はマルマラ海と黒海をつないでいると言うが）。絶望のあまり，イーオーはギリシャと南イタリアの間にある海に身を投げた。この事件はその海につけられた名前，イオニア海（the Ionian Sea）によって記憶されている。この物語はでたらめばかりだと考える人たちと論争する人がどこかにいるだろうか。

参考文献

Apperson, G. L.: *English Proverbs and Proverbial Phrases: A Historical Dictionary*, Dent, 1929, Rpt. Gale, 1969.

Augarde, T. : *The Oxford Dictionary of Modern Quotations*, Oxford Univ. Press, 1991.

Ayto, J.: *Bloomsbury Dictionary of Word Origins*, Bloomsbury, 1990.

Bartlett, John: *Familiar Quotations*, 15th edition, Macmillan, 1980.

            : *A Complete Concordance of Shakespeare*, St. Martin's Press, 1894.

Brewer, Cobham E.: *Dictionary of Phrase and Fable*, Harper & Row, 1964.

Bulfinch, Thomas: *The Age of Fable*, Modern Library, 1962.

Ciardi, J.: *The Complete Browser's Dictionary*. Harper & Row, 1988.

Cruden, Alexander: *A Complete Concordance to the Holy Scriptures of the Old and New Testaments*, 1738.

Donaldson, G. & Settenfield: *Why Do We Say That?* David & Charles, 1986.

Dunkling, L.: *The Guiness Book of Curious Phrases*, Guiness, 1993.

           : *Dictionary of Curious Phrases*, Harper Collins Publishers, 1998.

Evans, B.: *Dictionary of Quotations*, Delacorte Press, 1968.

Evans, Bergen & Cornelia: *A Dictionary of Contemporary American Usage*, Random House, 1957.

Flavell, L & Flavell, R.: *Dictionary of Idioms and Their Origins*. Kyle Cathie, 1992.

Funk, Wilfred: *Word Origins and Their Romantic Stories*, Funk & Wagnalls, 1950.

Granville, Wilfred: *A Dictionary of Sailor's Slang*, Andre Deutsch, 1962.

Hargrave, B: *Origins and Meanings of Popular Phrases Including Those Which Came into Use During the Great War*, Gale, 1968.

Hendrickson, Robert: *The Facts on File Encyclopedia of Word and Phrase Origins* (Revised and Expanded Edition), Facts on File, Inc., 1997.

Holt, A. H: *Phrase and Word Origins*, Dover, 1961.

Janet E. Heseltine & W. G. Smith: *The Oxford Dictionary of English Proverbs*, 1935.

Klein, Ernest: *A Comprehensive Etymological Dictionary of the English*

Language, unabridged one-volume ed. Elsevier Publishing Company, 1971.

Lighter, J. E. (ed.): *Random House Historical Dictionary of American Slang,* vol. 1. Random House, 1994.

Manser, M.: *Dictionary of Word and Phrase Origins,* Sphere Books, 1990.

Matthews, Mitford M.: *A Dictionary of Americanism on Historical Principles,* Univ. of Chicago Press, 1951.

McDonald, J.: *Wordly Wise: A Book about the Origins of English Words and Phrases,* Constable, 1984.

McKnight, George Harley: *English Words and Their Background,* Gardian Press, 1969.

Mencken, H.L.: *The American Language,* New York, Alfred A. Knopf, 1963.

Morris, William & Mary: *Dictionary of Word and Phrase Origins,* 2 vols. Harper & Row, 1967.

Onions, C. T., G. Friedrichsen & R. Burchfield: *The Oxford Dictionary of English Etymology,* 2 vols. Oxford Univ. Press, 1966.

The Oxford Dictionary of Quotations, Oxford Univ. Press, 1979 (3rd edition).

Panati, C.: *Extraordinary Origins of Everyday Things,* Harper & Row, 1987.

Partridge, Eric: *A Dictionary of Clichés,* Routledge & Kegan Paul, 1978.

Phythian, B.: *A Concise Dictionary of Phrase and Fable,* Hodder & Stoughton, 1993.

Pickering, D. (ed.): *Brewer's Dictionary of Twentieth-Century Phrase and Fable,* Houghton Mifflin Company, 1991.

Radford, E. & Smith, A.: *To Coin a Phrase,* Macmillan, 1989.

Rees, N.: *The Joy of Clichés,* Macdonald, 1984.

: *Dictionary of Popular Phrases,* Bloomsbury, 1990.

: *Chambers Dictionary of Modern Quotations,* Chambers, 1993.

Rogers, James: *The Dictionary of Clichés,* Facts on File Publications, 1985.

Schmidt, Alexander: *Shakespeare-Lexicon,* 2 vols. Walter de Gruyter, 1874-75. Rpt. Maruzen, 1962.

Shipley, Joseph T.: *Dictionary of Word Origins,* 2nd ed. Greenwood Press, 1969.

Simpson, J. A.: *The Concise Oxford Dictionary of Proverbs,* Oxford Univ. Press, 1992.

Skeat, Walter. W.: *An Etymological Dictionary of the English Language,* 4th ed. Oxford Univ. Press, 1882.

: *A Concise Etymological Dictionary of the English Language,* Oxford Univ. Press, 1965.

Smith, G.: *The Oxford Dictionary of Proverbs,* rev. by F.P. Wilson, Oxford Univ. Press, 1970.

Stephens, M.: *A Dictionary of Literary Quotations,* Routledge, 1989.

Stewart, George R.: *American Place Names,* Oxford Univ. Press, 1970.

Tilley, M.P.: *A Dictionary of the Proverbs in England in the Sixteenth and Seventeenth Centuries,* The Univ. of Michigan Press, 1966.

Weekley, Ernest: *Etymological Dictionary of Modern English,* 2 vols. Dover, 1967.

　　　　　　　　　: *The Romance of Words,* Guild Books, 1949.

Wentworth H. & S.B. Flexner: *Dictionary of American Slang,* Thomas Y. Crowell Company, 1975.

Whiting, B.J.: *Early American Proverbs and Proverbial Phrases,* Harvard Univ. Press, 1977.

　　　　　　　　　: *Modern Proverbs and Proverbial Sayings,* Harvard Univ. Press, 1989.

Williams, Raymond: *KEYWORDS— A Vocabulary of Culture and Society,* 1976.

青木義孝・中名生登美子（訳）『カッセル英語俗信・迷信事典』D．ピカリング著，大修館 1999年
市河三喜・西川正身・清水護 『引用句辞典』研究社 1952年
市川繁治郎（編集代表）『新編　英和活用大辞典』研究社 1995年
上野景福 『英語語彙の研究』 研究社 1980年
梅田 修 『英語の語源事典』 大修館 1990年
大塚高信・高瀬省三（編）『英語諺辞典』 三省堂 1976年
大塚高信・寿岳文章・菊野六夫（編）『固有名詞英語発音辞典』三省堂 1970年
井上義昌 『英米故事伝説辞典』冨山房 1972年
岩波書店編集部（編）『西洋人名辞典』 増補版，1981年
岡崎康一（訳）『キイワード辞典』W．レイモンド著，晶文社 1976年
小野昭一 『英単語のルーツとロマンス』 中村書店 1984年
加島祥造（主幹）『ブルーワー英語故事成語大辞典』E.C.ブルーワー著 大修館 1994年
小西友七・安井稔・國廣哲弥・堀内克明『ランダムハウス英和大辞典』（第2版）小学館 1994年

高津春繁 『ギリシャ・ローマ神話辞典』 岩波書店 1960年
迫村純男（訳）『よく使われる英語表現ルーツ辞典』J. ロジャーズ著，講談社 1989年
下中邦彦 『世界歴史辞典』平凡社 1967年
田中秀央・落合太郎（編）『ギリシャ ラテン引用語辞典』 新増補版，岩波書店 1963年
寺澤芳雄（主幹）『英語語源辞典』研究社 1997年
外山滋比古（他編）『英語名句事典』大修館 1990年
中島文雄・寺沢芳雄（編）『英語語源小辞典』研究社 1962年
日本聖書協会 『聖書』（新共同訳）1988年
東信行・諏訪部仁（訳編）『研究社-ロングマン イディオム英和辞典』研究社 1989年
松田徳一郎（監修）『リーダーズ英和辞典』研究社 1999年
松田徳一郎（監修）『リーダーズ・プラス』研究社 1994年
山岸勝栄『英語表現のロマンス』洋販出版 1998年
呉 茂一（訳）『イーリアス』（上・下）Homer 著，岩波書店 1958年
中野定雄 他（訳）『プリニウスの博物誌』3 vols., Plinius 著，雄山閣出版 1986年

訳者あとがき

　本書の原題名 *Even-Steven and Fair and Square* からして一風変わったタイトルである。Even(-)Steven とは「五分五分の，対等な」という意味で，出典はスウィフト（Swift）の *Journal to Stella*『ステラへの手紙』であり，Fair and Square は「公正な，堂々たる，正確に」という意味で，ベーコン（Francis Bacon）は 1604 年に，クロムウェル（Oliver Cromwell）も 1649 年に，この成句を使っているという。副題に More Stories Behind the Words とあるところから，ようやく本書が何についての本かが分かるという凝ったタイトルである。

　英語の学習者がある程度進んだ段階に至ると，なぜ本書で扱っているような表現をするのだろうかと疑問に思うのが普通である。日本語と共通する文化的背景のものも若干はあるものの，ほとんどはその背景的糸口すら見つからない場合のほうが多い。中島文雄の名著『英語の常識』（研究社出版）の「はしがき」に次のような文章が載っている。傾聴に値する内容なのでそのまま引用する──「外国語を真に理解するためには，単に辞書や文法の力でその骨格を知っただけでは不十分で，骨格を包んでいる肉や，肉を流れる血をも知らなければならない。これは外国語で文学書を読もうとする人には切実に感じられることである。そこで私は英語の背景をなしている英国人の精神内容に留意して英語の常套句とか俗語とか誓言，英国の唱歌とか笑種，又は英国の地理の常識といったような文章を書いて来た。……」。やや長いが引用したのは，まさにややもすると忘れがちになる言語文化的背景に注意を向けた文章に目が止まったからである。深みのある英語使用者になるためには，その言語文化的背景を少しでも多く貯えておく努力は必要であろう。

　さて，本書の翻訳上の断りについて簡単に言及させていただきたい。まず成句の見出しは，例えば who will bell the cat とせずに bell the cat, who will のように原著のままとした。翻訳には長期間を要したが，それは訳者の非力によるだけでなく，著者の使う掛け言葉，落ち，韻を踏むための無意味なトートロジーなど，ほとんど日本語への翻訳が不可能と思える個所が多く，訳者をてこずらせたからである。従って，不必要と思える個所はあえて削除したことをお断りしておきたい。原著に使われている引用符つきの語句やイタリッ

クスになっている成句は，引用符つきおよびイタリックスとし，必要に応じて訳を示した。また明らかな原著の誤植，誤記については，訳者の気づいた限りにおいて訂正しておいた。引用文の訳は既に出版されているものについては参考にさせていただいたが，コンテクストを考慮して手を加えたところもある。

索引は，できるだけ詳しいものを心がけたが，利用者の便を考慮して，成句ばかりでなく，成句中の単語からも掲載ページが探せるように，主要な単語は単独で収録した。大いに利用していただきたい。

両訳者とも毎年のように，あるいは共にあるいは単独で英国へ出かけているが，一緒のときにロンドン郊外にいつもお世話になる家庭がある。ここのご主人はかつて日本車を扱う会社で長年技術，販売の仕事をしていたそうであるが，会話に頻繁に慣用語句，成句，聖書の引用を織り込んで使うので，いつも感心させられる。お陰で不明なものはいちいち質問して，使い方や背景を教えてもらえるので，よい英語教室となっている。今回本書の翻訳を思い立ったのも，このような事情があったからにほかならない。

この方は特に高い教育を受けてはいないようであるが，言葉使いには相当の自信を持っていることがすぐ分かる。自分でも努めて一般辞典や，引用句辞典類を引いているらしく，これらが居間，寝室に置いてあることからも察しがつく。あるとき，猫が庭からこちらの食事風景をじっと見ているのに気づいて，"A cat may look at a king."（猫でも王様が見られる）と言いながら餌を与えていた。これなどもマザーグースに親しんでいれば背景がすぐ分かるものを，残念ながら訳を聞くまでピンと来なかった。もちろんこの後，猫談義に移ったのは言うまでもない。

英国議会の論戦，舌戦放映はBBCの呼び物の一つである。原稿の棒読みをする我が国会風景に慣れている者には新鮮そのものである。NHKの国会中継はどれほどの関心を引いているのか不明であるが，英国議会の舌戦は少なくとも英国のLower Middleクラス以上の人には関心が高いという。ここの主人の話だと，言葉使いに無頓着な政治家はまず政界からすぐ姿を消すという。ブレア（Tony Blair）首相はなかなかいい英語表現を使うので手本になるとのことである。チャーチル（Sir Winston Churchill）を例にあげるまでもなく，英国歴代首相はおしなべて英語が巧みだが，もっとも巧くなければ勤まらないはずである。

誰でも頭に血がのぼると，何を言い出すかわからない。政治家にも国会で毒

舌を吐く御仁がいて，我々を楽しませてくれる。毒舌，悪口雑言集とも言うべき Knight, Greg: *Parliamentary Sauce—More Helpings of Parliamentary Invective,* Arrow Books, 1994 という本があるが，諺，金言，格言そして成句，引用句で埋まっている。この本も言語文化を学ぶ一つの言語資料と言えよう。

さて語源，句源等の文化的背景に関心があるとしても，類書も多くどの本から始めたらよいかまごつくのも無理はない。ここで巻末に参考文献としてあげておいたもののうちから，数冊薦めておきたい。

Hendrickson, Robert: *The Facts on File Encyclopedia of Word and Phrase Origins,* (Revised and Expanded Edition) Facts on File, Inc., 1997.

Panati, Charles: *Extraordinary Origins of Everyday Things,* Harper & Row, 1987.

井上義昌『英米故事伝説辞典』冨山房 1972年

加島祥造（主幹）『ブルーワー英語故事成語大辞典』大修館 1994年

寺澤芳雄（主幹）『英語語源辞典』研究社 1997年

外山滋比古（他編）『英語名句事典』大修館 1990年

山岸勝栄『英語表現のロマンス』洋販出版 1998年

語源，句源の大きなソースに諺があるが，主だったものをあげると，

Apperson, G.L.: *English Proverbs and Proverbial Phrases: A Historical Dictionary,* Dent, 1929, Rpt. Gale, 1969.

Smith, G.: *The Oxford Dictionary of Proverbs,* rev. by F.P. Wilson, Oxford Univ. Press, 1970.

Tilley, M.P.: *A Dictionary of the Proverbs in England in the Sixteenth and Seventeenth Centuries,* The Univ. of Michigan Press, 1966.

Janet E. Heseltine & W.G. Smith: *The Oxford Dictionary of English Proverbs,* 1935.

一番最後にあげた *The Oxford Dictionary of English Proverbs* は基本的，代表的な文献で歴史原則に従い，解説文がなにより我々の理解を助けてくれ，有用である。また *A Dictionary of the Proverbs in England in the Sixteenth and Seventeenth Centuries* は聖書，

Shakespeare を中心として 16～17 世紀の作品に現れた諺を調べるのに欠かすことのできない参考書で，その引用の豊富さは同書の価値をいまだに失わせないものとなっている。ちなみに本訳書 99 ページの DEAD AS A DOOR-NAIL は *Henry IV* の Falstaff: 'What! Is the old king dead?' Pistol: 'As nail in door.' (V. iii. 125-6) に関連して出てくるもので，1580 Baret から Shakespeare の例まで 10 例をあげている。

引用句辞典は数ある中から次の 3 点をあげておきたい。

Bartlett, John: *Familiar Quotations,* 15th edition, Macmillan, 1980.

Evans, B.: *Dictionary of Quotations,* Delacorte Press, 1968.

The Oxford Dictionary of Quotations, Oxford Univ. Press, 1979 (3rd edition).

本書でもしばしば触れられているが，語源，句源，諺などの出所は定説となっているものから，いまだ推測の域を出ないものまで様々である。本書翻訳の初期段階で，流布している諸説を訳注および解説という方法で入れてみたところ，分量が 3 割ほど膨れ上がってしまった。読者が興味ある表現についてさらに検討していただくほうがむしろ楽しみも増すのではないかと判断し，注や解説は思い切って削除することにした。

本書はどこから読んでもよい構成になっている。気に入った表現，疑問に思った表現，調べてみたい表現などを，そのつど楽しんでいただきたい。語源や句源の海に遊ぶ楽しさが伝われば，訳者の喜びこれに過ぎるものはない。

本書を完成するにあたって多くの方々のお世話になった。なかでも不明な個所や表現について，Dr. Glenn-Paul Amick（バース大），Dr. Jill Taylor（ロンドン大），Dr. Jack Lewis（ロンドン大）の諸氏に問いただす機会があり，原文のみならず訳者の誤解も修正できたことは収穫であった。新潟経営大学助教授古川登美子氏には全文を通読していただき，訳文改善に多大な協力を得た。また元千葉大学教育学部大学院生の小林喜美子，戸上和正の両君には一部協力をいただいた。改めてこれらの方々へお礼申し上げたい。最後に本書の出版について，終始面倒を見ていただいた松柏社社長森信久氏，編集担当の里見時子さんに感謝し，お礼を申し上げる次第である。

2000 年 8 月

訳　者

索引

《A》

a bird in the hand……33, 34
a bolt from the blue……41
a bull in a china shop……54
a busman's holiday……58, 59
a cat's paw……70
a chip off the old block……76, 77
a cocked hat……215
a dead horse……100, 101
a dog's life……109, 110
a feather in one's cap……132
a fine kettle of fish……211, 212
a fly in the ointment……139, 140
a fool and his money are soon parted……140, 141
a fool's paradise……141
a horse of a different color……187
a lick and a promise……224
a little bird told me……230
a new broom sweeps clean……255, 256
a nine-day wonder……256, 257
a parting shot……273, 274
a pig in a poke……277, 278
a skeleton at the feast……321, 322
a skeleton in the closet……322, 323
a tempest in a teapot……346
a white elephant……376, 377
a wild-goose chase……379
A-1……11
A-one……11
abet……1
aborigines……1, 2
aboveboard……2, 3
absence……88
absurd……3
according to Hoyle……4
act……305, 306
acute……98, 281
adolescent……4, 5
adult……4, 5
Aegean Sea……5
Aesop……6
aghast……137
air……270, 369
Aladdin's lamp……6, 7

alcove……7, 8
all balled up……8
all over but the shouting……9
almighty dollar……9
alphabet……262
alto……201, 202
amortization……250
an ax to grind……18, 19
an itching palm……202, 203
anecdote……10
answer……10, 11
Antarctic……12, 13
antibiotic……20
ape……281, 282
apple-pie order……11, 12
applecart……364, 365
Arctic……12, 13
arena……13, 14
Argentina……14
arm……273
around……26
arts……224
asbestos……14, 15
ashes……311
assay……15
asset……16
at bay……183, 184
at both ends……55, 56
at loose ends……233, 234
at the drop of a hat……113, 114
at the end of one's rope……121, 122
Atlantic Ocean……16, 17
Atlantis……17
automobile……17, 18
average……18
avocado……347
ax to grind……19

《B》

bacillus……20
back……314, 337
bacon……47, 48, 49
bacteria……20
badger……20, 21
bag……277
balled up……8
baritone……201

bark up the wrong tree······21, 22
Barkis is willin'······22
barnacle······22, 23
barrel······232, 268, 269
base······201
bass······201
bassinet······23
bat an eyelid······380, 381
bay······183, 184
bayonet······23, 24
be stymied······338
bear······12, 54, 55, 165, 166, 167, 345
beard the lion······24, 25
beat······26, 100, 101
beat a dead horse······100, 101
beat around the bush······26
beat the rap······26, 27
bee in one's bonnet······27, 28
beef······28, 29
before you can say Jack Robinson······ 29, 30
behind the scenes······30
bell, book, and candle······31
bell the cat······31, 32
below the belt······182
belt······182
Benito Mussolini······105
berry······50
better······172, 173, 229
beware of Greeks bearing gifts······ 165, 166
big shot······273
billiards······32
bird······33, 34, 230
bite······34, 35
bite off······34
bite the bullet······34, 35
bite the dust······35
black book······35, 36
blacksmith······36, 37
blatherskate······73
block······76, 77
blockhead······37, 38, 233
bloody but unbowed······38, 39
blue······41
boat······195
bodice······39
bogus······39, 40
bolt······41, 319, 320
bolt of cloth······319
bolt upright······319

bone······145, 239, 240
bonnet······27, 28
book······31
boomerang······41, 42
boot······42, 157, 158
bootlegger······42, 43
bootless······42
Bosporus······387
boss······43
both······55, 56
boulevard······43, 44
Braille······44
brasilwood······45
bravado······105
bravo······202
Brazil······44, 45
bread······45
break the ice······46
break the camel's back······337
brick······47
bring······47, 48
bring home the bacon······47, 48, 49
broom······255, 256
brouhaha······49, 50
brown as a berry······50
brown study······50, 51
browse······51, 52
bucket······212, 213
buckle······52
buckram······78
bug······53, 54, 329
bug in a rug······329
bugaboo······53
bugbear······53
bull······54, 82
bull in a china shop······54
bullet······34, 35
bulls and bears······54, 55
bulwark······44
burn······55, 56, 247
burn the candle at both ends······55, 56
burning ears······56
bury the hatchet······56, 57
bush······26
bushed······58
bushel······179
busman's holiday······58, 59
bust······59
but for······347, 348
butter won't melt in her mouth······59,

60
buxom······60, 61
buy······277, 278
buy for a song······60, 61
by crook······62
by hook or by crook······62
by the nose······221
by the skin of one's teeth······62, 63

《C》

caboodle······213, 214
Caesar······64, 65
Caesarean section······64
cake······177, 178, 341
calculate······65
calculus······65
calico······78
call a spade a spade······65, 66
camel······337
canapé······186
candle······31, 55, 56, 66, 67
canoe······271
cap······132, 317
caracul······78
cart······290, 364, 365
Casanova, Lothario: Lover Boys······ 67, 68
Cassiopea······69
cat······31, 32, 277
cat-o'-nine-tails······301
catastrophe······102
Catch-22······69, 70
cathouse······301
cats······300, 301
cat's paw······70
cattycornerd······70, 71
cellar······313
Celsius······129, 130
cement······285, 286
centigrade······129
chaff······315
chaos······118, 119
character······71, 72
charley horse······72, 73
chase······379
cheapskate······73
chew······34, 74
chew the rag······74
chicken······111, 112
chicken feed······74, 75

chiffon······75
chiffonier······75
china shop······54
Chinaman's chance······75, 76
chintz······39
chip off the old block······76, 77
chowder······77
church······144
cinch······219
circle······367, 368
clean······255, 256
clock······77, 78, 355
closet······322, 323
cloths······78, 79
coach······79, 80
cobalt······80
cobbler, stick to your last······80, 81
cobra······81, 82
coccus······20
cock······82, 215
cock and bull story······82
cockle······370, 371
cold blood······83
cold feet······83, 84
cold shoulder······84
coleslaw······84, 85
cologne······85
color······187
come in······374, 375, 376
come to a head······86
comfort······86, 87
congress······87
conspicuous by his absence······88
contralto······202
cook one's goose······88, 89
cool as a cucumber······89, 90
copper······90
copulate······87
corporation······90, 91
corset······39
count······111, 112
courtesan······91, 92
courtier······91
craw······335, 336
crazy bone······145
creepers······204, 205
crestfallen······158
cretonne······78
crickets······204, 205
croissant······92
crook······62

crow……120
cry wolf……92, 93
cuckold……93, 94
cuckoo……93, 94
cucumber……89, 90
cue……32
cup……348, 349
cut……96, 97
cut and dried……94, 95
cut no ice……95, 96
cut off one's nose to spite one's face……96
cut the mustard……96, 97
cute……98, 281

《D》

dachshund……110, 111
dago……124, 125
Damocles……338, 339
Damon and Pythias……99
dance……333, 334
dandelion……139
dark……376
dead as a doornail……99, 100
dead horse……100, 101
deadline……101
debacle……101, 102
defend……133
defender……133
delicatessen……102
delight……103
delta……103
derringer……103, 104
desperado……104, 105, 202
Dickens……373, 374
dictator……105, 106
diesel……106, 107
diet……107, 108
different color……187
disaster……102
discretion……229
distaff……332, 333
doctor……108, 109
dog……109, 110, 111, 222, 223, 234, 289
dog in the manger……109
dogs……110, 111, 300, 301
dog's life……109, 110
dollar……9
don't count your chickens before they're hatched……111, 112
don't look back. someone might be gaining on you……112, 113
don't swap horses in midstream……113
doornail……99, 100
dot……282, 283
down……173, 174
dried……94, 95
drop……113, 114
drug on the market……114
drunken sailor……247
dry……180, 181
Duce……105
dukes……291, 292
dumb……115
dumbbell……115
dust……35
Dutch uncle……115, 116
dwell……116

《E》

eagle-eyed……117
earmark……118
ears……56, 369, 370
earth……118, 119
eat……120, 177, 178, 181
eat crow……120
eat high on the hog……181
ecstasy……121
egg……217, 218
elephant……208, 376, 377
end……121, 122, 240
ends……55, 56, 233, 234
enfranchise……143
enough……122, 123
enthusiasm……123
eponym……124
eponymous……124
Eskimo……191
essay……15, 16
ethnic names……124, 125
eureka……125, 126
even walls have ears……369, 370
even-steven……126
evil……179
excellent……202
exception……127
eye……117
eyelid……380, 381

eyeteeth……156, 157

《F》

fabrics……128, 129
face……96
Fahrenheit……129, 130
fair and square……130
fantastic……228, 229
farm……130, 131
farrier……37
fast……148, 279, 280
fast and loose……279, 280
fastest……229
fatal……131
fatalism……131
fateful……131
fault……151
feast……321
feather in one's cap……132
feather one's nest……133
feed……74
feet……83, 84
fence……133, 134
fend……133
fender……133
fiddle……136
file……134
fine……211, 212
fingers……134, 135, 136, 247
fire……162, 270
firma……119
fish……211, 212
fist……202, 203
fit……136, 137, 340
fit as a fiddle……136, 137
fit to a T……340
flabbergast……137
flammable……197
flap……137
flattery will get you nowhere……137, 138
flog a dead horse……100, 101
flower……138, 139
fly……139, 140
fool……140, 141
fool's paradise……141
forty winks……141, 142
foul……270
fowl……359
franchise……143

frank……143
franking privilege……143
freeman……142, 143, 224
from pillar to post……143, 144
from the sublime to the ridiculous……144, 145
fry……325
fuchsia……139
funny bone……145
fury……145, 146

《G》

gab……154, 155
gabble……153
gadget……147
gaff……147, 148
gain on……112, 113
galore……122, 123
gam……149
game……148, 149
game leg……148
gangplank……149, 150
gap……184
gardenia……138, 139
gas……150, 151
gay……185
generous to a fault……151
geocentric……119
geography……119
geology……119
geometry……119
get……137, 138, 151, 152, 153
get one's goat……151, 152
get the sack……152, 153
get you nowhere……137, 138
gibberish……153, 250
giddy……153, 154
gift……154, 165
gift of gab……154, 155
giggle……153
gild the lily……155, 156
gin……156
give……84, 156, 157, 158, 318, 319
give one the cold shoulder……84
give one's eyeteeth for……156, 157
give short shrift……318, 319
give someone something to boot……157, 158
giver……196
gizzard……336

401

glad……158, 159
gladiolus……139
glamour……159, 160
go……160, 161, 162, 347, 348, 377, 378, 379
go against the grain……160
go haywire……161
go scot-free……161, 162
go the whole hog……377, 378, 379
go through fire and water……162
goat……151, 152
gobs……162, 163
God……347, 348
gonorrhea……163, 164
good……258, 259
goose……23, 88, 89, 379
goose barnacle……23
gorgeous……217
grace……347, 348
grade……241
grain……160, 168, 342
grammar……159, 160
grass widow……164, 165
grease the palm (or fist)……202
Greeks……165, 166
green-eyed monster……166
greenhorn……167
grin and bear it……167
grind……19
grog……168
groggy……168
grogram……168
guarantee……169
guaranty……169
guinea fowl……359
gumbo limbo……169, 170

《H》

haberdashery……171, 172
hair……240, 359, 360
hairsbreadth……172
half a loaf is better than none……172, 173
Hamburg……190
hand……33, 364
handkerchief……174, 175
hands down……173, 174
handwriting on the wall……175
hard and fast……148
hard as nails……176

hare……236, 237
harp on one string……176, 177
hat……113, 114, 215
hatch……111, 112
hatchet……56, 57
hatter……235, 236
have……27, 83, 177, 202, 273, 365
have a bee in one's bonnet……27, 28
have a shot at……273
have an itching palm……202, 203
have cold feet……83, 84
have the upper hand……365
have your cake and eat it too……177, 178
haywire……161
he travels fastest who travels alone……229
head……86, 178, 179, 181, 182, 239
head over heels……178, 179
hear no evil……179
heart……370, 371
heaven……317, 318
heels……178, 179
hen……237
herring……303
hide……179
hide one's light under a bushel……179
hidebound……180
high and dry……180, 181
high horse……263, 264
high on the hog……181
his name is mud……253
hit the nail on the head……181, 182
hitting below the belt……182
hog……181, 377, 378, 379
hogwash……182, 183
hold……183, 184, 277
hold at bay……183, 184
hold the bag……278
hole……247
holiday……58
homage……184, 185
home……47, 48, 49
homosexual……185
hook……62
horns……231
hors d'oeuvres……186
horse……72, 73, 100, 101, 113, 166, 184, 186, 187, 188, 189, 290
horse bay……184

horse latitudes……186, 187
horse of a different color……187
horselaugh……187, 188
horse's mouth……188, 189
hot-tempered……83
housewife……189
Hoyle……4
human……245, 246
humbug……189, 190
Humburg……190
humerus……145
hunch……190, 191
husky……191, 192

《I》

ice……46, 95, 96
icicle……193
image……333
imp……193, 194
in a (pretty) pickle……194, 195
in a brown study……50, 51
in apple-pie order……11, 12
in one's black book……35, 36
in sack cloth and ashes……311
in seventh heaven……317
in the dark……376
in the nick of time……256
in the same boat……195, 196
index……135
Indian……196
Indian giver……196
inextinguishable……15
inflammable……196, 197, 269
ingenuity……156
inoculate……197, 198
internecine……198, 199
Inuit……192
inveigle……199, 200
iridescence……300
iris……300
irony……329
island……200, 201
isle……200
isotope……366
it's all over but the shouting……9
it's raining cats and dogs……300, 301
Italian voices……201, 202
itching palm……202, 203

《J》

jabber……153
Jack Robinson……29, 30
janitor……204
January……204
jeepers creepers……204, 205
jeopardy……205
jersey……78
jiminy crickets……204, 205
jingo……205, 206
jingoism……206
Joe Miller……206, 207
jot……207, 208
jumbo……208, 209, 250, 251

《K》

kaput……210
karakul……78
keep a stiff upper lip……210, 211
kettle of fish……211, 212
kibosh……291
kick the bucket……212, 213
kindness……245, 246
kit and caboodle……213, 214
knock on wood……214
knocked into a cocked head……215
know the lines……216
know the ropes……215, 216

《L》

lamp……6, 7
lasagna……77
lascivious……223
last……80, 81
latitudes……186, 187
laureate……304
laurel……303, 304
lavaliere……217
lay an egg……217, 218
lay on, Macduff……218
lead……109, 110, 221
lead a dog's life……109, 110
lead-pipe cinch……219
leave in the lurch……219, 220
leave no stone unturned……220, 221
led by the nose……221, 222
leech……135

left holding the bag……277, 278
leg……148, 288
let……222, 223, 247, 277
let her rip……222
let money run through your fingers
  ……247
let sleeping dogs lie……222, 223
let the cat out of the bag……277
letters……262
lewd……223
liberal arts……224
lick and a promise……224
lick into shape……225, 226
lie……222, 223
life……109, 110, 270
light……179, 228
light fantastic……228
like……54, 115, 116, 247, 323, 324
like a bull in a china shop……54
like a Dutch uncle……115, 116
like a log……323, 324
like a top……323, 324
lily……155, 156
limbo……169, 170
limelight……226, 227
limerick……227, 228
line……216, 356
lion……24, 25, 228
lion's share……228
lip……210, 211, 348, 349
literary terms……228, 229
little……230, 231
little-man……135
live high on the hog……181
loaf……172, 173
Lobster Newburg……231
lock horns……231
lock, stock, and barrel……232
log……323, 324
loggerheads……232, 233
long-man……135
longshoreman……335
look back……112, 113
loose……233, 234, 279, 280
loose ends……233, 234
Lothario……67, 68
Love Boys……67, 68
love me, love my dog……234
lurch……219, 220

《M》

macabre……235
Macduff……218
mad……235, 236, 237
mad as a hatter……235, 236
mad as a hen……237
mad as a March hare……236, 237
make a mountain out of a molehill……
  237, 238
make a silk purse out of sow's ear……
  384
make a summer……264, 265
make head or tail……239
make no bones about it……239, 240
make one's hair stand on end……240,
  241
make the grade……241
manger……109
many a……348, 349
March hare……236, 237
margarine……241, 242
mark……273, 355, 356
market……114
masher……242
master……43
May pole……242, 243
Mayday……242, 243
medicine……109
Mediterranean……119
Medusa……243, 244
melt……59, 60
mess……244, 245
midstream……113
milk of human kindness……245, 246
Miller……206, 207
mind your p's and q's……246, 247
Minotaur……5
mohair……128
molehill……237, 238
money……140, 247, 278, 279
money burns a hole in his pocket……
  247
monkey……247, 248, 266
monkey wrench……247, 248
monster……166
mortgage……249, 250
mountain……237, 238
mouth……59, 60, 188, 189
mud……253

muff……299
mumbo jumbo……208, 250, 251
mushroom……251
muslin……78
mustard……96, 97

《N》

nail……181, 182
nails……176
naked truth……252
name……124, 125, 253
names of automobiles……17, 18
names of cloths……78, 79
names of dogs……110, 111
names of fabrics……128, 129
names of flowers……138, 139
narcissus……254
nasturtium……254
neck……258, 336
neck and neck……258
Negro……124
neither rhyme nor reason……255
nest……133
new broom sweeps clean……255, 256
Newburg……231
Newfoundland……110
news……258, 259
nick of time……256
nine-day……256, 257
nip and tuck……258
nitrogen……269, 270
no ice……95, 96
no news is good news……258, 259
no soap……259, 260
Nobel laureate……304
noisome……260, 261
non……261, 262
nonchalant……261
nondescript……261
none……172, 173
nonflammable……197
nonplus……261
nonsense……182, 189
nose……96, 221, 352
not a Chinaman's chance……75, 76
not turning a hair……359, 360
nowhere……137, 138
numbers and letters……262

《O》

ocean……16, 17
octopus……263
ointment……139, 140
old block……77
oleomargarine……241
on air……369
on end……240, 241
on one's high horse……263, 264
on tenterhooks……264
on the hog……181
one and half dozen of……229
one swallow does not make a summer……264, 265
onion……265, 266
opossum……281
orangutan……266
orchid……347
order……11, 12
ordinary……18
Orion……266, 267
ornery……267, 268
ounce……268
Ouranos……119
over a barrel……268, 269
oxygen……269, 270
oyster……381

《P》

p's and q's……246, 247
paddle your own canoe……271, 272
paisley……78
pajamas……272
palm……202, 203
par……363, 364
paradise……141
parasite……272, 273
part……140, 229
parting shot……273, 274
patter……274
paw……70
Pekingese……110
penguin……275
phaeton……275, 276
phalange……135
phalanx……135
physician……108, 109
physicist……109

picayune……276, 277
pickle……194, 195
pig……277, 278
pigtail……247, 297
piker……278
pillar……143, 144
pillar of the church……144
pin money……278, 279
plain sailing……279
plane sailing……279
play fast and loose……279, 280
play possum……281
play the sedulous ape……281, 282
pocket……247
poet laureate……304
poke……277, 278
Polack……124
pole……243, 382
polka dot……282, 283
polonaise……282, 283
Pomeranian……110
pompadour……283
poplin……284
porcelain……285
porcupine……284, 285
Portland cement……285, 286
possum……281
post……143, 144
preposterous……290
pretty……194
price……287
private……286
privilege……143
prize……286, 287
promise……224
prostitute……92
prove……127
psyche……287, 288
pull someone's leg……288
pundit……289
put……289, 290, 291, 292
put on the dog……289, 290
put the cart before the horse……290, 291
put the kibosh on……291
put up your dukes……291, 292
Pygmalion……292, 293
Pythias……99
python……293

《Q》

quarantine……142
quarry……294
quarter……295
queen……295, 296
queer……296
queue……297
quinsy……297, 298

《R》

R's……351
rag……74
ragamuffin……299
rainbow……300
raining cats and dogs……300, 301
rankle……301, 302
rap……26, 27, 302
rat……326, 327
ray……383
read the riot act……305, 306
reason……255
red herring……303
reputation……72
rest……303, 304
rest on one's laurels……303, 304
rhyme……255
ridiculous……144, 145
rigmarole……304, 305
riot act……305, 306
rip……222
robin……307, 308
Romans……374
Rome……374
rook……306, 307
rope……121, 122, 215, 216
roué……307
round robin……307, 308
rub……349, 350
Rubáiyát……308, 309
rug……329
rule……127, 309
rule of thumb……309
ruminate……309, 310
run through……247

《S》

sack……152, 153

sackcloth······311
saga······311, 312
sagacious······311, 312
sage······312
sail······341
sailing······279
sailor······247
salacious······330
salad······312, 313
salt······312, 342
saltcellar······313
Sam······362, 363
same······196
sardine······344
sardonic······313
satin······79
sauce······312, 313
saucer······313
sauté······320
say······29, 30
scene······30
schizophrenia······313, 314
schneider······211
scot-free······161, 162
scratch······314, 355, 356
scratch one's back······314
section······64
sedulous······281, 282
Senator······87
separate the wheat from the chaff······315
serendipity······316
sesquipedalian······316, 317
set one's cap for······317
seven······372
seventh heaven······317, 318
shantung······78
shape······225, 226
share······228
ship······374, 375, 376
short shrift······318
shot······273, 274, 319, 320
shot his bolt······319, 320
shot in the arm······273, 274
shot wide of the mark······273
shouting······9
shrewd······320
shrift······318, 319
sick bay······184
silk purse······384
six of one and half dozen of the other ······229
skate······73, 95
skating on the ice······95
skeleton······320, 321, 322, 323, 324
skeleton at the feast······321
skeleton in the closet······322
skin······62, 63
Slav······143
slave······142, 143
sleep like a log······323, 324
sleep like a top······323, 324
sleeping dogs······222, 223
sleeve······371
slip······348, 349
slogan······324, 325
small fry······325
smallpox······326
smell a rat······326, 327, 363
smithy······37
sneeze······327, 328
snide······328
snuff······355, 363, 364
snug as a bug in a rug······329
soap······138, 259, 260
Socratic irony······329
soft soap······138
someone······112, 113, 157, 158, 288, 341
somersault······330
something······157, 158
song······61, 62
sop······330, 331
soprano······202
sow's ear······384
spade······65, 66
span······331
spend money like a drunken sailor ······247
spend money like water······247
spick-and-span······331
spinster······332, 333
spirillum······20
spite······96
spitting image······333
spleen······367
square······130
St. Vitus's dance······333, 334
stand on end······240, 241
start from scratch······314, 315
steal one's thunder······334, 335
stevedore······335

Steven……126
stick……80, 335, 336
stick in one's craw……335, 336
stick one's neck out……336
stick to your last……80, 81
stiff upper lip……210, 211
stiff-necked……336, 337
stock……232
stone……220, 221
story……82
straight from the horse's mouth……188, 189
straw……337
strength……357, 358
string……176, 177
study……50, 51
stymied……338
sublime……144, 145
suede……79
summer……264, 265
swallow……264, 265
swap horses in midstream……113
sweep……255, 256
sword of Damocles……338, 339
syphilis……163, 164

《T》

T……340
tail……239
take the cake……341
take the wind out of someone's sails……341, 342
take with a grain of salt……342
talk turkey……342, 343
tapering off……67
taper……67
target……343, 344
tariff……344
teapot……346
Teddy Bear……345
teddy bear……345
tee……340
teeth……62, 63
teetotaler……345, 346
tempest……346
ten-foot pole……382
tenor……201
tenterhook……264
term……228, 229
terra firma……119

terrace……119
terrestrial……119
terrier……110, 111
territory……119
testicle……347
testimony……346, 347
the almighty dollar……9
the better part of valor is discretion……229
the cockles of the heart……370
the exception proves the rule……127
the green-eyed monster……166
the handwriting on the wall……175
the letter w……262
the letter z……262
the lion's share……228
the merrier……248, 249
the milk of human kindness……245, 246
the more the merrier……248, 249
the new broom sweeps clean……255, 256
the riot act……305, 306
the ropes……215, 216
the spitting image……333
the straw that broke the camel's back……337
the sword of Damocles……338, 339
the three R's……351
the upper hand……364
the whole hog……377, 378, 379
the world is my oyster……381
there but for the grace of God go I……347, 348
there's many a slip 'twixt cup and lip……348, 349
there's the rub……349, 350
thermometer……129
thick……350, 351
thick as thieves……350
thief……350
thin……351, 352
third……350, 351
three……350, 351
three R's……351
through thick and thin……351, 352
thumb……135, 309, 352
thumb the nose……352
thunder……334, 335
thunderstruck……353, 354
Thursday……354

tilt at windmills······354, 355
time······256
timepiece······355
tittle······207, 208
to a T······340
to bark up the wrong tree······21, 22
to be at loose ends······233, 234
to be head over heels······178, 179
to be in a (pretty) pickle······194, 195
to be in sackcloth and ashes······311
to be in seventh heaven······317, 318
to be in the same boat······195, 196
to be knocked into a cocked hat······215
to be led by the nose······221, 222
to be made a cat's paw······70
to be on one's high horse······263, 264
to be on tenterhooks······264
to be over a barrel······268, 269
to be stymied······338
to beard the lion······24, 25
to beat a dead horse······100, 101
to beat around the bush······26
to beat the rap······26, 27
to beef······28, 29
to bite off more than you can chew······34
to bite the bullet······34, 35
to bite the dust······35
to break the ice······46
to bring home the bacon······47, 48, 49
to burn the candle at both ends······55, 56
to bury the hatchet······56, 57
to buy a pig in a poke······227, 228
to call a spade a spade······65, 66
to chew the rag······74
to come to a head······86
to cook one's goose······88, 89
to cut off one's nose to spite one's face······96
to cut the mustard······96, 97
to eat crow······120
to eat high on the hog······181
to feather one's nest······133
to fit to a T······340
to flog a dead horse······100, 101
to get one's goat······151, 152
to get the sack······152, 153
to gild the lily······155, 156
to give one the cold shoulder······84

to give one's eyeteeth for······156, 157
to give short shrift······318, 319
to give someone something to boot······157, 158
to go against the grain······160
to go haywire······161
to go scot-free······161, 162
to (go) the whole hog······377, 378, 379
to go through fire and water······162
to harp on one string······176, 177
to have a bee in one's bonnet······27, 28
to have a shot at······273
to have an itching palm······202, 203
to have cold feet······83, 84
to have the upper hand······364
to hide one's light under a bushel······179
to hit the nail on the head······181, 182
to hold at bay······183, 184
to keep a stiff upper lip······210, 211
to kick the bucket······212, 213
to know the ropes······215, 216
to lay an egg······217, 218
to lead a dog's life······109, 110
to leave in the lurch······219, 220
to leave no stone unturned······220, 221
to let money run through your fingers······247
to let the cat out of the bag······277
to lick into shape······225, 226
to live high on the hog······181
to lock horns······231, 232
to make no bones about it······239, 240
to make one's hair stand on end······240, 241
to make the grade······241
to paddle your own canoe······271, 272
to play fast and loose······279, 280
to play possum······281
to play the sedulous ape······281, 282
to pull someone's leg······288
to put on the dog······289, 290
to put the cart before the horse······290, 291
to put the kibosh on······291
to read the riot act······305, 306
to rest on one's laurels······303, 304

to separate the wheat from the chaff......315
to set one's cap for......317
to sleep like a log......323, 324
to sleep like a top......323, 324
to smell a rat......326, 327
to spend money like a drunken sailor......247
to spend money like water......247
to start from scratch......314, 315
to steal one's thunder......334, 335
to stick in one's craw......335, 336
to stick one's neck out......336
to take the cake......341
to take the wind out of someone's sails......341, 342
to talk turkey......342, 343
to thumb the nose......352, 353
to tilt at windmills......354, 355
to toe the mark......355
to upset the applecart......364, 365
to vent one's spleen......367
to walk on air......369
to warm the cockles of the heart......370, 371
to wear one's heart on one's sleeve......371
to wet one's whistle......372, 373
to whistle in the dark......376
toe the line......355, 356
toe the mark......355, 356
toe......134, 135, 136
top......323, 324
tornado......105
torpedo......356, 357
touch it with a ten-foot pole......382
toucher......135
tower of strength......357, 358
travel......229
tree......21, 22
Trojan horse......166
truth......252
tuck......258
tumbler......358
turkey......342, 343, 358, 359
Turkey......358, 359
turn a hair......359, 360
turnpike......278
turquoise......359
turtle......233, 360, 361
turtledove......360, 361

tweed......128
typical......18

《U》

unable to make head or tail......239
unbowed......38
uncle......115, 116
Uncle Sam......362, 363
unlettered......223
unturned......220, 221
up a tree......22
up to par......363
up to snuff......363
upper......210, 211, 364
upper hand......364
upper lip......210, 211
upset the applecart......364, 365
uranium......119, 366
Uranus......119, 365, 366
usual......18

《V》

valor......229
venereal......163
vent one's spleen......367
vicious circle......367, 368
Vitus......333
voices......201, 202

《W》

w......262
walk on air......369
wall......175, 369
walls have ears......369, 370
warm the cockles of the heart......370, 371
warranty......169
watch......355
water......162, 247
wear one's heart on one's sleeve......371
week......371, 372
wet one's whistle......372, 373
what the Dickens......373, 374
wheat......315
When in Rome, do as the Romans do......374
when my ship comes in......374, 375,

376
whistle……372, 376
whistle in the dark……376
white elephant……376, 377
who will bell the cat……31, 32
whole hog……377, 378, 379
wide of the mark……273
widow……164, 165
wild-goose chase……379
willin'……22
wind……341
windmill……354, 355
window……379, 380
wink……141, 142
with a grain of salt……342
without batting an eyelid……380, 381
without turning a hair……359, 360
wolf……92, 93
wonder……256, 257

wood……214
Wop……125
world is my oyster……381
wouldn't touch it with a ten-foot pole
……382
wrench……247, 248
wrong tree……21, 22

《X・Y・Z》

X ray……383
you can't have your cake and eat it
too……177, 178
you can't make a silk purse out of a
sow's ear……384
z……262
zest……386
Zeus……276, 387

訳者紹介

堀口六壽（ほりぐち むつひろ）

1944年北海道函館市生まれ。1973年国際基督教大学大学院修士課程（英語学専攻）修了。新潟大学助教授を経て1991年東京国際大学教養学部教授。1996年より同大学国際関係学部教授として英語学、言語文化論等を担当。

小池　榮（こいけ さかえ）

1937年長野県生まれ。1959年青山学院大学文学部卒業。同年旺文社入社。現在、千葉大学・玉川大学講師のかたわら、英語教育ジャーナリストとして多方面に活躍。訳書に『使徒はふたりで立つ』『キリストの十字架』（いずれも共訳）、著書に『写真で見る英語百科 KEEP』（研究社出版・共著）などがある。

英語慣用語源・句源辞典

2000年12月25日　初版発行

著　者　モートン・S・フリーマン
訳　者　堀口六壽／小池　榮
発行者　森　信久
発行所　株式会社　松柏社
　　　　〒102-0072　東京都千代田区飯田橋 2-8-1
　　　　TEL 03 (3230) 4813（代表）
　　　　FAX 03 (3230) 4857
　　　　e-mail: shohaku@ss.iij4u.or.jp

装幀　ペーパーイート
製版　前田印刷（有）
印刷・製本　（株）平河工業社
ISBN4-88198-951-0
略号＝7019

Copyright © 2000 by Mutsuhiro Horiguchi & Sakae Koike
本書を無断で複写・複製することを禁じます。
落丁・乱丁は送料小社負担にてお取り替え致します。